ARMIN SCHWARZE

Ausweis und Bewertung neuer Finanzierungs-instrumente in der Bankbilanz

Untersuchungen über das Spar-, Giro- und Kreditwesen

Abteilung A: Wirtschaftswissenschaft

Herausgegeben von

G. Ashauer, W. Ehrlicher, H.-J. Krümmel, F. Voigt

Band 138

Ausweis und Bewertung neuer Finanzierungsinstrumente in der Bankbilanz

Von

Dr. Armin Schwarze

Duncker & Humblot · Berlin

CIP-Titelaufnahme der Deutschen Bibliothek

Schwarze, Armin:
Ausweis und Bewertung neuer Finanzierungsinstrumente in der Bankbilanz /
von Armin Schwarze. — Berlin: Duncker u. Humblot, 1989
(Untersuchungen über das Spar-, Giro- und Kreditwesen: Abt. A,
Wirtschaftswissenschaft; Bd. 138)
Zugl.: Bonn, Univ., Diss., 1988
ISBN 3-428-06691-X
NE: Untersuchungen über das Spar-, Giro- und Kreditwesen / A

Druck: Werner Hildebrand, Berlin 65
Printed in Germany

ISSN 0720-7336
ISBN 3-428-06691-X

Inhaltsverzeichnis

Tabellenverzeichnis

Abbildungsverzeichnis

Abkürzungsverzeichnis

ADS	=	Adler/Düring/Schmaltz
AGB	=	Allgemeine Geschäftsbedingungen
AktG	=	Aktiengesetz
BAKred	=	Bundesaufsichtsamt für das Kreditwesen
BB	=	Der Betriebs-Berater
BBAIRS	=	British Bankers Association Interest Rate Swap
BddW	=	Blick durch die Wirtschaft
BFA	=	Bankenfachausschuß des Instituts der Wirtschaftsprüfer in Deutschland e.V.
BFH	=	Bundesfinanzhof
BGH	=	Bundesgerichtshof
BGHZ	=	Entscheidungen des Bundesgerichtshofes in Zivilsachen, hrsg. von den Mitgliedern des BGH und der Bundesanwaltschaft
BI	=	Bank-Information
BiRiLiG	=	Bilanzrichtlinien-Gesetz
BIS	=	Bank for International Settlements
BIZ	=	Bank für Internationalen Zahlungsausgleich
BK	=	Bankkaufmann
BMF	=	Bundesminister der Finanzen
BoEQB	=	Bank of England Quarterly Bulletin
BörsG	=	Börsengesetz
BStBl	=	Bundessteuerblatt
BT-Dr.	=	Bundestags-Drucksache
BZ	=	Börsen-Zeitung
CBOT	=	Chicago Board of Trade
CD	=	Certificate(s) of Deposit
CP	=	Commercial Paper(s)
DB	=	Der Betrieb
DBW	=	Die Betriebswirtschaft
DSGV	=	Deutscher Sparkassen- und Giroverband e.V.
DStR	=	Deutsches Steuerrecht
ECU	=	European Currency Unit
EDC	=	Export Development Corporation of Canada
EFG	=	Entscheidungen der Finanzgerichte
EG	=	Europäische Gemeinschaften
erw.	=	erweitert(e)
EStG	=	Einkommensteuergesetz
et al.	=	et alii
FASB	=	Federal Accounting Standards Board
FAZ	=	Frankfurter Allgemeine Zeitung
FG	=	Finanzgericht
Fibor	=	Frankfurt Interbank Offered Rate
FIPS	=	Foreign Indexed Payment Securities

FiR	=	Finanz-Rundschau
FN	=	Fachnachrichten des Instituts der Wirtschaftsprüfer e.V.
FR	=	Frankfurter Rundschau
FRA	=	Forward Rate Agreement(s)
FRB	=	Federal Reserve Bulletin
FRBNY	=	Federal Reserve Bank of New York
FRN	=	Floating Rate Note(s)
FT	=	Financial Times
GoB	=	Grundsätze ordnungsmäßiger Bilanzierung
GuV	=	Gewinn- und Verlustrechnung
h.M.	=	herrschende Meinung
HB	=	Handelsblatt
HBR	=	Harvard Business Review
HdJ	=	Handbuch des Jahresabschlusses
HFA	=	Hauptfachausschuß des Instituts der Wirtschaftsprüfer
HGB	=	Handelsgesetzbuch
HGBE	=	Handelsgesetzbuch-Entwurf (Regierungsentwurf Bilanzrichtliniengesetz BT-Dr. 10/317)
HHR	=	Hermann/Heuer/Raupach
HWR	=	Handwörterbuch des Rechnungswesens
IASC	=	International Accounting Standards Committee
ICON	=	Indexed Currency Option Notes
IdW	=	Institut der Wirtschaftsprüfer in Deutschland e.V.
JbFStR	=	Jahrbuch der Fachanwälte für Steuerrecht
JoA	=	Journal of Accountancy
JoPM	=	Journal of Portfolio Management
KHD	=	Klöckner-Humboldt-Deutz AG
KP	=	Kreditpraxis
KuK	=	Kredit und Kapital
KWG	=	Kreditwesengesetz
LIBOR	=	London Interbank Offered Rate
LIFFE	=	London International Financial Futures Exchange
LK	=	Der Langfristige Kredit
LOCOM	=	Lower of cost or market
NIF	=	Note Issuance Facility/ies
NWB	=	Neue Wirtschafts-Briefe
NZZ	=	Neue Zürcher Zeitung, Fernausgabe
ÖBA	=	Österreichisches Bank-Archiv
OR	=	(schweizerisches) Obligationen-Recht
RAP	=	Rechnungsabgrenzungsposten
RG	=	Reichsgericht
RGZ	=	Entscheidungen des Reichsgerichts in Zivilsachen, hrsg. von den Mitgliedern des RG und der Reichsanwaltschaft
RIW	=	Recht der Internationalen Wirtschaft
SFAS	=	Statement of Federal Accounting Standards
sFr	=	schweizer Franken
SS	=	Sommersemester
StB	=	Der Steuerberater
StbJb	=	Steuerberater-Jahrbuch
StBp	=	Die Steuerliche Betriebsprüfung
StuW	=	Steuer und Wirtschaft
vbo	=	Vereinigung für Betriebsorganisationen e.V.

WiSt	=	Wirtschaftswissenschaftliches Studium
WISU	=	Das Wirtschaftsstudium
WiWo	=	Wirtschaftswoche
WM	=	Wertpapier-Mitteilungen
WP	=	Wirtschaftsprüfer
Wpg	=	Die Wirtschaftsprüfung
ZfB	=	Zeitschrift für Betriebswirtschaft
ZfbF	=	Zeitschrift für betriebswirtschaftliche Forschung
ZfgK	=	Zeitschrift für das gesamte Kreditwesen
ZGR	=	Zeitschrift für Unternehmens- und Gesellschaftsrecht
ZIP	=	Zeitschrift für Wirtschaftsrecht und Insolvenzpraxis
ZIR	=	Zeitschrift für Interne Revision
ZKA	=	Zentraler Kreditausschuß

Einleitung

1. Problemstellung

In den letzten Jahren sind insbesondere auf dem Euromarkt zahlreiche Finanzinnovationen entstanden, die traditionellen Instrumenten zunehmend Konkurrenz machen. Die Deutsche Bundesbank gestattet die Verwendung von wichtigen Innovationen der internationalen Märkte mittlerweile auch im Inland. Seit dem 1.5.1985 können neben Floating Rate Notes u.a. auch Zero-Bonds und Doppelwährungsanleihen sowie Anleihen in Verbindung mit Swapgeschäften in DM begeben werden.

Bis zum heutigen Tag entstehen weiterhin viele neue Instrumente an den internationalen Märkten, die auch in der heimischen Kreditwirtschaft wachsendes Interesse finden. Dadurch ergibt sich für die Banken nicht zuletzt auch eine Reihe offener Fragen bezüglich der ordnungsmäßigen Bilanzierung der neuen Fazilitäten. Die herkömmlichen Bilanzierungsgepflogenheiten bieten hier nicht unbedingt auch sachgerechte Lösungen.

Neben der Entwicklung neuer Finanzprodukte ist in den letzten Jahren auch ein bemerkenswerter Prozeß der Internationalisierung der Finanzmärkte zu beobachten, der mit einer internationalen Angleichung nationaler Bankaufsichtsvorschriften einhergeht. In zunehmendem Maße werden auch, nicht zuletzt im Hinblick auf die internationale Wettbewerbsfähigkeit der Kreditinstitute, die Bilanzierungsvorschriften verschiedener Länder einander angeglichen. Beispiele hierfür sind der weltweit wachsende Einfluß anglo-amerikanischer Bilanzierungsgrundsätze, der u.a. in entsprechenden Vorschlägen des International Accounting Standards Committee zum Ausdruck kommt, und die jüngste Verabschiedung der EG-Bankbilanzrichtlinie, die noch der Umsetzung in nationales Recht bedarf.

Die genannten Einflüsse — neue Produkte auf der einen, ein Druck auf herkömmliche GoB auf der anderen Seite — machen deutlich, warum Ausweis und Bewertung vieler Finanzinnovationen in der Praxis nach wie vor ungeklärt sind. Auch in der Literatur, vor allem aber im deutschsprachigen Schrifttum, ist die bilanzielle Behandlung neuer Finanzinstrumente bisher nur in wenigen Einzelfällen erörtert worden.

2. Die Diskussion in der Bilanzpraxis

In der Bilanzpraxis werden typischerweise zunächst Ausweis- und Bewertungsfragen einzelner neuer Instrumente vor dem Hintergrund geltender GoB untersucht. Die Diskussion zwischen Wirtschaftsprüfern und der Bankpraxis hat in der Verlautbarung HFA 1/1986 des Instituts der Wirtschaftsprüfer zur Bilanzierung von Zero-Bonds[1] ihren ersten Niederschlag gefunden. Der Bankenfachausschuß des IdW hat außerdem im Mai 1987 eine Verlautbarung zur Bilanzierung von Euronotes-Fazilitäten vorgelegt[2]. Der Arbeitskreis im IdW, der sich mit der Bilanzierung von Finanzinnovationen befaßt, hat den Vorschlag für einen Verlautbarungsentwurf „Zur Prüfung von Zins-/Währungsausgleichsvereinbarungen (Zins-/Währungsswaps) und Zinstermingeschäften“ erarbeitet, den der BFA jedoch nicht verabschiedet hat, da die Risiken aus Zinsausgleichsvereinbarungen grundsätzlich nicht anders einzustufen seien als die Risiken aus inkongruenter Refinanzierung bei bilanzwirksamen Geschäften. Zur Beurteilung der Zinsrisiken eines Kreditinstitutes müßten vielmehr alle zinstragenden Geschäfte und alle einem Zinsrisiko unterliegenden Posten zusammengefaßt werden[3].

3. Zielsetzung und Struktur der Arbeit

Angesichts des schnellen Innovationsprozesses mit seinen vielfältigen Instrumenten und deren Variationen erschien es von besonderem Interesse, die Frage zu untersuchen, unter welchen Bedingungen Finanzinnovationen grundsätzlich neue Ausweis- und Bewertungsprobleme schaffen, sei es durch einzelne neue Elemente, die qualitativ neue Kombination bekannter Einzelelemente oder durch die besondere quantitative Ausprägung bestimmter Einzelelemente (z.B. das Disagio bei Zero-Bonds). Wir haben daher zunächst die typischen Bilanzierungsprobleme analysiert, die zum Teil einzeln, zum Teil miteinander verknüpft bei den verschiedenen Instrumenten auftreten. Dies sind u.a.:

1. Aufteilung der Ausgabe- und/oder Rückzahlungsvaluta in
   a) Kapitalforderung
   b) Entgelt für die Kapitalüberlassung
   c) Entgelt für weitere Leistungen
2. — Periodisierbarkeit insbesondere der unter 1.c) genannten Erträge/Aufwendungen
   — Bildung/Auflösung entsprechender Rückstellungen
3. Auseinanderfallen von Ein-/Auszahlungen und Erträgen/Aufwendungen
   — entsprechende Rechnungsabgrenzungen
4. Bewertung und Ausweis(fähigkeit) der
   — Entgelte für Chancen und Risiken
   — optionsähnlichen Rechte
5. Bewertungseinheiten beim Hedging gegen Preisrisiken (insbesondere Zins- und Währungsrisiken)

---

[1] IdW (1986b), S. 248f.

[2] IdW (1987b), S. 301f.

[3] Siehe IdW (1986a), S. 447f.

6. Neue Bilanzpositionen für Kreditinstitute
   — in der Bilanz (z.B. verbriefte Kredite)
   — „unter dem Strich“ (Termingeschäfte, garantieähnliche Kreditzusagen)
7. Vorschriften für den Anhang der Kreditinstitute

Eng mit diesen besonderen Bilanzierungsproblemen zusammen hängt die Frage nach den typischen Funktionen, durch die sich die neuen Instrumente gegenüber den bereits bekannten auszeichnen und deren Art und Umfang der Jahresabschluß der Kreditinstitute im Rahmen seiner Zahlungsbemessungs- und Informationsfunktion unter Umständen abbilden muß. Dies sind insbesondere:

A) die Risikentransformation allgemeiner Preis- (insbesondere Zins- und Währungs-) und Kreditrisiken
B) die Verbesserung der Liquidität von Finanzanlagen („securitisation“)
C) die Verbilligung der Beschaffung von Finanzierungsmitteln durch die Eröffnung neuer Marktsegmente für den Schuldner.

Beide Ansätze erschienen allerdings nicht als geeignet, um allein davon ausgehend grundlegende Lösungsansätze zur Bilanzierung von Finanzinnovationen diskutieren und entwickeln zu können. Bei der Bearbeitung des vorliegenden Themas erwies es sich daher als zweckmäßig, aus der großen Fülle der Finanzinnovationen einige besonders markante Instrumente in einer Auswahl zu behandeln, die die o.g. verschiedenen Funktionen berücksichtigt und in besonderer Weise die Ableitung grundsätzlicher Lösungen der typischen Bilanzierungsprobleme versprach.

4. Aufbau der Arbeit

Die vorliegende Arbeit ist in drei Hauptteile gegliedert. Im ersten Teil (Kapitel A) werden Schwerpunkte des bilanzrechtlichen Rahmens vorgestellt, die für die Diskussion der einzelnen Bilanzierungsprobleme von besonderer Bedeutung sind. Im zweiten Teil (Kapitel B und C) werden zwei der neuen börsengängigen Wertpapierfazilitäten behandelt, die mit der Erklärung der Deutschen Bundesbank[4] seit dem 1.5.1985 auch in DM begeben werden können. Im dritten Hauptteil der Arbeit (Kapitel D bis F) werden drei Innovationen aus dem Bereich der sogenannten „off-balance sheet“-Geschäfte analysiert.

Im Kapitel A gehen wir auf die Elemente der Grundsätze ordnungsmäßiger Bilanzierung und weiterer Bilanzierungsvorschriften ein, die bei der Diskussion um den Ausweis und die Bewertung von Finanzinnovationen im Vordergrund stehen. Der relevante bilanzrechtliche Rahmen ist in diesem Zusammenhang vor allem durch die Neufassung des HGB im Jahre 1985 geprägt, bei der u.a. bis dahin nicht kodifizierte GoB sowie Elemente anglo-amerikanischer Bilanzvor-

[4] Deutsche Bundesbank (1985a), S. 1f.

schriften (true and fair view) Eingang in das Gesetz gefunden haben. Des weiteren werden für die nachfolgenden Analysen wesentliche Entwicklungstendenzen der Bankbilanzierung aufgrund der Ende 1986 verabschiedeten EG-Bankbilanzrichtlinie aufgezeigt.

Im zweiten Teil werden zunächst in Kapitel B Ausweis- und Bewertungsfragen von Zero-Bonds untersucht. Aktueller Anlaß zur Bearbeitung dieses Kapitels war die Verlautbarung HFA 1/1986 zur Bilanzierung von Zero-Bonds im Mai 1986. Die Diskussion um die Bilanzierung von Zero-Bonds zeigte sehr rasch auch die große bilanztheoretische Bedeutung der Frage nach der bilanziellen Behandlung sehr hoher Unterschiedsbeträge in Verbindung mit der Passivierung des Rückzahlungsbetrages, ein Problem, das über das einzelne Instrument „Zero-Bond" hinausgeht und im Grundsätzlichen nach wie vor nicht gelöst ist.

Im Kapitel C des zweiten Teils werden Bilanzierungsfragen im Zusammenhang mit Doppelwährungsanleihen diskutiert. Die Doppelwährungsanleihen sind ebenso wie die Zero-Bonds erst seit kurzem für eine Begebung in DM zugelassen worden. Vor allem aber sind sie ein anschauliches Beispiel zur Erläuterung der Bilanzierungsprobleme, die sich aus dem Kreis „hybrider" Anleihefazilitäten ergeben. Anhand der Doppelwährungsanleihe werden in diesem Zusammenhang sowohl die Fragen der Duplizierbarkeit der Zahlungsströme durch andere Finanzinstrumente (Zero-Bonds, Termingeschäfte, herkömmliche Festzinsanleihen...) als auch der Problemkreis der optionsähnlichen Rechte besprochen.

Im dritten Teil der Arbeit werden in den Kapiteln D und E Zinsterminkontrakte und Swapgeschäfte, unter besonderer Berücksichtigung der Zinsswaps, als Instrumente der Zinsrisikotransformation analysiert. Die Bilanzierungsproblematik beider Instrumente ist bei aller Verschiedenartigkeit der Finanzinstrumente sehr verwandt, zumindest was die erheblichen bilanztheoretischen Probleme, wie etwa die Bildung von Bewertungseinheiten oder die Marktwertbilanzierung, betrifft. Dies gilt auch für die hier nicht behandelten Terminzinsvereinbarungen (forward rate agreements) und die Zinsoptionen. Die Bilanzierungsproblematik dieser ebenfalls für das Zinsrisikomanagement der Kreditinstitute geeigneten Finanzinnovationen weist auch eine enge Affinität zu der Fragestellung einer Zinsrisikobilanzierung bei den bilanzwirksamen Geschäften auf. Dies ist in der Praxis zwar erkannt worden[5], gleichwohl — und nicht nur im Inland — in der praktischen Handhabung ebenso wie in bilanztheoretischer Hinsicht ungelöst und dürfte als vordringliches Forschungsgebiet auf dem Felde der Bilanzierung von Finanzinnovationen in Kreditinstituten anzusehen sein. Das gilt sowohl für die Bewertung sowie die Gewinn- und Verlustrealisation als auch für die im Zusammenhang mit der Transformation der EG-Bankbilanzrichtlinie zu überdenkenden Ausweismöglichkeiten („unter dem Strich", Anhang) und ihrer bilanztheoretischen Begründung.

---

[5] Siehe etwa oben die Begründung des BFA zum Verzicht auf einen Verlautbarungsentwurf zur Bilanzierung von Zinsterminkontrakten und Swapgeschäften.

Im abschließenden Kapitel F der Arbeit werden Bilanzierungsfragen der Euronotes-Fazilitäten bearbeitet. Bei diesen, in vielen Ausgestaltungsformen anzutreffenden Instrumenten geht es insbesondere um die Ableitung von Ausweisregeln für einen Innovationstyp, der in der Diskussion der Bank- und Bilanzpraxis auch als garantieähnliche Kreditzusage bezeichnet wird. Für die Ableitung von Abbildungsregeln ist es vor allem notwendig, die wirtschaftliche Funktion und die mit diesen Fazilitäten verbundenen Risiken gegenüber Garantien und Kreditzusagen abzuschichten. Die Analyse hat ebenfalls einen aktuellen Bezug zur Diskussion in der Praxis. Im Juni 1986 erfolgte die Einbeziehung der Euronotes-Fazilitäten in den Grundsatz I des BAKred[6], im Januar 1987 wurde der Entwurf einer Verlautbarung des BFA zur Bilanzierung von Euronotes-Fazilitäten veröffentlicht[7], der im Mai 1987 als Stellungnahme (s.o.) verabschiedet wurde.

---

[6] BAKred (1986b), S. 26-28.

[7] IdW (1987a), S. 45f.

Erster Teil

A. Grundzüge des bilanzrechtlichen Rahmens

1. Vorbemerkungen

Das Bilanzrecht stellt kein geschlossenes System von eindeutig anwendbaren Rechtsvorschriften in einer festen hierarchischen Struktur dar. Selbst hergebrachte Bilanzierungstatbestände lassen sich bekanntlich oft nicht problemlos in dieses System einordnen. Das beweisen die z.T. jahrelangen Diskussionen um spezielle Bilanzierungsprobleme altbekannter Tatbestände in einem zumindest seit dem Aktiengesetz von 1965 bis vor wenigen Jahren relativ stabilen bilanzrechtlichen Umfeld. Um wieviel schwieriger stellt sich das Problem bei neuen Bilanzierungstatbeständen dar, wenn gleichzeitig der bilanzrechtliche Rahmen einer deutlichen Wandlung unterzogen wird. Diese Situation ist seit der Verabschiedung des neuen HGB 1985 parallel zur Entwicklung der Welle von Finanzinnovationen in besonderem Maße gegeben.

Im folgenden Kapitel wird nicht der Versuch unternommen, den neuen und sich immer noch stark wandelnden bilanzrechtlichen Rahmen — hier ist an die anstehende Transformation der EG-Bankbilanzrichtlinie in nationales Recht zu denken — lückenlos abzustecken oder gar eine neue Bilanztheorie aufzustellen. Es werden im Gegenteil in einem Überblick nur einige Schwerpunkte mit besonders engem Bezug zu der nachfolgenden Analyse herausgegriffen. Damit werden gleichzeitig einige Ansatzpunkte für eine partielle Weiterentwicklung des Bilanzrechts auf dem Felde der bankbetrieblichen Rechnungslegung aufgezeigt.

2. Grundsätze ordnungsmäßiger Bilanzierung

2.1. Der Grundsatz der Einzelbewertung

Nach § 252 Abs. 1 Nr. 3 HGB sind die Vermögensgegenstände und Schulden des Jahresabschlusses zum Abschlußstichtag einzeln zu bewerten. Wertminderungen einzelner Vermögensgegenstände dürfen damit nicht mit Wertsteigerungen anderer Vermögensgegenstände kompensiert werden[1]. Außerdem soll eine Saldierung von Aktiv- und Passivpositionen verhindert werden[2]. Zweck der

---

[1] Vgl. Adler/Düring/Schmaltz (1987), § 252 HGB, Tz. 43.

[2] Vgl. Siegel (1987), B 161, Rz. 72; außerdem gilt noch konkret das Verrechnungsverbot nach § 246 Abs. 2.

Einzelbewertung ist es zu verhindern, daß nicht realisierte Gewinne auf dem Umweg einer Saldierung mit auszuweisenden drohenden Verlusten zum Ansatz gelangen[3]. Der Einzelbewertungsgrundsatz hat seinen Ursprung somit im Vorsichtsprinzip[4]. Er gilt nach § 6 Abs. 1 EStG auch für die Steuerbilanz.

Bei Anwendung des Einzelbewertungsgrundsatzes muß vor allem bestimmt werden, was bei der Vielzahl bilanzierungsfähiger Einzelposten Objekt der Bewertung ist. Es ist eine Entscheidung darüber zu treffen, ob eine Position selbständig zu bewerten ist oder gegebenenfalls mit anderen Positionen eine Bewertungseinheit bildet[5]. Als Kriterium ist dabei nicht eine streng zivilrechtliche, sondern vor allem die für das Bilanzrecht maßgebliche wirtschaftliche Betrachtungsweise heranzuziehen[6]. Als entscheidendes Kriterium für die Bestimmung des Bewertungsobjekts hat sich in der Bilanzrechtsprechung der Begriff des einheitlichen betrieblichen Nutzungs- und Funktionszusammenhangs entwickelt[7]. „Der gleiche Gegenstand kann je nach seiner Funktion selbständig oder Teil einer größeren Bewertungseinheit sein"[8]. Als Anhaltspunkt für die Abgrenzung einer Bewertungseinheit ist das Kriterium gut geeignet. Die wirtschaftliche Betrachtungsweise kommt dergestalt zum Ausdruck, „daß die Bewertungseinheit als eine Funktionseinheit angesehen wird, die sich im Hinblick auf ihren Beitrag zur Leistungserstellung des Unternehmens separieren läßt"[9]. Daneben kann auch eine Rolle spielen, ob die Bewertungseinheit unter Nutzungsdaueraspekten ausreichend homogen zusammengesetzt ist[10]. Allerdings ergeben sich nicht automatisch befriedigende Lösungen, da es oft an der eindeutigen Bestimmbarkeit der beiden Teilkriterien „Nutzung" und „Funktion" mangelt. Im Zweifel muß der Bilanzierende letztlich auf die Besonderheiten der Branche und schließlich des einzelnen Betriebes abstellen[11]. In diesem Sinne ergibt sich für die Analyse insbesondere in den Kapiteln D und E der vorliegenden Arbeit ein wichtiger Untersuchungsgegenstand: die Besonderheiten der Anwendung des Einzelbewertungsgrundsatzes in Kreditinstituten.

---

3 Vgl. Herrmann/Heuer/Raupach (1987), § 6 EStG Anm. 86.

4 Vgl. Budde/Ihle (1986), § 252 HGB Anm. 12.

5 Vgl. etwa Körner (1976), S. 431; Adler/Düring/Schmaltz (1987), § 252 HGB, Tz. 48.

6 Stellvertretend für viele Adler/Düring/Schmaltz (1987), § 252 HGB, Tz. 49; Budde/Ihle (1986), § 252 HGB Anm. 13.

7 Vgl. BFH-Urteil vom 26.11.1973, BStBl. II 1974, S. 132; Körner (1976), S. 431; Budde/Ihle (1986), § 252 HGB Anm. 13; Adler/Düring/Schmaltz (1987), § 252 HGB, Tz. 52.

8 Budde/Ihle (1986), § 252 HGB Anm. 13.

9 Adler/Düring/Schmaltz (1987), § 252 HGB, Tz. 54.

10 Vgl. Adler/Düring/Schmaltz (1987), § 252 HGB, Tz. 55.

11 Adler/Düring/Schmaltz (1987), § 252 HGB, Tz. 53.

2.2. Das Vorsichtsprinzip

Das Vorsichtsprinzip als traditioneller GoB im deutschen Bilanzrecht wird in § 252 Abs. 1 Nr. 4 HGB nunmehr explizit als allgemeiner Bewertungsgrundsatz gesetzlich vorgeschrieben. Nach dem Wortlaut der Vorschrift wird das Vorsichtsprinzip durch das „namentlich" genannte Imparitätsprinzip (§ 252 Abs. 1 Nr. 4, 1. Halbsatz) und das Realisationsprinzip (§ 252 Abs. 1 Nr. 4, 2. Halbsatz) konkretisiert[12].

2.2.1. Inhalt und Zweck des allgemeinen Vorsichtsprinzips

Das Vorsichtsprinzip dient in erster Linie der Erfüllung des wichtigen Rechnungslegungszwecks „Gläubigerschutz"[13]. Letztlich soll der Kaufmann seinen Bestand an Reinvermögen nicht günstiger ausweisen, als er tatsächlich ist, um damit überhöhte Gewinnausschüttungen zu vermeiden und zur Erhaltung der Haftungssubstanz beizutragen[14]. Nach Münstermann geht die Praxis davon aus, daß angesichts der Unsicherheit der künftigen Entwicklung Risiko und Chance von ungleicher Bedeutung für die Entscheidungsposition des Unternehmers sind und so die Errechnung eines zu niedrigen Erfolges für die Unternehmung geringere Gefahren in sich birgt als die Ermittlung eines zu hohen Erfolges[15]. Allerdings findet der Grundsatz der Vorsicht, außer in den speziellen Bewertungsvorschriften, seine Grenze im Grundsatz der Bilanzwahrheit, um nicht in Willkür auszuarten[16].

Eine präzise Formulierung des Vorsichtsgrundsatzes in seiner allgemeinen Form ist schwierig. Eine vorsichtige Bewertung kommt überall dort zum Zuge, „wo aufgrund unvollständiger Information oder der Ungewißheit künftiger Ereignisse zwangsläufig Ermessensspielräume bestehen"[17]. Für die gebotene Objektivierung der Wertansätze ist der Ermessensspielraum jeweils durch eine Wertober- bzw. Wertuntergrenze beschränkt, die ein sachkundiger Dritter als nicht willkürlich empfindet[18]. So entspricht es dem Vorsichtsprinzip z.B. eher, bei mehreren Schätzalternativen stets eine etwas pessimistischere als die wahrscheinlichste Alternative zu wählen[19]. Leffson verlangt gar einen Wert vom

---

[12] Vgl. etwa Sahner/Schultzke (1986), § 252 HGB Anm. 18; Budde/Ihle (1986), § 252 HGB Anm. 15, die auch in Anm. 32 auf weitere, nicht in § 252 HGB genannte Ausprägungen des Vorsichtsprinzips eingehen.

[13] Vgl. Glade (1986), S. 77.

[14] Vgl. u.a. Federmann (1979), S. 114; Wohlgemuth (1986), § 252 HGB Anm. 32; Sahner/Schultzke (1986), § 252 HGB Anm. 19.

[15] Münstermann (1981), Sp. 275.

[16] Vgl. Körner (1986), S. 1956 m.w.N.; Sahner/Schultzke (1986), § 252 HGB Anm. 19.

[17] Adler/Düring/Schmaltz (1987), § 252 HGB, Tz. 63.

[18] Vgl. Budde/Ihle (1986), § 252 HGB Anm. 17.

[19] Vgl. Forster (1971), S. 393.

unteren Ende der Bandbreite, der mit hinreichend großer Wahrscheinlichkeit (z.B. 90%) die bestehende Risikosituation abdeckt[20].

2.2.2. Das Realisationsprinzip

Gemäß § 252 Abs. 1 Nr. 4, 2. Halbsatz HGB sind nur die am Abschlußstichtag realisierten Gewinne zu berücksichtigen. Damit hat der Gesetzgeber erstmals das Realisationsprinzip normiert und es als besondere Ausprägung des Vorsichtsprinzips[21] formuliert[22]. Der Gewinnausweis darf grundsätzlich erst mit dem Umsatz berücksichtigt werden[23]. Mit dem Gebot, nur realisierte Gewinne auszuweisen, soll verhindert werden, daß noch nicht erzielte Gewinne zur Ausschüttung gelangen[24]. Das Realisationsprinzip hat zwei Komponenten: Erstens das Anschaffungswertprinzip und zweitens die Festlegung des Realisationszeitpunktes[25].

Das Anschaffungswertprinzip, das in § 253 Abs. 1 HGB verankert ist, legt als absolute Wertobergrenze für Vermögensgegenstände die Anschaffungs- oder Herstellungskosten fest. Vor dem Realisationszeitpunkt bleiben Wertsteigerungen von Aktiva und analog Wertminderungen von Passiva unberücksichtigt. Nach herrschender Meinung gilt der Zeitpunkt, zu dem die eigene Leistung erbracht worden ist, als Realisationszeitpunkt[26].

Bei den von uns untersuchten Finanzinstrumenten kommt allerdings als Realisationszeitpunkt ein Umsatzzeitpunkt, wie er etwa beim Verkauf von Vermögensgegenständen typisch ist, oft gar nicht in Betracht. Stattdessen geht es dann um die für die Erfüllung von langfristigen Verträgen typische Teilgewinnrealisierung[27]. Im Rahmen der vorliegenden Arbeit steht dabei die Frage einer solchen Ertragsrealisation pro rata temporis, wie sie für Zinsansprüche entsprechend der Dauer der Kapitalüberlassung gilt[28], häufig im Vordergrund. Eine spezielle Diskussion bei den Finanzinnovationen geht in die Richtung, ob im Einzelfall nicht ein zins*ähnlicher* Leistungstatbestand vorliegt, der bilanziell ebenfalls pro rata temporis behandelt werden kann.

---

[20] Leffson (1987), S. 479.

[21] Vgl. hierzu insbesondere Moxter (1984b), S. 1780f.

[22] Vgl. Budde/Ihle (1986), § 252 HGB Anm. 26 m.w.N.

[23] Vgl. stellvertretend Moxter (1984b), S. 1783.

[24] Vgl. Sahner/Schultzke (1986), § 252 HGB Anm. 20.

[25] Ausführlich hierzu Leffson (1987), S. 252ff.

[26] Siehe insbesondere Leffson (1987), S. 259 mit zahlreichen w.N.; Budde/Ihle (1986), § 252 HGB Anm. 28 m.w.N.; a.A. Schneider (1976), S. 116; dem folgend Siegel (1987), B 161, Rz. 130.

[27] Ausführlich hierzu Leffson (1987), S. 270 m.w.N.; siehe auch Budde/Ihle (1986), § 252 HGB Anm. 29f.

[28] Vgl. etwa Adler/Düring/Schmaltz (1987), § 252 HGB, Tz. 81.

Eine weitere für die vorliegende Arbeit zentrale Vorschrift ist das nach herrschender Meinung geltende Verbot der Bilanzierung schwebender Geschäfte[29]. Es findet seine Begründung letztlich ebenfalls im Realisationsprinzip. Das schwebende Geschäft sei nämlich zunächst noch mit so erheblichen Risiken behaftet, daß aus Vorsichtsgründen nicht bilanziert werden dürfe[30].

2.2.3. Das Imparitätsprinzip

Das Imparitätsprinzip ist in § 252 Abs. 1 Nr. 4, 2. Halbsatz HGB kodifiziert. Danach sind „alle vorhersehbaren Risiken und Verluste, die bis zum Abschlußstichtag entstanden sind", bilanziell zu berücksichtigen, „selbst wenn diese erst zwischen dem Abschlußstichtag und dem Tag der Aufstellung des Jahresabschlusses bekanntgeworden sind". Das bereits im Realisationsprinzip konkretisierte Vorsichtsprinzip wird durch das Imparitätsprinzip ergänzt. Es besagt, daß negative Erfolgsbeiträge, anders als positive Erfolgsbeiträge, nicht erst mit ihrer Realisierung, sondern schon mit ihrem „Eintritt" zu berücksichtigen sind. Verluste werden im Vergleich zu Gewinnen mithin ungleich (imparitätisch) behandelt. Dies ist zwingende Folge des Vorsichtsprinzips: Es entspricht vorsichtiger Bilanzierung, Gewinne erst anzunehmen, wenn sie (im Regelfall) durch einen Umsatzakt bestätigt sind, bei Verlusten dagegen diese Bestätigung durch einen Umsatzakt nicht abzuwarten[31]. Zweck des Imparitätsprinzips ist es, die künftigen Geschäftsjahre durch die Verlustantizipation möglichst von allen Wirkungen der in früheren Perioden getroffenen Dispositionen freizustellen, die ihr Ergebnis verringern würden[32]. Die Vorwegnahme von zukünftigen Verlusten wird insofern objektiviert, als nur Wertminderungen *bereits vorhandener* Aktiva bzw. Wertsteigerungen bereits vorhandener Passiva sowie drohende Verluste aus bereits schwebenden Geschäften zu berücksichtigen sind[33]. Das Imparitätsprinzip erfordert schließlich nur die Antizipation „vorhersehbarer" Risiken und Verluste; „was nicht voraussehbar, also nicht hinreichend konkretisiert ist, kann und muß nicht berücksichtigt werden"[34].

Das Imparitätsprinzip als allgemeiner Bewertungsgrundsatz findet seinen Niederschlag in weiteren Einzelvorschriften, und zwar im Niederstwertprinzip (§ 253 Abs. 2 und 3 HGB) und in dem Grundsatz, daß für drohende Verluste aus schwebenden Geschäften Rückstellungen zu bilden sind (§ 249 Abs. 1 Satz 1

---

[29] Vgl. stellvertretend Woerner (1984), S. 489, 491 ff. mit zahlreichen w.N.; Barske (1981), S. 769; insbesondere BFH-Urteil vom 8.12.1982, I R 142/81, BStBl. II 1983, S. 369; BFH-Urteil vom 20.1.1983, BStBl. II 1983, S. 413; Crezelius (1988), S. 85 f. m.w.N.; a.A. soweit ersichtlich nur Bodarwé (1966), S. 668, 670 ff.; Bieg (1977), S. 356 ff.

[30] Vgl. nur Woerner (1988), S. 771 f. m.w.N.

[31] Vgl. Moxter (1984), S. 404.

[32] Vgl. Leffson (1987), S. 340; vgl. auch Moxter (1986), S. 174; Strobl (1984), S. 209.

[33] Vgl. Moxter (1984), S. 404 f.

[34] Moxter (1986b), S. 38; ausführlich hierzu Baetge/Knüppe (1986), S. 394 ff.

HGB)[35]. In beiden Fällen sind Risiken und Verluste zu berücksichtigen, ohne daß auf eine Realisation abgestellt wird.

Das Niederstwertprinzip[36] als Ausfluß des Imparitätsprinzips tritt in zwei verschiedenen Formen auf: Für Gegenstände des Umlaufvermögens gilt das strenge Niederstwertprinzip nach § 253 Abs. 3 Sätze 1 und 2, für Gegenstände des Anlagevermögens das gemilderte Niederstwertprinzip nach § 253 Abs. 2 Satz 3.

Nach dem strengen Niederstwertprinzip ist der Bilanzierende verpflichtet, zu jedem Abschlußstichtag die Gegenstände des Umlaufvermögens auf den Börsen- oder Marktpreis bzw. auf den am Abschlußstichtag beizulegenden Wert abzuschreiben, wenn dieser Wert unter den bilanzierten Anschaffungs- oder Herstellungskosten liegt (§ 253 Abs. 3 Sätze 1 und 2). Für Gegenstände des Anlagevermögens gilt insofern ein gemildertes Niederstwertprinzip, als nur dann (außerplanmäßig) auf den niedrigeren Wert abzuschreiben ist, wenn die Wertminderung voraussichtlich dauerhaft ist (§ 253 Abs. 2 Satz 3, 2. Halbsatz). Diese Teile des Niederstwertprinzips sind Ausprägungen des Imparitätsprinzips, da sie grundsätzlich eine Vorwegnahme erkennbarer künftiger Verluste erzwingen. Dagegen hat das Abschreibungswahlrecht für Gegenstände des Anlagevermögens bei angenommener nur vorübergehender Wertminderung (§ 253 Abs. 2 Satz 3, 1. Halbsatz[37]) mit dem Imparitätsprinzip nichts zu tun, da hier ein Abgangsverlust gar nicht droht und außerdem ein Wahlrecht mit der gesetzlich erzwungenen Verlustantizipation des Imparitätsprinzips unvereinbar wäre[38].

Als weitere Konkretisierung des Imparitätsprinzips gilt die Vorschrift des § 249 Abs. 1 Satz 1 HGB, nach der (u.a.) Rückstellungen für drohende Verluste aus schwebenden Geschäften zu bilden sind. Schwebende Geschäfte sind prinzipiell alle vertraglich vereinbarten, gegenseitig verpflichtenden Verträge, die noch von keiner Seite erfüllt sind[39]. Auch ein bindendes Vertragsangebot

---

[35] Vgl. Adler/Düring/Schmaltz (1987), § 252 HGB, Tz. 89; Budde/Ihle (1986), § 252 HGB Anm. 24; Glade (1986), S. 83f.; Körner (1986), S. 1957f.; Sahner/Schultzke (1986), § 252 HGB Anm. 22; Gelhausen (1985), S. 14f. m.w.N.; a.A. Weilbach (1985), S. 1506, der Imparitätsprinzip und Niederstwertprinzip als zwei gleichwertige, aber unterschiedliche Formen des Vorsichtsprinzips ansieht; Siegel (1987), B 161, Rz. 122ff. sieht das Niederstwertprinzip gar als völlig eigenständigen Bewertungsgrundsatz.

[36] Ausführlich hierzu Moxter (1986b), S. 56-58; Sarx (1986), § 253 HGB Anm. 507-615; Döring (1986), § 253 HGB Anm. 101ff.; Leffson (1987), S. 421ff.; Hofbauer (1987), § 253 HGB Anm. 157ff.; Adler/Düring/Schmaltz (1987), § 253 HGB, Tz. 401ff.

[37] Es gilt für Kapitalgesellschaften nach § 279 Abs. 1 Satz 2 nur für Vermögensgegenstände aus dem Bereich der Finanzanlagen.

[38] Vgl. zum letztgenannten Aspekt auch Burkhardt (1988), der aber fälschlicherweise übersieht, daß die Abschreibungspflicht bei voraussichtlich dauerhafter Wertminderung des Anlagevermögens mit dem Imparitätsprinzip konform ist; dies gilt auch für Moxter (1986b), S. 56ff.

[39] So im allgemeinen das Kriterium der neueren (allerdings nicht eindeutigen) höchstrichterlichen Rechtsprechung. Siehe BFH-Urteil vom 27.2.1976, III R 64/74,

kann bereits als schwebendes Geschäft gesehen werden, wenn die Annahme mit Sicherheit bzw. größter Wahrscheinlichkeit zu erwarten ist[40]. Dabei kann es sich sowohl um Anschaffungsgeschäfte als auch um Veräußerungsgeschäfte handeln. Dauerschuldverhältnisse sind ebenfalls schwebende Geschäfte, wenn beide Seiten verpflichtet sind, in der Zukunft weiterhin Leistungen zu erbringen[41].

Ein drohender Verlust im Sinne von § 249 Abs. 1 Satz 1 HGB liegt dann vor, wenn sich beim einzelnen schwebenden Geschäft am Bilanzstichtag absehen läßt, daß sich die bestehenden Rechte und Verpflichtungen nicht ausgleichen und ein „Verpflichtungs-Überhang" besteht[42]. Die drohenden Verluste sind dann aufgrund des Imparitätsprinzips zu antizipieren[43]. Insoweit führt die Rückstellung zu einer notwendigen Durchbrechung des Grundsatzes der Nichtbilanzierung schwebender Geschäfte[44]. Mangels Bilanzierung der Aktiva und Passiva aus schwebenden Geschäften können nämlich Störungen des Gleichgewichts nicht durch Abschreibungen oder eine Höherbewertung von Passiva berücksichtigt werden[45].

Bei einem schwebenden Beschaffungsgeschäft ist die Differenz zwischen vertraglichem Entgelt und Marktpreis des anzuschaffenden Gegenstandes rückzustellen, bei einem schwebenden Absatzgeschäft der Unterschied zwischen der eigenen Leistung und dem Anspruch auf die Gegenleistung zu passivieren[46]. Auch bei Dauerrechtsverhältnissen können Rückstellungen für drohende Verluste in Betracht kommen[47]. Ob aus dem Dauerrechtsverhältnis ein Verlust zu erwarten ist, richtet sich danach, ob der Wert der zukünftigen Verpflichtungen den Wert der zukünftigen Leistungsansprüche, bezogen auf die gesamte Restlaufzeit, übersteigt[48]. Ein etwaiger Verpflichtungsüberschuß ist — gegebenenfalls nach Abzinsung auf den Bilanzstichtag — in voller Höhe durch eine

---

BStBl. II 1976, S. 529; vgl. auch Glade (1986), § 249 HGB Anm. 66 m.w.N.; im einzelnen zum Begriff Woerner (1984), S. 490f. m.w.N.

[40] Vgl. Mayer-Wegelin (1986), § 249 HGB Anm. 41 unter Hinweis auf das BFH-Urteil vom 16.11.1982, BStBl. II 1983, S. 361ff.; vgl. auch die Diskussion bei Crezelius (1988), S. 89f. m.w.N.; Glade (1986), § 249 HGB Anm. 67f.

[41] Vgl. Mayer-Wegelin (1986), § 249 HGB Anm. 41; Crezelius (1988), S. 91 m.w.N.; Clemm/Nonnenmacher (1986), § 249 HGB Anm. 54.

[42] So Mayer-Wegelin (1986), § 249 HGB Anm. 43; vgl. auch etwa Clemm/Nonnenmacher (1986), § 249 HGB Anm. 56 m.w.N.; Kupsch (1987), § 249 HGB Anm. 28f.

[43] Vgl. statt aller Eifler (1987), Rn. 169; Knobbe-Keuk (1985), § 4 VII 2; Clemm/Nonnenmacher (1986), § 249 HGB Anm. 55; Crezelius (1988), S. 89.

[44] Vgl. Kupsch (1987), § 249 HGB Anm. 28.

[45] Biener/Berneke (1986), S. 78.

[46] Vgl. Crezelius (1988), S. 88.

[47] Vgl. statt vieler Kupsch (1987), § 249 HGB Anm. 33; Crezelius (1988), S. 91 m.w.N.; Barske (1981), Fach 17a, S. 775f.; a.A. (trotz BFH-Urteil vom 19.7.1983, BStBl. II 1984, S. 56) Biener/Berneke (1986), S. 79.

[48] Vgl. Kupsch (1987), § 249 HGB Anm. 34.

Rückstellung zu erfassen[49]. Die bereits abgewickelten (= erfüllten) Abschnitte des Gesamtverhältnisses müssen für die Rückstellungsfrage unbeachtet bleiben.

Ausschlaggebend ist also allein eine zukunftsorientierte Betrachtung[50].

2.3. Der Grundsatz der Periodenabgrenzung

Der Grundsatz der Periodenabgrenzung des § 252 Abs. 1 Nr. 5 HGB verlangt, „Aufwendungen und Erträge des Geschäftsjahrs (.) unabhängig von den Zeitpunkten der entsprechenden Zahlungen im Jahresabschluß zu berücksichtigen", d.h. grundsätzlich in der Periode, in der sie wirtschaftlich verursacht wurden[51]. Damit wurde erstmals im deutschen Bilanzrecht die Verpflichtung zur Periodisierung von Zahlungsvorgängen ausdrücklich kodifiziert[52]. Eine stärkere Entwicklung zu einer dynamischen Bilanzauffassung ist nun nicht mehr auszuschließen[53]. Bis zur Neufassung des HGB 1985 war der Grundsatz im deutschen Bilanzrecht als GoB zwar prinzipiell anerkannt, dies allerdings nur mit gewissen Einschränkungen, die sich aus dem Vorsichtsprinzip und der mehr statischen Bilanzauffassung des AktG 1965 ergaben[54].

Die Periodisierung der Zahlungsvorgänge folgt notwendigerweise aus der Aufteilung der Totalperiode, die die gesamte Lebensdauer der Unternehmung erfaßt, in Teilperioden. Das Ergebnis der Totalperiode ergibt sich als Differenz zwischen den gesamten Einnahmen und den gesamten Ausgaben. Da der Jahresabschluß nicht zuletzt der Feststellung des Periodengewinns[55] dient, müssen für jede durch das Geschäftsjahr abgegrenzte Teilperiode vom jeweiligen Ausgabe- und Einnahmestrom diejenigen Teile abgespalten werden, die den Werteverzehr bzw. die Werteentstehung des Geschäftsjahres wiedergeben. Damit gelangt man zu den Begriffen Aufwand und Ertrag als „periodisierte" Ausgaben bzw. Einnahmen[56].

---

[49] Vgl. Kupsch (1987), § 249 HGB Anm. 33.

[50] Vgl. Crezelius (1988), S. 91f.; Mayer-Wegelin (1986), § 249 HGB Anm. 44.

[51] Vgl. Sahner/Schultzke (1986), § 252 HGB Anm. 24; Budde/Ihle (1986), § 252 HGB Anm. 34 in Abgrenzung vom Kriterium der rechtlichen Entstehung oder Abwicklung; außerdem Adler/Düring/Schmaltz (1987), § 252 HGB, Tz. 93ff.

[52] Vgl. Wohlgemuth (1987), § 252 HGB Anm. 56.

[53] Biener/Berneke (1986), S. 91; schon Biener (1979), S. 112; auch Lang (1986), S. 245.

[54] Vgl. Sahner/Schultzke (1986); Biener (1979), S. 112; a.A. Wohlgemuth (1987), § 252 HGB Anm. 56, der keine materielle Änderung des bisherigen Rechts erkennt.

[55] Beisse (1984), S. 4 bemerkt, daß die Bilanz (und GuV) im Rechtssinne eine Wandlung zur „echten Gewinnermittlungsbilanz" erfahren hat. Dargestellt wird nach Moxter (1985), S. 24, ein Periodengewinn, der als „Ausschüttungsrichtgröße, d.h. als verteilbarer Betrag" definiert werden kann.

[56] Vgl. Wohlgemuth (1987), § 252 HGB Anm. 57; vgl. auch Moxter (1986b), S. 40.

3. Der Anhang als zusätzlicher Teil des Jahresabschlusses von Kapitalgesellschaften (§ 264 Abs. 1 HGB)

3.1. Pflicht zur Aufstellung und Funktion des Anhangs

Nach § 264 Abs. 1 HGB haben Kapitalgesellschaften ihren Jahresabschluß „um einen Anhang zu erweitern, der mit der Bilanz und der Gewinn- und Verlustrechnung eine Einheit bildet". Mit dieser Vorschrift hat der deutsche Gesetzgeber Art. 2 Abs. 1 der 4. EG-Richtlinie[57] in nationales Recht transformiert.

Als gleichberechtigter Teil des Jahresabschlusses hat der Anhang mehrere Aufgaben zu erfüllen: Er soll für das Verständnis von Bilanz und GuV beitragen (Interpretationsfunktion) sowie Bilanz und GuV gegebenenfalls von sonst dort erforderlichen Angaben entlasten (Entlastungsfunktion). Weiterhin hat er die Vergleichbarkeit zum Jahresabschluß des Vorjahres durch quantitative Angaben über entsprechende Abweichungen sicherzustellen (Korrekturfunktion). Schließlich hat der Anhang für eine Reihe von Informationen zu sorgen, die sich auf nicht bilanzierungsfähige Sachverhalte beziehen[58]. Gerade diese Ergänzungsfunktion des Anhangs spielt für unseren Untersuchungsgegenstand eine herausragende Rolle, da sich nunmehr die Ausweisfrage für eine ganze Reihe von Finanzinnovationen aus dem Bereich schwebender Geschäfte stellt. Im dritten Teil der vorliegenden Arbeit wird dieser Komplex ausführlich analysiert.

3.2. Die Generalnorm des § 264 Abs. 2 HGB

Über die kodifizierten Einzelangaben hinaus hat der Anhang zusammen mit der Bilanz und der GuV „unter Beachtung der Grundsätze ordnungsmäßiger Buchführung ein den tatsächlichen Verhältnissen entsprechendes Bild der Vermögens-, Finanz- und Ertragslage der Kapitalgesellschaft zu vermitteln" (§ 264 Abs. 2 Satz 1 HGB). Explizit sind nach Satz 2 der genannten Vorschrift im Anhang zusätzliche Angaben zu machen, wenn besondere Umstände dazu führen, daß der Jahresabschluß ein solches Bild sonst nicht vermitteln kann. Die Frage, wann „besondere Umstände" vorliegen, ist in der Literatur umstritten. Die Mehrzahl der Autoren folgt der Ansicht des Regierungsentwurfs[59], daß die Generalklausel nur dann heranzuziehen sei, wenn Zweifel bei der Auslegung und Anwendung einzelner Vorschriften entstünden oder Lücken zu schließen seien. Die Generalklausel erlaubt es nach dieser Ansicht nicht, den Inhalt und Umfang des Jahresabschlusses abweichend von den gesetzlichen Einzelvor-

---

[57] Rat der Europäischen Gemeinschaften (1978).

[58] Zu den verschiedenen Funktionen des Anhangs siehe Russ (1986), S. 20ff.; dem folgend Coenenberg (1987), S. 363.

[59] Siehe die Begründung zum Regierungsentwurf eines Bilanzrichtlinie-Gesetzes zu § 237 HGB-E (jetzt § 264 HGB), BT-Drs. 10/317 vom 26.8.1983, S. 76.

schriften zu bestimmen. Damit wären nur die nach § 264 Abs. 2 Satz 2 HGB im Anhang vorgesehenen zusätzlichen Angaben in besonders gelagerten Ausnahmefällen zu machen[60]. Gestützt wird diese Argumentation regelmäßig damit, daß der deutsche Gesetzgeber auf die Transformation des Art. 2 Abs. 5 der 4. EG-Richtlinie, nach dem bei einem Konflikt zwischen Generalnorm und Einzelnormen von der entsprechenden Einzelvorschrift abgewichen werden *muß*, verzichtet hat[61].

Für die folgende Untersuchung neuer Finanzierungsformen mit ihren teilweise gänzlich neuen Tatbeständen erscheint es uns aber — abweichend von den o.g. Ausführungen — notwendig, eine deutlich flexiblere Haltung zum Konflikt zwischen Generalnorm und Einzelnormen einzunehmen. Wir folgen daher der Ansicht von Leffson, daß nicht grundsätzlich zu beantworten ist, ob die Generalnorm über oder unter den Einzelvorschriften steht. „Wie bei allen konkurrierenden Rechtsnormen kann die Frage nur im konkreten Fall entschieden werden“[62]. Ergibt sich also, daß die tatsächlichen Verhältnisse der Unternehmung im Jahresabschluß derart unzureichend abgebildet werden, daß der Informationsempfänger irregeführt wird, bleibt in ganz besonderen Fällen sogar die Möglichkeit der Nichtbeachtung spezieller Bilanzierungsvorschriften — unter Bericht im Anhang — gemäß der nicht explizit transformierten Bestimmung des Art. 2 Abs. 5 der 4. EG-Richtlinie[63].

3.3. Abweichungen von Bilanzierungs- und Bewertungsmethoden (§ 284 Abs. 2 Nr. 3 HGB)

Nach § 284 Abs. 2 Nr. 3 HGB sind Abweichungen von Bilanzierungs- und Bewertungsmethoden anzugeben und zu begründen (1. Halbsatz) und der Einfluß dieser Abweichungen auf die Vermögens-, Finanz- und Ertragslage gesondert darzustellen (2. Halbsatz). Es ist dem Gesetzeswortlaut nicht zu entnehmen, ob hier Abweichungen von gesetzlich vorgeschriebenen oder von den im Vorjahresabschluß angewandten Methoden oder beide gemeint sind. Im Bericht des Rechtsausschusses des Bundestages heißt es, die Angabepflicht beziehe sich insbesondere auf § 252 Abs. 1 HGB, wo die allgemeinen Bewertungsgrundsätze niedergelegt sind[64]. In § 252 Abs. 2 ist ein Abweichen von den Grundsätzen des Abs. 1 nur in Ausnahmefällen zugelassen. Es sind dies die Grundsätze der Bilanzkontinuität, der Unternehmensfortführung, der Einzel-

---

60 Vgl. Schülen (1987a), B 410, Rz. 38; a.A. Glade (1986), § 284, Rz. 24, der eine weitere Auslegung der Vorschrift vertritt.

61 Vgl. etwa Streim (1986), § 264 HGB Anm. 10; Budde/Karig (1986); § 264 HGB Anm. 29; Baetge/Commandeur (1986), § 264 HGB Anm. 10.

62 Leffson (1987b), S. 321 unter Hinweis auf Ennecerus/Nipperdey (1959), S. 351.

63 So Leffson (1986), S. 97, 102f.; s.a. Großfeld (1986), S. 201 unter Hinweis auf Larenz (1982), S. 117.

64 Abgedruckt bei Biener/Berneke (1986), S. 255.

bewertung, der Vorsicht, der Periodenabgrenzung und der Stetigkeit. In § 284 Abs. 2 Nr. 3 HGB wird ebenso von Abweichungen wie in § 252 Abs. 2 HGB gesprochen. Danach sind also Abweichungen von *allen* diesen Grundsätzen angabepflichtig[65]. Bei der Darstellung des Einflusses der Abweichungen auf die Vermögens-, Finanz- und Ertragslage (2. Halbsatz) ist zu berücksichtigen, daß diese nicht als Saldo, sondern vielmehr je für sich aufzuführen sind. Dies folgt aus dem Wort „gesondert“ im Gesetzestext[66]. Eine zahlenmäßige Angabe der einzelnen Abweichung ist im Hinblick auf die Erfüllung des Informationszwecks zu befürworten[67].

3.4. Angabe des Gesamtbetrages der sonstigen finanziellen Verpflichtungen gemäß § 285 Nr. 3 HGB

Eine zentrale Vorschrift im Hinblick auf unseren Untersuchungsgegenstand findet sich in § 285 Nr. 3 HGB. Danach haben mittelgroße (§ 267 Abs. 2 HGB) und große (§ 267 Abs. 3 HGB) Kapitalgesellschaften im Anhang den Gesamtbetrag der sonstigen finanziellen Verpflichtungen anzugeben, die nicht in der Bilanz erscheinen und auch nicht nach § 251 HGB als Haftungsverhältnisse anzugeben sind, sofern diese Angabe für die Beurteilung der Finanzlage von Bedeutung ist. Mit dieser Berichtspflicht, die auf Artikel 43 Abs. 1 Nr. 7 Satz 1 der 4. EG-Richtlinie zurückgeht, soll ein besserer Einblick in die Finanzlage erreicht werden[68].

Mit dem Begriff „sonstige finanzielle Verpflichtungen“ liegt ein neuer bilanzrechtlicher Terminus vor, der unbestimmt ist[69]. Der Gesetzgeber hat in § 285 Nr. 3 HGB auf eine Aufzählung solcher finanziellen Verplichtungen verzichtet. Da der Ausweis der Bilanz oder der Vermerk unter der Bilanz vorgehen, ist stets zu prüfen, ob die Verpflichtung nicht zu passivieren oder als Haftungsverhältnis auszuweisen ist. Damit kommen grundsätzlich Verpflichtungen aus schwebenden Geschäften und künftige Ausgaben in Frage, für die eine Rückstellung nicht gebildet werden darf oder in Ausübung eines Wahlrechts nicht gebildet wurde[70].

Die sonstigen finanziellen Verpflichtungen sind in einem Gesamtbetrag anzugeben. Die zusätzliche betragsmäßige Angabe einzelner finanzieller Ver-

---

[65] Vgl. Biener/Berneke (1986), S. 254f.; dem folgend Niehus (1988), S. 97; eine erheblich engere Auslegung — im wesentlichen nur als Abweichung vom Stetigkeitsgrundsatz — findet sich etwa bei Glade (1986), § 284, Rz. 30ff.; IdW (1986d), S. 235f.

[66] Vgl. Schülen (1987b), S. 227f.

[67] Siehe im einzelnen Schülen (1987b); ebenso Schulte (1986), S. 1472; a.A. Glade (1986), § 284, Rz. 33, der eine Darstellung der Größenordnung für ausreichend hält; Clemm/Ellrott (1986), § 284 Anm. 65, wonach eine verbale Darstellung ausreicht.

[68] Vgl. Clemm/Ellrott (1986), § 285 Nr. 3 HGB Anm. 11.

[69] Vgl. Greeß (1980) S. 171.

[70] Vgl. Clemm/Ellrott (1986), § 285 Nr. 3 HGB Anm. 12.

pflichtungen ist als weitergehende Untergliederung i.S.v. § 265 Abs. 5 Satz 1 zulässig[71]. Wenn der Einblick in die tatsächlichen Verhältnisse der Finanzlage anders nicht vermittelt werden kann, werden in Einzelfällen nach den zu § 264 Abs. 2 Satz 2 dargelegten Grundsätzen zusätzliche Angaben (z.B. Untergliederungen, Erläuterungen) zu machen sein[72]. Der Angabepflicht im Rahmen des Gesamtbetrages unterliegen alle Verpflichtungen jeweils in ihrer vollen Höhe. Eine Saldierung mit gegenüberstehenden Ansprüchen (z.B. bei Verpflichtungen aus schwebenden Geschäften) ist nicht erlaubt, da der Gesamtbetrag alle künftigen Ausgaben zeigen soll[73].

3.5. Sonderregelungen für den Jahresabschluß der Kreditinstitute und die EG-Bankbilanzrichtlinie

Nach Umsetzung der 4. EG-Richtlinie in deutsches Recht ist der Anhang bereits ab 1987 integraler Bestandteil auch des bankbetrieblichen Jahresabschlusses. In den §§ 25a, 26a KWG sind jedoch weitreichende Ausnahmevorschriften niedergelegt, die den Anwendungsbereich der die Angaben im Anhang betreffenden handelsrechtlichen Bestimmungen auf Kreditinstitute in großen Teilen einschränken. Insbesondere ist die Anwendung des § 285 Abs. 3 HGB durch § 25a Abs. 2 Satz 2 KWG nach geltendem Recht (noch) in das Belieben der Kreditinstitute gestellt worden. Nach Verabschiedung der EG-Bankbilanzrichtlinie (BBRL) durch den Ministerrat der Europäischen Gemeinschaften am 8.12.1986 sind die genannten Befreiungen der bundesdeutschen Kreditinstitute von gewissen Vorschriften des HGB jedoch nur noch als Übergangsvorschriften anzusehen. In der vorliegenden Arbeit werden mögliche Konsequenzen der Transformation der EG-Bankbilanzrichtlinie in nationales Recht bei den Analysen aufgezeigt.

Die Bankbilanzrichtlinie[74] muß von den Mitgliedsstaaten bis zum 31.12.1990 in nationale Rechts- und Verwaltungsvorschriften transformiert werden, die spätestens auf die Abschlüsse für das Jahr 1993 anzuwenden sind (Artikel 47). Damit werden die zunächst unverändert fortgeltenden besonderen Rechnungslegungsvorschriften für Kreditinstitute nunmehr nach Maßgabe der Bankbilanzrichtlinie anzupassen sein. Änderungen ergeben sich dadurch vor allem für die Regelungen der §§ 25a Abs. 2, 25b, 26a in Abs. 5a KWG, die Formblattverordnung und die Bilanzierungsrichtlinien des BAKred.

Die EG-Bankbilanzrichtlinie stellt als Spezialrichtlinie für Kreditinstitute eine Ergänzung zur 4. EG-Richtlinie dar und regelt nur Abweichungen, die wegen des besonderen Geschäftszweiges der Kreditinstitute sachlich für erfor-

71 So Clemm/Ellrott (1986), § 285 Nr. 3 HGB Anm. 15.

72 Vgl. Csik (1986), §§ 284-288 HGB Anm. 164; a.A. Clemm/Ellrott (1986), § 285 Nr. 3 HGB Anm. 15.

73 Jonas (1980), S. 217.

74 Rat der Europäischen Gemeinschaften (1986).

derlich gehalten werden. Im Gegensatz zur 4. EG-Richtlinie ist die Bankbilanzrichtlinie allerdings nicht auf Kapitalgesellschaften beschränkt, sondern gilt grundsätzlich für alle Kreditinstitute, wie sie in der ersten Bankrechtskoordinierungs-Richtlinie[75] definiert sind. Für die vorliegende Untersuchung sind die Vorschriften zu Positionen unter dem Bilanzstrich und zum Anhang von besonderem Interesse.

Unter dem Bilanzstrich sind in einem gesonderten Posten mit der Bezeichung „Kreditrisiken" „alle unwiderruflichen Verpflichtungen zu erfassen, die Anlaß zu einem Kreditrisiko geben können. Im Anhang sind Art und Höhe jeder Verpflichtung anzugeben, die in bezug auf die Gesamttätigkeit des Instituts von Bedeutung ist"[76].

Im Anhang (Art. 40, 41) wird anstelle von und teilweise zusätzlich zu den nach der 4. EG-Richtlinie bzw. dem (neuen) HGB bestehenden Berichtspflichten der Kreditinstitute (soweit diese nicht durch die Ausnahmeregelungen durch die §§ 25, 26 KWG davon befreit sind) u.a. eine Reihe von Angaben verlangt, die einen gänzlich neuen Problemkreis in der Bilanzierungsdiskussion neuer Finanzinstrumente im Bereich schwebender Geschäfte eröffnet:

— eine Aufgliederung der Zinserträge und ähnlichen Erträge, der Erträge aus Wertpapieren, der Provisionserträge, des Saldos der Erträge und Aufwendungen aus Finanzgeschäften sowie der sonstigen betrieblichen Erträge nach geographischen Märkten, soweit diese Märkte sich vom Standpunkt der Organisation des Kreditinstituts wesentlich voneinander unterscheiden (Art. 40 Abs. 5).

— eine Aufgliederung der sonstigen Vermögenswerte/Verbindlichkeiten der Bilanz sowie der sonstigen betrieblichen Aufwendungen/Erträge und der außerordentlichen Aufwendungen/Erträge der GuV nach den wichtigsten Einzelbeträgen, sofern diese Beträge für die Beurteilung des Jahresabschlusses nicht unwesentlich sind. Dabei sind ihr Betrag und ihre Art zu erläutern (Art. 41 Abs. 2d).

— eine Aufstellung über die Arten von am Bilanzstichtag noch nicht abgewickelten Termingeschäften, wobei insbesondere für jede Art dieser Geschäfte anzugeben ist, ob ein nennenswerter Teil davon zur Deckung von Zins-, Wechselkurs- oder Marktpreisschwankungen abgeschlossen wurde und ob ein nennenswerter Teil davon auf Handelsgeschäfte entfällt. Zu diesen Arten von Geschäften gehören alle Geschäfte mit Erträgen bzw. Aufwendungen aus Finanzgeschäften (Art. 27 Posten 6 bzw. Art. 28 Posten A3 oder B4) oder mit Erträgen und Aufwendungen mit Zinscharakter, die sich aus gedeckten Termingeschäften ergeben und auf die tatsächliche Laufzeit des jeweiligen Geschäfts verteilt werden (Art. 29 Nr. 3), z.B. Geschäfte über Fremdwährungen, Edelmetalle, börsenfähige Wertpapiere, Depotscheine und Warenzertifikate (Art. 41 Abs. 2h).

---

[75] Rat der Europäischen Gemeinschaften (1977).

[76] Art. 25 der EG-Bankbilanzrichtlinie.

Zweiter Teil

Die Bilanzierung neuer Anleiheformen

B. Zero-Bonds in der Bankbilanz

1. Definition und Merkmale

Zero-Bonds (Nullkupon-Anleihen) sind — i.d.R. börsengängige — festverzinsliche Wertpapiere mit Laufzeiten zwischen fünf und vierzig Jahren, die mit einem Null-Kupon ausgestattet sind. Die Zinsen werden also nicht zu bestimmten Terminen — z.B. jährlich — in festen Beträgen an den Inhaber geleistet[1]. Vielmehr liegt die einzige Gegenleistung, die der Anleger für die befristete Kapitalüberlassung an den Emittenten erhält, in der Differenz zwischen Ausgabe- und Einlösungsbetrag[2]. Dieser Kapitalertrag fließt dem Inhaber im Zeitpunkt der Rückzahlung am Ende der Laufzeit zu und beinhaltet neben den aufgelaufenen Zinsen auch die entsprechend thesaurierten Zinseszinsen[3]. Wirtschaftlich handelt es sich um ein zinsgleiches Entgelt, das an die Stelle periodisch anfallender Zinszahlungen tritt[4]. Der Unterschiedsbetrag genügt auch der Zinsdefinition aus juristischer Sicht, da er eine laufzeitabhängige, in Geld zu entrichtende Vergütung für den Kapitalgebrauch darstellt[5]. Die Laufzeitabhängigkeit zeigt sich daran, daß die Höhe des Rückzahlungsüberschusses eine Funktion des gültigen Kapitalmarktzinses zum Emissionszeitpunkt und der vertraglichen Laufzeit der Anleihe ist und ceteris paribus mit der Länge der Laufzeit ansteigt. Dabei ist es gleichgültig, ob es sich um eine einmalige oder um eine periodisch wiederkehrende Zahlung handelt[6]. Während auf Dollar denominierte Zero-Bonds bereits seit 1981 begeben werden[7], erfolgte die Zulassung von auf DM lautenden Zero-Bonds (Nullkupon-Anleihen) durch die Deutsche Bundesbank erst am 1.5.1985[8]. Sie stellen in dieser Form eine echte Innovation auf dem heimischen Markt dar.

---

1 Vgl. stellvertretend Neyer (1983), S. 36f.; BMF (1985), S. 77.

2 Vgl. u.a. Neyer (1982), S. 975.

3 Vgl. etwa Büschgen (1986), S. 307; BMF (1985), S. 77.

4 Vgl. Neyer (1982), S. 975; Ulmer/Ihrig (1985), S. 1172.

5 Larenz (1987), S. 180f; ebenso Ulmer/Ihrig (1985), S. 1172 und die dort unter Fußnote 19 zitierte Literatur.

6 Vgl. Ulmer/Ihrig (1985), S. 1172 und die dort unter den Fußnoten 20 und 21 zitierte Literatur; ebenso Longin/Schlehe (1979), S. 9.

7 Siehe Silver (1981), S. 18.

Es sind gegenwärtig zwei Formen zu beobachten:

— Aufzinsungsanleihen, die in etwa zu pari emittiert und zu einem weit höheren Betrag zurückgezahlt werden[9]
— Abzinsungsanleihen, die deutlich unter pari emittiert und zu pari zurückgezahlt werden. Dieser Typ ist bei weitem der gängigste.

Wirtschaftlich bestehen zwischen beiden Varianten keine wesentlichen Unterschiede[10]. Es ergibt sich lediglich eine andere Stückelung bei gleichem Anlagebetrag. Regelmäßig wird eine erheblich niedrigere Valuta vom Financier (Ersterwerber) bereitgestellt, als vom Schuldner (Emittent) bei Fälligkeit zurückzuzahlen ist.

2. Besonderheiten der Ausgestaltung im Vergleich zu Festzinsanleihen mit laufender Verzinsung

Aus der fehlenden laufenden Verzinsung ergeben sich einige Besonderheiten der Zero-Bonds gegenüber herkömmlichen Festzinsanleihen. Insbesondere werden die fiktiven Jahreszinsen jeweils zum Jahresende dem Kapital zugeschlagen und zum Marktzinssatz im Erwerbszeitpunkt mitverzinst[11]. Die Anleihebedingungen weisen ausdrücklich auf den festen, erhöhten Rückzahlungsbetrag zum Ende der Laufzeit hin. Außerdem ist ein ordentliches Kündigungsrecht des Schuldners bzw. ein Recht zu vorzeitiger Tilgung im Gegensatz zu den meisten herkömmlichen Anleihen bei Zero-Bonds entweder ausgeschlossen oder mit einer Rückzahlung zum vertraglich vereinbarten Rückzahlungsbetrag des Fälligkeitszeitpunktes verbunden, was eine Kündigung äußerst unwahrscheinlich macht[12]. Durch diese Konstruktion ist für den Anleger das Wiederanlagerisiko vernachlässigbar gering. Die Rendite der gesamten Anlage ist bereits im Erwerbszeitpunkt bis zur Fälligkeit fest kalkulierbar. Demgegenüber besteht bei traditionellen Anleihen die Alternative, die Zinszahlungen zum jeweiligen Marktzins wieder anzulegen, was ebenso ein Wiederanlagerisiko[13] wie eine entsprechende Wiederanlagechance beinhaltet, oder einer Verwendung im Konsum zuzuführen. Wegen der enthaltenen Zinseszinsen weisen die Zero-Bonds eine erhöhte Kursvolatilität bei Marktzinsschwankungen auf. Je nach Richtung der Marktzinsänderung ergibt sich daraus eine erhöhte Chance oder ein erhöhtes Risiko für den Anleger.

---

[8] Deutsche Bundesbank (1985a), S. 1f.

[9] So z. B. die Zero-Bonds der Baden-Württembergischen Bank AG vom 15. 7. 1985 mit zehnjähriger Laufzeit, Ausgabekurs 100 %, Rückzahlungskurs 192,168 %, gem. FAZ vom 9. 7. 1985. S. 13.

[10] So auch Bordewin (1986), S. 264; Rohrer (1985), S. 7; Ulmer/Ihrig (1985), S. 1169.

[11] Den letztgenannten Aspekt erwähnen u.a. Fehr (1985), S. 33; Ulmer/Ihrig (1985), S. 1170.

[12] Gorniak (1985), S. 1737 (Fach 3, S. 6021); Kessler (1982a), S. 1527.

[13] Siehe etwa Kessler (1982a), S. 1528.

Die Zinseszinsen werden auch bei Vorliegen eines außerordentlichen Kündigungsrechtes berücksichtigt[14]. Für derartige vorzeitige Beendigungen der Laufzeit von Zero-Bonds ergibt sich die Höhe des Rückzahlungsbetrages aus den Anleihebedingungen entweder durch eine Tabelle mit jährlich progressiv steigenden Rückzahlungsbeträgen oder einer entsprechenden Kapitalisierungsformel.

3. Die Passivierung von Zero-Bonds beim emittierenden Kreditinstitut

3.1. Bilanztechnische Möglichkeiten

In der Literatur werden zwei Möglichkeiten der Passivierung von Zero-Bonds diskutiert[15]. Beim sogenannten „Bruttoausweis" wird der volle Rückzahlungsbetrag vom Emissionszeitpunkt an passiviert. Bei der als „Nettoausweis" bezeichneten Alternative erfolgt dagegen eine Passivierung des im Emissionszeitpunkt zugeflossenen niedrigeren Ausgabebetrages unter jährlicher Zuschreibung der anteiligen rechnerischen Zinsverbindlichkeit. Alle denkbaren Bilanzierungsansätze lassen sich diesen beiden Hauptvarianten zuordnen.

1. Der Bruttoausweis
   In Verbindung mit der vollen Passivierung des Rückzahlungsbetrages kann entweder
   a) ein aktiver RAP in Höhe der Differenz zum Ausgabebetrag ausgewiesen werden, der anteilig während der Laufzeit der Anleihe entsprechend der (fiktiven) Zinsbelastung abgeschrieben wird oder
   b) nur eine Erhöhung der Aktiva um den zugeflossenen geringeren Ausgabebetrag vorgenommen werden. In diesem Fall fällt das Entgelt für die Kapitalüberlassung voll als Aufwand im Emissionsjahr an.
2. Der Nettoausweis
   Bei dieser Methode erfolgt entweder
   a) eine jährliche Zuschreibung der anteiligen Rückzahlungsdifferenz oder der gesonderte Ausweis einer entsprechenden wachsenden Zinsverbindlichkeit oder
   b) keine Berücksichtigung der Rückzahlungsdifferenz. Dies hat zur Folge, daß die Kosten der gesamten Kapitalüberlassung allein dem Aufwand des Rückzahlungsjahres zugerechnet werden.

---

[14] Siehe hierzu und im folgenden Ulmer/Ihrig (1985), S. 1170.

[15] Siehe insbesondere Ulmer/Ihrig (1985), S. 1173ff.; Bordewin (1986), S. 264f.; vgl. auch Kußmaul (1987), S. 1564.

3.2. Die Kontroverse zwischen Brutto- und Nettomethode

3.2.1. Die Bilanzierung nach der Bruttomethode bei Anwendung der handelsrechtlichen Vorschriften dem Wortlaut nach

Die Passivierung von (Anleihe-)Verbindlichkeiten beim Emittenten wird durch die Bewertungsvorschrift des § 253 Abs. 1 Satz 2 HGB geregelt. Danach sind Verbindlichkeiten zu ihrem „Rückzahlungsbetrag" (Erfüllungsbetrag) anzusetzen. Nach herrschender Meinung ist dies der Betrag, den der Schuldner (das emittierende Kreditinstitut) bei planmäßiger Rückzahlung der Anleihe aufzuwenden hat[16]. Dabei spielt es grundsätzlich keine Rolle, ob es sich um den Nennwert oder um einen darüber liegenden Betrag handelt[17]. Die Bestimmung gilt prinzipiell auch für unverzinsliche Verbindlichkeiten[18]. Damit erscheint i.S. der genannten Vorschrift der Bruttoausweis von Zero-Bonds sowohl des Ab- als auch des Aufzinsungstyps geboten. Es wäre also bereits im Emissionsjahr der niedrigere Ausgabebetrag zusammen mit der Rückzahlungsdifferenz zu passivieren[19].

Für den Fall, daß der Rückzahlungsbetrag einer Verbindlichkeit höher ist als der Ausgabebetrag, räumt § 250 Abs. 3 HGB im Ausgabejahr ein Aktivierungswahlrecht[20] des Unterschiedsbetrages ein[21]. Macht der Emittent von seinem Aktivierungsrecht Gebrauch, so ist der Unterschiedsbetrag gesondert unter den RAP der Aktivseite auszuweisen[22] oder im Anhang anzugeben[23]. Gemäß § 250 Abs. 3 Satz 2 HGB ist der Unterschiedsbetrag durch planmäßige Abschreibungen zu tilgen, die auf die gesamte Laufzeit verteilt werden können.

3.2.2. Bedenken gegen den Bruttoausweis

3.2.2.1. Der Hintergrund der Kontroverse

Die Anwendung der Bruttobilanzierung bei Zero-Bonds ist in der jüngsten Literatur heftig kritisiert worden. Dies hat bis zu einer Stellungnahme des IdW

---

[16] Vgl. Ulmer/Ihrig (1985), S. 1174 sowie die dort unter Fußnote 37 zitierte Literatur zum analogen § 156 Abs. 2 AktG nach bisherigem Recht.

[17] Adler/Düring/Schmaltz (1968), § 156, Rz. 11.

[18] Einhellige Literaturmeinung, vgl. Ulmer/Ihrig (1985), S. 1174 sowie die dort unter Fußnote 39 zitierte Literatur; außerdem Moxter (1984), S. 401; Glade (1986), § 253 HGB, Tz. 633.

[19] Ulmer/Ihrig (1985), S. 1174.

[20] Anders Döllerer (1965), S. 1405, der eine Aktivierungspflicht annimmt.

[21] Adler/Düring/Schmaltz (1968), § 156, Rz. 26 und dort zitierte Literatur.

[22] Adler/Düring/Schmaltz (1968), § 156, Rz. 27, nur so weit geht die Regelung des § 156 Abs. 3 AktG.

[23] Zusätzlich in § 268 Abs. 6 HGB, von dem die Kreditinstitute allerdings durch § 25a Abs. 2 KWG befreit sind.

geführt, in der eine Bruttobilanzierung von Zero-Bonds abgelehnt und stattdessen eine Passivierung nach der Nettomethode gefordert wird[24]. Bereits 1973 hat Scholz mit einer von der h.M. abweichenden Neuinterpretation des Rückzahlungsbetrages den Nettoausweis für die Bilanzierung abgezinster Sparbriefe verfochten[25]. Die wesentlichen Argumente der aktuellen Diskussion gegen die Bruttobilanzierung von Zero-Bonds werden aus dem genannten Aufsatz von Scholz übernommen, der seinerzeit jedoch nicht zu einer Nettobilanzierung als einheitlichen GoB für Sparbriefe geführt hat[26]. Ausgangspunkt der Kritik gegen die Bruttobilanzierung von Zero-Bonds gemäß der gesetzlichen Vorschriften sind erhebliche Bedenken hinsichtlich des Ausweises der Vermögens- und Ertragslage des Emittenten.

3.2.2.2. Der Ausweis der Ertragslage unter dem Gesichtspunkt der korrekten Verteilung des Zinsaufwands

Das Aktivierungswahlrecht des § 250 Abs. 3 HGB sowie die darin verankerten handelsrechtlich zulässigen Abschreibungsverläufe bilden den Kernpunkt der Kritik hinsichtlich der Darstellung der Ertragslage beim Bruttoausweis von Zero-Bonds. In der Verlautbarung des IdW wird angeführt, daß bei den üblichen langen Laufzeiten und dem hohen Anteil des Zinsaufwands am Gesamtbetrag der Zero-Bonds die bilanzielle Behandlung des Unterschiedsbetrages als Disagio i.S. der genannten Vorschriften zu einer Verzerrung der Ertragslage führe[27].

Die Aktivierungsmöglichkeit des Unterschiedsbetrages als Disagio gemäß § 250 Abs. 3 HGB gilt grundsätzlich ebenfalls für unverzinsliche Verbindlichkeiten[28]. Die Bilanzierungsvarianten 1.a) und b) unterscheiden sich formell nur hinsichtlich der Inanspruchnahme dieses Aktivierungswahlrechts. Materiell ergeben sich allerdings im Falle von Zero-Bonds erhebliche Unterschiede hinsichtlich der Aufwandsverteilung. Die Variante 1.b) belastet nämlich allein den Aufwand im Emissionsjahr mit dem gesamten Entgelt für die Kapitalüberlassung. Deshalb ist bei Anwendung des Bruttoausweises nur die Aktivierung des Unterschiedsbetrages unter den RAP gemäß Variante 1.a) geeignet, eine korrekte Aufwandsverteilung beim Emittenten zu gewährleisten[29]. Gemäß § 252 Abs. 1 Nr. 5 HGB sind Aufwendungen und Erträge des Geschäftsjahres unabhängig von den Zeitpunkten der entsprechenden Zahlungen im Jahresabschluß zu berücksichtigen. Diese gegenüber dem Aktiengesetz 1965 neue Vorschrift regelt erstmals bereits ausdrücklich im Gesetz die Frage der

---

[24] IdW (1986b).

[25] Scholz (1973), S. 53-57.

[26] Vgl. Raab/Heinlein (1985), S. 757.

[27] IdW (1986b), S. 248.

[28] Glade (1986), § 253 HGB, Tz. 634.

[29] Ulmer/Ihrig (1985), S. 1174.

Periodisierung von Geschäftsvorfällen im Hinblick auf die periodengerechte Ergebnisermittlung als Funktion des Jahresabschlusses[30]. Sie ergänzt das Vollständigkeitsprinzip des § 246 Abs. 1 HGB, nach dem der Jahresabschluß u.a. sämtliche Aufwendungen zu enthalten hat, „soweit gesetzlich nichts anderes bestimmt ist“. Die Erfüllung des § 252 Abs. 1 Nr. 5 HGB macht zusätzlich eine planmäßige jährliche Abschreibung des aktiven RAP im Rahmen einer Effektivzinsberechnung notwendig; nur so ist eine periodengerechte Verteilung des gesamten, durch den Unterschiedsbetrag repräsentierten Zinsaufwands bei Zero-Bonds gewährleistet. Gemäß § 250 Abs. 3 HGB sind allerdings dem Wortlaut nach sowohl hiervon abweichende Abschreibungsverläufe als auch eine sofortige Aufwandsverrechnung des Disagios zulässig, was zu einer erheblichen Verzerrung der Ertragslage führen würde[31]. Die Notwendigkeit, den auf das jeweilige Geschäftsjahr entfallenden Zinsaufwand gemäß § 252 Abs. 1 Nr. 5 HGB zu erfassen, erlaubt jedoch eine derartige Willkür des Ausweises und der Verteilung des Zinsaufwands zumindest bei Unterschiedsbeträgen nicht mehr, wie sie dem Umfang nach bei Zero-Bonds üblich sind. Das Aktivierungs*wahlrecht* des Disagios gemäß § 250 Abs. 3 HGB ist in solchen erheblichen Fällen in eine Aktivierungs*pflicht* umzudeuten[32]. Gestützt wird diese Argumentation durch die Ansicht von Kropff, nach der ein spezielles, gesetzlich verankertes Bilanzierungswahlrecht durch die Generalklausel des § 149 Abs. 1 Satz 2 AktG (Anm.: nunmehr § 264 Abs. 2 Satz 1 HGB) auf nur *einen* zutreffenden Ansatz verengt werden kann[33]. Darüber hinaus ist die Vorschrift des § 250 Abs. 3 Satz 2 HGB im Falle von Zero-Bonds zumindest auf solche Abschreibungsmethoden einzuschränken, die den Unterschiedsbetrag pro rata temporis über die *gesamte* Laufzeit der Anleihe abschreiben[34]. Betriebswirtschaftlich korrekt wäre im übrigen eine effektivzinskonstante Abschreibung des aktiven RAP, bezogen auf den zugeflossenen, für die Finanzierung zur Verfügung stehenden Kapitalbetrag (Ausgabebetrag) mit der Emissionsrendite. Das Verfahren stellt sich wie folgt dar:

---

30 Siehe hierzu auch die Ausführungen von Glade (1986), § 252 HGB, Tz. 1 und 35; auch Bordewin (1986), S. 266, weist auf den § 252 Abs. 1 Nr. 5 HGB im Zusammenhang mit der Nettomethode hin.

31 So auch IdW (1986b), S. 248.

32 Im Ergebnis ebenso Ulmer/Ihrig (1985), S. 1174, a.A. siehe dort zit. Lit.; vgl. auch Hüttemann (1984), Rz. 190; Kropff, in: Geßler/Hefermehl/Eckardt/Kropff (1973), § 156, Rz. 22; außerdem Glade (1986), S. 202, Tz. 726 und die dort zit. Lit.; ebenso Knobbe-Keuk (1985), S. 180.

33 Vgl. Kropff, in: Geßler/Hefermehl/Eckardt/Kropff (1973), § 149, Rz. 93ff. Auch Leffson fordert, die Wahlrechte so auszuüben, daß der Einblick in die Vermögens-, Finanz- und Ertragslage möglichst sicher wird: Leffson (1987), S. 38.

34 Zur Annahme einer Pflicht zur Verteilung des Zinsaufwands gelangt auch Wiedmann (1985a), S. 4. Er zieht sowohl die lineare als auch die finanzmathematische Rechenmethode in Betracht, bevorzugt letztere jedoch wegen der betriebswirtschaftlich korrekten Berücksichtigung der Zinseszinsen.

t: vertragliche Laufzeit des Zero-Bonds
n: Periode zwischen 0...t, $n \in (0,t)$
K_t: Rückzahlungsbetrag nach t Perioden
R_0: Emissionsrendite in Periode $n = 0$, $R_0/100 = r_0$
K_n: mit der Emissionsrendite r diskontierter Barwert von K_t nach n Perioden
RAP_n: ausgewiesener aktiver Rechnungsabgrenzungsposten am Ende der Periode n
A_n: Abschreibungsbetrag des RAP der Vorperioden in Periode n

$$(1)\ K_n = \frac{K_t}{(1+r)^{t-n}} \Rightarrow K_{n-1} = \frac{K_t}{(1+r)^{t-(n-1)}} \text{ usw.}$$

$$(2)\ RAP_n = K_t - K_n$$

$$(3)\ RAP_{n-1} - A_n = RAP_n$$

$$(4)\ A_n = r_0 \cdot K_{n-1}$$

$$\text{Aus (4) und (1)} \Rightarrow A_n = r_0 \cdot \frac{K_t}{(1+r)^{t-n+1}}$$

Beispiel 1:

$K_t = 10000$ DM
$t = 15$ Jahre
$R_0 = 7\%$, $r_0 = 0{,}07$
betrachtete Periode $n = 5$: $K_5 = 5083$,—; $K_4 = 4750$,—

$$A_5 = 0{,}07 \cdot \frac{10000}{1{,}07^{11}} = 333{,}\text{—} \quad (4)$$

$$RAP_5 = 10000 - 5083{,}\text{—} = 4917{,}\text{—} \quad (2)$$

$$RAP_4 = RAP_5 + A_5 = 4917{,}\text{—} + 333{,}\text{—} = 5250{,}\text{—} \quad (3)$$

Die dargestellte Methode bildet zutreffend den wirtschaftlichen Tatbestand einer jährlich in Höhe der Emissionsrendite wachsenden Verbindlichkeit ab. Sie entspricht derjenigen, die der Bundesminister der Finanzen im Schreiben vom 24.1.1985 an die Finanzminister der Länder für die Ermittlung des einkommensteuerpflichtigen Kapitalertrages aus Zero-Bonds des Privatvermögens gefordert hat[35].

Betrachten wir als Beispiel folgenden Zero-Bond:

Ausgabebetrag 3624,— DM
Rückzahlungsbetrag 10000,— DM
Emissionsrendite 7% p.a.
Laufzeit 15 Jahre (Bedingungen des Beispiels 1)

---

[35] BMF (1985), S. 78f.

Der Unterschiedsbetrag in Höhe von 6376,— DM wird als RAP aktiviert und über die 15 Jahre Laufzeit abgeschrieben (Zahlen auf DM gerundet):

Tabelle 1

Rechnungsabgrenzung und Abschreibung bei der Bruttobilanzierung von Zero-Bonds

Periode	RAP	Abschreibungsbetrag
0	6376.--	0
1	6122,--	254,--
2	5851,--	271,--
3	5561,--	290,--
4	5250,--	311,--
5	4917,--	333,--
6	4561,--	356,--
7	4180,--	381,--
8	3773,--	407,--
9	3337,--	436,--
10	2871,--	466,--
11	2372,--	499,--
12	1838,--	534,--
13	1267,--	571,--
14	656,--	611,--
15	0	655,--

Von den bereits vorgestellten, bilanztechnisch möglichen Methoden des Nettoausweises von Zero-Bonds wird in der Literatur nur die unter 2.a) vorgestellte Methode vertreten. Nur bei einer jährlichen Zuschreibung der anteiligen Rückzahlungsdifferenz zum passivierten Netto-Ausgabebetrag oder dem gesonderten Ausweis einer entsprechend wachsenden Zinsverbindlichkeit wird analog zur Methode 1.a) des Bruttoausweises eine korrekte Zinsaufwandsverteilung beim Emittenten gewährleistet. Dagegen verzerrt die Nettobilanzierung ohne Berücksichtigung der Rückzahlungsdifferenz erheblich den Ertrag, da dann ebenfalls der gesamte Zinsaufwand dem Rückzahlungsjahr zugerechnet wird (siehe Variante 2.b)). Eine Notwendigkeit zum Nettoausweis gemäß Methode 2.a) ergibt sich aus dem Kriterium der Zinsaufwandsverteilung nicht, da diese nach beiden Methoden gleichwertig ist. Beim Bruttoausweis mit Annahme einer Aktivierungspflicht wird der aktive Rechnungsabgrenzungsposten in gleicher Weise abgeschrieben, wie bei der Nettobilanzierung entsprechend eine Zuschreibung des Passivpostens erfolgt[36].

3.2.2.3. Der Ausweis der Vermögenslage

Der Bruttoausweis bei Zero-Bonds wird insbesondere mit dem Argument abgelehnt, daß er im Gegensatz zum Nettoausweis die Vermögenslage des

[36] Eine effektivzinskonstante Abschreibung des aktivierten Disagios findet sich im Zusammenhang mit Darlehensverträgen bei Wagner (1985), S. 142f.; Schierenbeck (1987), S. 132ff. Kritisch äußert sich Böcking (1986), S. 943, 947. Für Böcking kommt nur eine lineare Auflösung des RAP in Betracht.

Emittenten unzutreffend darstelle. Es wird die Meinung vertreten, die Passivierung zukünftiger Zinsen und die damit verbundene Bilanzverlängerung führe zu einer Aufblähung der Bilanzsumme bzw. der Verbindlichkeiten insgesamt. Dadurch würden die Größenverhältnisse der Bilanzpositionen untereinander verzerrt, und der ausgewiesene Betrag erscheine wegen der darin enthaltenen Zukunftszinsen gegenüber den anderen Verbindlichkeiten, die Zukunftszinsen nicht enthielten, zu hoch[37].

Diese Argumente finden sich bereits in dem erwähnten Aufsatz von Scholz zur Bilanzierung von Sparbriefen; ihnen kommt im Falle von Zero-Bonds sicher ein größeres Gewicht zu, da Zero-Bonds in der Regel sehr hohe Zinsbeträge und extrem lange Laufzeiten aufweisen[38]. Nach Ansicht von Ulmer und Ihrig gelten daher die Argumente bei Zero-Bonds zumindest für das Emissionsjahr und die darauf folgenden Geschäftsjahre[39]. Der letztgenannte Aspekt ist für den Vergleich von Brutto- und Nettobilanzierung von großer Bedeutung. Die Frage nach der Darstellung der Vermögens- und Finanzlage des Emittenten in den späteren, insbesondere den letzten Perioden der Laufzeit von Zero-Bonds wird allerdings bei beiden Bilanzierungsmethoden in der Literatur völlig vernachlässigt[40].

3.2.3. Die Argumentation zur Ablehnung des Bruttoausweises

Von den Verfechtern des Nettoausweises werden verschiedene Wege beschritten, die in § 253 Abs. 1 Satz 2 HGB i.V.m. § 250 Abs. 3 HGB vorgesehene Bruttobilanzierung zu modifizieren bzw. deren Nichtanwendbarkeit auf Zero-Bonds über eine teleologische Auslegung[41] der Gesetzesvorschriften nachzuweisen.

3.2.3.1. Der Begriff des Rückzahlungsbetrages

3.2.3.1.1. Der Rückzahlungsbetrag als Barwert der Verbindlichkeit

Bei abgezinsten Sparbriefen, die sich von Zero-Bonds lediglich durch das ordentliche Kündigungsrecht des Gläubigers, die kürzere Laufzeit und die regelmäßig fehlende Börsengängigkeit unterscheiden, wurde vereinzelt die Meinung vertreten, der Rückzahlungsbetrag sei der niedrigere, jährlich ansteigende *Barwert* der Schuld[42]. Diese Ansicht hat sich zu Recht nicht durchge-

---

37 So Bordewin (1986), S. 265; IdW (1986b), S. 249; Kommission für Bilanzierungsfragen des Bundesverbandes deutscher Banken, gem. HB v. 3.9.1985, S. 23; Meyer (1985), S. 148ff.; Rohrer (1985), S. 7; Ulmer/Ihrig (1985), S. 1175ff.; vgl. auch Böcking (1986), S. 935ff. und bereits Forster (1985), S. 751.

38 Darauf weist etwa Wiedmann (1985a), S. 4, hin.

39 Siehe Ulmer/Ihrig (1985), S. 1175.

40 Siehe hierzu die Ausführungen unter 3.2.4.1.

41 So insbesondere Ulmer/Ihrig (1985); dem folgend wohl Bordewin (1986).

setzt[43] und ist auch in der Diskussion zur Bilanzierung von Zero-Bonds nicht wieder aufgegriffen worden. Die vorgeschlagene Nettobilanzierung des Ausgabebetrages der Zero-Bonds stimmt auch nur im Emissionsjahr mit dem Barwert überein. Die Zuschreibung des (fiktiven) Zinssatzes in den Folgejahren orientiert sich dem Ansatz nach an der Bilanzierung festverzinslicher Anleihen mit laufender Nominalverzinsung. Der Barwert der Zero-Bonds kann infolge von Marktzinsänderungen in den nachfolgenden Perioden durchaus erheblich von dem fortgeschriebenen Buchwert (Nettobilanzierung unter Zugrundelegung des Emissionszinssatzes) abweichen. Die zahlreichen börsengängigen Zero-Bonds gestatten bei Marktzinssteigerungen den problemlosen Rückkauf durch den Emittenten zum dann gegenüber dem Buchwert gesunkenen Börsenkurs. Diese vorzeitige Tilgungsmöglichkeit findet wegen des Niederstwertprinzips ihren bilanziellen Niederschlag erst durch Ausbuchung der entsprechenden Zero-Bond-Verbindlichkeiten bei Inanspruchnahme[44]. Eine Bilanzierung zum Barwert läßt sich daraus jedoch nicht begründen. Da Zero-Bonds im Gegensatz zu Sparbriefen kein ordentliches Kündigungsrecht beinhalten, wird im übrigen das seinerzeit für Sparbriefe vertretene Argument entkräftet, es sei angesichts der Ungewißheit über die Inanspruchnahme des ordentlichen Kündigungsrechts durch den Gläubiger „irreführend, den vollen Nennbetrag als definitive Verbindlichkeit zu zeigen“[45].

3.2.3.1.2. Der Unterschiedsbetrag als nicht zu berücksichtigende Verbindlichkeit aus schwebenden Geschäften

Ferner wird gegen die Bruttobilanzierung von Zero-Bonds angeführt, die Berücksichtigung der erst auf künftige Jahre entfallenden Zinsen als Teil des Rückzahlungsbetrages verstoße gegen das Bilanzierungsverbot schwebender Geschäfte[46]. Der überwiegende Teil der Verbindlichkeit bei Zero-Bonds werde erst während der Laufzeit der Anleihe durch deren „Valutierung“ aus angesammelten (fiktiven) Zinsen gebildet. Der Teil des Rückzahlungsbetrages, der Zinsaufwand für die *zukünftigen* Perioden bis zum Laufzeitende darstellt, wird als schwebendes Geschäft angesehen, da die Leistung „Kapitalüberlassung“ ebenso wie die Gegenleistung „Zinszahlung“ noch nicht erbracht ist. Demnach müßte der Emittent zusätzlich zum Emissionsbetrag jeweils nur denjenigen Teil des Unterschiedsbetrages ausweisen, der Entgelt für die *bisherige* Kapitalüberlassung darstellt[47]. Eine derartige Aufteilung wird damit begründet, daß sie für

[42] Scholz (1973); dem folgend Kupsch (1980).

[43] So auch Ulmer/Ihrig (1985), S. 1174.

[44] Darauf weist Borkowsky (1985), S. 141f., hin.

[45] Scholz (1973), S. 56.

[46] Scholz (1973), S. 56 bereits zur Passivierung abgezinster Sparbriefe; explizit in der Argumentation der Kommission für Bilanzierungsfragen des Bundesverbandes deutscher Banken, gem. HB vom 3.9.1985, S. 23; ebenso Rohrer (1985), S. 7; ausführliche Diskussion bei Ulmer/Ihrig (1985), S. 1175.

eine bilanzielle Gleichbehandlung von festverzinslichen Anleihen und Zero-Bonds sorgen würde[48] und geeignet sei, die Einwendungen gegen eine unzutreffende Darstellung der Vermögenslage beim Bruttoausweis zu entkräften. Obwohl Ulmer und Ihrig die Nettobilanzierung befürworten, lehnen sie ihre Herleitung mit der Argumentation über die GoB für schwebende Geschäfte ab, da bei dieser Auslegung entgegen den Anleihebedingungen zwischen Kapital- und Zinsverbindlichkeit unterschieden wird und diese — ungeachtet des einheitlich verbrieften Rückzahlungsanspruchs — als rechtlich selbständige Schulden behandelt werden[49].

Eine Modifizierung des Rückzahlungsbetrages i.S. von § 253 Abs. 1 Satz 2 HGB unter dessen Aufteilung in Kapital- und Zinsverpflichtung und damit abweichend vom rechtlichen Inhalt der Verbindlichkeit läßt sich auf diesem Wege offensichtlich nicht begründen. Die Trennung des Rückzahlungsbetrages von Verbindlichkeiten in den Verfügungsbetrag (= Emissionsbetrag) und das Disagio (Damnum) geht auf Simon zurück und findet sich später in der sogenannten Aufspaltungstheorie des BFH wieder[50], die aber inzwischen fallengelassen wurde[51]. Ein Blick auf die sogenannten „Stripped-Zero-Bonds"[52] zeigt außerdem, daß die volle Bilanzierung der Zinsverbindlichkeit auch dann notwendig wird, wenn eine rechtliche Trennung von Kapital- und Zinsverbindlichkeit vorliegt. „Stripped-Zero-Bonds" sind gebündelte Zinskupons gleichen Fälligkeitstermins, die von herkömmlichen Festzinsanleihen abgetrennt und neu verbrieft worden sind. Ein „Stripped-Zero-Bond" stellt somit eine reine Zinsverbindlichkeit in Höhe von X DM, fällig in Y Jahren, dar und ist wirtschaftlich und rechtlich für den Bilanzierenden dasselbe wie ein herkömmlicher Zero-Bond mit den Merkmalen X und Y. Ob die X DM einen zurückzuzahlenden Kapitalanteil enthalten, ist bedeutungslos. In beiden Fällen liegt eine rechtliche Verbindlichkeit in Höhe von X DM und somit ein zu passivierender „Rückzahlungsbetrag" in eben dieser Höhe vor.

3.2.3.1.3. Die Auslegung des Begriffes Rückzahlungsbetrag aus dem Wortlaut der Gesetzesvorschrift

In der Literatur wird verschiedentlich auf den engen Sinn des Wortes „Rückzahlungsbetrag" in der Gesetzesvorschrift hingewiesen. Die Nettobilanzierung ergebe sich deshalb, weil vom Schuldner nur der anfangs zugeflossene Ausgabebetrag *zurück*gezahlt werde, nicht aber die erst im Zeitverlauf entstehende Zinsschuld, die zwar als Entgelt für die Kapitalüberlassung *ge*zahlt, aber

---

47 Ulmer/Ihrig (1985), S. 1175; vgl. auch Böcking (1986), S. 941 ff.

48 Vgl. auch Kußmaul (1987), S. 1564.

49 Ulmer/Ihrig (1985), S. 1175 f.

50 Vgl. Schmidt-Evers (1975), S. 75.

51 Siehe hierzu Hüttemann (1970), S. 84 und dort zit. Lit.

52 Ausführlich zu den Grundlagen dieses Instruments Steuer (1985).

nicht *zurück*gezahlt werde[53]. Böcking versteht in diesem Zusammenhang unter „Rückzahlungsbetrag" i.S.v. § 253 Abs. 1 Satz 2 HGB ausdrücklich nur die Kapitalschuld im Zugangszeitpunkt und begründet dies ausgehend von § 607 Abs. 1 BGB, nach dem der Darlehensnehmer (Emittent) verpflichtet sei, „die gleiche Summe Geldes nach Ablauf der Darlehenszeit zurückzuzahlen (‚Rückzahlungsbetrag')"[54]. Der Begriff Rückzahlungsbetrag soll jedoch nicht dokumentieren, daß der Betrag des Empfangenen zurückzuzahlen ist, sondern vielmehr den Betrag angeben, der zur Erfüllung der Verbindlichkeit aufgebracht werden muß. Daher wird auch statt des Rückzahlungsbetrages von einem „Erfüllungsbetrag"[55] gesprochen. Darüber hinaus wird bei der engen, auf den *Rückzahlungs*vorgang abstellenden Auslegung wiederum die rechtlich bestehende Verbindlichkeit unzulässigerweise in eine Kapital- und eine Zinsverpflichtung aufgeteilt.

3.2.3.2. Die Behandlung des Unterschiedsbetrages als Disagio bzw. Agio

Das Hauptargument in der Diskussion gegen die Bruttobilanzierung stellt auf die korrekte Interpretation und die daraus folgende bilanzielle Behandlung des Unterschiedsbetrages von Zero-Bonds ab. Folgende Aspekte treten in diesem Zusammenhang auf:

a) die Frage nach der *Gleichbehandlung* von Disagio und Agio, insbesondere im Zusammenhang mit den mit diesen beiden Begriffen verbundenen Fiktionen bezüglich der Zahlungszeitpunkte der Zinsen

b) die Frage, ob der Unterschiedsbetrag lediglich einen *Korrekturposten* für eine laufende nominelle Unterverzinsung der Verbindlichkeit oder das *gesamte Zinsentgelt* darstellt

c) die Frage, ob eine bestimmte *Höhe* des Unterschiedsbetrages den Übergang von der Brutto- zur Nettobilanzierung rechtfertigt

Anhand dieser Problemfelder wird in der Literatur der Versuch unternommen, nachzuweisen, daß der Gesetzgeber sowohl 1965 in § 156 Abs. 2 AktG als auch bei der Novelle 1985 in § 250 Abs. 3 HGB und § 253 Abs. 1 Satz 2 HGB auf die besonderen wirtschaftlichen Sachverhalte und damit die bilanzielle Proble-

---

[53] Bordewin (1986), S. 265; Kommission für Bilanzierungsfragen des Bundesverbandes deutscher Banken, gem. HB vom 3.9.1985, S. 23; Meyer (1985), S. 149; Rohrer (1985), S. 7; vgl. auch Kußmaul (1987), S. 1564; zum abgezinsten Sparbrief Scholz (1973), S. 53, 56.

[54] Böcking (1986), S. 933, 937f.

[55] Vgl. Hüttemann (1984), Rn. 162; ebenso Clemm/Nonnenmacher (1986), § 253, Rn. 51; vgl. auch Glade (1986), § 253, Tz. 626; Hermann/Heuer/Raupach (1985), § 6 Anm. 1135 u. 1152ff. m.w.N.; Knobbe-Keuk (1985), S. 179ff. Knobbe-Keuk spricht in Anlehnung an die Anschaffungskosten von Aktiva sehr treffend auch von den „Wegschaffungskosten" einer Verbindlichkeit.

matik der Zero-Bonds zwar dem Wortlaut nach, nicht jedoch willentlich Bezug genommen habe[56].

Ulmer und Ihrig stellen fest, daß bisher nach nahezu einhelliger Ansicht die Regelung des § 156 Abs. 2 AktG auch in denjenigen Fällen greift, in denen Verbindlichkeiten zu einem *unter* dem Rückzahlungsbetrag liegenden Kurs ausgegeben werden. Angesichts des klaren Gesetzeswortlautes findet sich in der Literatur zwar keine explizite Begründung für diese umfassende Geltung der vollständigen Passivierungspflicht des Rückzahlungsbetrages. Ulmer und Ihrig schließen sie jedoch aus den Ausführungen im Zusammenhang mit dem Aktivierungswahlrecht des Disagios. Sie führen aus, daß die Ausgabe einer Anleihe zu einem um ein Disagio verminderten Verkaufskurs zu einer Vorwegnahme der Zinszahlung zugunsten des Erwerbers führe. Dieser „werde in Höhe der Rückzahlungsdifferenz unter Verrechnung mit den ihm für die Zukunft zustehenden Zinsen von der Verpflichtung befreit, einen dem Nennwert entsprechenden Bezugskurs zu zahlen“[57]. Gedanklich sei dieser Vorgang so zu sehen, „als ob der Emittent zunächst den vollen Nennbetrag erhalte und davon alsbald einen Betrag in Höhe des vereinbarten Disagios als vorweggenommenen Zins zurückgezahlt habe“. Diese Betrachtungsweise liege auch dem Aktiengesetz 1965 zugrunde, da es im Ausschußbericht zur Novellierung 1965 laute, der Unterschied zwischen Ausgabebetrag und höherem Rückzahlungsbetrag sei betriebswirtschaftlich als vorab gezahlter Zins anzusehen[58]. Daher könne von einer Kapitalaufnahme und einem Vermögenszufluß in Höhe des Rückzahlungsbetrages ausgegangen werden, der eine sofortige Passivierung zum vollen Rückzahlungsbetrag rechtfertige.

Ulmer und Ihrig vertreten die Ansicht, daß dieser Betrachtungsweise zumindest für Zero-Bonds nicht gefolgt werden könne, da die Annahme einer vorweggenommenen Zinszahlung in Höhe der Rückzahlungsdifferenz „die Umkehrung der tatsächlichen wirtschaftlichen Vorgänge“ bedeute. Tatsächlich nehme der Schuldner lediglich Fremdkapital in Höhe des niedrigeren Ausgabebetrages auf, dessen Überlassung er am Ende der Laufzeit mit der Zahlung des um den Rückzahlungsüberschuß erhöhten Betrages vergüte[59]. Sie verweisen — ebenso wie Bordewin — auf die Zero-Bonds des Aufzinsungstyps, die zum Nennwert ausgegeben und zusammen mit einem Agio am Ende der Laufzeit zurückgezahlt werden. In beiden Quellen wird angeführt, daß in der Literatur im Falle eines Agios — im Gegensatz zum Disagio — von einer *nachträglichen* Zinsleistung ausgegangen wird[60]. Zu Recht wird auch die wirtschaftliche und

[56] So insbesondere Ulmer/Ihrig (1985), S. 1176; dem folgend Bordewin (1986), S. 265.

[57] Ulmer/Ihrig (1985), außerdem dort in Fußnote 57 zitierte Literatur.

[58] Ulmer/Ihrig (1985), außerdem dort Fußnote 58; gleichermaßen Brosch (1984), S. 1701.

[59] Ulmer/Ihrig (1985), S. 1176.

[60] Ulmer/Ihrig (1985), S. 1176; ebenso Bordewin (1986), S. 265.

rechtliche Gleichartigkeit des Auf- und Abzinsungstyps von Zero-Bonds hervorgehoben und daher deren bilanzielle Gleichbehandlung gefordert. Bordewin behauptet, beim Aufzinsungstyp sei der Rückzahlungsbetrag im Sinne des § 250 Abs. 3 HGB der Nennbetrag. Angesichts der offensichtlich ebenfalls nachträglichen Zahlung des Nutzungsentgelts beim Abzinsungstyp ergebe sich eine bilanzielle Ungleichbehandlung wirtschaftlich gleicher Tatbestände. Daraus zieht er den Schluß, daß der Gesetzgeber in den gesetzlichen Vorschriften den wirtschaftlichen Sachverhalt von Zero-Bonds nur dem Wortlaut nach, nicht jedoch willentlich berücksichtigt habe. Die Rechtsfolge dieser Gesetzesregelungen erweise sich jedoch als ungeeignet für die Passivierung von Zero-Bonds[61].

Die dargestellte Argumentation gegen die Anwendung des gesetzlich vorgesehenen Bruttoausweises vermag in vielerlei Hinsicht nicht zu überzeugen. So erscheint es zweifelhaft, als Begründung für die umfassende Geltung der vollständigen Passivierungspflicht des Rückzahlungsbetrages nur die Fiktion bezüglich des Zahlungszeitpunktes des Disagios anzuführen. Besonders deutlich wird die Unzulässigkeit dieser Vorgehensweise in der sichtbaren Trennung von Rückzahlungsbetrag und Unterschiedsbetrag im Gesetz. Die volle Bruttopassivierung des Rückzahlungsbetrages gemäß § 253 Abs. 1 Satz 2 HGB stellt die grundsätzliche Bewertungsvorschrift für Schulden dar und ist als Ausfluß des allgemeinen Vorsichtsprinzips anzusehen. Das Ansatzwahlrecht des Disagios in § 250 Abs. 3 HGB ist dagegen auch in der Intention der Gesetzgeber eine Bilanzierungshilfe, die jedoch nicht die vorrangige Bewertungsvorschrift einschränken kann. Entgegen der Ansicht von Ulmer und Ihrig wird in der Literatur auch die Meinung vertreten, bei der Auffassung, das Disagio stelle vorausgezahltes Entgelt für die Kapitalüberlassung dar, handele es sich um eine wirtschaftlich unzutreffende Fiktion[62]. Schmidt-Evers vertritt ebenso wie Ulmer und Ihrig die gegenteilige Ansicht, das Disagio sei eine nachgezahlte Verzinsung, gelangt aber dennoch nicht zu einer vom Bruttoausweis abweichenden Bilanzierung[63]. Dies ist um so bedeutsamer, als er unter den Begriff des Disagios nicht nur die geringen Abschläge bei der Ausgabe „normaler", nominell leicht unterverzinslicher Anleihen faßt, sondern auch den Unterschiedsbetrag bei sogenannten Wachstumsanleihen, deren Verzinsung überwiegend in der Differenz von Rückzahlung am Ende und Kaufpreis zu Beginn der Laufzeit besteht[64].

Des weiteren ist die Annahme falsch, die Unterscheidung des Unterschiedsbetrages in Disagio und Agio generiere jeweils unterschiedliche Tatbestände für die Bilanzierung auf der Passivseite. So ist in der Literatur, unbeschadet der unterschiedlichen Ansicht bezüglich der Zahlungszeitpunkte bei Disagio und

[61] Bordewin (1986), S. 265; außerdem Ulmer/Ihrig (1985), S. 1176.

[62] So Schmidt-Evers (1975), S. 80.

[63] Vgl. Schmidt-Evers (1975), S. 78.

[64] Vgl. Schmidt-Evers (1975), S. 4f., dort auch Verweis auf Bickert (1960).

Agio, gleichwohl die Bruttobilanzierung als korrekte Methode auch bei Vorliegen eines Agios bevorzugt worden[65]. Dies geschah zum einen, weil gerade damit ein gleicher Ausweis von Disagio und Agio als wirtschaftlich vergleichbaren Tatbeständen ermöglicht wird, zum anderen wegen der zwingenden aktienrechtlichen (Anm.: heute handelsrechtlichen) Vorschrift zur Bewertung der Verbindlichkeiten mit dem vollen Rückzahlungsbetrag[66]. Brosch befürwortet ebenfalls die Passivierung des Bruttobetrages, obwohl er von unterschiedlichen Zahlungszeitpunkten bei Disagio und Agio ausgeht. Eine Konsequenz aus der Annahme unterschiedlicher Zahlungszeitpunkte zieht er auch nur für den Ausweis des Unterschiedsbetrages selbst. Er fordert den Ausweis des nach seinem Verständnis transitorischen Disagios unter den RAP, während er das Agio unter den sonstigen Forderungen ausweisen will[67]. Wegen des wirtschaftlich gleichen Tatbestandes beider Unterschiedsbeträge ist jedoch auch diese Unterscheidung in der Bilanz abzulehnen[68]. Auch der Gesetzgeber nimmt keine derartige Unterscheidung vor. Sowohl aus dem „Unterschied" in § 156 Abs. 3 AktG als auch aus dem „Unterschiedsbetrag" des § 250 Abs. 3 HGB ist eine Trennung von Disagio und Agio nicht erkennbar[69]. Wenn der Gesetzgeber 1985 von einer Trennung beider Sachverhalte ausgegangen wäre, hätte er im übrigen nicht gleichzeitig ein Aktivierungswahlrecht für das Disagio in § 250 Abs. 3 HGB verankert, wenn dieses gleichzeitig als transitorischer Posten gem. § 250 Abs. 1 HGB der allgemeinen Aktivierungspflicht für transitorische Posten unterworfen wäre. Der Gesetzgeber hat vielmehr unabhängig von möglichen Fiktionen bezüglich der Zahlungszeitpunkte für den Unterschiedsbetrag sowohl im Falle eines Disagios als auch eines Agios das Aktivierungswahlrecht in § 250 Abs. 3 HGB gesetzt[70].

Bei Adler/Düring/Schmaltz heißt es, der „Ausgabebetrag ... entspricht dem um das Disagio geminderten Nennbetrag. Der Rückzahlungsbetrag stimmt normalerweise mit dem Nennbetrag der Schuld überein, er kann aber auch über ihm liegen (Rückzahlungsagio). Für die Bilanzierung interessieren ... nur Ausgabebetrag und Rückzahlungsbetrag. Der Ansatz in der Bilanz muß stets zum Rückzahlungsbetrag erfolgen"[71]. Diese Ausführungen machen deutlich, daß der Diskussion um die Unterscheidung von Agio und Disagio und deren bilanzieller Ungleichbehandlung bei Zero-Bonds offensichtlich auch ein falsches Verständnis von der Bedeutung des Nennbetrages zugrunde liegt. Dieses

---

[65] Im Gegensatz zur Ansicht von Ulmer/Ihrig bei Hüttemann (1970), S. 84f. und dort zit. Lit., S. 99; gleichermaßen bei Brosch (1984), S. 1701f.

[66] Hüttemann (1970), S. 99 und dort zit. Lit.

[67] Brosch (1984), S. 1701f.

[68] Vgl. auch Adler/Düring/Schmaltz (1968), § 156, Rz. 30.

[69] Siehe auch Glade (1986), § 250 HGB, Tz. 46.

[70] Dies galt auch bereits für § 156 Abs. 3 AktG.

[71] Adler/Düring/Schmaltz (1968), § 156, Rz. 11.

Fehlverständnis läßt sich nur daraus erklären, daß als Vergleichsobjekt zu den Zero-Bonds regelmäßig „normale" Festzinsanleihen herangezogen werden, bei denen Ausgabebetrag, Nennbetrag und Rückzahlungsbetrag typischerweise übereinstimmen und dem Nennbetrag als Berechnungsgrundlage der laufenden Nominalverzinsung eine eigenständige Bedeutung zukommt. Es wird jedoch übersehen, daß die allgemeine Bewertungsvorschrift des § 253 HGB für alle Verbindlichkeiten und nicht nur für Anleiheverbindlichkeiten gilt. Als eigener Tatbestand hat der Nennbetrag bei Zero-Bonds keinerlei bilanzielle Bedeutung. Sie kommt ihm nur deshalb in der Regel zu, weil er entweder mit dem Auszahlungsbetrag (beim Aufzinsungstyp) oder mit dem Rückzahlungsbetrag (beim Abzinsungstyp) übereinstimmt. Dabei könnte ein Zero-Bond ohne weiteres als Mischform von Auf-und Abzinsungstyp ausgestattet werden, etwa mit einem „Nennwert" von 100 DM, einem Ausgabebetrag von 70 DM und einem Rückzahlungsbetrag von 130 DM. Dann wäre die Passivierung von 130 DM als Erfüllungsbetrag ohne weiteres zwingend.

Der Versuch, den Disagiobegriff auf den Charakter eines Korrekturpostens jährlicher Nominalzinszahlungen zu verengen, ist ebenfalls einem falsch verstandenen Denken in Nennbeträgen zuzuordnen. In diesem Zusammenhang wird der Unterschiedsbetrag bei Zero-Bonds nicht als bilanziell zu berücksichtigendes Disagio im Sinne des § 250 Abs. 3 HGB angesehen, da er mit der insgesamt zu leistenden Zinszahlung identisch sei. Ein Disagio sei dagegen „die Korrektur eines laufend zu zahlenden Nominalzinses, der bei dieser Kategorie von Anleihen fehlt"[72]. Eine entsprechende Interpretation findet sich in der Verlautbarung des HFA 1/1986, in der das Disagio bei Zero-Bonds bilanziell auf die Differenz zwischen dem durch die Anleihebedingungen festgelegten Emissionsbetrag, zu dem die Anleihe plaziert werden soll, und dem jeweiligen Ausgabebetrag, zu dem die Anleihe tatsächlich am Markt verkauft worden ist[73], beschränkt wird. Diesem Versuch, den bilanziellen Disagiobegriff nur auf die Erscheinungsform bei Anleihen mit periodischer Zinszahlung zu verkürzen und dem Unterschiedsbetrag von Zero-Bonds den Tatbestand eines bilanziellen Disagios abzusprechen, vermögen wir nicht zu folgen. Die Bezeichnung „Korrekturposten" ist zwar eine zutreffende inhaltliche Interpretation des konkreten Unterschiedsbetrages bei Festzinsanleihen, nicht jedoch wesensbestimmender Tatbestand des bilanziell zu berücksichtigenden Disagios der Gesetzesvorschrift. Eine Verengung des Disagiobegriffs widerspricht der bisherigen Berücksichtigung entsprechender Unterschiedsbeträge etwa bei abgezinsten Sparbriefen, Wechselverbindlichkeiten, unverzinslichen Schatzanweisungen etc. Für die bilanzielle Behandlung eines Unterschiedsbetrages spielt zwar die grundsätzliche Anerkennung als Zinsentgelt eine Rolle, nicht jedoch, ob

---

[72] Kommission für Bilanzierungsfragen des Bundesverbandes deutscher Banken, gem. HB v. 3.9.1985, S. 23.

[73] IdW (1986b), S. 248; ebenso Böcking (1986), S. 944ff. Dort auch Einzelheiten zur Berücksichtigung von Anschaffungsnebenkosten im Disagio.

daneben noch weitere Leistungen Zinsentgelt darstellen oder ob der Unterschiedsbetrag den gesamten Zinsaufwand ausmacht.

Die mit der Abzinsung zum Nettoausweis qualitativ völlig neue Behandlung des Unterschiedsbetrages bei Zero-Bonds läßt sich somit auch nicht aus einer *Interpretation* desselben begründen. Damit reduziert sich die Kritik an der Bruttobilanzierung auf die Folgen des Ausweises derartig *hoher* Unterschiedsbeträge in den ersten Jahren nach der Emission und den damit verbundenen Bedenken bezüglich der Darstellung der Vermögenslage.

In der Verlautbarung des HFA 1/1986 wird bezweifelt, „ob zumindest in dem Fall, in dem vollständig auf eine fortlaufende Zinszahlung ... verzichtet wird", der Bruttoausweis sowie der eines „entsprechend überhöhten Disagios" sinnvoll sei[74]. Hieraus läßt sich deutlich die vorrangige Sorge des IdW vor einer übergroßen *Höhe* des Disagios erkennen. Diese Formulierung ist jedoch schon vom Ansatz her nicht geeignet, sichere neue GoB für diese Art von Verbindlichkeiten zu schaffen. Sie deckt den großen Bereich extrem unterverzinslicher Anleihen nicht ab. So ist etwa die künftige Ausgestaltung von Anleihen als „Near-Zero-Bonds" mit einem Nominalzins von z.B. 0,5 bis 1 Prozent denkbar, für den sich wieder die Frage der Bilanzierung nach der Brutto- oder der Nettomethode stellen würde. Die Beurteilung, ob die Vermögenslage zu stark verzerrt (abgebildet) wird, muß vor allem von der Höhe des Verhältnisses von Unterschiedsbetrag zu Ausgabe- oder Rückzahlungsbetrag abhängen. Nach diesem Kriterium ist auch die Bruttobilanzierung unter Annahme einer Bilanzierungspflicht gem. § 250 Abs. 3 HGB mit der Nettobilanzierung zu vergleichen. Die Forderung nach einer Nettopassivierung nur an den Tatbestand der „Unverzinslichkeit" anzubinden, erscheint ebenso unzweckmäßig wie unzureichend. Dabei ist zu berücksichtigen, daß mit der Nettobilanzierung ein eindeutiger Bruch mit bestehenden GoB und Gesetzesvorschriften vorliegt. Die Bruttobilanzierung würde erlauben, ein breites Spektrum von Disagien neuer Finanzierungsinstrumente in das bestehende System von Bilanzierungsvorschriften einzubinden, ohne diesen Bruch heraufzubeschwören, der zudem eine Fülle von Umgehungsmöglichkeiten und Rechtsstreitigkeiten erwarten läßt.

3.2.3.3. Der Vorrang von § 264 Abs. 2 Satz 1 HGB gegenüber § 253 Abs. 1 Satz 2 HGB i.V.m. § 250 Abs. 3 HGB

Ulmer und Ihrig führen aus, die Rechtsfolge des Bruttoausweises gemäß der gesetzlichen Vorschriften vom Emissionszeitpunkt an sei für die Passivierung von Zero-Bonds ungeeignet. Sie setze sich in Widerspruch zum gesetzlichen Gebot, wonach die Bilanz einen möglichst sicheren Einblick in die Vermögenslage zu geben habe[75]. Dabei handele es sich um einen ungewollten, vom

---

[74] IdW (1986b), S. 249.

[75] Ulmer/Ihrig (1985), S. 1176. Im folgenden werden statt der dort zitierten Vorschriften des AktG 1965 die entsprechenden Paragraphen des HGB 1985 genannt.

Gesetzgeber nicht bedachten, planwidrigen Kollisionsfall[76]. Die Vorschrift des § 253 Abs. 1 Satz 2 HGB sei auf den klassischen Anleihetyp bezogen und berücksichtige den neuen Sachverhalt von Zero-Bonds nicht. Dieser falle nicht in seinen Anwendungsbereich. Trotz grundsätzlichen Vorranges der Spezialvorschrift des § 253 Abs. 1 Satz 2 HGB sei daher durch teleologische Reduktion die Anwendung der Generalklausel des § 264 Abs. 2 Satz 1 HGB geboten. Die Spezialvorschrift habe bei der Passivierung von Zero-Bonds gegenüber der Generalnorm zurückzutreten. Es sei der Nettoausweis zum Bilanzstichtag des Ausgabejahres unter jährlicher Zuschreibung der anteiligen kalkulatorischen Zinsen zu wählen[77], da dieser einen zutreffenden Ausdruck der Vermögenslage des Emittenten gewähre.

3.2.4. Bedenken gegen den Nettoausweis

3.2.4.1. Die Darstellung der Vermögenslage

In der Literatur zur Nettobilanzierung von Zero-Bonds finden sich regelmäßig nur die unter 3.2.2. dargestellten Argumente gegen die Bruttomethode. Aus der Beseitigung dieser Probleme beim Nettoausweis wird implizit geschlossen, daß die letztgenannte Methode einen zutreffenden Einblick in die Vermögenslage des Emittenten gewähre. Ein kritischer Vergleich der Folgen beider Bilanzierungsmethoden findet grundsätzlich nicht statt. Statt dessen wird de facto bei der Nettomethode vom vollen Rückzahlungsbetrag bei Fälligkeit der Unterschiedsbetrag bei Ausgabe abgezogen und lediglich der verbleibende Saldo passiviert. Aus den Argumenten gegen den Bruttoausweis muß geschlossen werden, daß dies geschieht, um eine unnötige Aufblähung des Postens der Verbindlichkeiten bzw. der gesamten Bilanz sowie eine Bilanzverzerrung zu vermeiden. Dieses eher bilanzanalytische Ziel wird mit der Nettobilanzierung tatsächlich erreicht. Es wird von Beginn an nur der zugeflossene, für die Finanzierung zur Verfügung stehende Betrag passiviert, der jährlich um die anteiligen Zinsen wächst. Auch unter Liquiditätsgesichtspunkten erscheint es durchaus einleuchtend, von dem niedrigeren Verfügungsbetrag der Schuld auszugehen. Nur in dieser Hinsicht ergibt sich durch die Nettobilanzierung auch die angestrebte Gleichheit des Ausweises von Zero-Bonds mit dem üblichen Bruttoausweis „normaler" Festzinsanleihen[78].

Der Bilanzleser sollte jedoch auch bei einem Bruttoausweis in der Lage sein, dieselbe Information zu erlangen, indem er eine entsprechende Saldierung des

---

76 Gl. A. Brandenberg (1987), S. 918; a.A. Böcking (1986), S. 931 f.

77 Ulmer/Ihrig (1985), S. 1176 f.; außerdem Bordewin (1986), S. 265 f.; Kußmaul (1987), S. 1565.

78 Wiedmann (1985a), S. 4 weist zurecht darauf hin, daß als Finanzierungskomponente für die Grundsätze II und III wohl nur der Liquiditätszufluß in Betracht komme, also der bilanzielle Nettobetrag.

vollen passivierten Bruttobetrages mit dem großen aktivierten RAP „Disagio“ vornimmt. Dadurch, daß das bilanzierungspflichtige Kreditinstitut mit der Nettobilanzierung diese Saldierung bereits selbst vornimmt, werden dem Bilanzleser andererseits eine Reihe wichtiger Informationen vorenthalten. Insbesondere wird während der gesamten Laufzeit nicht über die rechtlich und tatsächlich eingegangene Rückzahlungsverbindlichkeit informiert, die in X Jahren nach dem Bilanzstichtag tatsächlich vom Schuldner zu zahlen ist. Berücksichtigt man das weit höhere Bonitätsrisiko sowie das aufgrund des Zinseszinseffektes deutlich größere Zinsänderungsrisiko der Zero-Bonds[79], ergibt sich dadurch eine erhebliche bilanzielle Ungleichbehandlung im Vergleich zu normalen Festzinsanleihen. Nur der Bruttoausweis macht die tatsächlich fälligen zukünftigen Beträge in der Bilanz sichtbar und stellt diesbezüglich die Zero-Bonds den übrigen Verbindlichkeiten (damit auch den normalen Festzinsanleihen) gleich. In Anbetracht des niedrigen zugeflossenen Ausgabebetrages ist bei Zero-Bonds umso eher ein voller Ausweis der eingegangenen Verbindlichkeit unter Risikogesichtspunkten notwendig. Die Nettomethode würde dagegen einer Handhabung Vorschub leisten, Informationen über erhebliche Verbindlichkeiten mit Hilfe von Zero-Bonds in eine ungewisse, fernliegende Zukunft zu verschieben. Anhand des folgenden Beispiels wird der Vergleich von Brutto- und Nettoausweis deutlich. Gegenstand des Beispiels ist die Emission eines abgezinsten Zero-Bonds mit 15 Jahren Laufzeit zum Nennwert (Rückzahlungswert) von 10000,— DM bei einem Ausgabebetrag von 3624,— DM. Dies entspricht einer Rendite von 7%. Anleihen mit fast identischer Ausgestaltung sind 1985 etwa von der Westdeutschen Landesbank, der Bayerischen Landesbank, der Hessischen Landesbank sowie der Berliner Bank emittiert worden.

Tabelle 2 zeigt, daß die Bruttobilanzierung dem Bilanzleser jederzeit einen zutreffenden Einblick in die Vermögens- und Finanzlage erlaubt bzw. ihn zumindest in die Lage versetzt, diesen Einblick je nach Bedarf durch Saldierung der beiden Posten auf der Aktiv- und Passivseite zu bekommen. Bezeichnenderweise konzentriert sich die Kritik an der Bruttomethode nur auf das Emissionsjahr und die ersten darauf folgenden Geschäftsjahre. Das Argument der Bilanzaufblähung verliert in der Tat mit zunehmender Nähe zum Fälligkeitszeitpunkt an Bedeutung. So führt bei der Bruttomethode nach z.B. 12 Jahren Laufzeit ein Betrag von 1838,— DM unter dem RAP im Verhältnis zu einem Gesamtbetrag von 10000,— DM sicher nicht zu einer bedeutsamen Bilanzaufblähung. Umgekehrt verstärkt sich mit abnehmender Restlaufzeit der Nachteil der Nettomethode, da einem steigenden Informationsbedürfnis des Bilanzlesers über die in naher Zukunft zu zahlende Verbindlichkeit nicht Rechnung getragen wird. Im Beispiel wird nach einer Laufzeit von 12 Jahren nur eine Verbindlichkeit von 8162,— DM ausgewiesen, obwohl bereits nur drei Jahre später 10000,— DM zurückzuzahlen sind. Unter dem Gesichtspunkt des Einblicks in

---

[79] Vgl. etwa Büschgen (1986), S. 307f., 313f.

Tabelle 2

Vergleich von Brutto- und Nettomethode bei der Bilanzierung von Zero-Bonds

Periode	Nettomethode	Bruttomethode	
	passivierter Betrag bei effektivzinskonstanter Zuschreibung von 7% zum Vorjahresbetrag	aktivierter RAP "Unterschiedsbetrag gemäß § 250 Abs. 3 HGB" (Abschreibung erfolgt analog zur Zuschreibung nach der Nettomethode)	passivierter voller Rücklungsbetrag
0	Ausgabebetrag 3624,--	6376,--	10000,--
1	3878,--	6122,--	10000,--
2	4149,--	5851,--	10000,--
3	4439,--	5561,--	10000,--
4	4750,--	5250,--	10000,--
5	5083,--	4917,--	10000,--
6	5439,--	4561,--	10000,--
7	5820,--	4180,--	10000,--
8	6227,--	3773,--	10000,--
9	6663,--	3337,--	10000,--
10	7129,--	2871,--	10000,--
11	7628,--	2372,--	10000,--
12	8162,--	1838,--	10000,--
13	8733,--	1267,--	10000,--
14	9344,--	656,--	10000,--
15	Rückzahlungsbetrag 10000,--	0,--	10000,--

die Vermögens- und Risikolage des bilanzierenden Kreditinstituts ist dies durchaus bemerkenswert.

Bei der notwendigen effektivzinskonstanten Zuschreibung zum Ausgabebetrag werden außerdem gerade in den letzten Jahren vor der Fälligkeit die größten Beträge zugeschrieben, womit sich der angesprochene typische Nachteil der Nettobilanzierung noch verstärkt.

Da die einmal gewählte Bilanzierungsmethode gemäß § 252 Abs. 1 Nr. 6 HGB (Bewertungsstetigkeit) grundsätzlich beibehalten werden sollte — Ausnahmefälle müssen gemäß § 284 Abs. 2 Nr. 3 im Anhang erläutert werden — ist der Bruttoausweis aufgrund der o.g. Bedenken vorzuziehen. Damit wird u.a.

auch eine bilanzielle Gleichstellung der Zero-Bonds mit herkömmlichen Festzinsanleihen insofern erreicht, als der volle dem Bonitätsrisiko unterworfene Rückzahlungsbetrag jederzeit ausgewiesen wird.

3.2.4.2. Überlegungen zur Berücksichtigung des Zinsänderungsrisikos bei Brutto- und Nettomethode des Bilanzausweises

Die Frage der Behandlung von Zero-Bonds in der Bilanz des Emittenten bei Änderungen des Kapitalmarktzinssatzes ist in der Literatur bislang kaum diskutiert worden[80]. Der verminderte, unzureichende Informationsgehalt des Nettoausweises wird jedoch gerade in bezug auf schlagende Zinsänderungsrisiken besonders deutlich.

Die Frage der Umdeutung der Niederstwertvorschrift für Aktiva in eine Höchstwertvorschrift für Passiva mit Hilfe einer Rückstellung in Höhe der Differenz zwischen dem tatsächlichen Barwert und einem niedrigeren passivierten Erfüllungsbetrag der Verbindlichkeit erwähnt Hüttemann im Zusammenhang besonders hoch verzinslicher, langfristiger Verbindlichkeiten. Zur Begründung zieht er das Imparitätsprinzip heran, welches grundsätzlich auf die gesamte Bilanz und damit auch auf die Verbindlichkeiten und deren zukünftige Zinszahlungen angewendet werden müsse[81].

Zero-Bonds beinhalten Zinsänderungsrisiken eines solchen Ausmaßes, daß die analoge Anwendung dieses Gedankenganges auch bei bezogen auf den Ausgabezeitpunkt „normal" rentierlichen Zero-Bonds in der Situation schlagend werdender Zinsänderungsrisiken diskutiert werden sollte. Im zuvor genannten Beispiel steht ein nach der Nettomethode bilanzierter Zero-Bond am Ende des zweiten Jahres mit einem Betrag von 4149,— DM auf der Passivseite der Bilanz. Unter der Annahme einer zwischenzeitlichen Änderung des Kapitalmarktzinssatzes von 7% auf 6% steigt der rechnerische Barwert der Schuld auf 4688,— DM. Der Anstieg um 538,— DM stellt ein Zinsänderungsrisiko von ca. 13% bezogen auf den passivierten Nettobetrag dar[82]. Im Vergleich hierzu würde der Barwert einer mit einem laufenden Nominalzins von 7% ausgestatteten, üblichen Festzinsanleihe bei gleicher Restlaufzeit nur vernachlässigbar geringfügig ansteigen. Bei einem unveränderten Ausweis des planmäßigen nettopassi-

---

[80] Eine Ausnahme ist der Aufsatz von Böcking (1986), S. 939f. und 947f., allerdings nur im Hinblick auf die Berücksichtigung eines gestiegenen Zeitwertes der Zero-Bonds am Bilanzstichtag bei der Nettomethode. Das Zinsänderungsproblem wird sonst regelmäßig nur für Zero-Bonds auf der Aktivseite diskutiert, so etwa bei Ulmer/Ihrig (1985), S. 1178f.; Meyer (1985), S. 143ff.; Borkowsky (1985), S. 141f. berücksichtigt die Frage der bilanziellen Behandlung von Zero-Bonds bei Kapitalmarktzinsänderungen für den Fall der Realisation durch Teiltilgung der Schuld.

[81] Hüttemann (1970), S. 70ff.

[82] Der Einfluß des Zinsänderungsrisikos erhöht sich c.p. mit zunehmendem zeitlichen Abstand zum Fälligkeitszeitpunkt. Bei einem gleichartigen 30-jährigen Zero-Bond mit 28 Jahren Restlaufzeit wären bereits 30% des bilanzierten Nettowertes zuzuschreiben.

vierten Betrages der Zero-Bonds wird der qualitative Unterschied der Nettobilanzierung von Zero-Bonds im Vergleich zur Bilanzierung herkömmlicher Festzinsanleihen daher offensichtlich. Die von den Verfechtern der Nettomethode intendierte bilanzielle Gleichbehandlung führt hier zu einem untragbaren Ergebnis. Selbst wenn man die analoge Anwendung eines Höchstwertprinzips bei Zinsänderungsrisiken von Verbindlichkeiten mit laufender Verzinsung ablehnt, müßte jedoch allein aufgrund des Vorsichtsprinzips des § 252 Abs. 1 Nr. 4 HGB und des Imparitätsprinzips des § 252 Abs. 1 Nr. 3 HGB bei einer für den Emittenten ungünstigen Marktzinssenkung und der daraus folgenden Marktwerterhöhung der Schuld zumindest ein Ausweis des Betrages von 538,— DM unter einem entsprechenden Zinsrückstellungsposten bei Beibehaltung des planmäßigen Nettoausweises erfolgen[83]. Bei einem späteren Wiederanstieg des Marktzinssatzes wäre dieser Zinsrückstellungsposten wieder entsprechend zu vermindern.

Der Haupteinwand gegen die Bilanzierung nach der Nettomethode bleibt jedoch grundsätzlich erhalten. Dem Bilanzleser bleibt bei einem ausgewiesenen Nettobetrag das im Vergleich zu den üblichen Festzinsanleihen gewaltige Zinsänderungsrisiko der Zero-Bonds verborgen. Bei der Bruttomethode wird dagegen zunächst auf der Passivseite der viel höhere, vorsichtige Rückzahlungswert berücksichtigt. Zusätzlich kann der Bilanzleser aus dem Zinscharakter des sehr hohen aktiven RAP mit dem Unterposten „Unterschiedsbetrag gemäß § 250 Abs. 3 HGB“ ein mögliches Zinsänderungsrisiko selbst herausinterpretieren. Damit wird ein weiterer Vorteil der Bruttobilanzierung deutlich, der gerade bei dem besonders hohen Zinsänderungsrisiko im Emissionsjahr und den darauf folgenden Geschäftsjahren besonders schwer wiegt.

Es wäre darüber hinaus zu diskutieren, ob beim Bruttoausweis im Falle einer ungünstigen Marktzinsänderung (Zinssenkung) eine Zinsrückstellung gebildet werden sollte. Diese wäre jedoch aus Gründen der Bilanzklarheit mit dem aktiven RAP zu verrechnen, da sonst drei Positionen im Zusammenhang mit den Zero-Bonds ausgewiesen würden[84]. Die Folge dieser Verrechnung wäre eine Abschreibung des aktiven RAP um 538,— DM im o.g. Beispiel.

Beide Varianten der Nettobilanzierung machen einen zusätzlichen Mangel bei geänderten Marktzinssätzen zum Bilanzstichtag sichtbar. Bei Fortführung des nettopassivierten Buchwertes wird die Vermögenslage erheblich verzerrt dargestellt, da die ausgewiesene Verbindlichkeit zu niedrig ist. Die Zuschreibung zum passivierten Nettobuchwert läßt dagegen die intendierte bilanzielle Gleichstellung mit herkömmlichen Festzinsanleihen, die ein Zinsänderungsrisiko solchen Umfangs nicht aufweisen, scheitern. Die Bruttobilanzierung ist auch in dieser Hinsicht überlegen, da durchgängig der objektivierte Rückzahlungsbetrag passiviert wird und gleichzeitig über eine Korrektur des aktiven Rechnungsab-

[83] Analog zum Vorschlag von Hüttemann (1970), S. 72.

[84] Vgl. Hüttemann (1970), S. 77, dort zu den Verbindlichkeiten allgemein.

grenzungspostens den wechselnden Marktzinsniveaus in ausreichender Form Rechnung getragen werden kann.

Als Alternative wäre bei der Nettobilanzierung im Sinne einer Umdeutung des für Aktiva gültigen Niederstwertprinzips in ein Höchstwertprinzip für Passiva auch eine Zuschreibung des passivierten Zero-Bonds in Höhe des drohenden Verlustes bis zum Maximum des Erfüllungsbetrages bei Fälligkeit denkbar[85]. Bei späteren Marktzinssteigerungen könnte der Wert der Verbindlichkeit in diesem Falle allerdings nicht mehr vermindert werden.

3.2.5. Die Behandlung von Zero-Bonds in der Steuerbilanz

Von der Finanzverwaltung wurde inzwischen auch die Behandlung von Zero-Bonds in der Steuerbilanz geregelt. Danach ist eine effektivzinskonstante Zuschreibung des Unterschiedsbetrages auf Basis der Emissionsrendite vorzunehmen. Das Nettoprinzip, welches für die Handelsbilanz in der Verlautbarung HFA 1/1986 vorgesehen ist, wird analog für die Steuerbilanz vorgeschrieben. Ausdrücklich heißt es: „Während der Laufzeit ist der Unterschiedsbetrag zu den jeweiligen Bilanzstichtagen mit dem Teil beim Anleihe-Gläubiger aktivisch und beim Anleihe-Schuldner passivisch zu erfassen, der bei Zinseszinsberechnung rechnerisch auf die abgelaufene Laufzeit entfällt. Abschnitt 37 Abs. 1 und Abs. 3 Satz 1 EStR sind insoweit nicht anwendbar, denn der Einlösungsbetrag eines Zerobonds, der außer dem zur Nutzung überlassenen Kapital auch das gesamte Entgelt für die Kapitalüberlassung enthält, deckt sich nicht mit dem in Abschnitt 37 EStR und in § 250 Abs. 3 HGB verwendeten Begriff ‚Rückzahlungsbetrag'.

Unberührt bleiben die bilanzsteuerlichen Grundsätze für die Beurteilung von Kurswertänderungen aufgrund geänderter Marktkonditionen, z.B. bei Werterhöhungen eines Zerobonds, die sich nicht aus dem laufzeitabhängigen Anwachsen des Unterschiedsbetrages ergeben, oder bei Absinken des Kurswerts unter den nach obigen Grundsätzen ermittelten Bilanzansatz"[86].

Mit der Übernahme des Nettoprinzips für die Bilanzierung von Zero-Bonds auch in der Steuerbilanz dürfte sich die Nettobilanzierung höchstwahrscheinlich als GoB in der Bankpraxis durchsetzen. Dies ändert jedoch nichts an den hier geäußerten Bedenken und der Bevorzugung des Bruttoprinzips.

3.2.6. Konsequenzen für den Ausweis von Zero-Bonds vor dem Hintergrund der Generalnorm des § 264 Abs. 2 HGB

Wie wir gezeigt haben, läßt sich keine Möglichkeit erkennen, statt des gesetzlich vorgeschriebenen Bruttoausweises zu der in der Literatur vorgeschla-

---

[85] So auch Böcking (1986), S. 939f.; dem folgend Kußmaul (1987), S. 1565.

[86] BMF (1987b), S. 394; mit gleichem Wortlaut Niedersächsisches Finanzministerium (1987), S. 729. Der Erlaß ergeht ausdrücklich im Einvernehmen mit dem Bundesminister der Finanzen und den obersten Finanzbehörden der anderen Länder.

genen Nettopassivierung von Zero-Bonds beim Emittenten zu gelangen. Nicht nur der gesetzliche Wortlaut spricht eindeutig gegen diese Möglichkeit. Der Zero-Bond weist zudem auch, wie die Diskussion des Rückzahlungsbetrages und des Unterschiedsbetrages zeigt, keine qualitativen Merkmale auf, die über eine teleologische Reduktion die Nichtanwendbarkeit des gesetzlich verankerten Bruttoausweises rechtfertigen würden.

Dem Vorwurf, die unkorrigierte Anwendung des Bilanzierungswahlrechts für den Unterschiedsbetrag von Zero-Bonds gemäß § 250 Abs. 3 HGB führe bei der Nichtausübung zu einer Verzerrung der Ertragslage des Emittenten, konnte durch die Annahme einer entsprechenden Aktivierungspflicht eines solchen großen Unterschiedsbetrages der Zero-Bonds begegnet werden. Zudem wurde auf die deutliche Trennung der Vorschriften des § 250 Abs. 3 HGB und § 253 Abs. 1 Satz 2 HGB im Gesetz verwiesen. Die Gültigkeit der letztgenannten Vorschrift besteht unabhängig von der Verankerung des Bilanzierungswahlrechts in § 250 Abs. 3 HGB.

Das erhebliche Ausmaß des Unterschiedsbetrages der Zero-Bonds und damit ein rein quantitatives Merkmal führt des weiteren in der Literatur zum Vorwurf, der Bruttoausweis gewähre einen nur unzureichenden Einblick in die Vermögenslage des Emittenten in den ersten Jahren nach der Emission, weshalb die den Bruttoausweis vorschreibende Spezialnorm des § 253 Abs. 1 Satz 2 HGB hinter die den Einblick in die Vermögenslage regelnde Generalnorm des § 264 Abs. 2 Satz 1 HGB zurückzutreten habe. Begründet wird diese Forderung mit dem Argument, daß es sich bei der angesprochenen Spezialnorm um einen ungeplanten, vom Gesetzgeber ungewollten Kollisionsfall beider Vorschriften handele. Diesen Argumenten wäre allenfalls dann zuzustimmen, wenn die vorgeschlagene Alternative der Nettopassivierung von Zero-Bonds einen erheblich besseren Einblick in die Vermögenslage gewähren würde, ohne neue bilanzielle Probleme zu schaffen. Die Nettobilanzierung vermeidet zwar eine Bilanzaufblähung bzw. -verzerrung; dies führt jedoch nur im Hinblick auf die Liquiditätssituation zu einem sachgerechten Ausweis. Unter dem Gesichtspunkt des Bonitäts-, insbesondere aber des Zinsänderungsrisikos, führt sie jedoch zu einer bedenklichen Verzerrung der Abbildung der Risikosituation des Emittenten und damit zu einem unzureichenden Einblick in die Vermögens- und Finanzlage gemäß § 264 Abs. 2 Satz 1 HGB. Abschließend ist daher festzustellen, daß ein Bruch mit den gesetzlichen Passivierungsvorschriften unter Anwendung der Nettopassivierung von Zero-Bonds mit dem Hinweis auf den besseren Einblick in die Vermögenslage ebenfalls nicht zu rechtfertigen ist. Auch ein Nettoausweis unter Zuhilfenahme der Erläuterungsmöglichkeit im Anhang gemäß § 264 Abs. 2 Satz 2 HGB ist abzulehnen. Es kann nicht gestattet sein, zunächst gegen den gesetzlichen Wortlaut einer Vorschrift (§ 253 Abs. 1 Satz 2) zu verstoßen und eine dennoch ungenügende Darstellung der Vermögenslage mittels Angaben im Anhang zu korrigieren. Dies gilt auch in bezug auf § 285 Nr. 3 HGB, nach dem ansonsten der Brutto-Wert der nicht in der Bilanz erscheinenden Verpflichtung im Anhang anzugeben wäre, da kein Fall von unerheblicher Bedeutung für die Finanzlage anzunehmen ist[87]. Allerdings sind Kreditinstitute von dieser Angabepflicht nach gegenwärtiger Rechtslage ohnehin durch § 25a KWG befreit.

Des weiteren wurde darauf hingewiesen, daß ein großer Teil des Vorwurfs gegen den Bruttoausweis dadurch gegenstandslos wird, daß der Bilanzleser sich durch eine Saldierung der langfristigen Anleiheverbindlichkeiten mit dem aktiven RAP a) Unterschiedsbetrag gemäß § 250 Abs. 3 HGB jederzeit einen zutreffenden Einblick hinsichtlich des Liquiditätsaspektes der Vermögenslage verschaffen kann. Sollte dennoch bei Zero-Bonds oder ähnlichen Instrumenten mit extrem hohen Unterschiedsbeträgen — etwa in den ersten Jahren nach der Emission — ein den tatsächlichen Verhältnissen entsprechendes Bild der Vermögenslage nicht vermittelt werden können, sind für diese Perioden im Anhang gemäß § 264 Abs. 2 Satz 2 HGB zusätzliche Angaben zu machen.

4. Die Aktivierung von Zero-Bonds beim anlegenden Kreditinstitut

4.1. Grundlagen und bilanztechnische Möglichkeiten des Ausweises

Zero-Bonds sind als Wertpapiere mit festem Zinssatz im Sinne der Bankbilanzrichtlinien anzusehen und unter der Position „Anleihen und Schuldverschreibungen" auszuweisen. So ist es nach Birck/Meyer für den Ausweis nur von formaler Bedeutung, ob ein bestimmter Zinssatz in den Emissionsbedingungen genannt und periodisch gezahlt wird oder ob er sich aus der Differenz zwischen Emissionskurs und Rückzahlungskurs errechnen läßt[88]. Für diese Behandlung spricht ebenfalls, daß andere nominell unverzinsliche Papiere, wie Schatzwechsel und U-Schätze mit Laufzeiten von über 2 Jahren, gemäß den Bilanzrichtlinien als Schuldverschreibungen auszuweisen sind[89].

Bilanztechnisch bestehen grundsätzlich vier Ausweismöglichkeiten bei der Aktivierung von Zero-Bonds[90]:

1. Der Bruttoausweis zum Rückzahlungsbetrag
   a) *mit* passivem RAP des Unterschiedsbetrages, welcher pro rata temporis entsprechend dem jährlichen Zinsertrag abzuschreiben ist
   b) *ohne* passive Rechnungsabgrenzung
2. Der Nettoausweis zum Ausgabe- bzw. Kaufbetrag als den vom Erwerber aufgewendeten Anschaffungskosten
   a) *mit* jährlicher Zuschreibung des anteiligen Unterschiedsbetrages als Entgelt der jeweiligen Rechnungsperiode

---

[87] Darauf weist hin: Crezelius (1986), S. 453, der aber ebenfalls den Bruttoausweis mit RAP in der Bilanz für geboten hält.

[88] Vgl. Birck/Meyer (1976), S. II 194.

[89] Vgl. Birck/Meyer (1976), S. II 195f.

[90] Vgl. Ulmer/Ihrig (1985), S. 1178.

b) *ohne* Berücksichtigung des Unterschiedsbetrages bis zum Fälligkeitszeitpunkt

4.2. Die korrekte Verteilung der Zinserträge über die Laufzeit

Bei der Nettobilanzierung gemäß Variante 2.b) werden die gesamten Zinserträge für die Kapitalüberlassung bis zum Fälligkeitszeitpunkt erst in der Fälligkeitsperiode vereinnahmt. Diese Bilanzierungsweise verstößt gegen § 252 Abs. 1 Nr. 5 HGB, nach dem Erträge unabhängig von den Zahlungszeitpunkten im Jahresabschluß zu berücksichtigen sind. Die Tatsache, daß die Zinserträge der gesamten Laufzeit bei Zero-Bonds erst im Fälligkeitszeitpunkt zahlungswirksam werden, ist hierfür ohne Bedeutung[91]. Bei einem Bruttoausweis ohne passive Rechnungsabgrenzung gemäß Variante 1.b) würde dagegen der gesamte Zinsertrag bereits in der ersten Periode vereinnahmt. Analog liegt auch hier ein Verstoß gegen § 252 Abs. 1 Nr. 5 HGB vor. Darüber hinaus ist zu berücksichtigen, daß der Anspruch auf den Zinsertrag nicht schon allein mit der Zahlung des Ausgabebetrages entsteht. Vielmehr muß die Leistung des Gläubigers „Überlassung des Ausgabebetrages und der später zeitanteilig anfallenden Zinsen" zur Nutzung des Emittenten erst in der Zukunft erbracht werden. Variante 1.b) verstößt somit zusätzlich gegen das Verbot des Ausweises nichtrealisierter Gewinne gemäß § 252 Abs. 1 Nr. 4 HGB, da der endfällige Unterschiedsbetrag bei Zero-Bonds als nachträgliche Zinszahlung für die abgelaufene Kapitalnutzung anzusehen ist[92].

Aus den genannten Gründen sind die Bilanzierungsvarianten 1.b) und 2.b) für den Ausweis von Zero-Bonds abzulehnen.

4.3. Die Bedeutung des Anschaffungswertprinzips

Bei einem Bruttoausweis mit passiver Rechnungsabgrenzung gemäß Variante 1.a) und auch bei einem Nettoausweis gemäß Variante 2.a) ist die korrekte Verteilung der Zinserträge über die Laufzeit gemäß § 252 Abs. 1 Nr. 5 HGB gewährleistet, da diese pro rata temporis bis zum Fälligkeitszeitpunkt vereinnahmt werden.

Die Frage des richtigen Ansatzes der Zero-Bonds ergibt sich aus dem Anschaffungswertprinzip des § 253 HGB und dem § 255 Abs. 1 HGB. Als Wertpapiere des Umlaufvermögens sind Zero-Bonds in der Handelsbilanz nach § 253 Abs. 1, 3 HGB höchstens mit den Anschaffungskosten oder mit dem niedrigeren Börsen- oder Marktpreis anzusetzen. Bei Zuordnung zum Anlagevermögen ergeben sich die entsprechenden Bewertungsregeln aus § 253 Abs. 1 und Abs. 2 Satz 3 HGB. Ertragsteuerrechtlich entspricht dem der Ansatz mit

---

[91] Vgl. Bordewin (1986), S. 267; Sprißler/Rixen (1986), S. 6.; Ulmer/Ihrig (1985), S. 1178f.

[92] Vgl. Bordewin (1986), S. 266.

den Anschaffungskosten oder dem niedrigeren Teilwert gemäß § 6 Abs. 1 Nr. 2 EStG[93]. Zwar wird bei Darlehensforderungen, bei denen der Auszahlungsbetrag unter dem Nennbetrag liegt, die Ansicht vertreten, sie seien gleichwohl zum Nennbetrag (Anm.: Brutto) zu aktivieren. Dabei wird jedoch unterstellt, das Disagio sei als *vorausbezahlter* Zins zu verstehen und dementsprechend als passiver Rechnungsabgrenzungsposten anzusetzen[94]. Der Bruttoausweis von Zero-Bonds mit passivem Rechnungsabgrenzungsposten gemäß Variante 1.a) ist hiermit jedoch nicht vereinbar. Die Anschaffungskosten sind durch den Ausgabe- bzw. Börsenkurs bestimmt, da die Annahme einer Zinsvorauszahlung abzulehnen ist[95]. Somit erfolgt eine Einbuchung der Zero-Bonds zum Nettobetrag gemäß Variante 2.a)[96], d.h. zum Ausgabe- oder Börsenkurs, der sich nach Abzinsung mit dem geltenden Marktzinssatz ergibt. Es wurde hieraus z.T. geschlossen, daß diese Anschaffungskosten bis zur Einlösung nicht überschritten werden dürften[97]. Entsprechend ergäbe sich eine Bilanzierung gemäß Variante 2.b)[98]. Lüders[99] hält diese Variante bei Zero-Bonds für die „eigentlich gebotene Bilanzierung", auf die er nur aus „Praktikabilitätsgründen" zugunsten der Variante 1.a) (!) verzichten will. Lüders ist der Meinung, daß „nicht der Wertzuwachs, sondern nur der davon wesensmäßig zu unterscheidende Gewinn zur Vermögensmehrung führen" und eine „erfolgswirksame Realisierung nie akzeptiert werden" kann. Ausdrücklich bestimme § 252 Abs. 1 Nr. 4 HGB, daß Gewinne nur zu berücksichtigen seien, wenn sie am Abschlußstichtag realisiert sind. Lüders übersieht dabei jedoch, daß sich der hier angesetzte Wertzuwachs gerade *nur* aufgrund der Realisierung ergibt und wegen der tatsächlich erfolgten Überlassung des Kapitals für die jeweils abgelaufene Periode eine Erfolgsvereinnahmung gerechtfertigt, ja sogar geboten ist. Schäfer stellt in diesem Zusammenhang fest, daß nach herrschender Auffassung ein Wahlrecht bestehe, die auflaufenden Zinsen nominell unverzinslicher Wertpapiere erfolgswirksam zu vereinnahmen oder nicht. Er weist jedoch nach, daß die Aktivierung der pro rata temporis realisierten Zinserträge gemäß dem Realisationsprinzip erfolgen muß[100]. Die Annahme einer entsprechenden Zuschreibungspflicht der realisierten Zinserträge zu den aktivierten Nettoanschaffungskosten bei Zero-Bonds ist unumstritten[101]. Anstelle jährlicher Zinszahlungen an den Anleihegläubiger

---

93 Vgl. Bordewin (1986), S. 266.

94 Vgl. Knobbe-Keuk (1985), S. 176; a.A. Adler/Düring/Schmaltz (1968), § 153, Rz. 112; Schäfer (1977), S. 57.

95 Vgl. Bordewin (1986), S. 266; Pankow/Gutike (1986), S. 631; Ulmer/Ihrig (1985), S. 1178.

96 Vgl. etwa Sprißler/Rixen (1986), S. 6, analog IdW (1985a), S. 585, 590; Meyer (1985), S. 140f.; IdW (1986b), S. 249.

97 So noch Adler/Düring/Schmaltz (1957), S. 447, Tz. 181.

98 Vgl. Clemm (1984), S. 232.

99 Siehe hierzu und im folgenden Lüders (1987), S. 118f.

100 Schäfer (1977), S. 72.

wird jährlich das Entgelt für die Kapitalüberlassung dem Kapital zugeschlagen und mit ihm verzinst. Es handelt sich um eine ansteigende Valutierung der auf den Rückzahlungsbetrag lautenden Forderung[102]. Die angesammelten Zinserträge stellen dabei nachträgliche Anschaffungskosten[103] im Sinne von § 255 Abs. 1 Satz 2 HGB dar. Die Befolgung der Aktivierungspflicht für diese nachträglichen Anschaffungskosten stellt sicher, daß die Zero-Bonds während der Laufzeit der Anleihe sowohl hinsichtlich der Vermögens- als auch hinsichtlich der Ertragslage des Anleihegläubigers zutreffend bilanziert werden.

In entsprechender Weise wurde inzwischen von der Finanzverwaltung die Aktivierung von Zero-Bonds auch in der Steuerbilanz vorgeschrieben[104].

4.4. Emissions- oder Erwerbsrendite als Zuschreibungszinssatz über die Laufzeit

Die Zuschreibung des entsprechenden anteiligen Unterschiedsbetrages bei der Bilanzierung gemäß Variante 2.a) ergibt sich nach Maßgabe des Effektivzinssatzes[105]. Während dieser Satz über die gesamte Laufzeit gleich bleibt, steigen die Zinsbeträge wegen des Zinseszinseffektes progressiv an. Eine lineare Vereinnahmung ist abzulehnen, da sie dem Vorsichtsprinzip widerspräche[106]. Kontrovers diskutiert wird in diesem Zusammenhang, ob beim Zweiterwerb der Zero-Bonds als zuzuschreibender Effektivzinssatz die ursprüngliche Emissionsrendite oder die sich aufgrund der tatsächlichen Anschaffungskosten ergebende Erwerbsrendite[107] verwendet werden soll. Als Argument für die Verwendung der Emissionsrendite findet sich zunächst der Vergleich mit der Vereinnahmung der Zinserträge aus festverzinslichen Wertpapieren entsprechend der Nominalverzinsung. Auch dort ergebe sich keine Zinsvereinnahmung des Zweiterwerbers auf der Grundlage der Erwerbsrendite[108]. Sprißler und Rixen weisen darauf hin, daß sich entsprechende Abweichungen beider Renditen erst bei der Veräußerung oder Einlösung der Papiere als Kursverluste oder Kursgewinne niederschlagen würden.

---

[101] Vgl. Bordewin (1986), S. 267; IdW (1986b), S. 249; Meyer (1985), S. 141; Pankow/Gutike (1986), S. 631; Ulmer/Ihrig (1985), S. 1178f.; Böcking (1986), S. 948ff.; Kußmaul (1987), S. 1566; a.A. wohl nur Lüders (1987), S. 118f.

[102] Vgl. Ulmer/Ihrig (1985), S. 1179.

[103] So Bordewin (1986), S. 267.

[104] BMF (1987b); mit gleichem Wortlaut Niedersächsisches Finanzministerium (1987).

[105] Vgl. IdW (1986b), S. 249; Meyer (1985), S. 141.

[106] Vgl. Meyer (1985), S. 141; dem folgend Böcking (1986), S. 949; ähnlich Wiedmann (1985a), S. 4.

[107] Deren Verwendung wird vertreten von Meyer (1985), S. 141; Wiedmann (1985a), S. 4; Böcking (1986), S. 949; Kußmaul (1987), S. 1568; siehe insbesondere bereits Schäfer (1977), S. 73ff.

[108] Vgl. hierzu und im folgenden Sprißler/Rixen (1986), S. 6.

Außerdem werde für die Ermittlung des zu versteuernden Zinsertrages bei Privatpersonen ebenfalls von der ursprünglichen Emissionsrendite ausgegangen[109]; es seien keine einleuchtenden Gründe dafür zu erkennen, im Betriebsbereich anders zu verfahren[110]. Wohl deshalb ist von der Finanzverwaltung inzwischen auch die Emissionsrendite als Zuschreibungssatz vorgeschrieben worden[111].

Den dargestellten Argumenten für die Verwendung der Emissionsrendite vermögen wir uns allerdings nicht anzuschließen. Denn nur eine Zuschreibung mit der Erwerbsrendite sorgt für eine periodengerechte Verteilung des tatsächlichen Unterschiedsbetrages über die gesamte Laufzeit. Schäfer[112] vertritt die Periodisierung des Unterschiedsbetrages zusätzlich zur Nominalverzinsung bereits für übliche Festzinsanleihen und damit auch dort die Verwendung der Erwerbsrendite. Im Gegensatz zur jährlich zahlungswirksamen Nominalverzinsung bei üblichen Festzinsanleihen stellt die Emissionsrendite für den Zweiterwerber von Zero-Bonds nur eine fiktive Größe ohne wirtschaftliche Bedeutung dar und ist daher als Zuschreibungssatz abzulehnen. Die Verwendung der Emissionsrendite bei der Ermittlung des zu versteuernden Zinsertrages bei Privatpersonen geschieht dagegen lediglich, um dort die steuerlich relevante Trennung der Zinseinnahmen von den Kursgewinnen/-verlusten herzustellen. Für den Betriebsbereich ist diese Unterscheidung dagegen ohnehin nicht relevant.

Eine ausführliche Analyse zu den Bilanzierungsmöglichkeiten von Zero-Bonds beim Zweiterwerber bei veränderten Marktzinssätzen findet sich bei Kußmaul[113]. Er gelangt ebenfalls zu dem Ergebnis, daß zwar die Zuschreibung mit der Emissionsrendite „die derzeit verbreitete Verbuchungsmethode darstellt, weil sie der Behandlung bei 'normalen' Schuldverschreibungen entspricht“, es sei allerdings „zweifelhaft, ob damit die effektive Zinsbelastung des Anlegers zutreffend wiedergegeben wird“. Insofern sei es gerechtfertigt, die Zinserträge auf der Grundlage der tatsächlichen Verzinsung zu ermitteln, d.h. „auf der Grundlage der internen Verzinsung des Erwerbs“[114]. Lediglich bei einer späteren weiteren Steigerung des Marktzinssatzes ist eine Abschreibung auf den niedrigeren Zeitwert nach Maßgabe des strengen bzw. gemilderten Niederstwertprinzips geboten resp. möglich, ohne daß im weiteren Verlauf eine Aufzinsung zum höheren Zinssatz vorgenommen werden kann[115].

---

109 Ebenda unter Hinweis auf BMF (1985).

110 Sprißler/Rixen (1986), S. 6.

111 BMF (1987b), mit gleichem Wortlaut Niedersächsisches Finanzministerium (1987).

112 Vgl. Schäfer (1977), S. 73ff.

113 Kußmaul (1987), S. 1565ff.

114 Kußmaul (1987), S. 1568; vgl. auch Böcking (1986), S. 948f. Für die Zuschreibung auf der Basis der Erwerbsrendite hat sich inzwischen auch der BFA des Instituts der Wirtschaftsprüfer ausgeprochen. Siehe IdW, Bankenfachausschuß (1987d), S. 376.

115 Vgl. auch Kußmaul (1987), S. 1568.

5. Zusammenfassung

Bei Anwendung des § 253 Abs. 1 Satz 2 HGB wären Zero-Bonds — wie alle übrigen Verbindlichkeiten — grundsätzlich zum Rückzahlungsbetrag zu passivieren. Diese sogenannte Bruttobilanzierung wird in der Stellungnahme des IdW HFA 1/1986 und im überwiegenden Teil des jüngsten Schrifttums mit der Begründung abgelehnt, sie führe zu einer unzutreffenden Darstellung der Vermögenslage. Stattdessen wird die Passivierung des niedrigeren, zugeflossenen Ausgabebetrages unter jährlicher Zuschreibung des anteiligen Unterschiedsbetrages (sog. Nettomethode) gefordert. Der Bruttomethode wird vor allem vorgeworfen, die Passivierung der erst auf zukünftige Jahre entfallenden Zinsen als Teil des Rückzahlungsbetrages verstoße gegen das Verbot der Bilanzierung schwebender Geschäfte. Dagegen ist einzuwenden, daß bei dieser Auslegung entgegen den Anleihebedingungen zwischen Kapital- und Zinsverbindlichkeit unterschieden wird und diese letzteren als rechtlich selbständige Schulden behandelt werden, obwohl Zero-Bonds nur einen einheitlichen Rückzahlungsanspruch verbriefen. Anhand der „Stripped Zero-Bonds" läßt sich zudem zeigen, daß eine Passivierung der selbständig verbrieften Zinsverbindlichkeit auch bei strikter Trennung von Kapital- und Zinsverpflichtung erfolgen müßte.

Die Anwendung der Nettomethode wird vereinzelt auch mit der engen Auslegung des Wortes „Rückzahlungsbetrag" in § 253 Abs. 1 HGB gerechtfertigt. Es werde nur der zugeflossene Ausgabebetrag *zurück*gezahlt, nicht aber die erst im Zeitverlauf entstehende Zinsschuld. Dieser Auslegung liegt unserer Ansicht nach eindeutig ein falsches Verständnis des Begriffes „Rückzahlungsbetrag" zugrunde. Daß der Rückzahlungsbetrag der Betrag ist, der zur Erfüllung der Verbindlichkeit aufgewendet werden muß (Erfüllungsbetrag), läßt sich als herrschende Meinung nachweisen.

Die Befürworter der Nettomethode weisen darauf hin, daß es sich beim Unterschiedsbetrag von Aufzinsungsanleihen um ein Agio, bei Abzinsungsanleihen dagegen um ein Disagio handelt. Das Disagio stelle nach herrschender Meinung ein vorausgezahltes, das Agio ein nachträglich gezahltes Zinsentgelt dar. In dem einen Fall sei daher die Bilanzierung zum vollen Rückzahlungsbetrag, im anderen Falle der Ausweis zum Nennwert geboten. Daraus ergebe sich eine unterschiedliche Bilanzierung, obwohl der Unterschiedsbetrag beider Typen eindeutig nachträglich gezahltes Zinsentgelt ist.

Dieser Argumentation liegt zunächst die in der Literatur umstrittene einseitige Fiktion bezüglich der Zahlungszeitpunkte von Disagien und Agien zugrunde. Außerdem beruht diese Ansicht auf einem offensichtlich falschen Verständnis der Bedeutung des Nennbetrages. Dieses Fehlverständnis erklärt sich daraus, daß als Vergleichsobjekt zu den Zero-Bonds regelmäßig „normale" Festzinsanleihen herangezogen werden. In der Vergangenheit ist aber, ungeachtet unterschiedlicher Ansichten hinsichtlich der Zahlungszeitpunkte, die Bruttobilanzierung als korrekte Methode für beide Arten von Unterschiedsbeträgen bevorzugt worden, da die allgemeine Bewertungsvorschrift des § 253 HGB für alle Verbindlichkeiten und nicht nur für Anleiheverbindlichkeiten gilt.

Als unzulässig erweist sich auch der Versuch, den Begriff „Disagio" auf die Funktion eines Korrekturpostens zu den laufenden Nominalzinszahlungen einzuschränken und deshalb den Unterschiedsbetrag bei Zero-Bonds nicht als bilanziell zu berücksichtigendes Disagio im Sinne des § 250 Abs. 3 HGB anzusehen, da er mit der insgesamt zu leistenden Zinszahlung identisch sei.

Die vorfindbare Kritik des einschlägigen Schrifttums an der Bruttobilanzierung reduziert sich schließlich auf die unerwünschten Folgen des Ausweises derartig *hoher* Unterschiedsbeträge in den ersten Jahren nach der Emission. Wir kommen aber zu dem Ergebnis, daß der Nettoausweis auch hinsichtlich der Darstellung der Vermögenslage dem Bruttoausweis bei Zero-Bonds keineswegs überlegen ist.

Selbst für Befürworter der Nettomethode muß die Verlautbarung HFA 1/1986 unbefriedigend sein, da sie die Nettobilanzierung nur für die *un*verzinslichen Anleihen vorschreibt. Es werden keine sicheren neuen GoB für derartige Verbindlichkeiten geschaffen, weil die extrem unterverzinslichen Anleihen nicht miteingeschlossen sind. Die Beibehaltung der Bruttobilanzierung würde dagegen ohne Bruch mit bestehenden GoB erlauben, ein breites Spektrum von Disagien neuer Finanzierungsinstrumente in das bestehende System von Bilanzierungsvorschriften einzubinden.

Inzwischen hat die Finanzverwaltung die Nettomethode auch für die Bilanzierung von Zero-Bonds in der Steuerbilanz vorgeschrieben. Dies ist vor dem Hintergrund der Ergebnisse unserer Untersuchung eine bedenkliche Entwicklung. Sie wird aber wohl die Nettopassivierung von Zero-Bonds als GoB durchsetzen.

Bei der Aktivierung von Zero-Bonds beim Anleger bestimmen sich die Anschaffungskosten des Ersterwerbers durch den Ausgabe- oder Börsenkurs, der sich nach Abzinsung mit dem Emissionszinssatz ergibt. Diese Anschaffungskosten sind gemäß dem Realisationsprinzip des § 252 Abs. 1 Nr. 5 HGB pro rata temporis um die realisierten Zinserträge zu erhöhen. Die angesammelten Zinserträge stellen dabei nachträgliche Anschaffungskosten im Sinne von § 255 Abs. 1 Satz 2 HGB dar. Die Zuschreibung ergibt sich nach Maßgabe des Effektivzinssatzes. Von den hierbei grundsätzlich möglichen Verfahren halten wir die Verwendung der Emissionsrendite, wie sie in einem Teil des Schrifttums und von seiten der Finanzverwaltung gefordert wird, für ungeeignet. Stattdessen sollte der Effektivzinssatz auf der Basis der Erwerbsrendite errechnet werden, da nur so für eine periodengerechte Verteilung des tatsächlichen Unterschiedsbetrages über die gesamte Laufzeit gesorgt ist. Die Verwendung der Erwerbsrendite wird u.a. auch vom Institut der Wirtschaftsprüfer präferiert.

C. Doppelwährungsanleihen in der Bankbilanz

1. Definition und Merkmale

Doppelwährungsanleihen sind langfristige Festzinsanleihen, bei denen die Einzahlung des Ausgabebetrages und die darauf bezogenen laufenden Zinszahlungen in der Anlagewährung x erfolgen, im Fälligkeitszeitpunkt dagegen in einer anderen Währung y getilgt wird. Sie sind somit eine Mischform zwischen einer reinen Inlands- und einer reinen Fremdwährungsanleihe[1].

Das Marktzinsniveau der Anlagewährung x (z.B. DM, sFr, Yen) ist grundsätzlich deutlich niedriger als das der Tilgungswährung y (i.d.R. US-$, auch Austral-$). Die laufende Verzinsung des Einzahlungs-/Ausgabebetrages liegt über der einer reinen Anlage/Verschuldung in x. Der Rückzahlungsbetrag in der Währung y ist im Regelfall höher als der Betrag, der sich bei Umrechnung des Ausgabebetrages x mit dem Wechselkurs des Emissionszeitpunktes ergäbe[2]. Verschiedentlich wird angeführt, daß sich aus der Division von Einzahlungsbetrag x und dem (erhöhten) Rückzahlungsbetrag in y ein Basiswechselkurs errechne, der eine entsprechende Abwertung der Rückzahlungswährung bis zum Fälligkeitszeitpunkt berücksichtige[3].

Als Varianten sind Doppelwährungsanleihen mit Put- und/oder Call-Optionen der beiden Marktpartner anzutreffen, denen ein Basiskurs zwischen dem anfänglichen Wechselkurs und dem Basiskurs zum späteren Fälligkeitszeitpunkt zugrunde liegt. Eine Put-Option (Gläubigerkündigungsrecht) berechtigt den Anleihegläubiger, die Anleihe vorzeitig zu einem bestimmten Termin zum im voraus vereinbarten Basiskurs zu kündigen. Entsprechend räumt eine Call-Option (Schuldnerkündigungsrecht) dem Schuldner die vorzeitige Rückzahlung ein[4].

Unter der Bezeichnung „ICON“[5] (Indexed Currency Option Notes) sind Doppelwährungsanleihen anzutreffen, bei denen die Höhe des Rückzahlungsbetrages in y vom Wechselkurs im Fälligkeitszeitpunkt abhängt. Ausgehend von einem bestimmten Betrag bei einem gegebenen Basiswechselkurs fällt der Rückzahlungsbetrag in der Währung y, wenn der Wechselkurs im Fälligkeitszeitpunkt unter diesem Basiswechselkurs liegt. Dadurch erhöht sich unterhalb

---

[1] Vgl. etwa Büschgen (1986), S. 315f.; Sauerschnig/Zelnik (1983), S. 76f.; Westdeutsche Landesbank Girozentrale (1986), S. 16f.

[2] Vgl. etwa Breuer (1984), S. If.; Gilibert/Lygum/Wurtz (1986), S. 284; Maier/Ziegler (1984), S. 392f.; bei der 1987 von Trinkaus & Burkhardt als Konsortialführer emittierten DM/Austral-$ Doppelwährungsanleihe der schwedischen Volvo AB erfolgt die Rückzahlung ausnahmsweise zum Ausgabebetrag (Nennwert). Vgl. hierzu etwa Frank (1987), S. V sowie Walz/Menichetti (1987), S. 553ff.

[3] Vgl. Westdeutsche Landesbank Girozentrale (1986), S. 16.

[4] Vgl. Breuer (1987), S. I; Maier/Ziegler (1984), S. 392.

[5] Siehe hierzu insbesondere French (1985), S. 85f.

des Basiswechselkurses das Währungsrisiko des Anlegers erheblich gegenüber einer normalen Fremdwährungsanleihe (z.B. Dollaranleihe), weil zusätzlich zum ohnehin in DM gesunkenen Rückzahlungsbetrag (aufgrund der Dollarabwertung), der sich auch bei der normalen Dollaranleihe ergeben würde, der Effekt des niedrigeren Rückzahlungsbetrages in Dollar hinzutritt. Bei sehr starker Abwertung kann die Tilgungszahlung der Anleihe gegebenenfalls sogar auf Null absinken. Für das im Vergleich zur normalen Dollar-Festzinsanleihe zusätzlich übernommene Währungsrisiko erhält der Anleger deutlich höhere Kuponzinszahlungen über die gesamte Laufzeit. Eine typische Formel für die Tilgungshöhe der Anleihe im Fälligkeitszeitpunkt (in Prozent vom Nennwert der Anleihe in Fremdwährung, maximal 100%) lautet:

$$1 - \frac{(\text{Basiswechselkurs} - \text{Kassawechselkurs im Rückzahlungszeitpunkt}) \cdot 100}{\text{Kassawechselkurs im Rückzahlungszeitpunkt}}$$

Bei einer DM/US-$ ICON mit einem Basiswechselkurs von 1,70 DM/$ und einem Nennwert von 1000 $ ergibt sich nach dieser Formel beispielsweise bei einem Fälligkeitswechselkurs von 1,60 DM/$ ein Rückzahlungsbetrag von 937,50 $, bei 1,40 DM/$ ein Betrag in Höhe von 785,71 $ usf., bis schließlich bei einem Wechselkurs von 0,85 DM/$ überhaupt keine Rückzahlung mehr erfolgt. Umgekehrt würde bei Wechselkursen im Fälligkeitszeitpunkt von 1,70 DM/$ und darüber stets nur der volle Nennwert (also 1000 $) zurückgezahlt[6].

Unter der Bezeichnung „FIPS“[7] (Foreign Indexed Payment Securities) sind Doppelwährungsanleihen im Handel, deren Hauptmerkmal die Zinszahlung in y ist, während Anlagebetrag und Rückzahlung in x geleistet werden. Sie sind typischerweise mit einer „ewigen“ Laufzeit und einem Kündigungsrecht für Schuldner und Gläubiger nach z.B. 10 Jahren ausgestattet. Die laufende Verzinsung in y liegt unter der entsprechenden Marktrendite für y-Anlagen. Die Rückzahlung in x erfolgt zu pari, sinkt allerdings im Falle einer Abwertung von y proportional.

Die wirtschaftliche Funktion einer Doppelwährungsanleihe besteht darin, die Zinsdifferenz zwischen den beiden Auslandsmärkten zum Vorteil beider Marktpartner durch eine entsprechende Allokation des Wechselkursrisikos auszunutzen[8].

Doppelwährungsanleihen mit DM-Komponente können seit dem 1.5.1985 begeben werden[9]. Die erste DM-Doppelwährungsanleihe wurde Anfang Juli

[6] Es existieren auch Konstruktionen, bei denen dem Anleger in diesen Aufwertungsfällen Rückzahlungsbeträge oberhalb des Nennwerts angeboten wurden; so etwa bei der Yen/$-Emission, die Nomura Int. 1985 für IBM plaziert hat. Vgl. French (1985), S. 86.

[7] Vgl. o.V., Nun kommen die „Fips“, in: BddW, 6.3.1986, S. 8; o.V., Der festere Dollar regt die Kauflust an — Neue „Fips“ von General Electric, in: BddW, 3.4.1986, S. 8.

[8] Vgl. Westdeutsche Landesbank Girozentrale (1986), S. 16.

[9] Deutsche Bundesbank (1985a).

1985 von der Export Development Corporation of Canada (EDC) begeben[10]. Diese Emission liegt dem folgenden Beispiel zugrunde, an dem die Bilanzierungsprobleme des Grundtyps der Doppelwährungsanleihe mit Diskont diskutiert werden sollen:

Beispiel 2:
Wechselkurs zum Emissionszeitpunkt: 3 DM = 1 US-\$
Anlagebetrag: 3000 DM (= 1000 US-\$)
Verzinsung: 7,5% p.a. = 225 DM jährlich (ohne Zinseszins)
Rückzahlungsbetrag: 1100 US-\$ (= 3300 DM, nur wenn Wechselkurs konst.)
Laufzeit (n): 8 Jahre

weitere Annahmen:
Marktrendite für DM-Anleihe desselben Emittenten: 7% p.a.
Marktrendite für \$-Anleihe desselben Emittenten: 10,2% p.a.

Aus den Anleihebedingungen errechnet sich unter Annahme eines konstanten Wechselkurses im Rückzahlungszeitpunkt eine erwartete Rendite von 8,4% p.a. (gerundet).

2. Die Aktivierung von Doppelwährungsanleihen beim anlegenden Kreditinstitut

2.1. Der Anlagevergleich der Doppelwährungsanleihe mit einer reinen DM-Anleihe und einer reinen Dollar-Anleihe desselben Emittenten

Anhand des Beispiels 2 läßt sich ein ökonomischer Vergleich mit der Anlage in eine reine DM- bzw. eine reine US-Dollar-Anleihe desselben Emittenten durchführen.

2.1.1. Der Vergleich mit einer reinen DM-Anleihe

Als Vergleichsobjekt betrachten wir die Alternativanlage des Betrages von 3000 DM in eine DM-Anleihe desselben Emittenten, die eine analoge Ausgestaltung aufweist und die angenommene DM-Marktrendite von 7% p.a. erbringt. Eine solche DM-Anleihe ist mit einem Nominalzins von 7,5% p.a. — wie die Doppelwährungsanleihe — und einem Rückzahlungsbetrag von 2880 DM ausgestaltet. Der um 120 DM niedrigere Rückzahlungsbetrag stellt ein Begebungsagio dar und gleicht die laufende Überverzinsung von 0,5% p.a. aus. Der erwartete Rückzahlungsbetrag der Doppelwährungsanleihe bei konstantem Wechselkurs von 3 DM/\$ beträgt 1100 \$ · 3 DM/\$ = 3300 DM. Die Differenz in Höhe von 420 DM stellt bei diesem Vergleich das Entgelt des Anlegers dafür dar, daß er im Hinblick auf den Rückzahlungsbetrag das Risiko einer eventuellen Abwertung des Dollar trägt[11]. Somit liegt der break-even-point der Doppelwäh-

[10] Siehe insbesondere Deutsche Bundesbank (1985b), S. 38; Weber (1985); Büschgen (1986), S. 315f.; o.V., Erste DM-Doppelwährungsanleihe spitz kalkuliert, in: BddW, 5.7.1985.

rungsanleihe im Vergleich zu der reinen DM-Anleihe bei einem Wechselkurs von 2,62 DM/$ im Rückzahlungszeitpunkt.

Wollte man die Doppelwährungsanleihe gegenüber der DM-Festzinsanleihe bilanziell gleichbehandeln, müßte man unterstellen, daß mit ihrem Erwerb gleichzeitig implizit ein langfristiges Termingeschäft über den Kauf des Rückzahlungsbetrages in Höhe von 1100 $ per Termin in acht Jahren (Rückzahlungszeitpunkt) zum Terminkurs von 2,62 DM/$ abgeschlossen worden ist.

2.1.2. Der Vergleich mit einer reinen Dollar-Festzinsanleihe

Die angenommene Marktrendite einer Anlage in Dollar betrug zum Zeichnungszeitpunkt ca. 10,2% p.a. In der Ausstattung entspricht der Doppelwährungsanleihe eine diskontierte Dollaranleihe mit einem Ausgabebetrag von 1000 $ (entsprechend dem Anlagebetrag bzw. den Anschaffungskosten der Doppelwährungsanleihe in Höhe von 3000 DM) und einem tatsächlichen Rückzahlungsbetrag — ebenso wie die Doppelwährungsanleihe — von 1100 $. In beiden Fällen ist der Ausgabebetrag gleichzeitig der Nennwert der Anleihe, auf den sich der jährliche Nominalzins bezieht. Die Differenz von 100 $ zum Rückzahlungsbetrag der Dollaranleihe stellt daher ein Agio dar, das als nachträglich gezahltes, zusätzliches Zinsentgelt anzusehen ist und einer Verzinsung von 1,2% p.a.[12] entspricht. Diese Dollaranleihe müßte einen Nominalzins von ca. 9% p.a. aufweisen, um auf die Dollar-Marktrendite von 10,2% p.a. zu gelangen. Die Dollaranleihe würde somit sichere Zinszahlungen in Höhe von 90 $ p.a. erbringen. Die Doppelwährungsanleihe unterscheidet sich davon nur durch die sicheren Zinszahlungen in Höhe von 225 DM p.a. Damit ergibt sich als Äquivalent zur Anlage in der Doppelwährungsanleihe der Kauf der entsprechenden Dollaranleihe bei gleichzeitigem Verkauf aller jährlichen Zinszahlungen in Höhe von 90 $ per Termin 1,2,...8 Jahre zum Preis von jeweils 225 DM. Dies entspricht einem Devisenterminkurs von 2,50 DM/$ (225 DM/90 $)[13].

Die beiden Vergleiche geben wichtige Hinweise auf einen möglichen Bilanzierungsansatz. Es sind sowohl der fiktive Terminverkauf der höheren laufenden Dollarzinszahlungen einer reinen Dollaranleihe als auch der Terminkauf des (höheren) Dollar-Rückzahlungsbetrages in die Überlegungen einzubeziehen.

2.2. Bilanzielle Überlegungen aufgrund der Trennung von DM-Zins- und US-$-Kapitalforderung

Die vertragsrechtliche Konstruktion schränkt die bilanztechnisch sinnvollen Ansätze erheblich ein. Mit der Hingabe des Betrages von 3000 DM (Kapital-

---

[11] Vgl. Weber (1985).

[12] $\sum_{n=1}^{8}$ \$ 1000 x $1{,}012^n$ = \$ 1100.

[13] 2,50 DM/$ als break-even-Wechselkurs für die EDC-Anleihe nennt auch Urry (1985), S. 23.

überlassung an den Schuldner) erwirbt der Anleger zwei eindeutig getrennte Ansprüche. Zum einen ist dies der Anspruch auf Rückzahlung des Kapitals in Dollar in Höhe von 1100 $. Zum zweiten erwirbt er einen Anspruch auf das Zinsentgelt in Höhe von 7,5% p.a. (225 DM), zahlbar in DM, der pro rata temporis mit der Dauer der Kapitalüberlassung entsteht. Es ergeben sich zwei unterschiedliche zukünftige Zahlungsströme, von denen der eine voll, der andere überhaupt nicht dem Wechselkursrisiko unterliegt. Dies spricht für eine getrennte bilanzielle Behandlung von DM-Zinsforderung und der Dollarforderung auf Kapitalrückzahlung.

2.2.1. Aufteilung der DM-Zinsforderung wegen Überverzinslichkeit gegenüber der DM-Rendite

Die im Vergleich zur reinen DM-Anleihe um 0,5% p.a. über der Marktrendite liegende laufende Verzinsung der Doppelwährungsanleihe kann nicht in dem Sinne interpretiert werden, daß der erwartete Rückzahlungsbetrag 2880 DM betrage und damit auch eine jährliche Zinsvereinnahmung in Höhe der DM-Marktrendite von 7% p.a. gestattet wäre. Dies würde voraussetzen, daß die Anleihe tatsächlich mit einem Agio begeben würde, was bekanntlich nicht der Fall ist. Die vertragliche Gestaltung der Doppelwährungsanleihe bietet darüber hinaus auch keinerlei Ansatzpunkt für eine derartige bilanzielle Abbildung. Vielmehr ergibt sich die vertraglich fixierte Höhe der laufenden Nominalverzinsung in DM und des Rückzahlungsbetrages in Dollar als Ergebnis der Verteilung des gesamten Wechselkursrisikos der Anlage auf die laufenden Zinszahlungen (aus dem Vergleich mit der reinen Dollar-Anleihe) und den Rückzahlungsbetrag (im Vergleich mit der reinen DM-Anleihe). Gegenüber der reinen Dollar-Anleihe ist die Doppelwährungsanleihe infolge der niedrigeren laufenden Nominalverzinsung sogar unterverzinst. Dies ergibt jedoch ebenso wie das Merkmal der Überverzinsung gegenüber der reinen DM-Anleihe keinen Ansatzpunkt für eine bilanzielle Lösung. In Abhängigkeit vom Umfang des übernommenen Währungsrisikos ist vielmehr grundsätzlich jeder Nominalzins zwischen DM- (7% p.a.) und Dollar-Rendite (10,2% p.a.) als „Normalverzinsung" einer Doppelwährungsanleihe anzusehen. Die Gleichsetzung des Nominalzinses mit dem einer reinen DM-Anleihe mit entsprechendem Begebungsagio stellt lediglich eine Fiktion für den Anlagevergleich mit der DM-Anleihe dar.

2.2.2. Die Kapitalforderung in Fremdwährung als bilanziell relevanter Tatbestand

In der Literatur wird auf die größere Nähe der Doppelwährungsanleihe zur reinen Fremdwährungsanleihe (Dollaranleihe) mit dem Argument hingewiesen, die Kapitalforderung in Dollar sei erheblich höher als die gesamte Zinsforderung in DM, zudem werde dieses Verhältnis bis zum Laufzeitende immer größer[14]. Die Doppelwährungsanleihen werden auch als „in effect dollar assets“[15], „Emissionen in der Tilgungswährung ..., die mit einem Diskont ausgestattet sind“[16] oder als „Dollaranleihe(n), bei denen weniger ein- als zurückgezahlt wird“[17], bezeichnet. Die vertragliche Konstruktion der Doppelwährungsanleihe legt somit eine bilanzielle Behandlung als Dollaranleihe nahe. Der Anleger erwirbt im Beispiel tatsächlich eine Dollarforderung in Höhe von 1100 $. Die Anschaffungskosten hierfür betragen 3000 DM. Der Vorgang der Kapitalhingabe in DM ist für den Anleger im Einzahlungszeitpunkt wirtschaftlich dasselbe wie der Kauf einer Dollaranleihe mit einem Ausgabebetrag von 1000 $ zum Einstandswechselkurs von 3 DM/$. Daher erscheint es geboten, für den Teil der Kapitalforderung bilanziell von einer reinen Dollaranleihe auszugehen. Es ergibt sich in bezug auf den Rückzahlungsbetrag ein Unterschiedsbetrag von 100 $.

2.3. Die bilanzielle Behandlung des Unterschiedsbetrages

Die Bilanzierungsproblematik konzentriert sich primär auf die Frage, ob der Unterschiedsbetrag, wie bei der vergleichbaren diskontierten Dollaranleihe, als zusätzlicher Zinsertrag über die Laufzeit vereinnahmt werden kann oder ob er eine zeitpunktbezogene Ausgleichszahlung für das Risiko darstellt, daß die 1100 $ im Rückzahlungszeitpunkt wegen einer zwischenzeitlichen Dollarabwertung nicht mehr dem überlassenen Kapitalbetrag von 3000 DM entsprechen[18]. Der letzten Überlegung liegt die Annahme zugrunde, daß die Anleihebedingungen eine Abwertung des Dollar auf einen Kurs von 2,73 DM/$ bereits stillschweigend voraussetzen[19]. Die Ertrags- bzw. Aufwandsrealisation des Unterschiedsbetrages würde dann möglicherweise erst im Fälligkeitszeitpunkt entsprechend dem dann gültigen Wechselkurs erfolgen.

Der Basiskurs von 2,73 DM/$ errechnet sich aus dem Verhältnis der beiden Nennwerte in DM und $ gemäß den Anleihebedingungen. Eine ökonomische Bedeutung kommt ihm jedoch nur im Zeitpunkt der Anlageentscheidung des Ersterwerbers zu. Er gibt dann an, bei welchem fiktiven Wechselkurs der Forderungsbetrag dem eingesetzten Kapital entsprechen würde. Beim Ersterwerber entspricht der DM-Nennwert den Anschaffungskosten, der Dollar-Nennwert dem Forderungsbetrag. Für den Zweiterwerber hat nur noch der Dollar-Nennwert als Rückzahlungsbetrag eine wirtschaftliche Bedeutung. DM-

---

[14] Vgl. Füllenkemper/Rehm (1985b), S. 515; Weber (1985).

[15] Crabbe (1985), S. 206.

[16] O.V., Zurückhaltung gegenüber Dollaranleihen, in: NZZ, 16.7.1985, S. 7. Als abgezinste Dollaranleihe bezeichnet sie Schumacher (1983), S. 49.

[17] Sauerschnig/Zelnik (1983), S. 77. Sie betrachten die Doppelwährungsanleihe auch als „Spielart des US-$-Deep-Discount Bonds“.

[18] Dieses Bilanzierungsproblem wird explizit angesprochen von Füllenkemper/Rehm (1985a), S. 581 f.

[19] Vgl. Borkowsky (1985), S. 142.

Nennwert und Basiskurs sind für ihn irrelevant. Weder für den Erst- noch für den Zweiterwerber besteht im Hinblick auf die Kapitalforderung wirtschaftlich ein Unterschied zum Kauf der diskontierten Dollaranleihe (s.o. zu 1000 $), deren Risikostruktur lediglich das zusätzliche Wechselkursrisiko der laufenden Zinszahlungen gegenüber der Doppelwährungsanleihe aufweist. Es spricht grundsätzlich nichts dagegen, den Unterschiedsbetrag der Doppelwährungsanleihe ebenfalls als gewöhnliches Agio wie bei der normalen Dollaranleihe zu behandeln. Damit folgen wir bei der vorliegenden Forderung analog der Ansicht von Moxter[20], nach der ein gegenüber dem Rückzahlungsbetrag niedrigerer Ausgabebetrag immer Unterverzinslichkeit bedeutet. Der auf die jeweilige Periode entfallende Anteil des Agios ist den aktivierten Anschaffungskosten von 3000 DM als nachträgliche Anschaffungskosten zuzuschreiben und entsprechend als zusätzlicher Zinsertrag neben den 225 DM aus der laufenden Verzinsung der Anleihe in der GuV zu vereinnahmen. Unter der vereinfachenden Annahme einer linearen Zuschreibung ergibt sich im Beispiel ein zusätzlicher Zinsertrag aus dem Agio von 12,5 $ p.a.

Da die Anleihebedingungen von Doppelwährungsanleihen mit vorzeitiger Kündigungsmöglichkeit des Schuldners und/oder Gläubigers höhere Basiskurse (bzw. niedrigere Rückzahlungsbeträge) beinhalten, könnte man zu der Überlegung gelangen, die Periodisierung des Unterschiedsbetrages auch dann vorzunehmen, wenn man glaubt, daß die Anleihebedingungen die Abwertung auf den Basiskurs von 2,73 DM/$ zum Fälligkeitszeitpunkt und damit einen Devisenterminverkauf des Rückzahlungsbetrages zu diesem Kurs implizit unterstellen. Die Annahme einer punktuellen Abwertungserwartung zum Fälligkeitszeitpunkt der Anleihe entspricht den Überlegungen der sogenannten Erwartungstheorie[21], die die Höhe des Devisenterminkurses aus spekulativen Erwartungen der Marktteilnehmer über den künftigen Kassakurs erklärt. Wenngleich ein gewisser Einfluß bestehen mag, kann eine punktuelle Abwertungserwartung den Basiskurs der Doppelwährungsanleihe nicht erklären. Die Doppelwährungsanleihe ist vielmehr ein Anlageinstrument, welches das Ergebnis von Arbitrageüberlegungen aufgrund des Zinsgefälles zwischen Dollar- und DM-Anleihen im Kassamarkt darstellt. Abwertungserwartungen spiegeln sich bereits in den jeweiligen Kassakursen der beiden Anleihewährungen wider. Der gegenüber dem Kassakurs niedrigere Basiskurs von 2,73 DM/$ ist daher analog zu einem mit Deport (Abschlag) fixierten Dollarterminkurs zu sehen, der vor allem den Swapsatz der Bruttozinsdifferenz zwischen DM und Dollar ausgleicht. Diese Erklärung für die Abweichung von Devisentermin- und Devisenkassakurs wird im Schrifttum als Zinsparitätentheorie[22] bezeichnet. Sie wird auch in der

---

[20] Vgl. Moxter (1984), S. 401.

[21] Siehe hierzu Schnicker (1978), S. 325, 329 und dort zit. Lit.

[22] Keynes formulierte diese Theorie erstmals in den 20er Jahren; vgl. Keynes (1929), S. 124ff. Den Begriff selbst („Interest Parity Theory") prägte Einzig in den 30er Jahren; vgl. Einzig (1967), S. 145f.

jüngsten Literatur zur Bilanzierung von Devisentermingeschäften zugrunde gelegt[23]. Dort wird nur ein vergleichsweise geringer Einfluß der Erwartungstheorie auf die Kursbildung im Devisenterminmarkt angenommen[24]. Dem Swapsatz wird zum überwiegenden Teil Zinscharakter beigemessen, so daß er zeitanteilig abzugrenzen ist[25].

2.4. Die Beurteilung der vorgeschlagenen bilanziellen Abbildung der Doppelwährungsanleihe in Anlehnung an eine vergleichbare diskontierte Dollaranleihe

2.4.1. Die Darstellung der Vermögenslage

Formell und materiell wird die Vermögenslage in der gleichen Weise dargestellt wie die Anlage in eine reine Dollaranleihe. Aufgrund der identischen Kapitalforderung zum Fälligkeitszeitpunkt erscheint dies als sachgerechte Lösung. In beiden Fällen beträgt der Anschaffungswert 3000 DM. Bei dem für die Errechnung des Anschaffungswertes von Währungsforderungen maßgeblichen Wechselkurs von 3 DM/$ zum Zeitpunkt der Erstverbuchung[26] errechnet sich als Äquivalent der Betrag von 1000 $ für die vergleichbare Dollaranleihe. Dieser Wert wird auch für die Doppelwährungsanleihe zugrundegelegt. Er erhöht sich um die jährliche anteilige Zuschreibung der nachträglichen Anschaffungskosten im Sinne von § 255 Abs. 1 Satz 2 HGB in Höhe von 12,50 $, mit denen der gesamte Unterschiedsbetrag von 100 $ über die Laufzeit der Anleihe verteilt wird. Als Obergrenze des Wertansatzes in der Handelsbilanz gemäß dem Anschaffungswertprinzip des § 253 Abs. 1 Satz 1 HGB ergibt sich für den Bilanzansatz nach n Perioden ($n = 1 \ldots 8$) ein Wert von 3000 DM + $n \cdot 12{,}50$ $ · Stichtagswechselkurs (sofern dieser ≤ 3 DM/$ beträgt). Bei Stichtagsbörsenkursen der Anleihe unter diesem Wert erfolgen entsprechende Abschreibungen für die Doppelwährungsanleihen des Umlaufvermögens nach dem strengen Niederstwertprinzip des § 253 Abs. 1,3 HGB. Für Doppelwährungsanleihen des Anlagevermögens gilt das gemilderte Niederstwertprinzip des § 253 Abs. 1, 2 Satz 3 HGB. Die korrespondierende Vorschrift für die Steuerbilanz ist der Ansatz mit den Anschaffungskosten oder dem niedrigeren Teilwert nach § 6 Abs. 1 Nr. 2 EStG.

Materiell besteht zwischen den Vermögensgegenständen „Dollar-Anleihe" und „Doppelwährungsanleihe" zwar insofern ein Unterschied, als die letztgenannte einen zukünftigen Zahlungsstrom erwarten läßt, der nicht dem Wechselkursrisiko unterliegt. Dieser Effekt wird sich jedoch in der Entwicklung der

---

23 Siehe insbesondere Bezold (1985a), S. 324ff. m.w.N.; Hafner (1983), S. 204ff.; Rozencwajg (1983), S. 514ff.

24 A.A. Schnicker (1978), S. 325f., 328 m.w.N.; Hölzel (1980), S. 68.

25 Siehe die unter Fn. 23 zit. Lit.; vgl. auch IdW (1975), S. 664-667.

26 Vgl. Sarx/Lutz (1986), § 253 HGB Anm. 604; IdW (1986c), S. 664.

Börsenkurse widerspiegeln. Aufgrund der sicheren DM-Zinszahlungen dürfte bei einer zukünftigen Dollarabwertung ceteris paribus der Wert der Doppelwährungsanleihe in einem geringeren Ausmaß fallen als derjenige der vergleichbaren reinen Dollar-Anleihe. Bei gleichen Anschaffungswerten in der Bilanz wird dieser Tatbestand jedoch in ausreichender Weise durch das in § 253 HGB verankerte Niederstwertprinzip abgebildet. Das anfänglich geringere Abschreibungsrisiko der Doppelwährungsanleihe gleicht sich jedoch mit zunehmender Nähe zum Fälligkeitszeitpunkt der Höhe des Abschreibungsrisikos der reinen Dollar-Anleihe an.

2.4.2. Die Darstellung der Ertragslage

Formal wird die Ertragslage ebenso wie bei einer diskontierten Dollaranleihe abgebildet. Die laufende Verzinsung wird zuzüglich des Disagioanteils als Ertrag vereinnahmt. Da die jährlichen Zinszahlungen der Doppelwährungsanleihe nicht dem Wechselkursrisiko unterliegen, wird materiell mit der Realisation des laufenden DM-Zinsertrages gegenüber der Dollaranleihe der erwähnte fiktive Terminverkauf laufender Dollar-Zinszahlungen zu 2,50 DM/$ abgebildet. Ein denkbares Verbot der Vereinnahmung des gegenüber der vergleichbaren DM-Anleihe zusätzlichen Zinsertrages von 12,50 $ aufgrund des Imparitätsprinzips läßt sich nicht begründen.

3. Die Passivierung von Doppelwährungsanleihen beim emittierenden Kreditinstitut

Analog zu den Ausführungen zur Aktivierung bietet sich auch die einfache Passivierung der Doppelwährungsanleihe als (unterverzinsliche) Fremdwährungsanleihe an. Zur Passivierung von Doppelwährungsanleihen liegt von Borkowsky[27] aber ein Aufsatz vor, in dem explizit andere Lösungsvorschläge zur Bilanzierung von Doppelwährungsanleihen gemacht werden.

3.1. Grundlegende Überlegungen zur Passivierung von Doppelwährungsanleihen

Doppelwährungsanleihen sind grundsätzlich — ebenso wie normale Fremdwährungsverbindlichkeiten[28] — gem. § 253 Abs. 1 Satz 2 HGB mit dem Rückzahlungsbetrag (Erfüllungsbetrag) anzusetzen. Bei der Erstverbuchung erfolgt die Umrechnung mit dem Kassabriefkurs[29] des Entstehungszeitpunktes

---

[27] Borkowsky (1985), S. 142ff.

[28] Vgl. Adler/Düring/Schmaltz (1968), § 156, Rz. 16; Clemm/Nonnenmacher (1986), § 253 HGB Anm. 70; Herrmann/Heuer/Raupach (1985), § 6 EStG Anm. 33; Hölzel (1980), S. 47; Hüttemann (1984), Rn. 200.

[29] In der Praxis wird auch eine einheitliche Bewertung von Valutaforderungen und -verbindlichkeiten mit dem Mittelkurs als zulässig angesehen. Vgl. Glade (1986), § 253 HGB, Rz. 643; IdW (1985a), S. 646.

der Verbindlichkeit. Als Erfüllungsbetrag ergibt sich der Betrag, den der Schuldner in diesem Zeitpunkt für den Ankauf der zur Tilgung nötigen Valuta aufwenden müßte[30]. Nach h.M. ist der voraussichtliche Kurs im Erfüllungszeitpunkt der Verbindlichkeit nicht maßgeblich[31]. Anderer Ansicht ist Hüttemann, der ausschließlich den Kurs im Erfüllungszeitpunkt für theoretisch richtig hält, da nur dieser den tatsächlichen Erfüllungsbetrag ergebe. Er schlägt eine Bewertung der Valutaverbindlichkeiten im Entstehungszeitpunkt mit dem Devisenterminkurs als dem allgemein erwarteten und wahrscheinlicheren künftigen Kurs für den Rückzahlungszeitpunkt vor[32]. Dies ist jedoch abzulehnen, da der Devisenkassakurs ein ebenso guter Schätzer für den zukünftigen Wechselkurs ist wie der Devisenterminkurs[33] und daher keine Notwendigkeit besteht, für die Bilanzierung von der üblichen Verwendung des Kassakurses abzuweichen. Sofern allerdings bereits bei Einbuchung der Verbindlichkeit ein entgegengesetztes Devisentermingeschäft über den Tilgungsbetrag besteht, ist als Ausnahmefall vom Einzelbewertungsgrundsatz des § 252 Abs. 1 Nr. 3 HGB im Sinne von § 252 Abs. 2 HGB der Sicherungskurs einzubuchen, da der Erfüllungsbetrag zweifelsfrei feststeht[34]. Ein tatsächliches Sicherungsgeschäft am Devisenterminmarkt steht jedoch bei den sehr langfristigen Doppelwährungsverbindlichkeiten in der Regel nicht zur Verfügung. Eine Interpretation des Basiskurses von 2,73 DM/$ als impliziten Sicherungskurs des erhaltenen Kapitalbetrages von 3000 DM reicht andererseits nicht aus, um bereits bei Einbuchung durch Passivierung dieses niedrigeren Verfügungsbetrages den Unterschiedsbetrag von 100 $ (respektive 300 DM) vollständig vereinnahmen zu können. Der tatsächliche Erfüllungsbetrag steht nämlich ebenso wie bei der normalen Dollaranleihe nicht fest. Nach dem Vorsichtsprinzip des § 252 Abs. 1 Nr. 4 HGB ist unter Zugrundelegung des höheren Wechselkurses von 3 DM/$ der höhere Betrag von 3300 DM zu passivieren. Der Differenzbetrag von 300 DM ist gemäß § 250 Abs. 3 HGB i.V.m. § 268 Abs. 6 HGB als Disagio unter dem RAP zu aktivieren und planmäßig entsprechend der Kapitalnutzung über die Laufzeit abzuschreiben[35]. Während der Laufzeit der Doppelwährungsanleihe ist bei einem gegenüber dem Einstandswechselkurs von 3 DM/$ höheren Stichtagswechselkurs gemäß dem Imparitätsprinzip des § 252 Abs. 1 Nr. 4 HGB der nicht realisierte Kursverlust sofort zu verbuchen und entweder die

---

30 Vgl. Clemm/Nonnenmacher (1986), § 253 HGB Anm. 70 m.w.N.; Glade (1986), § 253 HGB, Rz. 643f.

31 Vgl. Clemm/Nonnenmacher (1986), § 253 HGB Anm. 70; Herrmann/Heuer/Raupach (1985), § 6 EStG Anm. 33.

32 Vgl. Hüttemann (1984), Rn. 201f.

33 Hinder (1983), S. 111ff., 126, m.w.N.

34 Vgl. Hüttemann (1984), Rn. 200; ein Wahlrecht bzgl. der Bewertungseinheit vertreten dagegen IdW (1986c), S. 665; Clemm/Nonnenmacher (1986), § 253 HGB Anm. 72; für die Steuerbilanz müßte das Wahlrecht nach Groh (1986), S. 875, gewinnerhöhend ausgeübt werden.

35 Siehe auch unten zu den Vorschlägen von Borkowsky.

Verbindlichkeit in der Handelsbilanz über ihren Anschaffungswert zu erhöhen[36] oder eine entsprechende Rückstellung für ungewisse Verbindlichkeiten zu bilden[37]. Zwischen dem Ausweis des höheren Betrages der Verbindlichkeit und der Rückstellungsbildung besteht materiell insofern ein Unterschied, als die Höhe einer Rückstellung an jedem Bilanzstichtag gem. § 253 Abs. 1 Satz 2 HGB nach vernünftiger kaufmännischer Beurteilung zu überprüfen ist. Sinkt der berücksichtigte höhere Wechselkurs an einem späteren Bilanztag wieder, ist die früher gebildete Rückstellung entsprechend dem Ausmaß des Kursrückganges wieder aufzulösen[38]. Bei einem direkten Ausweis unter den Verbindlichkeiten darf der höhere Wertansatz, in Analogie zum Beibehaltungswahlrecht beim Anlage- und Umlaufvermögen gemäß § 253 Abs. 5 HGB, bis zum jeweiligen Tageswert, maximal aber bis zum Einstandswert, herabgesetzt werden[39]. (Der Ausschluß des § 253 Abs. 5 HGB durch § 280 Abs. 1 HGB für Kapitalgesellschaften gilt nach § 25a Abs. 2 KWG für Kreditinstitute nicht.) In der Steuerbilanz erfolgt der Ansatz zu den Anschaffungskosten bzw. bei Aufwertung der Fremdwährung zum höheren Teilwert gem. § 6 Abs. 1 Nr. 3 EStG.

3.2. Diskussion der Bilanzierungsalternativen von Borkowsky

3.2.1. Unterschiedsbetrag, Basiswechselkurs und der Zusammenhang zum Erfüllungsbetrag

Borkowsky[40] hat zur Passivierung von Doppelwährungsanleihen einige diskussionswürdige Bilanzierungsalternativen aufgezeigt, die jedoch zum Teil erheblich von den bisherigen Bilanzierungsgepflogenheiten abweichen. Sie werden im folgenden — auf unser Beispiel übertragen — dargestellt und analysiert. Borkowsky behandelt zunächst als „naheliegende" Bilanzierungsalternative die Bruttobilanzierung von 3300 DM mit Aktivierung des Disagios von 300 DM und dessen planmäßige Abschreibung über die Laufzeit[41].

Gegen diese Bilanzierung wendet er ein, daß die Anleihebedingungen der Doppelwährungsanleihe stillschweigend eine Abwertung auf den niedrigeren Basiskurs von 2,73 DM/$ und damit eine Verringerung des Erfüllungsbetrages

---

[36] Für Fremdwährungsverbindlichkeiten vgl. Moxter (1984), S. 405; Clemm/Nonnenmacher (1986), § 253 HGB Anm. 73; Adler/Düring/Schmaltz (1968), § 156, Tz. 16; IdW (1985a), S. 646; Glade (1986), § 253 HGB, Rz. 645f.; Groh (1986), S. 870; Hüttemann (1984), Rn. 203 m.w.N. Explizit für Doppelwährungsanleihen Borkowsky (1985), S. 142.

[37] Vgl. Adler/Düring/Schmaltz (1968), § 156, Tz. 18; Langenbucher (1986), S. 288, Tz. 417.

[38] Langenbucher (1986), S. 288, Tz. 418.

[39] Vgl. ebenda; ebenso Harms/Küting/Weber (1986), S. 656f.; Karrenbauer (1986), § 253 HGB, Tz. 57.

[40] Borkowsky (1985), S. 142ff.

[41] Vgl. oben und Beispiel in Tabelle 3.

(1100 $) auf den Verfügungsbetrag (3000 DM) voraussetzen und somit die Abschreibung des aktivierten Disagios von 300 DM nicht zu den gewöhnlichen Zinsaufwendungen zu rechnen sei. Sie sei „vielmehr der Preis, den der Schuldner für die Chance bezahlen muß, die im vermuteten Sinken des $-Kurses“ auf (Anm.: in unserem Beispiel) 2,73 DM/$ liegen. Diese Chance sieht er in der Zinsdifferenz zwischen DM- und Dollaranleihen begründet[42]. Borkowsky hält es für vertretbar, das Disagio aus den nicht realisierten Währungsgewinnen abzuschreiben (Buchung: Obligationenschuld an Disagio), allerdings nur in dem Maße, daß die Doppelwährungsanleihe schließlich nicht unter dem Tageskurs umgerechnet würde[43]. Da § 250 Abs. 3 HGB eine planmäßige Abschreibung des RAP vorschreibt, kann die außerplanmäßige Abschreibung nur greifen, sofern sie darüber hinaus geht. Borkowsky hält offensichtlich eine vorzeitige Realisation von Währungsgewinnen bis zur Höhe des gesamten Disagios (vollständige Abschreibung) für zulässig. Im Beispiel bedeutet dies gegebenenfalls eine gleichzeitige Verringerung der passivierten Verbindlichkeit und des aktivierten RAP um bis zu 300 DM. Bei einem Stichtagswechselkurs von z.B. 2,90 DM/$ würden beide Posten um 110 DM sinken, die Doppelwährungsanleihe würde zu 3190 DM passiviert, der aktive RAP betrüge 300 DM minus planmäßige Abschreibung zum Bilanzstichtag minus 110 DM außerplanmäßige Abschreibung, bis er auf 0 DM abgeschrieben ist[44].

Der Hinweis auf den Tageskurs als Untergrenze der Bewertung der Verbindlichkeit ist unklar und im übrigen bei dem dargestellten Vorgehen der außerplanmäßigen Abschreibung überflüssig, da selbst bei vollständiger Abschreibung des RAP (spätestens bei einem Stichtagswechselkurs von 2,73 DM/$ erreicht) immer noch mindestens der Anschaffungswert (Verfügungsbetrag) der Verbindlichkeit in Höhe von 3000 DM passiviert werden müßte. Als Ergebnis dieses Vorschlags von Borkowsky bleibt festzustellen, daß bei Stichtagswechselkursen

— *über* dem Entstehungswechselkurs von 3,— DM/$ wie bei normalen Fremdwährungsverbindlichkeiten eine Zuschreibung erfolgt,
— *zwischen* dem Entstehungswechselkurs von 3,— DM/$ und dem Basiswechselkurs von 2,73 DM/$ (sofern der RAP nicht bereits planmäßig vollständig abgeschrieben ist) die Verbindlichkeit bis zum Verfügungsbetrag vermindert wird, und bei
— *niedrigeren* Wechselkursen über die Abschreibung des RAP hinaus keine weitere Verminderung der Verbindlichkeit und damit keine unzulässige Realisation von Kursgewinnen erfolgt.

Für den Fall einer Zuschreibung der Fremdwährungsverbindlichkeit nach einer Aufwertung mit anschließender Abwertung gehen wir dabei davon aus,

[42] Vgl. auch Hüttemann (1984), Rn. 202, dort für reine Fremdwährungsanleihen.

[43] Borkowsky (1985), S. 142.

[44] Siehe Tabelle 4.

Tabelle 3

Die Passivierung der Doppelwährungsanleihe als diskontierte Dollaranleihe mit linearer planmäßiger Abschreibung des RAP

Periode	RAP $	RAP DM	Stichtagswechselk. DM/$[c]	Verbindlichkeit $	Verbindlichkeit DM	Verbindl. - RAP (DM)
0	100,-	300,-	3,-	1100	3300	3000
1	87,50	262,50[a]	3,10	1100	3410	3147,50
2	75,-	225,-[a]	3,30	1100	3630	3405
3	62,50	181,25[d]	2,90	1100	3300[b]	3118,75
4	50,-	140,-	2,80	1100	3300	3160
5	37,50	112,50[a]	3,10	1100	3410	3297,50
6	25,-	65,-	2,60	1100	3300	3235
7	12,50	31,25	2,50	1100	3300	3268,75
8	0,-	0,-	3,-	1100	3300	3300

Tabelle 4

Die Passivierung der Doppelwährungsanleihe nach dem Vorschlag von Borkowsky mit außerplanmäßiger Abschreibung des RAP

Periode	RAP $	RAP DM	Stichtagswechselk. DM/$[a]	Verbindlichkeit $	Verbindlichkeit DM	Verbindl. - RAP (DM)
0	100,-	300,-	3,-	1100	3300	3000
1	87,50	262,50	3,10	1100	3410	3147,50
2	75,-	225,-	3,30	1100	3630	3405
3	62,50	71,25*	2,90	1100	3190	3118,75
4	50,-	0,-	2,80	1100	3080	3080
5	37,50	0,-	3,10	1100	3410	3410
6	25,-	0,-	2,60	1100	3300	3300
7	12,50	0,-	2,50	1100	3300	3300
8	0,-	0,-	3,-	1100	3300	3300

daß die Verbindlichkeit bei sinkenden Kursen vermindert werden kann, wenn vorher der Erfüllungsbetrag wegen gestiegener Kurse aufgestockt worden ist[45] (siehe Tab. 3 von Periode 2 zu Periode 3 (b)), de facto also ein „mildes" Höchstwertprinzip für Fremdwährungsverbindlichkeiten in Handels- und Steuerbilanz gilt[46].

Die dargestellte Bilanzierungsmethode der Doppelwährungsanleihe berührt vor allem die Frage der Realisierung von Währungsgewinnen vor der Tilgung von Fremdwährungsverbindlichkeiten. Bei Abwertung der Fremdwährung zum Bilanzstichtag wird durch Bewertung der Verbindlichkeit mit einem unter dem Entstehungskurs liegenden Stichtagswechselkurs ein unrealisierter Währungsgewinn vereinnahmt. Nach heute einhelliger Meinung ist für Fremdwährungsverbindlichkeiten der Anschaffungswert die Untergrenze des Wertansatzes auch

---

[45] Vgl. Hüttemann (1984), Rn. 204 [unter Hinweis auf das Ergebnis der Besprechung mit den Bewertungsreferenten der obersten Finanzbehörden der Länder v. 27./29.1.1975, in: DB 1975, S. 669] zur Bewertung von Forderungen und Schulden, die auf ausländische Währungen lauten, in der Steuerbilanz; ebenso Herrmann/Heuer/Raupach (1985), § 6 EStG Anm. 34 m.w.N.; Wohlgemuth (1986), § 253 Abs. 1 HGB, Rz. 24.

[46] Ebenso Biergans (1985), S. 350; Karrenbauer (1986).

in der Handelsbilanz[47]. In der Steuerbilanz ergibt sich dies ohnehin unmittelbar aus § 6 Abs. 1 Nr. 3 i.V.m. Nr. 2 Satz 3 EStG[48]. Der niedrigere Stichtagswechselkurs vermindert zwar den (für den Bilanzstichtag geltenden) Rückzahlungsbetrag, das Realisationsprinzip läßt die Abwertung jedoch nicht zu, da dann ein nicht umsatzbedingter Gewinn vereinnahmt würde[49]. Die Ablehnung der Abwertungsmöglichkeit bedeutet insofern eine Vorrangigkeit des Realisationsprinzips des § 252 Abs. 1 Nr. 4 HGB vor der Passivierung des Rückzahlungsbetrages nach der Spezialvorschrift des § 253 Abs. 1 Satz 2 HGB[50]. Dies muß für Doppelwährungsanleihen auch im relevanten Bereich zwischen dem Einstandswechselkurs und dem sog. „Basiswechselkurs" (im Beispiel: 3,— DM/$ bis 2,73 DM/$) gelten, da der brutto passivierte Rückzahlungsbetrag gänzlich ungesichert ist. Bei der von Borkowsky vorgeschlagenen Verrechnung der unrealisierten Währungsgewinne mit dem Aufwand aus außerplanmäßigen Abschreibungen des RAP wird dessen eigentliche Funktion der Aufwandsabgrenzung von Ausgaben vor dem Bilanzstichtag über die Laufzeit unzulässigerweise in eine Funktion als Gegenforderung im Rahmen einer Bewertungseinheit mit der Doppelwährungsverbindlichkeit umgedeutet. Selbst wenn von den Vertragsparteien der Doppelwährungsanleihe ein „Basiskurs" als Sicherungskurs angesehen worden ist, liegt wirtschaftlich und daher auch im bilanziellen Sinne keine Wechselkurssicherung der Verbindlichkeit vor. Langenbucher weist für Fremdwährungsverbindlichkeiten darauf hin, daß Wechselkursänderungen nach Einbuchung des RAP grundsätzlich unbeachtlich sind, da die nachfolgende ergebniswirksame Auflösung des aktivierten Betrages nicht mehr zahlungswirksam werden kann. Mangels eines Zahlungsvorgangs könnten zudem keine wechselkursbedingten Erfolgsauswirkungen mehr entstehen. Ebenso könne die Kursveränderung bei der zugrundeliegenden Währungsverbindlichkeit keinen Einfluß mehr auf die Höhe eines aktivierten Disagios haben[51].

3.2.2. Die Abzinsung von DM-Zinsverbindlichkeit und Dollar-Kapitalschuld

Als weiteren Vorschlag unterbreitet Borkowsky die folgende Bilanzierungsalternative, die den Doppelwährungscharakter der Verbindlichkeit besonders berücksichtigt. Er trennt hierbei die Dollarschuld und die DM-Schuld und bewertet sie getrennt, wie zwei unterschiedliche Zero-Bonds.

---

47 Vgl. u.a. Groh (1986), S. 870 m.w.N.; IdW (1986c), S. 665; Glade (1986), § 253 HGB, Rz. 643, 645 m.w.N.; Hüttemann (1984), Rn. 204 m.w.N.; Clemm/Nonnenmacher (1986), § 253 HGB Anm. 73f. m.w.N.; Tubbesing (1981), S. 810f.

48 Vgl. Herrmann/Heuer/Raupach (1985), § 6 EStG Anm. 34 m.w.N.

49 Vgl. Moxter (1984), S. 400.

50 Moxter weist darauf hin, daß die Vorrangigkeit in § 268 Abs. 2 HGBE (vgl. Bundesrats-Drucksache 257/83 v. 3.6.1983) noch explizit vorgesehen war. Siehe Moxter (1984), S. 397.

51 Langenbucher (1986), S. 290, Tz. 423f.

Der Schuldner erhält im Zeitpunkt 0 3000 DM als Verfügungsbetrag und gibt dafür

— einen Zero-Bond von 1100 \$, fällig nach 8 Jahren
— eine 8-jährige Rente von 225 DM, jährlich zahlbar, erstmals im Zeitpunkt 1, was acht „Mini"-Zero-Bonds von 225 DM, fällig je in den Zeitpunkten 1,2,...,8 entspricht.

Rechnerisch ergibt sich daraus:
Barwert der DM-Rente zum Kapitalmarktzinsfuß von 7% für DM-Anlagen:

$$1343{,}54 \text{ DM} = 225 \text{ DM} \cdot \sum_{n=1}^{8} 1{,}07^{-n}$$

Ergibt Barwert des \$-Nullprozenters in DM: 1656,46 DM
zum Kurs von 3 DM/\$: 552,15 \$
Endwert nach 8 Jahren: 1100 \$
Daraus ergibt sich ein \$-Zinsfuß von 9% p.a. ($552{,}15\ \$ \cdot 1{,}09^8 = 1100\ \$$). Als Alternativen schlägt Borkowsky eine Brutto- und eine Nettoverbuchung beider Verbindlichkeiten nach folgendem Muster vor:

Variante 1: Bruttoverbuchung

Kasse	3000 DM			
Disagio Rente	456,46 DM			
Disagio \$-Anlagen	1644,54 DM			
	5100 DM	an Rentenkapital	1800 DM	
		\$-Anleihe	3300 DM	(1100\$ à 3 DM/\$)
			5100 DM	

Variante 2: Nettoverbuchung

Kasse	3000 DM	an Rentenkapital	1343,54 DM
		an \$-Anleihe	1656,46 DM
		(552,15 \$)	3000 DM

Die Nettoverbuchung ist mit dem bereits in den Tabellen 3 und 4 angenommenen Verlauf der Stichtagswechselkurse in Tabelle 5 dargestellt. Die vorgeschlagene Bilanzierungsmethode verletzt allerdings das Verbot der Bilanzierung schwebender Geschäfte. Laufende Zinszahlungen, die für die Kapitalüberlassung in späteren Perioden anfallen, dürfen nicht bilanziert werden. Außerdem verstößt sie gegen § 253 Abs. 1 Satz 2 HGB, da nicht — wie dort vorgeschrieben — der Rückzahlungsbetrag der Kapitalverbindlichkeit, sondern der abgezinste Barwert passiviert wird, was ausdrücklich nur für Rentenverpflichtungen zulässig ist. Mit der Stellungnahme HFA 1/1986 zur Bilanzierung von Zero-Bonds zeichnet sich jedoch eine Entwicklung ab, den Begriff „Rückzahlungsbetrag" der Gesetzesvorschrift unter bestimmten Bedingungen (ausdrücklich bisher nur bei *un*verzinslichen Anleihen) nicht als „Erfüllungsbetrag zum Fälligkeitszeitpunkt" aufzufassen. Wie wir im Kapitel zur Bilanzierung von Zero-Bonds gesehen haben, ist dort anstatt der Passivierung des vollen

Tabelle 5

Die Passivierung der Doppelwährungsanleihe nach Borkowsky mit Abzinsung von DM-Zinsverbindlichkeit und Dollar-Kapitalschuld

Periode		Konto Zinsaufwand(ZA) DM	Konto Rentenkapital(RK) DM	Konto $-Anleihen $	DM[a)]	Stichtagswechselkurs (DM/$)
0	Kasse an RK		1343,54			
	3000 an $-Anl.			552,15	1656,46	3,-
1	ZA an RK 7%	94,05	94,05			
	RK an Kasse		225,-			
	ZA an $-Anl. 9%	154,04		49,69	154,04	3,10
					1810,50	
Jahr 1	Ges. Zinsaufw.[b)]	248,09				
1	Bilanz		1212,59	601,84	1865,70	3,10
2	ZA an RK 7%	84,88	84,88			
	RK an Kasse		225,-			
	ZA an $-Anl. 9%	178,76		54,17	178,76	3,30
					2043,46	
Jahr 2	Gesamter Zinsaufw.	263,64				
2	Bilanz		1072,47	656,01	2164,83	3,30
3	ZA an RK 7%	75,07	75,07			
	RK an Kasse		225,-			
	ZA an $-Anl. 9%	171,22		59,04	171,22	2,90
					2336,05	
Jahr 3	Gesamter Zinsaufw.	246,29				
3	Bilanz		922,54	715,05	2336,05	2,90
4	ZA an RK 7%	64,58	64,58			
	RK an Kasse		225,-			
	ZA an $-Anl. 9%	180,18		64,35	180,18	2,80
					2516,23	
Jahr 4	Gesamter Zinsaufw.	244,76				
4	Bilanz		762,12	779,40	2516,23	2,80
5	ZA an RK 7%	53,35	53,35			
	RK an Kasse		225,-			
	ZA an $-Anl. 9%	217,47		70,15	217,47	3,10
					2733,70	
Jahr 5	Gesamter Zinsaufw.	270,82				
5	Bilanz		590,47	849,55	2733,70	3,10
6	ZA an RK 7%	41,33	41,33			
	RK an Kasse		225,-			
	ZA an $-Anl. 9%	198,80		76,46	198,80	2,60
					2932,50	
Jahr 6	Gesamter Zinsaufw.	240,13				
6	Bilanz		406,80	926,01	2932,50	2,60
7	ZA an RK 7%	28,48	28,48			
	RK an Kasse		225,-			
	ZA an $-Anl. 9%	208,35		83,34	208,35	2,50
					3140,85	
Jahr 7	Gesamter Zinsaufw.	246,83				
7	Bilanz		210,28	1009,35	3140,85	2,50
8	ZA an RK 7%	14,72	14,72			
	RK an Kasse		225,-			
	ZA an $-Anl. 9%	271,95		90,65	271,95	3,-
Jahr 8	Gesamter Zinsaufw.	286,67	0	1100,00	3412,80	
8	$-Anl. an Kasse			1100,00	3300,-	3,-
	a.o.A. an $-Anl.				---	
	$-Anl. an a.o.E.				112,80	
				0	0	

Rückzahlungsbetrages gemäß § 253 Abs. 1 Satz 2 HGB die Nettopassivierung des niedrigeren Verfügungsbetrages unter jährlicher Zuschreibung des anteiligen Unterschiedsbetrages (als pro rata temporis entstehende Zinsverbindlichkeit) vorgeschrieben (zum Vergleich siehe Tab. 6 und 7).

Tabelle 6

Passivierung eines 8jährigen Dollar-Zero-Bonds mit einer Emissionsrendite von 9% und einem Rückzahlungsbetrag von $ 1100 gemäß § 253 Abs. 1 Satz 2 HGB (voller Rückzahlungsbetrag) i. V. mit § 250 Abs. 3 HGB (Unterschiedsbetrag)

Periode	RAP	passivierte Verbindlichkeit in DM*	
0	1643,54	3300,-	
1	1494,46	3300,-	
2	1331,96	3300,-	
3	1154,84	3300,-	
4	961,77	3300,-	
5	751,33	3300,-	
6	521,95	3300,-	
7	271,93	3300,-	* bei konst. Wechsel-
8	0	3300,-	kurs von 3 DM/$

Tabelle 7

Passivierung eines 8jährigen Dollar-Zero-Bonds mit einer Emissionsrendite von 9% und einem Rückzahlungsbetrag von $ 1100 gemäß HFA 1/1986

Periode	passivierter Nettobetrag (DM)*
0	1656,46
1	1805,54
2	1968,04
3	2145,16
4	2338,23
5	2548,67
6	2778,05
7	3028,07
8	3300,-

Die Doppelwährungsanleihe ist im Hinblick auf die abzubildenden Zahlungsströme ein „Zwitter“ zwischen einer herkömmlichen DM- (sFr.-, Yen-) Festzinsanleihe und einem Dollar-Zero-Bond und ist je nach Ausgestaltung ein treffendes Beispiel für extrem unterverzinsliche Anleihen mit hohem Unterschiedsbetrag, bei denen sich sehr ähnliche Bilanzierungsprobleme wie bei den Zero-Bonds ergeben (siehe Abb. 1).

Eine extreme Unterverzinslichkeit gegenüber einer Dollaranleihe ist im o.g. Beispiel zwar nicht gegeben. Es befinden sich aber z.B. im sFr.-Bereich Doppelwährungsanleihen mit erheblich höheren Unterschiedsbeträgen in Um-

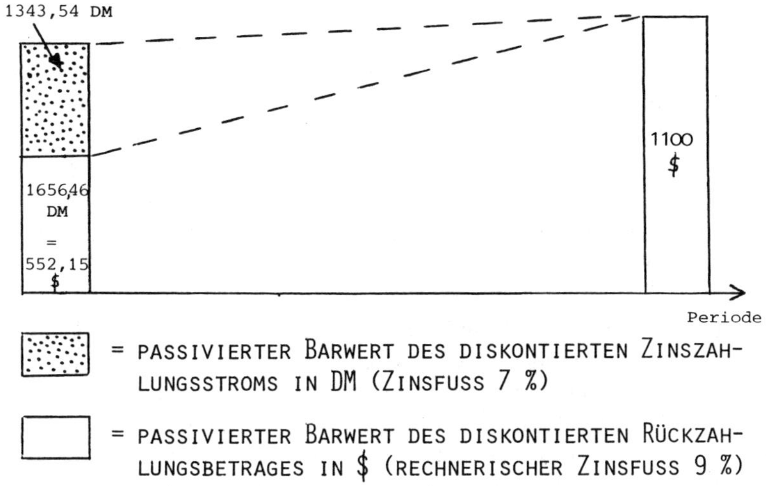

Abb. 1: Der Bilanzierungsvorschlag von Borkowsky (Nettoverbuchung) bei konstantem Wechselkurs von 3 DM/$

lauf (z.B. American Medical Int., 6,75% Nominalzins, Laufzeit von 1982 bis 1990/97, zum Emissionskurs von 46% des Rückzahlungsbetrages bei Umrechnung mit dem Einstandswechselkurs). Sollte sich die Passivierung des Verfügungsbetrages bei Zero-Bonds gem. HFA 1/1986 trotz der erheblichen Bedenken, die wir geäußert haben, als GoB durchsetzen, müßte konsequenterweise bei Doppelwährungsanleihen mit einem ähnlich hohen Unterschiedsbetrag ebenfalls eine Nettopassivierung diskutiert werden[52]. Eine solche Entwicklung würde allerdings möglicherweise die in § 253 Abs. 1 Satz 2 HGB vorgeschriebene Passivierung zum Rückzahlungsbetrag nach und nach gänzlich aushöhlen. In diesem Zusammenhang erscheint Variante 1 (Bruttoverbuchung) denn auch von geringerem Interesse. Da als Verbindlichkeit der volle Rückzahlungsbetrag von 3300,- DM gemäß § 253 Abs. 1 Satz 2 verbucht wird, verstößt sie lediglich gegen das Bilanzierungsverbot für schwebende Geschäfte (der zukünftigen Zinszahlungen). Die als Disagio ausgewiesenen Posten entsprechen nicht dem „Unterschiedsbetrag" im Sinne des § 250 Abs. 3 HGB. Eine Rechnungsabgrenzung ist nicht notwendig, da die Zinszahlungen genau pro rata temporis im Jahr des Zinsaufwands anfallen. Eine Zinsvorauszahlung liegt ebenfalls nicht vor. Diese Bilanzierungsvariante wird daher hier nicht weiter betrachtet.

Variante 2 (Nettoverbuchung, siehe Abb. 1) verzichtet auf die Bruttobilanzierung des schwebenden Geschäftes und die damit verbundene Bilanzaufblähung,

52 Dafür spricht auch, daß sogar bereits die Doppelwährungsanleihe des Beispiels 2 hinsichtlich der Einkommensbesteuerung des Kapitalertrags beim Privatvermögen den Zero-Bonds gleichgestellt wird, weil ihr Emissionsdiskont den für die Laufzeitkategorie von 8 - 10 Jahren maximalen steuerlich zu vernachlässigenden Satz von 5% des Nennwerts überschreitet. Siehe hierzu BMF (1987a), S. 101 f.; dort auch Verweis auf BMF (1985).

allerdings unter Verstoß gegen § 253 Abs. 1 Satz 2 und gegen das Abzinsungsverbot von Verbindlichkeiten. Dafür wird die im Zeitverlauf unterschiedliche Entwicklung der DM- und der währungsrisikobehafteten Dollarkomponente an der Gesamtverbindlichkeit berücksichtigt. Sowohl der abnehmende DM-Anteil als auch der zunehmende Dollaranteil der Gesamtverbindlichkeit werden abgebildet. Der Zinsaufwand wird als Mischzins von DM- und Dollar-(Emissions)zins dargestellt, pro rata temporis wird auf die (sinkende) DM-Verbindlichkeit ein konstanter DM-Effektivzins von 7%, auf die (steigende) Dollarverbindlichkeit ein konstanter Dollar-Effektivzins von 9% entsprechend den Emissionsbedingungen verrechnet.

Diese Bilanzierungsweise trägt insofern Züge der dynamischen Bilanztheorie, als einer korrekten Ertrags- bzw. Aufwandsdarstellung über die Totalperiode der Vorrang gegenüber dem Ausweis der am Bilanzstichtag bestehenden Schuld eingeräumt wird. Durch die Abzinsung zum Barwert wird die Kapitalverbindlichkeit in Dollar jeweils zu niedrig, die zukünftige Zinsverbindlichkeit andererseits bereits zu einem Zeitpunkt ausgewiesen, an dem es sich noch um einen schwebenden Posten handelt. Die Trennung der rechtlich bestehenden Gesamtverbindlichkeit in eine Zins- und eine Kapitalverbindlichkeit in eben dieser Höhe ist im übrigen willkürlich und abhängig von der Wahl des Abzinsungssatzes. Wird z.B. zuerst die Dollarverbindlichkeit mit dem US-Marktzinssatz von 10,2% p.a. abgezinst, ergibt sich für den DM-Zinszahlungsstrom nur ein Zinsfuß von ca. 6,6% p.a. Die vorgestellte Methode wäre nur dann sinnvoll und gangbar, wenn die Barwertpassivierung für alle Verbindlichkeiten vorgeschrieben oder mindestens zulässig wäre, d.h. wenn auch normale DM- bzw. Dollar-Anleihen jeweils getrennt nach Zins- und Kapitalverbindlichkeiten ausgewiesen würden. Im gegenwärtigen System ordnungsmäßiger Bilanzierung ist die dargestellte Bilanzierungsalternative von Borkowsky jedoch nicht verwendbar.

4. Zusammenfassung

Der Vergleich der Doppelwährungsanleihe mit einer DM-Anleihe und einer Dollaranleihe zeigt, daß beide Anlagealternativen durch Kombinationen der Doppelwährungsanleihe mit geeigneten Dollartermingeschäften auf den Rückzahlungsbetrag bzw. die einzelnen Zinszahlungsströme darstellbar sind.

Die rechtlich klare Trennung des Anspruchs auf Rückzahlung des Kapitals in Dollar von dem Anspruch auf Zahlung des Zinsentgelts in DM spricht hier für eine getrennte bilanzielle Behandlung von DM-Zins- und Dollar-Kapitalforderung. Da die Kapitalforderung in Dollar erheblich höher ist als die gesamte Zinsforderung in DM und diese Differenz bis zum Laufzeitende immer größer wird, gehen wir zumindest für die Kapitalforderung bilanziell von einer reinen diskontierten Dollaranleihe aus. Zu klären war, ob der fiktive Unterschiedsbetrag, wie bei der vergleichbaren diskontierten Dollaranleihe, als zusätzlicher Zinsertrag über die Laufzeit vereinnahmt werden kann oder ob er eine auf den

Rückzahlungszeitpunkt bezogene Ausgleichszahlung für das Währungsrisiko des überlassenen Kapitalbetrages darstellt. Es konnte gezeigt werden, daß der sogenannte Basiskurs der Doppelwährungsanleihe für die Anlageentscheidung eines Erwerbers irrelevant ist und deshalb der Unterschiedsbetrag der Doppelwährungsanleihe als Agio wie bei der vergleichbaren Dollaranleihe behandelt werden kann. Ist — wie angenommen — die Zinsparitätentheorie im Devisenmarkt gültig, so ist dies selbst dann zulässig, wenn man glaubt, die Anleihebedingungen unterstellten implizit die Abwertung auf den niedrigeren Basiskurs zum Fälligkeitszeitpunkt der Anleihe.

Da die Doppelwährungsanleihe im Gegensatz zur reinen Dollaranleihe einen währungsrisikofreien zukünftigen Zahlungsstrom erwarten läßt, dürfte bei einer zukünftigen Dollarabwertung ceteris paribus der Börsenkurs der Doppelwährungsanleihe weniger sinken als der einer vergleichbaren reinen Dollaranleihe. Das wird jedoch in ausreichender Weise durch das Niederstwertprinzip gemäß § 253 HGB abgebildet.

Analog zur Aktivierung erfolgt auch die Passivierung der Doppelwährungsanleihe als (unterverzinsliche) Fremdwährungsanleihe. Das Ergebnis ist hier: Eine Einbuchung der Verbindlichkeit zum Sicherungskurs, wie dies bei einem entgegengesetzten Devisentermingeschäft über den Tilgungsbetrag zulässig ist, kommt nicht in Betracht. Der Basiskurs ist nicht als impliziter Sicherungskurs des erhaltenen Kapitalbetrages interpretierbar, da der Erfüllungsbetrag ebenso wie bei einer normalen Fremdwährungsanleihe nicht feststeht.

Zur Passivierung von Doppelwährungsanleihen wurden zwei alternative Bilanzierungsvorschläge aus dem Schrifttum analysiert. Ein Vorschlag geht dahin, bei einer Abwertung unter den Einstandswechselkurs zum Bilanzstichtag das Disagio außerplanmäßig aus dem nicht realisierten Währungsgewinn abzuschreiben, der sich aufgrund der Bewertung der Verbindlichkeit mit dem niedrigeren Stichtagswechselkurs ergibt. Das Realisationsprinzip des § 252 Abs. 1 Nr. 4 HGB läßt diese Abwertung jedoch nicht zu, da dann ein nicht umsatzbedingter Gewinn vereinnahmt würde. Es hat hier Vorrang vor der Passivierung des Rückzahlungsbetrages nach § 253 Abs. 1 Satz 2 HGB.

Bei der zweiten Bilanzierungsalternative werden Dollar- und DM-Schuld getrennt ausgewiesen und wie zwei unterschiedliche Zero-Bonds bewertet. Der gesamte DM-Zinszahlungsstrom wird mit der DM-Marktrendite diskontiert und der Barwert als Verbindlichkeit passiviert. Die verbleibende Differenz zum Verfügungsbetrag wird als Barwert des Dollar-Rückzahlungsbetrages angesehen und unter den Dollaranleihen ausgewiesen. Diese Bilanzierungsmethode verstößt eindeutig gegen das Bilanzierungsverbot für schwebende Geschäfte und gegen § 253 Abs. 1 Satz 2 HGB, weil nicht der Rückzahlungsbetrag der Kapitalverbindlichkeit, sondern der abgezinste Barwert passiviert wird. Im gegenwärtigen System ordnungsmäßiger Bilanzierung ist diese Bilanzierungsalternative ebenfalls nicht zulässig.

Dritter Teil

Ausweis und Bewertung der Off-Balance-Sheet-Geschäfte

D. Zinsterminkontrakte im Geschäftsbericht von Kreditinstituten

1. Definition von Zinsterminkontrakten und die Funktion der Zinsterminkontraktmärkte[1]

1.1. Der Begriff des Zinsterminkontraktes

Zinsterminkontrakte sind — ähnlich wie die traditionellen Rohwaren-Terminkontrakte — gesetzlich verbindliche Verpflichtungen eines Verkäufers und eines Käufers über die künftige Lieferung bzw. Abnahme einer nach Art, Menge und Qualität standardisierten Ware zu einem festen Erfüllungstermin in Höhe des ausgehandelten Kontraktpreises. Die Ware besteht hierbei aus einem bestimmten Geld- oder Kapitalmarktwertpapier oder einer Termineinlage mit festgelegtem Nennwert, fester Laufzeit und fester Verzinsung. Der vereinbarte Lieferpreis ist somit die einzige Variable eines Zinsterminkontraktes. Die Kontrakte werden an hierfür besonders eingerichteten Börsen[2] abgeschlossen und gehandelt.

1.2. Das Abrechnungssystem des Kontrakthandels

Käufer und Verkäufer eines Zinsterminkontraktes gehen nicht im üblichen Sinne direkt einen Kontrakt miteinander ein. Vielmehr steht zwischen ihnen als Gegenpartei jeder Transaktion die Abrechnungsstelle der Börse (clearing house). Sie wird zum Käufer für jeden Verkäufer und zum Verkäufer für jeden Käufer und garantiert damit alle Forderungen und Verbindlichkeiten und letztlich jeder Seite die Durchführung des Kontraktes. Damit entfallen für die einzelnen Marktteilnehmer gegenseitige Bonitätsprüfungen. Sie werden durch eine Beurteilung der Bonität der Abrechnungsstelle ersetzt, die jedoch wegen der großen Finanzkraft der Börse und eines speziellen Absicherungssystems (s.u.) zweifellos sehr hoch ist.

---

[1] Diesem Abschnitt liegt zugrunde Schwarze (1983), S. 7-11 m. zahlreichen w.N.

[2] Fast der gesamte weltweite Handel in Zinsterminkontrakten findet an den Börsenplätzen Chicago und — in weit geringerem Maße — in New York und London statt.

Da zwischen Verkäufer und Käufer kein direktes Vertragsverhältnis besteht, können beide unabhängig voneinander ihre Verpflichtungen aus einem Kontrakt transferieren. Dies geschieht durch Übernahme einer entsprechenden Kaufposition des ursprünglichen Verkäufers bzw. einer Verkaufsposition des ursprünglichen Käufers. Diese Gegentransaktionen führen jeweils zum sogenannten „Glattstellen" der ursprünglichen Kontraktposition. Kontrakte, die bis zum Fälligkeitstermin noch nicht auf diese Weise glattgestellt worden sind, müssen durch Lieferung bzw. Übernahme der dem Kontrakt zugrundeliegenden Wertpapiere erfüllt werden. Dies ist allerdings nur bei ca. 1 - 3% aller Kontrakte der Fall, der Rest wird vorzeitig glattgestellt. Dennoch liegt in der Erfüllungsmöglichkeit das Schlüsselelement des Terminkontrakthandels. Sie führt dazu, daß mit dem Auslaufen eines Kontraktes die Kurse des Kassamarktes und des Terminkontraktmarktes konvergieren und schließlich bei Fälligkeit des Kontraktes annähernd gleich sind.

Die Abrechnungsstelle der Börse (clearing house) ist die Spitze eines Abrechnungssystems, dessen Mitglieder i.a. finanzstarke Brokerfirmen sind. Diese halten die Konten der einzelnen Marktteilnehmer und wickeln sämtliche Orders an der Börse ab. Jeder Marktteilnehmer hat auf seinem Konto vor dem Eingehen einer Kontraktposition eine Einschußzahlung (initial margin) auf jeden Kontrakt seiner Position zu leisten. Durch Vergleich des ursprünglichen Kauf- bzw. Verkaufskurses mit dem aktuellen Börsenkurs wird täglich der Gewinn oder Verlust jeder offenen — d.h. noch nicht glattgestellten Kontraktposition ermittelt und dem Einschußkonto oder einem gesonderten Konto gutgeschrieben bzw. belastet. Die Einschußzahlung dient damit zur Deckung potentieller Verluste einer Kontraktposition. Sobald der Kontostand ein vorgeschriebenes Mindestguthaben unterschreitet, muß der Kunde unverzüglich eine entsprechende Nachschußzahlung (variation margin) leisten, falls er seine Position aufrechterhalten will. Die geleisteten Einschüsse werden bei Fälligkeit oder vorzeitiger Liquidation des Kontraktes jeweils mit den aufgelaufenen Gewinnen oder Verlusten verrechnet. Durch dieses System mit seinen Sicherheitseinlagen und der täglichen Gewinn- und Verlustrealisation wird die Akkumulation großer Verluste auf einzelne offene Positionen verhindert, die der einzelne Marktteilnehmer bei der späteren Glattstellung oder der Fälligkeit seiner Position möglicherweise nicht tragen könnte. Die Gesamtheit der Sicherheitseinlagen aller Marktteilnehmer dient der Abrechnungsstelle und den angeschlossenen Mitgliedern letztlich als Rücklage dafür, daß bei Fälligkeit des Kontraktes genügend Gelder vorhanden sind, die eine reibungslose Erfüllung garantieren. Die Höhe der Einschuß- bzw. Nachschußzahlungen wird von der Börse festgesetzt und orientiert sich in der Regel an den maximalen täglichen Kursschwankungen der einzelnen Kontrakte. Die Kursschwankungen werden durch Limite begrenzt, die um eine feste Spanne über bzw. unter dem Schlußkurs des Vortages liegen. Sobald der Kurs eines Kontraktes einen der beiden Limitkurse erreicht, wird der Handel dieses Kontraktes für den Rest des

Tages eingestellt. Die Handelspause erlaubt es den Brokern, ihre Kunden anzusprechen und gegebenenfalls Nachschußforderungen zu stellen. Bei andauerndem Kursdruck in eine Richtung an aufeinanderfolgenden Handelstagen kann die Börse die Limite anheben oder gänzlich aufheben. Die Einschuß- und Nachschußforderungen der Broker an ihre Kunden werden dann entsprechend ebenfalls erhöht.

Der erforderliche Mindesteinschuß beträgt in der Regel weniger als 2% des Kontraktwertes. Diese niedrige Sicherheitseinlage bringt einen starken Leverage-Effekt mit sich. Mit einem relativ geringen Geldbetrag können sehr große Kapitalbeträge kontrolliert werden. Da die tägliche Gewinn- und Verlustabrechnung auf der Basis des Kontraktnennwertes vorgenommen wird, haben bereits geringe Kursschwankungen einen sehr starken Effekt auf das eingeschossene Kapital zur Folge.

Dem einzelnen Marktteilnehmer entstehen direkte Kosten durch die Provision, die ihm sein Broker in Rechnung stellt. Die Brokerprovisionen sind im Gegensatz zu den Einschußverpflichtungen frei aushandelbar und unterliegen somit dem Wettbewerb der Broker untereinander. Die übliche Provision für einen „round trip", d.h. für den Kauf bzw. Verkauf eines Kontraktes und seine Glattstellung durch die entsprechende Gegentransaktion, liegt bei etwa 25-30[3] US-Dollar. Es ist allerdings üblich, daß große Kunden mit entsprechendem Handelsvolumen — wie etwa größere Banken — Abschläge auf die Provisionen mit ihren Brokern aushandeln können. Eine Reihe großer Banken hält auch selbst einen Sitz an einer oder mehreren Terminkontraktbörsen.

Das Vorhandensein einer ausreichenden Marktliquidität ist eine der wichtigsten Determinanten der Funktions- und Leistungsfähigkeit eines Zinsterminkontraktmarktes. Zentrale Meßgröße für die Marktliquidität eines Kontraktes ist das tägliche Handelsvolumen, d.h. die Gesamtzahl der gehandelten Kontrakte eines Kontrakttyps insgesamt oder für einen gegebenen Erfüllungsmonat. Die Höhe des Handelsvolumens gibt einen Hinweis darauf, ob Positionen ohne Schwierigkeiten eingegangen bzw. glattgestellt werden können, ohne z.B. durch den An- oder Verkauf größerer Positionen bereits stärkere Preisschwankungen im Markt auszulösen. Märkte ohne hinreichendes Handelsvolumen geraten zudem in Tagen heftiger Zinsausschläge wesentlich schneller unter Kursdruck als liquide Märkte, was dann infolge frühzeitiger Erreichung des Limitkurses sogar zum Erliegen des Kontrakthandels führen kann. Oft ist es dem einzelnen Marktteilnehmer in diesen Fällen an mehreren aufeinanderfolgenden Handelstagen nicht mehr möglich, seine Kontraktposition glattzustellen, insbesondere wenn es sich um eine große Position handelt.

---

[3] Gemäß Glaab/Werneth/Zimmer (1987), S. 60.

2. Rechtliche Grundlagen der Zinsterminkontrakte

2.1. Zinsterminkontrakte und ihre Eigenschaft als Börsentermingeschäfte

Zinsterminkontrakte erfüllen alle die in Rechtsprechung und Schrifttum geforderten Voraussetzungen[4] für das Vorliegen eines Börsentermingeschäftes. Nach der ständigen Rechtsprechung des Reichsgerichtes und des BGH sind offizielle Börsentermingeschäfte nur solche, die zum Terminhandel an einer deutschen Börse gemäß § 50 BörsG zugelassen sind[5]. Da es an den Börsen der Bundesrepublik Deutschland bislang einen Zinsterminkontrakthandel nicht gibt[6], sind die Zinsterminkontrakte regelmäßig ausländische Warentermingeschäfte, bei denen es sich um inoffizielle, aber erlaubte Börsentermingeschäfte[7] handelt.

Besondere rechtliche Bedeutung im Zusammenhang mit Börsentermingeschäften und damit auch mit Zinsterminkontrakten haben zwei Schutznormen im deutschen Recht, die den Marktteilnehmer unter bestimmten Umständen von seinen Verpflichtungen aus einem abgeschlossenen Zinsterminkontrakt befreien und die daher bereits für heftigen Diskussionsstoff bei den in Rede stehenden Geschäften gesorgt haben.

2.2. Die Bedeutung des Börsentermineinwandes

Als erste der beiden Schutznormen findet sich in § 53 BörsG der sogenannte Börsentermineinwand. Danach ist ein Börsentermingeschäft als unverbindlich anzusehen für einen Marktteilnehmer, der die Termingeschäftsfähigkeit nicht besitzt. Dieser kann sich nach der genannten Vorschrift auf den Termineinwand berufen und damit die Unverbindlichkeit des Kontraktes erreichen. Für Zinsterminkontrakte ist in diesem Zusammenhang von Bedeutung, daß nach § 61 BörsG die Vorschriften der §§ 52-60 BörsG grundsätzlich auch Anwendung finden, wenn das Börsentermingeschäft im Ausland geschlossen oder zu erfüllen ist. Da wir bei den hier zu untersuchenden Bilanzierungsfragen nur Eigengeschäfte der Kreditinstitute in Zinsterminkontrakten betrachten, liegt regelmäßig ein nach § 53 BörsG verbindliches Börsentermingeschäft vor, da die beteiligten Parteien (clearing house oder Broker und Kreditinstitut) termingeschäftsfähig sind. Damit entfällt die Möglichkeit für das Kreditinstitut, den Termineinwand geltend zu machen.

---

[4] Siehe hierzu im einzelnen Rössner/Lachmair (1986), S. 1378; vgl. auch Kümpel/Häuser (1986), S. 140.

[5] Vgl. Bundschuh (1986), S. 727.

[6] Allerdings ist die Einrichtung eines Zinsterminkontrakthandels in Deutschland geplant. Siehe etwa Breuer (1987).

[7] Nach ständiger Rechtsprechung des BGH. Siehe etwa BGH-Urteil vom 16.3.1981 - II, ZR 110/80, in: WM 1981, S. 711; außerdem BGH-Urteil vom 12.3.1984 - II, ZR 10/83, in: WM 1984, S. 1245.

2.3. Die Bedeutung des Differenzeinwandes

2.3.1. Der Nichtausschluß des Differenzeinwandes

Unabhängig von der Verbindlichkeit eines Börsentermingeschäftes i.S. des BörsG ist zu prüfen, ob ein Zinsterminkontrakt den Tatbestand eines Differenzgeschäftes i.S. von § 764 BGB erfüllt. Zinsterminkontrakte, die in den Anwendungsbereich dieser Norm fallen, begründen für den deutschen Marktteilnehmer grundsätzlich keine Pflichten, da die Erhebung des Differenzeinwandes immer möglich ist. Dies gilt selbst dann, wenn Börsentermingeschäftsfähigkeit des „Spielers" vorliegt, weil nach § 61 BörsG der § 58 BörsG nicht — auch nicht entsprechend — anzuwenden ist. Nach der zuletzt genannten Vorschrift kann gegen Ansprüche aus offiziellen Börsentermingeschäften i.S. des § 50 BörsG von demjenigen, für den das Geschäft nach den Vorschriften der §§ 53, 54, 57 BörsG verbindlich ist, der Differenzeinwand aus den §§ 762 und 764 BGB nicht erhoben werden[8]. Dies bedeutet, daß für die Zinsterminkontrakte an ausländischen Börsen der Differenzeinwand für einen deutschen Marktteilnehmer — unabhängig von seiner Termingeschäftsfähigkeit — immer geltend gemacht werden kann, sofern der Tatbestand des § 764 BGB gegeben ist.

2.3.2. Zinsterminkontrakte und Schutzzweck der Norm des § 764 BGB

2.3.2.1. Die Gültigkeit des Differenzeinwandes bei spekulativen Kontrakttransaktionen

Die Unverbindlichkeit von Differenzgeschäften nach § 764 BGB stellt im Gesetzeszusammenhang eine Schutznorm bei mit Spiel- und Wettverträgen vergleichbaren Geschäften dar. Nach dem bloßen Wortlaut wäre der Differenzeinwand nur bei offenen Differenzgeschäften zulässig, bei denen eine Lieferung vertraglich ausgeschlossen ist. Börsentermingeschäfte sind allerdings keine offenen, sondern lediglich verdeckte Differenzgeschäfte, da ein auf Lieferung ausgerichtetes Rahmengeschäft den Hintergrund für die Differenzberechnung bildet[9]. Börsentermingeschäfte und damit auch Zinsterminkontrakte werden aber regelmäßig unter die Norm des § 764 BGB subsumiert, wenngleich sie nur die Merkmale eines verdeckten Differenzgeschäftes erfüllen. Ein solches ist immer dann anzunehmen, wenn es bei seiner Abwicklung nach der Absicht auch nur eines Partners — weil es ihm darauf ankommt, aus den Schwankungen der Marktpreise im Terminmarkt Gewinn zu erzielen — nicht zu tatsächlicher Erfüllung, sondern statt dessen aufgrund eines Gegengeschäftes zu einem bloßen Differenzausgleich kommen soll[10]. Es kommt nur auf das Motiv an,

---

[8] Vgl. Bundschuh (1986), S. 727.

[9] Vgl. Rössner/Lachmair (1986), S. 1379. Zur Unterscheidung beider Begriffe siehe insbesondere Kümpel/Häuser (1986), S. 115ff. m.w.N.

[10] Vgl. BGH-Urteil vom 20.12.1971 - II, ZR 156/69, in: WM 1972, S. 178; außerdem BGH-Urteil vom 16.3.1981 - II.

lediglich eine Kursdifferenz zu realisieren, d.h. weder auf Lieferung noch auf Absicherung bestehender Geschäfte bzw. Warenlager abzustellen. Damit wird die Parallele zur Kurswette gezogen, also auf den Spielcharakter abgezielt[11]. Solche Geschäfte sind gemäß §§ 762, 764 Abs. 1 BGB unverbindlich.

Zinsterminkontrakte werden zwar in der Regel nicht zu dem Zweck abgeschlossen, den Kontraktgegenstand am vereinbarten Termin zu übertragen, sondern es soll lediglich eine Kursdifferenz zwischen dem Kurs, zu dem das Geschäft abgeschlossen wird, und einem künftigen Kurs für das Gegengeschäft erzielt werden, mit dem der eingegangene Kontrakt liquidiert (glattgestellt) wird[12]. Der Verkäufer intendiert also stets nicht, Geld in einer bestimmten Form für eine bestimmte Laufzeit zu einem festgelegten Preis zur Verfügung zu stellen, der Käufer will die Leistung auch nicht entsprechend dieser Vereinbarung abnehmen[13]. Dementsprechend wird auch die ganz überwiegende Zahl der Zinsterminkontrakte nicht durch Lieferung der kontrahierten Handelsobjekte erfüllt, sondern im Wege des Differenzausgleiches beendet[14]. Dennoch kann nicht geschlossen werden, daß sämtliche Zinsterminkontrakte unter die Regelung des § 764 BGB fallen.

2.3.2.2. Die Verbindlichkeit von Zinsterminkontraktoperationen mit Sicherungszweck

Börsentermingeschäfte sind ausnahmsweise dann verbindlich, wenn es sich um Hedge- oder Kurssicherungsgeschäfte handelt, die an ausländischen Börsen geschlossen werden und einen wirtschaftlich gerechtfertigten Sicherungszweck für ein im Betrieb des Abschließenden getätigtes, auf tatsächliche Lieferung gerichtetes Hauptgeschäft haben. Diese Geschäfte sind einredefrei möglich[15].

Der Begriff des Hedginggeschäftes bezog sich ursprünglich auf Preissicherungsgeschäfte an Rohwaren-Terminmärkten. In diesem Sinne hat er Eingang in Rechtsprechung und Literatur gefunden. Heutzutage wird der Begriff ganz selbstverständlich für sämtliche Preissicherungsgeschäfte an Terminmärkten verwendet[16], die eine „Versicherungsfunktion" gegen Kursverluste haben. Entsprechend dem Schutzzweck der Norm greift § 764 BGB nur, wenn der einzelne Marktteilnehmer bei Abschluß bzw. während der Laufzeit des Zinsterminkontraktes die Absicht zur Spekulation hat, wobei nur der Verlustfall relevant ist, da sich der Marktteilnehmer im Gewinnfall ohnehin nicht auf den Differenzeinwand beziehen wird.

---

[11] Vgl. Rössner/Lachmair (1986), S. 1379 m.w.N.

[12] BAKred (1985), S. 2.

[13] Vgl. Windmöller (1985), S. 210.

[14] BAKred (1985), S. 2.

[15] Vgl. Bundschuh (1986), S. 729 m.w.N.

[16] Vgl. v. Arnim (1983), S. 182.

Für Hedginggeschäfte in Zinsterminkontrakten genügt das Merkmal der Differenzerzielung nicht zur Einordnung unter § 764 BGB. Bei diesen Geschäften bilden Sicherungsgeschäft und zugrundeliegendes sicherndes Geschäft eine (wirtschaftliche) Einheit. Das Sicherungsgeschäft fällt, da es als wirtschaftlich berechtigt angesehen wird, nicht unter § 764 BGB[17]. Die Trennlinie zwischen derartigen Hedginggeschäften und spekulativen Geschäften ist allerdings vor allem bei der Anwendung von Zinsterminkontrakten in Kreditinstituten nicht leicht zu ziehen. Die Frage der Motivation des Marktteilnehmers ist bei einem Zinsterminkontrakt schwer davon zu trennen, ob der Kontrakt auch tatsächlich geeignet ist, eine Kassaposition überhaupt und wenn ja, hinreichend abzusichern. Schließlich ist auch zu überlegen, in welcher Weise sich die ursprünglich mit einer eingegangenen Kontraktposition verfolgte Absicht des Marktteilnehmers im Verlauf der Gesamtlaufzeit des Zinsterminkontraktes ändern kann, welche Folgen dies hat und wie dieser Tatbestand objektiviert werden kann. Darauf wird an anderer Stelle noch einzugehen sein.

2.4. Die Rückzahlbarkeit der Einschuß- und Nachschußzahlungen

Im Zusammenhang mit der Unverbindlichkeit von Börsentermin- und Differenzgeschäften wird häufig die Frage der Rückzahlung der Vorauszahlungen diskutiert, die der Marktteilnehmer im Zinsterminkontraktmarkt als Einschuß (initial margin) zu Beginn der Geschäftsverbindung oder als Nachschuß (variation margin) während der Kontraktlaufzeit eingezahlt hat. Rechtlich geht es dabei darum, ob es sich um Sicherheitsleistungen oder um (vorweggenommene) Erfüllungsleistungen gehandelt hat. Im letztgenannten Fall besteht gemäß § 55 BörsG und § 764 Abs. 1 Satz 2 BGB ein Anspruch auf Rückzahlung. Eine Sicherheitsleistung ist dagegen gemäß § 812 BGB zurückzugewähren, wenn sie nicht ausnahmsweise gemäß § 54 BörsG wirksam vereinbart worden ist[18]. Dieser letztgenannte Fall ist jedoch bei den in Rede stehenden Zinsterminkontrakten grundsätzlich nicht gegeben. Eine verbindliche Sicherheitenbestellung ist nur für offizielle Börsentermingeschäfte (sowie gemäß § 96 BörsG für Devisengeschäfte) möglich[19]. Außerdem ist sie insbesondere für unverbindliche Warentermingeschäfte ausgeschlossen. Ob es sich bei den Einschuß- oder Nachschußzahlungen um (Voraus-)Erfüllungen oder Sicherheitsleistungen gehandelt hat, hängt ansonsten grundsätzlich davon ab, was die Parteien diesbezüglich vereinbart haben. Ergeben sich bei der Auslegung Zweifel, spricht eine tatsächliche Vermutung dafür, daß der Einschuß zum Zweck der Sicherheitsleistung und nicht zur Tilgung künftiger Schulden bestimmt ist[20].

---

[17] Zum Zusammenhang von Sicherungsgeschäften und § 764 vgl. Bletz (1987), S. 634 m.w.N.; vgl. auch Kümpel/Häuser (1986), S. 132f.

[18] Vgl. Bundschuh (1986), S. 731.

[19] Rössner/Lachmair (1986), S. 1378 m.w.N.

[20] Siehe BGH-Urteil vom 13.12.1982-II, ZR 63/82, in: WM 1983, S. 82.

Die rechtliche Unverbindlichkeit selbst einer als solchen intendierten, ja sogar der ausdrücklich entsprechend erklärten Sicherheitsleistung ergibt sich wiederum aufgrund des § 58 BörsG. Dieser schließt — wie oben bereits bemerkt wurde — den Differenzeinwand nur aus, falls es sich um ein Börsentermingeschäft zwischen börsentermingeschäftsfähigen Marktteilnehmern in zum Börsenterminhandel an einer deutschen Börse zugelassenen Waren handelt, mithin also ein offizielles, erlaubtes Börsentermingeschäft gemäß § 50 BörsG vorliegt. Eine entsprechende Anwendung des § 58 BörsG auf inoffizielle, erlaubte Börsentermingeschäfte hat die Rechtsprechung stets verneint. Das Reichsgericht hat dies sogar für den Fall abgelehnt, daß an der ausländischen Börse gleiche oder ähnliche Schutzbestimmungen für die Zulassung von Börsentermingeschäften gelten, wie sie § 50 BörsG für an deutschen Börsen zugelassene Börsentermingeschäfte vorsieht. Dieser Rechtsprechung hat sich der BGH angeschlossen[21]. In der Literatur ist zum Teil heftige Kritik an dieser Haltung des BGH geäußert worden[22]. Es wird vor allem darauf hingewiesen, daß die Bezugnahme des § 58 BörsG in § 61 BörsG überhaupt nur dann sinnvoll sei, wenn auch bei Warentermingeschäften mit Auslandsbezug der Differenzeinwand ausgeschlossen sein kann. Da es ein deutsches Zulassungsverfahren an einer ausländischen Börse nicht geben kann, bedeute der Verweis auf § 58 BörsG, daß diese Vorschrift bei im Ausland offiziell zum Börsenterminhandel zugelassenen Waren ebenfalls gelten soll; andernfalls müsse gesetzestechnisch § 58 BörsG in § 61 BörsG ausgenommen werden[23]. Gegen diese Argumentation hat der BGH allerdings eingewendet, Zweck der zuletzt genannten Vorschrift sei es nicht nur, den Differenzeinwand bei offiziellen Börsentermingeschäften auszuschließen; durch sie werde auch klargestellt, daß der Differenzeinwand, soweit er nicht ausgeschlossen ist, auch gegen Börsentermingeschäfte, die zugleich Differenzgeschäfte sind, erhoben werden könne. Erst durch diese Bestimmung werde deutlich, daß das Börsengesetz die Verbindlichkeit von Börsentermingeschäften nicht abschließend regele[24]. Hierzu ist zu bemerken, daß die in der Literatur vertretene gegenteilige Ansicht ohnehin nur zum Ausschluß des Differenzeinwandes führt, wenn termingeschäftsfähige Personen am Vertragsschluß beteiligt sind, eine Bevölkerungsgruppe, der das Risiko von Börsentermingeschäften bekannt sein dürfte[25] und für die ein entsprechender gesetzlicher Schutz im Zuge der Internationalisierung der Märkte und des Wettbewerbs mindestens unzeitgemäß ist und wirtschaftliche Erfordernisse nicht berücksichtigt. Bei den hier zu untersuchenden Eigengeschäften der Kreditinstitute in Zinsterminkontrakten ist dieser juristische Streitpunkt ohnehin nur ein theoretischer. In der Praxis kommt es für ein bundesdeutsches Kreditinstitut auch bei der gegenwärtigen

---

[21] Vgl. etwa RGZ 79, S. 381, 386; BGHZ 58, S. 1, 3ff., zit. nach Bletz (1987), S. 634.

[22] Siehe Bundschuh (1986), S. 728 und dort unter Fn. 7 zit. Lit.

[23] Vgl. Bletz (1987), S. 634f. m.w.N.

[24] BGH-Urteil vom 16.3.1981 - II.

[25] Bletz (1987), S. 635 m.w.N.

Rechtslage gar nicht in Betracht, sich auf den Differenzeinwand zu berufen, da das BAKred die Durchführung spekulativer Termingeschäfte wegen der damit verbundenen Risiken als unvereinbar mit den Grundsätzen ordnungsgemäßer Geschäftsführung eines Kreditinstitutes[26] ansieht. Ungeachtet dessen kommt für Kreditinstitute bereits aus Standingüberlegungen eine Inanspruchnahme des Differenzeinwandes nicht in Frage. Dennoch hat die Diskussion der unterschiedlichen Motive zum Abschluß von Zinsterminkontrakten und ihrer rechtlichen Auswirkungen zumindest eine Bedeutung für die Beurteilung der bilanziellen Behandlung verschiedenartiger Zinsterminkontraktpositionen.

3. Die Transaktionen der Kreditinstitute in Zinsterminkontraktmärkten

3.1. Grundlegende Probleme der Systematisierung

Die Systematisierung der vielfältigen Transaktionsmöglichkeiten im Zinsterminkontraktmarkt und besonders deren Unterscheidung in risikobegründende und risikobegrenzende Kontrakte spielt in der Diskussion um die Verwendung von Zinsterminkontrakten durch Kreditinstitute auf zwei Ebenen eine herausragende Rolle. Auf der ersten Ebene geht es um die bankaufsichtliche Beurteilung von Zinsterminkontraktpositionen unterschiedlicher Qualität (spekulative versus absichernde Positionen). Eng damit zusammen hängt eine zweite Ebene, die der externen Rechnungslegung von Zinsterminkontrakt-Transaktionen. Dort geht es v.a. um die möglicherweise voneinander abweichende bilanzielle Abbildung spekulativer und absichernder Kontraktpositionen als ökonomisch unterschiedliche Tatbestände.

Die bisherige Auseinandersetzung im Schrifttum und in der Praxis zeigt die Schwierigkeiten, die verschiedenen Transaktionen von Kreditinstituten im Zinsterminkontrakmarkt in befriedigender Form, anhand von trennscharfen Merkmalen oder Merkmalsgruppen qualitativ und quantitativ zu kategorisieren. In der US-amerikanischen Literatur über Zinsterminkontrakte, vor allem über deren Rechnungslegung, werden bestimmte Klassifizierungen von Transaktionen vorgenommen, die auch in das deutschsprachige Schrifttum Eingang gefunden haben. Nach wie vor werden jedoch gleiche Tatbestände höchst unterschiedlich beurteilt, wobei die Diskussion sehr stark von den gegensätzlichen Interessenlagen der jeweiligen Autoren bestimmt ist (insbesondere Bankenaufsicht versus Vertreter des Kreditgewerbes). Vor allem der Grenzbereich zwischen Spekulation und Hedging ist heftig umstritten. Ein Konsens ist in dieser Frage derzeit noch nicht abzusehen.

Wir wollen daher versuchen, zunächst Kriterien zur Abgrenzung der einzelnen Transaktionen im Zinsterminkontraktmarkt abzuleiten, die dafür geeignet erscheinen, ökonomisch zweckmäßige Abbildungsregeln zu entwik-

[26] Zur bankaufsichtlichen Diskussion siehe im einzelnen Abschnitt 4 dieses Kapitels.

keln. Diese könnten im wesentlichen auch die Grundlage zur Ableitung entsprechender Bilanzierungsregeln für ähnlich gelagerte, d.h. das Zinsrisiko allozierende Instrumente im Bereich schwebender Geschäfte[27], darstellen.

3.2. Der Bezug der Zinsterminkontrakte zu den banktypischen Zinsänderungsrisiken — Kriterien zur Objektivierung spekulativer Kontraktpositionen

3.2.1. Der Bezug zum Zinsspannenrisiko und die Einbeziehung der Kontrakte in die Zinsbindungsbilanz

Für die Beurteilung der Aktivitäten von Kreditinstituten im Zinsterminkontraktmarkt ist das Schreiben des Bundesaufsichtsamtes für das Kreditwesen an die Spitzenverbände der Kreditinstitute vom 24. Februar 1983 (I 1-31-2/77) zum Zinsänderungsrisiko[28] von grundlegender Bedeutung. Da Zinsänderungsrisiken unbestritten bedrohliche Auswirkungen auf die künftige Ertragslage der Kreditinstitute haben können, sollen die Banken nach Ansicht des BAKred in der Lage sein, aus ihrem Rechenwerk grundsätzlich jederzeit, mindestens aber zum Stichtag des Jahresabschlusses und zu mehreren anderen Stichtagen, ein zutreffendes Bild über die bestehenden aktivischen und passivischen Zinsänderungsrisiken abzuleiten. Zur Ermittlung der Zinsänderungsrisiken sollten sie sich möglichst des Verfahrens der Zinsbindungsbilanz[29] bedienen. Dabei werden die zu einem Stichtag vorhandenen Aktiva und Passiva nach der Dauer ihrer Zinsbindung (d.h. der Frist bis zu dem Zeitpunkt, zu dem frühestens die Zinsen an die Marktlage angepaßt werden können oder die Rückzahlung möglich ist) einander gegenübergestellt und im Zeitverlauf fortgeschrieben. Solche Gegenüberstellungen lassen, wenn Aktiv- und Passivüberhänge für jeweils kurze Zeitabschnitte ermittelt werden, nicht nur den Umfang der bestehenden Inkongruenzen in bezug auf die Zinsbindungsfristen hervortreten; darauf aufbauend kann auch festgestellt werden, wie sich bei einer gegebenen Finanzstruktur Zinsänderungen auf die Ertragslage auswirken würden[30]. Das BAKred fordert weiterhin, daß „die Inkongruenzen im Zeitablauf über einen Zeitraum von mindestens fünf Jahren sichtbar werden und sich die Auswirkungen einmal auf der Basis der geltenden Zinssätze und zum anderen bei Unterstellung von Zinsänderungen, die während der Zinsbindungsfrist eintreten können, periodenweise nachprüfbar beurteilen lassen. In der Regel sollten Geschäfte mit einer Zinsbindung von sechs Monaten und mehr einbezogen und die Inkongruenzen für aufeinanderfolgende Zeitabschnitte von längstens sechs

[27] Hier ist insbesondere an Terminzinsvereinbarungen (forward rate agreements), Zinsswaps und Zinsoptionen zu denken.

[28] Abgedruckt in: Consbruch-Möller-Bähre-Schneider (1987), Nr. 11.28.

[29] Auch Zinsänderungsbilanz, Ablaufbilanz, erweiterte Schichtenbilanz o.ä. Zum Begriff Zinsbindungsbilanz vgl. Scholz (1984).

[30] BAKred (1983).

Monaten ermittelt werden". (...) „Bei der Beurteilung der Zinsänderungsrisiken sollten auch die (...) mit dem Erwerb von festverzinslichen Wertpapieren auf Termin und anderen Termingeschäften verbundenen (...) Risiken nicht außer acht gelassen werden"[31]. Zinsterminkontrakte und deren Auswirkungen sind also in das Rechenwerk der Zinsbindungsbilanz der Kreditinstitute zu integrieren[32]. Da eine Zinsbindungsfrist von drei Monaten in der Praxis eine sehr häufig verwendete Laufzeitkategorie bei Bilanzpositionen darstellt, halten wir es für erforderlich, im Rahmen der Zinsbindungsbilanz zumindest alle Geschäfte mit dieser oder einer darüber hinausgehenden längeren Zinsbindung als Festzinspositionen in der Zinsbindungsbilanz aufzuführen[33]. Des weiteren ist nach unserer Ansicht eine Zinsbindungsbilanz mit einer Unterteilung in sechsmonatige Perioden für das Zinsrisikomanagement ungeeignet. Statt dessen sollte mindestens eine dreimonatige Periodeneinteilung gewählt werden[34].

Zinsterminkontrakte sind grundsätzlich geeignet, Zinsänderungsrisiken zu reduzieren (Schließung/Minderung einer offenen Festzinsposition durch Hedging) oder aber den bestehenden Zinsänderungsrisiken weitere hinzuzufügen (Erhöhung/Öffnung einer offenen oder bislang geschlossenen Festzinsposition durch Terminspekulation)[35]. Nach Windmöller liegt dementsprechend ein spekulativer Kontrakt dann vor, wenn durch den Abschluß das Risiko der gesamten Bank aus künftigen Zinsänderungen vergrößert wird. Das ist immer dann der Fall, wenn sich bei einem Aktivüberhang in der Zinsbindungsbilanz aus dem Zinstermingeschäft bei fallenden Zinsen bzw. umgekehrt bei einem Passivüberhang in der Zinsbindungsbilanz bei steigenden Zinsen ein Gewinn ergibt[36].

3.2.2. Zinsterminkontrakte und Abschreibungsrisiko

Mit der Definition von Windmöller steht ein erstes wichtiges Kriterium zur Abgrenzung spekulativer und absichernder Kontraktpositionen zur Verfügung. Sie berücksichtigt allerdings nur das (Brutto-)Zinsspannenrisiko als eine Dimension des bankbetrieblichen Festzinsrisikos[37]. Gänzlich unbeachtet bleibt

---

[31] Ebenda.

[32] Dies war bereits seit längerem in ähnlichen Rechenwerken US-amerikanischer Geschäftsbanken üblich. Siehe etwa Fitzgerald (1982); Asay/Gonzalez/Wolkowitz (1981); Baker (1978).

[33] Selbst dann fallen immer noch große Teile der Aktiv- und Passivpositionen unter die variabel verzinslichen Posten. Das variable Zinsänderungsrisiko bleibt jedoch bei dieser Analyse schließlich unberücksichtigt. Siehe hierzu im einzelnen Schierenbeck (1987), S. 312f. m.w.N.

[34] Wir haben dies in Anlehnung an die schon seinerzeit übliche Praxis US-amerikanischer Banken bereits an anderer Stelle vorgeschlagen. Siehe im einzelnen Schwarze (1983), S. 50ff., 58.

[35] Barth (1984), S. 126.

[36] Windmöller (1985), S. 212f.

[37] Vgl. zur Definition des Zinsänderungsrisikos und seiner verschiedenen Komponen-

dagegen die zweite Dimension des Festzinsrisikos, das Abschreibungsrisiko[38], welches bei festverzinslichen Wertpapierbeständen auf der Aktivseite noch zusätzlich dadurch entsteht, daß bei steigendem Zinsniveau die Kurswerte der Papiere fallen und auf diese Weise ein Abschreibungsbedarf zum Bilanzstichtag auftritt. Dies kann auch durch zinsbindungskongruente Finanzierungsverhältnisse in der Gesamtbilanz nicht ausgeglichen werden, weil entsprechende Wertanpassungen auf der Passivseite nach dem geltenden Bilanzierungsrecht nicht vorgesehen sind[39]. Da das Abschreibungsrisiko also aus der Zinsbindungsbilanz nicht ersichtlich ist, sollten die Banken in einem zweiten Rechenwerk, welches zweckmäßigerweise ebenfalls in Dreimonatsabständen aufzustellen wäre, die jeweils auf die Stichtage der nächsten Jahresbilanzen terminierten erwarteten Abschreibungsbedarfe, bezogen auf das aktuelle Wertpapierportefeuille, ermitteln. Dabei sind prinzipiell alle zinstragenden Wertpapiere sowohl des Umlauf- als auch des Anlagevermögens zu berücksichtigen, da es heutzutage, ungeachtet der (vor Jahren durchaus noch genutzten) Beibehaltungsmöglichkeit des bisherigen Bilanzwertes nach dem gemilderten Niederstwertprinzip für Wertpapiere des Anlagevermögens, zum Standing eines Kreditinstitutes gehört, sämtliche Wertpapiere zum Niederstwert im Jahresabschluß auszuweisen[40]. Die noch in der Hochzinsphase Anfang der achtziger Jahre geübte Praxis der Umwidmung von Wertpapieren des Umlaufvermögens in das Anlagevermögen zum Zwecke der Umgehung des Abschreibungserfordernisses kommt nach heutigem Verständnis der Kreditwirtschaft nicht mehr in Betracht. Wie dem Verfasser von Seiten einer deutschen Großbank berichtet wurde, geht dies so weit, daß selbst mittels z.B. Swapgeschäften abgesicherte Wertpapierbestände des Anlagevermögens zum einzeln bewerteten Niederstwert ausgewiesen werden, obwohl die Wirtschaftsprüfer die Bildung einer Bewertungseinheit zugelassen hätten, dann aber zum „Preis" eines Verzichtes der Bank auf den Vermerk im Geschäftsbericht, daß alle Wertpapiere zum Niederstwert bewertet[41] worden seien. Man darf allerdings vermuten, daß sich, eine unveränderte Rechtslage zur Anwendung des Niederstwertprinzips vorausgesetzt, bei entsprechender Etablierung von Zinsterminkontrakten, Zinsoptionen, Zinsswaps etc. als Sicherungsinstrumente in bundesdeutschen Kreditinstituten, in Zukunft auch eine diesbezügliche Erläuterung im Geschäftsbericht[42] durchsetzen wird. Bis dahin bedarf es allerdings nicht nur des erwähnten Konsenses über die objektive

ten Schierenbeck (1987), S. 309ff., hier S. 315f.

[38] Der Begriff geht zurück auf Krümmel (1978), S. 121.

[39] Vgl. Schierenbeck (1987), S. 316.

[40] Das BAKred hatte dies den Banken bereits in seiner Stellungnahme vom 15. November 1965 zumindest nahegelegt. Siehe BAKred (1965).

[41] Entsprechende Formulierungen finden sich in den jüngeren Geschäftsberichten aller Großbanken und der mutmaßlich weit überwiegenden Zahl der übrigen Kreditinstitute.

[42] Eine solche Erläuterung könnte etwa lauten: „Die Wertpapiere des Anlagevermögens sind, sofern sie nicht zum Niederstwert ausgewiesen werden, mit Sicherungsgeschäften auf den ausgewiesenen Wert abgesichert worden."

Sicherungsfunktion dieser Instrumente, sondern auch eines Abbaus der vor allem emotionellen Hemmschwellen, die noch in breiten Kreisen der Kreditwirtschaft und auch der Kunden im Zusammenhang mit diesen Instrumenten vorhanden sind. Allzuoft noch wird auf einer irrationalen Ebene zunächst das negativ besetzte Wort „Spekulation" assoziiert, wenn überhaupt nur etwa von Zinsterminkontrakten die Rede ist. Dieses Phänomen durchzieht die gesamte Literatur[43] und kommt auch in Gesprächen mit Praktikern häufig zum Ausdruck. Im Rahmen der Informationsfunktion des Jahresabschlusses muß also bedacht werden, ob eine objektive Sicherungsfunktion des Instrumentes weithin anerkannt ist und außerdem in den Köpfen der Bilanzleser als solche auch subjektiv akzeptiert wird.

Wenn wir nach den bisherigen Ausführungen also davon ausgehen können, daß sämtliche zinstragenden Wertpapiere dem Abschreibungsrisiko ausgesetzt sind, dann ist konsequenterweise in diesem Sinne — und in Anlehnung an die Terminologie Windmöllers beim Zinsspannenrisiko — jeder Kauf eines solchen Papiers eine spekulative, weil das Zinsrisiko erhöhende Position. Dies gilt unabhängig davon, ob dadurch gleichzeitig eine offene Position in der Zinsbindungsbilanz begründet wird oder nicht. In der Regel wird der Kauf neben dem Abschreibungsrisiko allerdings auch das Zinsspannenrisiko erhöhen, da bei den regelmäßig eher positiv fristentransformierenden Banken tendenziell eine ohnehin bereits vorhandene, offene aktive Festzinsposition noch vergrößert wird. In Einzelfällen kann sich auch eine Netto-Verminderung des gesamten Zinsrisikos der Bank ergeben, dann nämlich, wenn die Anleihe gleichzeitig eine oder mehrere Festzinslücken schließt und dieser Effekt die Erhöhung durch das Abschreibungsrisiko überkompensiert.

Im geschilderten Zusammenhang bilden Zinsterminkontrakte theoretisch eine ganz hervorragende Hedgingmöglichkeit gegen das Abschreibungsrisiko[44]. Dies gilt allerdings nur für Verkaufspositionen im Zinsterminkontraktmarkt (short hedge), während in bezug auf das Abschreibungsrisiko eine Kaufposition grundsätzlich gleichgerichtet und damit zinsrisikoerhöhend wirkt, da die long position und das damit per Termin gekaufte Wertpapier hinsichtlich ihrer Risikowirkung ebenso wie ein bereits im Bestand befindliches Wertpapier zu berücksichtigen ist[45]. Wir können daher als Zwischenergebnis feststellen, daß eine Kaufposition im Zinsterminkontraktmarkt grundsätzlich spekulativ ist, es

---

43 Eine explizite Formulierung findet sich beispielsweise im Schreiben des ZKA an das BAKred vom 13. Juni 1985. Siehe ZKA (1985). Dort heißt es: „Wir möchten nochmals auf die Feststellung Wert legen, daß die von Ihnen angedeutete Vergleichbarkeit von „Financial Futures" mit hochspekulativen Warentermingeschäften vom Ansatz her unangemessen ist und allenfalls dazu führt, unzutreffende negative Assoziationen hervorzurufen."

44 Vgl. hierzu Schwarze (1983), S. 38ff. und die Ausführungen zu den einzelnen Hedginggeschäften unten.

45 Vgl. auch die Ausführungen in BAKred (1983) oben.

sei denn, sie schließt eine oder mehrere Lücken in der Zinsbindungsbilanz in der Weise, daß die Erhöhung des Abschreibungsrisikos von der gleichzeitigen Verminderung des Zinsspannenrisikos überkompensiert wird.

3.3. Die Bedeutung des Transaktionsmotivs

Neben den oben entwickelten ersten Objektivierungskriterien zur Ermittlung spekulativer Kontraktpositionen spielt bei den Transaktionen auch das mit ihnen verfolgte Motiv, also ein subjektives Moment, eine bemerkenswerte Rolle. Die Auswirkungen unterschiedlicher, mit dem Eingehen von Zinsterminkontraktpositionen verfolgter Absichten auf die privatrechtlichen Folgen der Kontrakte haben wir oben bereits im Zusammenhang mit der Erhebung des Differenzeinwandes behandelt. Es erscheint uns naheliegend, daß verschiedene Motivationen auch unterschiedliche bankaufsichtliche und abbildungsorientierte Folgen zeitigen können. Es spricht z.B. einiges dafür, zumindest die im Sinne von § 764 BGB als spekulativ qualifizierten Zinsterminkontraktpositionen auch im bankaufsichtlichen und bilanziellen Sinne als spekulativ zu bezeichnen. Das heißt, daß allein die Absicht, aus der Zinsterminkontraktposition und deren späterer Glattstellung einen Gewinn zu erzielen, genügt, dieses Differenzgeschäft als Spekulation zu beurteilen. Dies gilt selbst dann, wenn die Position nach den objektiven Kriterien als (wenn auch ungewollt) nicht spekulativ einzuschätzen wäre. Dies ist vergleichbar mit der Situation, daß im Rahmen des Eigenhandels der Bank verzinsliche Wertpapiere des Umlaufvermögens in der Hoffnung auf spätere Kurssteigerungen erworben werden, die zufällig als objektiv das Zinsrisiko vermindernd im o.g. Sinne anzusehen sind. Ob diese eindeutige Spekulation nur für isoliert eingegangene, d.h. mit keinem anderen Markt in Verbindung stehende Zinsterminkontraktpositionen zutrifft oder ob auch kombinierte Transaktionen zwischen verschiedenen Zinsterminkontrakten, zwischen Zinsterminkontrakten und anderen schwebenden Geschäften und zwischen Zinsterminkontrakten und Kassapositionen unter die spekulativen Engagements zu zählen sind, wird im folgenden zu klären sein. Die Grenzlinie zu den Hedgingoperationen ist, wie bereits bemerkt, nur schwach ausgeprägt und fließend.

Weit problematischer als die zuletzt diskutierte Frage ist die, ob umgekehrt die als Hedginggeschäfte intendierten Transaktionen im Einzelfall ebenfalls als spekulativ einzuschätzen und zu behandeln sind. Gerade an dieser Frage hat sich die bankaufsichtliche Diskussion heftig entzündet. Die Frage ist dann zu verneinen, wenn unter Zuhilfenahme der o.a. objektiven Kriterien nachgewiesen werden kann, daß die konkrete Position für Sicherungszwecke des Kreditinstitutes geeignet ist. Mit dieser einfach anmutenden Antwort ist allerdings bei weitem noch keine hinreichende Trennschärfe für das konkret zu beurteilende Objekt gegeben, da auch Hedgingpositionen immer gewisse eindeutig spekulative Elemente enthalten.

3.4. Systematik der Zinsterminkontrakt-Transaktionen

3.4.1. Spekulationsgeschäfte

Wie bereits erwähnt, gehören zweifellos die als spekulativ intendierten Geschäfte zu den Spekulationsgeschäften, auch wenn sie zufällig in ihrer objektiven Auswirkung für das Kreditinstitut eine Sicherungsfunktion übernehmen. Als spekulativ intendierten Zinsterminkontrakt betrachten wir insbesondere die isolierte Kauf- oder Verkaufsposition im Zinsterminkontraktmarkt ohne vorhandene oder geplante Gegenposition in irgend einem anderen Markt und mit der alleinigen Absicht, aus der später geplanten Glattstellung des Kontraktes aufgrund erwarteter zwischenzeitlicher Marktzinsänderungen einen Kursgewinn zu erzielen.

3.4.2. Spread-Geschäfte

3.4.2.1. Definitionen

Bei Spread-Geschäften handelt es sich um den Kauf oder Verkauf einer Zinsterminkontraktposition bei gleichzeitigem Verkauf bzw. Kauf einer andersartigen, jedoch ähnlichen Gegenposition im Zinsterminkontraktmarkt mit dem alleinigen Ziel, aus der Differenz beider Positionen einen Gewinn zu erzielen. Dies ist dann der Fall, wenn sich der Kurs der Kaufposition günstiger entwickelt — d.h. weniger fällt oder stärker steigt — als der Kurs der leerverkauften Position. Die Gegenposition innerhalb eines Spread-Geschäftes kann bestehen aus einem Kontrakt

a) — desselben zugrunde liegenden Wertpapiers/derselben zugrunde liegenden Termineinlage
— mit gleichem Kontrakttermin (Liefertermin)
— an einem anderen Markt (Börse).

Diese Form des Spread-Geschäftes wird interlokaler Spread genannt und entspricht der Arbitrage i.e.S. Ein Beispiel hierfür ist der Kauf eines Eurodollar-Kontraktes mit Liefertermin September in Chicago (CBOT) bei gleichzeitigem Verkauf eines September-Eurodollar-Kontraktes in London (LIFFE).

b) — desselben zugrunde liegenden Wertpapiers/derselben zugrunde liegenden Termineinlage
— an demselben Markt (Börse)
— mit verschiedenen Kontraktterminen (Lieferterminen).

Dieses Spread-Geschäft wird intertemporaler Spread oder auch „straddle" genannt. Ein Beispiel ist der Verkauf eines T-Bill-Kontraktes mit Liefertermin Dezember am CBOT bei gleichzeitigem Kauf des September-T-Bill-Kontraktes, ebenfalls am CBOT.

c) — eines ähnlichen zugrunde liegenden Wertpapiers bzw. einer ähnlichen zugrunde liegenden Termineinlage
— an demselben Markt (Börse)
— mit demselben Kontrakttermin.

Ein Beispiel für diese Transaktion wäre der Verkauf eines T-Bill-Kontraktes bei gleichzeitigem Kauf eines CD-Kontraktes, beides mit Liefertermin September und abgewickelt am CBOT.

Die unter a)-c) genannten Spread-Transaktionen sind vielfältig miteinander kombinierbar. Außerdem sind Spread-Transaktionen in Verbindung zum Kassamarkt in den den Zinsterminkontrakten jeweils zugrundeliegenden Instrumenten möglich, die wir hier jedoch beiseite setzen wollen. Auch diese Spread-Geschäfte stehen jedoch nicht in einer wirtschaftlichen Beziehung im Sinne einer Absicherungsfunktion zu einer Bilanzposition. Gegenpositionen in Zinsswaps, Zinsoptionen oder Terminzinsvereinbarungen (forward rate agreements) wollen wir hier ebenfalls nicht explizit behandeln, sofern sie als reine Differenzgeschäfte beabsichtigt sind.

3.4.2.2. Der Risikogehalt von Spread-Geschäften

Die reinen, unter a) bis c) genannten Arbitragegeschäfte i.w.S. unterscheiden sich in ihrem Risikogehalt z.T. ganz erheblich voneinander. Betrachten wir zunächst die unter „b)" aufgeführten intertemporalen Spreads (straddles), mit denen das Kreditinstitut danach trachtet, die Spanne zwischen zwei verschiedenen Kontraktterminen auszunutzen. Diese Geschäfte stellen im Gegensatz zu den o.e. rein spekulativen Geschäften keine Spekulation auf absolute, sondern auf relative Zins- bzw. Kursänderungen[46], d.h. Schwankungen der Fristenstruktur der Zinssätze (Zinskurve) dar. Sehen wir uns beispielhaft eine Situation mit 20 Kaufkontrakten für den Monat September im Eurodollar-Kontraktmarkt an. Gleichzeitig gehe die Bank eine Verkaufsposition von 10 Dezember-Eurodollar-Kontrakten ein, so daß sie im Ergebnis eine offene Position von 20 Kontrakten und 10 September/Dezember-Straddles hält. Offensichtlich ist das Risiko der gesamten Position größer als das einer einfachen offenen Position mit 10 Kontrakten, gefühlsmäßig erscheint sie zumindest kleiner als das Risiko einer offenen Position mit 30 Kontrakten. Allgemein gelten solche Spreads in Marktkreisen auch als weniger zinsrisikobehaftet als reine offene Positionen, da relative Zinsänderungen selten die Größenordnung von absoluten erreichen[47]. Daher werden für Spreads auch niedrigere Einschußzahlungen an der Börse verlangt[48]. Leibowitz[49] zeigt jedoch eindrucksvoll die erheblichen Risiken auf,

[46] Vgl. auch Nowack/Bangert (1983), S. 72 m.w.N.

[47] Vgl. Nowack/Bangert (1983), S. 73.

[48] So an der LIFFE in London, gem. LIFFE (1983), S. 9.

[49] Siehe im einzelnen Leibowitz (1981), S. 25ff.

denen solche Positionen aufgrund von rapiden Änderungen der Zinskurve beim Übergang von einer positiven in eine inverse Zinsstruktur ausgesetzt sind, eine Situation, in der die kurzfristigen Marktzinssätze erheblich schneller steigen als die langfristigen und die gar nicht untypisch beim Wechsel von einer Niedrig- in eine Hochzinsphase ist. Gerade diese Situation ist — wenn auch selten auftretend — die für die regelmäßig im bilanzwirksamen Geschäft positiv transformierenden Banken ohnehin schon die gefährlichste.

Einen intertemporalen Spread kann man nach dem bisher Gesagten auch als freiwillige Übernahme eines zusätzlichen Basisrisikos bezeichnen, und zwar desjenigen Teils des Basisrisikos, welches sich nach den „Lagerhaltungskosten", d.h. den Nettofinanzierungskosten für das Halten der einem Kontrakt zugrundeliegenden Wertpapiere bis zur Kontrakterfüllung, bestimmt.

Exkurs: Die Bedeutung der „Lagerhaltungskosten" und der Fristenstruktur der Zinssätze für die Erklärung der Basis und des Basisrisikos[50]

Die „Basis" gibt die Differenz zwischen dem Kassakurs der zugrundeliegenden Position und dem Kurs des entsprechenden Terminkontraktes, der zu ihrer Lieferung verpflichtet, an. Sie ist positiv, wenn der Kassakurs über und negativ, wenn er unter dem Terminkontraktkurs liegt.

Als „Basisrisiko" wird das Risiko einer Veränderung der Basis während der Laufzeit eines Zinsterminkontraktes bezeichnet.

Die „Lagerhaltungskosten" ergeben sich aus der Differenz der notwendigen Refinanzierungskosten und dem Zinsertrag der Wertpapiere bis zum Liefertermin. Die Refinanzierungsfrist ist bei lagerfähigen Wertpapieren relativ kurz im Verhältnis zu ihrer langen Restlaufzeit. Damit kommt der Fristenstruktur der Zinssätze entscheidende Bedeutung bei der Berechnung der „Lagerhaltungskosten" zu. Bei positiver, „normaler" Fristenstruktur liegt der für die Refinanzierungskosten relevante kurzfristige Zinssatz unter dem für die Zinserträge relevanten langfristigen Zinsssatz, womit sich positive „Lagerhaltungskosten" ergeben. Sie drücken einen Nettoertrag des Haltens der Kassaposition bis zum Liefertermin des Kontraktes aus. Bei einer negativen, „inversen" Zinsstruktur liegt der kurzfristige Zinssatz entsprechend über dem langfristigen, woraus negative „Lagerhaltungskosten" resultieren. Sie drücken einen Nettoverlust des Haltens der Kassaposition bis zum Liefertermin des Kontraktes aus. Zum Ausgleich dieses relativen Nachteils liegt der aktuelle Terminkontraktkurs dann ceteris paribus um die aufsummierten „Lagerhaltungskosten" höher als der jeweilige Kassakurs. Umgekehrt liegt er bei positiven „Lagerhaltungskosten" entsprechend unter dem Kassakurs. Wie Abb. 2 zeigt, ist der Einfluß der „Lagerhaltungskosten" auf die jeweiligen Kontraktkurse umso stärker, je länger die Restlaufzeit des jeweiligen Kontraktes ist. Wie man sieht, führen positive „Lagerhaltungskosten" ceteris paribus mit längerer Laufzeit der

[50] Der Exkurs basiert weitgehend auf Schwarze (1983), S. 22ff. m. zahlreichen w. N.

Kontrakte zu immer niedrigeren, negative „Lagerhaltungskosten" dagegen stets zu entsprechend höheren Kursen der entfernteren Kontrakttermine.

Leibowitz[51] zeigt anhand eines Renditevergleichs einer kombinierten Kassamarkt/Terminkontrakt-Wertpapieranlage mit einer vergleichbaren ausschließlichen Direktanlage im Kassamarkt, daß das Konzept der „Lagerhaltungskosten" für Zinsterminkontrakte unabhängig von der Frage der Lagerfähigkeit[52] der zugrundeliegenden Wertpapiere Gültigkeit hat.

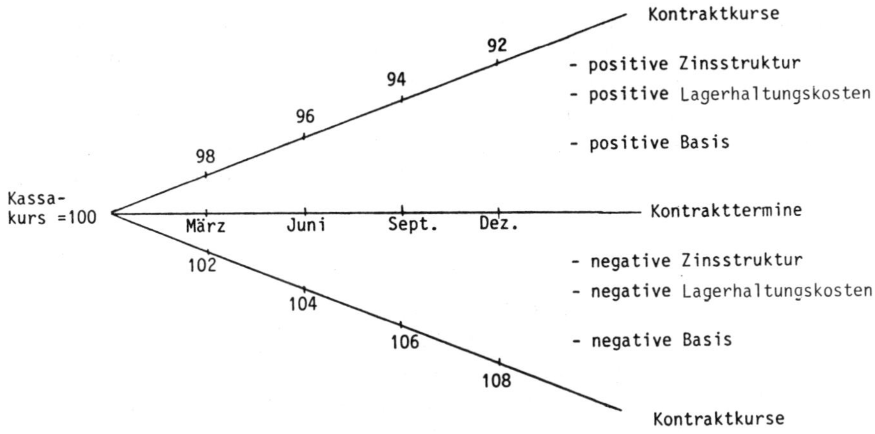

Abb. 2: Die Zusammenhänge zwischen Kontraktkursen zukünftiger Kontrakttermine und der Zinsstruktur des Kassamarktes[53]

Insbesondere weist Leibowitz zudem auf die Bedeutung des Verhältnisses von Restlaufzeit des Kontraktes zur Restlaufzeit des zu liefernden Wertpapiers hin. Ist dieses Verhältnis sehr klein — z.B. bei einem T-Bond-Kontrakt (diesem liegen T-Bonds mit mindestens 15 Jahren Restlaufzeit zugrunde!) mit Fälligkeit in drei Monaten — ist der Einfluß der „Lagerhaltungskosten" in bezug auf die kursbestimmende Komponente „Restlaufzeit des Wertpapiers" also gering, wird der Kontraktkurs sich ceteris paribus relativ parallel zum Kassakurs des Wertpapiers entwickeln. Ist dieses Verhältnis jedoch sehr groß — wie etwa bei einem T-Bill-Kontrakt (diesem liegen T-Bills mit 90 Tagen Restlaufzeit zugrunde) mit Fälligkeit in 12 Monaten — muß bei der großen Komponente der

[51] Siehe im einzelnen Leibowitz (1981), S. 5ff.

[52] Das Konzept der „Lagerhaltungskosten" ist direkt nur auf die Kontrakte anwendbar, denen längerfristige Wertpapiere zugrunde liegen, z.B. T-Bond-futures. Dagegen läßt sich etwa ein T-Bill mit 90 Tagen Restlaufzeit nicht bis zum nächsten Kontrakterfüllungstermin „lagern", da er dann nicht mehr die für die Lieferfähigkeit erforderliche Restlaufzeit besäße.

[53] Quelle: Vgl. CHICAGO BOARD OF TRADE.

„Lagerhaltungskosten" in der Basis mit einem erheblichen Basisrisiko gerechnet werden[54].

Angesichts der zum Teil erheblichen Risiken, aber auch aufgrund der schwierigen Identifizierbarkeit solcher kombinierter Transaktionen in der Praxis, erscheint es nicht sinnvoll, intertemporale Spread-Positionen eigenständig neben den (rein spekulativen) offenen Zinsterminkontraktpositionen im Rahmen der Rechnungslegung zu behandeln. Dies wird dadurch unterstrichen, daß ein intertemporaler Spread in der Zinsbindungsbilanz mit der von uns gewählten dreimonatigen Periodeneinteilung schlicht in zwei verschiedenen Laufzeitkategorien jeweils eine offene Position darstellt. In der Zinsbindungsbilanz werden also beide Teile der Spread-Transaktion als rein spekulative Positionen im oben definierten Sinne abgebildet. Im Rahmen der Zinsbindungsbilanz stellen verschiedene Kontrakttermine verschiedene Waren dar, die je für sich zu buchen und zu bewerten sind. Wir wollen demzufolge die Einzelelemente reiner Zeitarbitrage-Positionen den einfachen spekulativen (Handels-)Positionen gleichsetzen[55].

Anders als bei den intertemporalen Spreads verhält es sich jedoch bei den unter „a)" aufgeführten, reinen (interlokalen) Arbitrageoperationen. Sie stellen in der Zinsbindungsbilanz eine perfekt geschlossene Position dar und sind in diesem Sinne nicht als spekulativ zu bezeichnen. Solche Arbitragegeschäfte werden im Zinsterminkontraktmarkt typischerweise eingegangen, wenn die „Normaldifferenz" zwischen den Kursen verschiedener Börsenplätze in ein und demselben Kontrakttyp und -termin überschritten wird. Der Arbitrageur im Zinsterminkontraktmarkt übernimmt somit kein Zinsänderungsrisiko, sondern ihm verbleibt als Restrisiko lediglich das Marktrisiko, das darin besteht, daß aufgrund fehlender Marktliquidität später ein gleichzeitiges Glattstellen der beiden Positionen nicht möglich ist und dem Arbitrageur gegebenenfalls eine offene Terminkontraktposition verbleibt. Dieses Risiko ließe sich allenfalls durch Beschränkung der insgesamt zulässigen Zinsterminkontraktpositionen oder über eine entsprechende Berücksichtigung der Einschußvolumina o.ä. erfassen; es ist jedoch nicht im Zusammenhang mit dem Phänomen des Zinsrisikos zu sehen. Im Hinblick auf die Veränderung des Zinsrisikos gibt es keine Veranlassung, solche Arbitrageoperationen anders als Hedginggeschäfte zu behandeln. Mit Einschränkung gilt dies auch für die unter „c)" genannten Arbitragegeschäfte, die als eine Art „Zinsterminkontrakt-Zinsterminkontrakt cross hedge" anzusehen sind. Die Beurteilung der mit ihnen verbundenen Risiken richtet sich in erster Linie nach der Korrelation der Kurse der den Kontrakten zugrunde liegenden Kassapositionen. Sofern sich diese nur ihrer Art nach unterscheiden, aber fristenkongruent sind[56], können solche Arbitrage-

---

54 Vgl. Leibowitz (1981), S. 21ff.

55 So auch Larkman (1987), S. 20.

56 Dies gilt z.B. für T-Bill- , CD- und Eurodollar-Kontrakte, die alle über ein Kassainstrument mit 90 Tagen Restlaufzeit lauten.

geschäfte im Hinblick auf das Zinsänderungsrisiko durchaus mit den üblichen cross hedges verglichen werden. Die Frage des mit ihnen verbundenen Marktrisikos ist wiederum isoliert zu betrachten. Wir werden bei den cross hedges darauf noch zurückkommen.

Die Analyse der verschiedenen Arbitragetransaktionen i.w.S. hat gezeigt, daß eine pauschale Qualifizierung derartiger Geschäfte als „höchst spekulativ“[57] und „mit erheblichen Zinsänderungsrisiken verbunden“[58] abzulehnen ist. Vielmehr sollte die Eingliederung der Transaktionen in die Zweiteilung „spekulativ“ und „Hedginggeschäfte“ anhand der entwickelten Kriterien bedacht werden. Dem könnte man entgegenhalten, daß die Kategorie „spekulativ“ dann zwar richtigerweise nur die im Hinblick auf das Zinsänderungsrisiko „spekulativen“ Positionen enthalte, daß aber die hinsichtlich des Marktrisikos ebenso spekulativen anderen Arbitragegeschäfte unter die Hedginggeschäfte gegen Zinsänderungsrisiken eingegliedert würden. Dies wäre jedoch nur dann der Fall, wenn sie gleichzeitig die Definition eines Hedginggeschäftes, die auch auf die Sicherungsabsicht in bezug auf eine korrespondierende Position abstellt[59], erfüllen würden.

Es ist bereits deutlich geworden, daß es nicht sinnvoll ist, allgemein von „spekulativen“ Positionen zu sprechen. Eine beliebige Position kann immer nur „spekulativ“ in bezug auf ein ganz bestimmtes Risiko sein. Dies bedeutet, daß sie ebenso spekulativ im Hinblick auf mehrere Risiken sein kann wie auch spekulativ hinsichtlich eines Risikos a und absichernd in bezug auf ein Risiko b[60]. Daher sollten die Kontraktpositionen besser in sogenannte Handelspositionen und in Sicherungsgeschäfte unterteilt werden. Diese Unterscheidung knüpft zunächst wiederum stark an das mit den jeweiligen Geschäften verfolgte Motiv an. Handelspositionen entspringen qualitativ einer reinen Gewinnerzielungsabsicht, die sich auf einer ganz bestimmten Erwartung in bezug auf eine oder mehrere Kursentwicklungen gründet. Der Begriff deckt sich im Falle von Zinsterminkontraktpositionen mit den unter § 764 BGB subsumierten Differenzgeschäften. Wir wollen sie im folgenden auch als spekulative Geschäfte i.w.S. bezeichnen. Spekulative Geschäfte im oben definierten engeren Sinne sind dagegen nur solche Handelsgeschäfte, die gleichzeitig zinsrisikoerhöhend für die Gesamtbank wirken, wie dies im einzelnen oben dargelegt worden ist. In diesem Sinne zählen die Spreadgeschäfte (Arbitragegeschäfte i.w.S.) grundsätzlich zu den Handelsgeschäften[61], aber nur die intertemporalen Spreads eindeutig vorab

---

[57] So Barth (1984), S. 130.

[58] Ebenda. Auch das BAKred hat diese Arbitragegeschäfte bislang unter die spekulativen und damit unerwünschten Geschäfte gezählt. Siehe BAKred (1985), S. 3.

[59] Siehe unten.

[60] So kann etwa eine ECU-Termineinlage das Währungsrisiko einer Bank erhöhen und gleichzeitig eine Festzinslücke in der Zinsbindungsbilanz schließen, mithin also zinsrisikovermindernd wirken.

[61] Im Ergebnis ebenso Larkman (1987), S. 20, soweit es sich um reine Spreads zweier

schon zu den spekulativen Geschäften i.e.S. Die übrigen Arbitragegeschäfte sind dann ebenso wie die als cross hedges intendierten Sicherungsoperationen als wirtschaftliche Bewertungseinheit auf ihre objektive Zinsrisikowirkung hin zu analysieren. Dasselbe gilt für alle als solche intendierten Hedginggeschäfte. Diese sind ebenfalls auf ihre zinsrisikoerhöhenden Wirkungen hin zu untersuchen und gegebenenfalls den spekulativen Geschäften i.e.S. gleichzusetzen. Wie wir später sehen werden, spielt diese Eignungsprüfung eine wichtige Rolle für die Frage, ob und wenn ja, welche Zinsterminkontraktpositionen als Bewertungseinheit zu behandeln sind. Einer solchen zweiten Prüfung sind prinzipiell nämlich ebenso die als Sicherungsgeschäfte intendierten und hierfür geeigneten Hedginggeschäfte i.e.S. als auch die als Handelsgeschäfte intendierten Arbitragegeschäfte zugänglich, die als geschlossene Position kein höheres Zinsrisiko als diese geeigneten Hedginggeschäfte aufweisen und wirtschaftlich ebenso eine Bewertungseinheit darstellen, da ihr Abschluß nur in genau dieser Kombination dem wirtschaftlich verfolgten Zweck entspricht. Abb. 3 illustriert die bisher abgeleiteten definitorischen Zusammenhänge.

<table>
<tr><td colspan="5">Zinsterminkontraktpositionen</td></tr>
<tr><td colspan="3">Handelspositionen
(Spekulation im
weiteren Sinne)</td><td colspan="2">als Sicherungs-
geschäft inten-
dierte Positionen</td></tr>
<tr><td colspan="2">Arbitrage-
geschäfte</td><td>isolierte,
offene
Positionen</td><td colspan="2">"</td></tr>
<tr><td>sonst.</td><td colspan="3">Spekulation im engeren Sinne</td><td>Hedginggeschäfte</td></tr>
</table>

Abb. 3: Systematik der Transaktionen im Zinsterminkontraktmarkt

Im folgenden ist zunächst ein definitorisches Gerüst der verschiedenen als solchen geplanten Hedgingoperationen zu formulieren und hernach Kriterien für ihre tatsächlich Eignung als Zinssicherungsgeschäfte aufzustellen.

3.4.3. Hedginggeschäfte

3.4.3.1. Grundlegende Definition

Hedginggeschäfte fallen unter die Sicherungsgeschäfte gegen Preisrisiken. Nach einer allgemeinen Definition liegt ein Hedginggeschäft im Zinsterminkon-

Terminkontraktpositionen handelt, während er Kassa/Terminkontrakt-Spreads eher den Hedginggeschäften zurechnet.

traktmarkt dann vor, wenn einer bestehenden oder geplanten Schuld- oder Forderungsposition im Kassamarkt, deren Kurswertschwankungen (Marktwertschwankungen) negativ mit den Marktzinsschwankungen korrelieren, eine gleichartige Forderungs- oder Schuldposition im Zinsterminkontraktmarkt derart gegenübergestellt wird, daß Chancen und Risiken der Kassaposition bzw. -transaktion begrenzt werden[62].

Diese Definition ist für die spezielle Anwendung solcher Geschäfte in Kreditinstituten noch zu präzisieren. Der FASB in den USA hat hierzu im Zusammenhang mit besonderen Bilanzierungsvorschriften für Hedginggeschäfte in seiner Verlautbarung FASB No. 80[63] bestimmte Kriterien formuliert, die sich auch als Abgrenzung zu den von uns oben definierten Transaktionen eignen. Danach muß ein Hedginggeschäft als solches beabsichtigt und mit seinen einzelnen Merkmalen gekennzeichnet sein. Insbesondere muß die abzusichernde bestehende oder geplante Kassaposition oder -transaktion angezeigt werden. Diese muß des weiteren ein Zinsänderungsrisiko für die gesamte Bank darstellen, das nicht bereits durch andere Aktiva, Passiva oder zukünftige Transaktionen kompensiert wird. Außerdem muß das derart deklarierte Hedginggeschäft geeignet sein, das betreffende Zinsänderungsrisiko hinreichend zu verringern. Dazu muß es u.a. wahrscheinlich sein, daß eine hohe positive Korrelation zwischen Änderungen des Marktwertes des Terminkontraktes und Änderungen des Wertes der abgesicherten Position bzw. des Zinsertrages oder Zinsaufwandes aus der abgesicherten Position besteht[64]. Was unter einer „hohen Korrelation" zu verstehen ist, wird im Statement No. 80 nicht definiert. Für eine nennenswerte Risikoreduktion gilt ein Korrelationskoeffizient von über 0,6 als ausreichend[65]. Als Anhaltspunkt kann der Grad der Korrelation in vergangenen Perioden herangezogen werden, allerdings bedeuten Übereinstimmungen der durchschnittlichen Kursvolatilitäten in der Vergangenheit weder unbedingt eine hohe Korrelation in einem konkreten Absicherungszeitraum[66], noch gewährleisten sie, daß die Schwankungen in der Zukunft ebenso parallel verlaufen werden.

Unter den Begriff des Zinsrisikos für die ganze Bank im Sinne der Definition ist sowohl das Zinsspannenrisiko aus offenen Festzinspositionen der Zinsbindungsbilanz als auch das Abschreibungsrisiko bei den Wertpapieren zu fassen.

---

[62] Schwarze (1983), S. 20. Siehe dort auch S. 17ff. m.w.N.

[63] FASB (1984), S. 174-182.

[64] FASB (1984).

[65] Vgl. Nowack/Bangert (1983), S. 66. Perry ist gar der Ansicht, daß wenigstens 80-90% der Marktwertänderung der Kassaposition durch die Kursänderung im Terminkontraktmarkt ausgeglichen werden muß, damit der Kontrakt als Hedge qualifiziert ist. Siehe Perry (1987), S. 342.

[66] Siehe hierzu beispielhaft die Vergleiche der Korrelationen zwischen Prime rate und T-Bill-Renditen auf Quartals-, monatlicher und wöchentlicher Basis bei Putnam (1986), S. 246ff.

Neben diesen aus dem Altgeschäft resultierenden Zins- bzw. Kursrisiken werden auch gewisse Zinsrisiken des Neugeschäftes berücksichtigt, die im einzelnen unter den antizipatorischen Hedginggeschäften behandelt werden.

3.4.3.2. Micro-Hedging (spezifische Hedginggeschäfte)

Soll das Preis- oder Zinsänderungsrisiko eines einzelnen Bilanzpostens oder einer einzelnen Transaktion neutralisiert werden, handelt es sich um ein spezifisches Hedginggeschäft, wenn gleichzeitig gewährleistet ist, daß das abgesicherte Micro-Zinsrisiko auch ein Nettozinsrisiko für die ganze Bank[67] darstellt. Ist das Micro-Hedginggeschäft nicht auf einen bestehenden Bilanzposten bezogen, sondern soll ein zukünftiges Geschäft gesichert werden, liegt ein antizipatives Hedginggeschäft vor[68].

Wenn Kassaposition und Terminkontraktposition auf ein identisches Finanzinstrument lauten, ist der seltene Fall eines reinen Hedginggeschäftes ("pure hedge") gegeben, bei dem das beabsichtigte Sicherungsziel regelmäßig in einem sehr großen Umfang erreicht wird. Der „perfekte" Hedge[69] als theoretischer Optimalfall einer völligen Risikokompensation wird allerdings wegen des Basisrisikos[70] nur bei wenigen Transaktionen gelingen[71]. Nach Berechnungen des IMM beträgt der durchschnittliche Effektivitätsgrad eines reinen Hedginggeschäftes 89,4%[72].

Da sich nur wenige, zudem stark standardisierte Kontraktinstrumente im Handel befinden, wird bei den meisten Sicherungsoperationen lediglich ein „gemischtes" Hedginggeschäft ("cross hedge")[73] möglich sein. Dabei wird zur Absicherung ein verwandter Terminkontrakt eingesetzt, bei dem die abgesicherte Kassaposition nicht den standardisierten Erfüllungsbedingungen genügt, die preisbestimmenden Faktoren jedoch weitgehend ähnlich sind. Die Effizienz eines gemischten Hedginggeschäftes hängt davon ab, inwieweit die beim Abschluß des Sicherungsgeschäftes für die Vergangenheit festgestellte Preiskorrelation zwischen dem abgesicherten Instrument des Kassamarktes und dem Finanzinstrument des Kontraktes im Verlauf der Transaktion stabil bleibt[74]. Zusätzlich zu dem Basisrisiko aufgrund der Schwankungen der Terminkon-

---

[67] Vgl. auch Windmöller (1985), S. 212; Schmidt (1986), S. 246; BAKred (1985), S. 7; Barth (1984), S. 128ff.; Schwarze (1983), S. 37f. m.w.N.

[68] Vgl. auch BAKred (1985), S. 4.

[69] Vgl. etwa Loosigian (1980), S. 325.

[70] Hier ist nur der Teil des Basisrisikos gemeint, der sich aufgrund unterschiedlicher Volatilitäten desselben Finanzinstrumentes im Kassa- und im Terminkontraktmarkt ergibt.

[71] Vgl. BAKred (1985), S. 4.

[72] Gem. Barth (1984), S. 135.

[73] Vgl. u.a. Schwarze (1983), S. 21f.

[74] Vgl. BAKred (1985), S. 4f.

traktkurs-/Kassakursbeziehung, wie es auch beim reinen Hedginggeschäft auftritt, kommt noch ein i.d.R. weit höheres Basisrisiko aus den unterschiedlichen Kursschwankungen der verschiedenartigen Kassainstrumente hinzu[75].

3.4.3.2.1. Hedginggeschäfte auf bestehende Bilanzpositionen

Sicherungsgegenstände dieser Art von Hedginggeschäften sind Aktiva, deren Marktpreise durch Marktzinssteigerungen bedroht sind, für die daher der Verkauf einer Kontraktposition (short hedge) in Betracht kommt, sofern die baldige Liquidation des Aktivums vor dessen Endfälligkeit geplant oder das Aktivum dem Abschreibungsrisiko ausgesetzt ist.

3.4.3.2.2. Antizipative Hedginggeschäfte

Hierbei handelt es sich um die Absicherung erwarteter Zinsänderungsrisiken aufgrund geplanter, nicht verbindlich kontrahierter[76] Geschäfte. Eine antizipative Sicherungsoperation ist grundsätzlich mit einem Zinsrisiko behaftet und wirkt dann risikoerhöhend, mithin spekulativ, wenn die zu sichernde zukünftige Kassatransaktion nicht tatsächlich zustande kommt. Im Rahmen des FASB-Statement No. 80 müssen antizipative Sicherungsoperationen zusätzlich zu den zuvor genannten Kriterien für Micro-Hedginggeschäfte auf bestehende Positionen die folgenden Bedingungen erfüllen[77]:

1. Die Konditionen der beabsichtigten Transaktionen (Datum, Kontraktart, Fälligkeit, Volumen) müssen bekannt sein.
2. Das in Rede stehende Kassageschäft wird höchstwahrscheinlich zustande kommen. Zur Beurteilung, ob eine genügende Wahrscheinlichkeit besteht, damit die Zinsterminkontrakt-Transaktion als Absicherungsgeschäft qualifiziert wird, ist folgendes zu berücksichtigen:
   — Häufigkeit früherer gleichartiger Geschäfte;
   — Zeitspanne bis zum Datum der beabsichtigten Transaktion;
   — entstehende Kosten bzw. Schaden für die Gesellschaft, falls die beabsichtigte Transaktion nicht getätigt wird;
   — die Möglichkeit, den Geschäftszweck der beabsichtigten Transaktion auch durch den Einsatz anderer Mittel zu erreichen.

Nach Ansicht des BAKred sollte ein antizipatives Hedginggeschäft nur dann vorgenommen werden, „wenn anzunehmen ist, daß das zu sichernde Kassageschäft vom Kreditinstitut bei normalem Geschäftsverlauf ausgeführt wird“[78]. Barth macht den Abschluß von antizipativen Hedginggeschäften gar von bereits

---

[75] Vgl. Mc Knew (1982), S. 44f.

[76] Die Absicherung geplanter, verbindlich kontrahierter Geschäfte wird vom FASB den Hedginggeschäften auf bestehende Bilanzpositionen gleichgestellt.

[77] Vgl. Bürge/Rufer (1985), S. 247.

[78] BAKred (1985), S. 5f.

bestehenden vertraglichen Festlegungen abhängig[79]. Windmöller macht richtigerweise darauf aufmerksam, daß auch die antizipative Sicherung künftiger Bilanzposten einer Prüfung unterzogen werden muß, ob tatsächlich ein gesamtes Zinsrisiko der Bank vermindert wird, d.h. ob Risiken bereits bestehender Fristeninkongruenzen abgedeckt werden. „Bestehen keine Inkongruenzen, ist auch kein Bedürfnis gegeben, für künftige Posten, deren Zinssatz noch nicht festgelegt ist, ein bestimmtes Zinsniveau zu sichern“[80].

Zu den antizipativen Hedginggeschäften sind unserer Meinung nach nicht nur diejenigen Zinsterminkontraktpositionen zu zählen, die geplante, das Zinsrisiko der Gesamtbank erhöhende Bilanzpositionen absichern sollen. Auch Hedginggeschäfte auf andere schwebende Geschäfte, d.h. vertraglich festgelegte, aber noch von keiner Seite erfüllte zweiseitige Verpflichtungen sollten in diesem Sinne absicherbar sein, sofern die abgesicherte Position ein Zinsrisiko für die ganze Bank darstellt. Dabei ist etwa zu denken an offene Zinsswappositionen (unmatched swaps) oder auch an entsprechende gegenläufige Terminzinsvereinbarungen (forward rate agreements) und insbesondere Stillhalterpositionen der Bank bei Zinsoptionen. Bei solchen Hedginggeschäften zwischen zwei außerbilanziellen Positionen muß aus der Rechnungslegung zweifelsfrei ersichtlich sein, welche der beiden Positionen die abgesicherte und welche die absichernde ist und aus welchen Gründen das Hedginggeschäft getätigt wurde, damit nicht willkürlich unzutreffende wirtschaftliche Einheiten gebildet werden können.

3.4.3.3. Macro-Hedging (allgemeine Hedginggeschäfte[81])

Im Gegensatz zu Micro-Hedginggeschäften, bei denen eine konkret identifizierbare Einzelposition, freilich unter Berücksichtigung der zinsrisikomindernden Wirkung auf Gesamtbankebene, abgesichert wird, ist mit einem Macro-Hedginggeschäft das unmittelbare Schließen erkannter Festzinslücken in der Zinsbindungsbilanz beabsichtigt. Es wird demzufolge auch „Bilanzhedge“[82] genannt. Der sich unter Berücksichtigung der gesamten Bilanzstruktur ergebenden, heterogenen offenen Festzinsposition wird eine auf ein einziges Finanzinstrument lautende Terminkontraktposition entgegengestellt[83]. Daher ist das Hauptproblem darin zu sehen, ob eine ausreichende Korrelation zwischen der zukünftigen Kursentwicklung der Kontraktposition und dem Zinsrisiko der

---

[79] Barth (1984), S. 129.

[80] Windmöller (1985), S. 212; vgl. auch Barth (1984), S. 129f.

[81] Diese Bezeichnung verwendet Schmekel (1983), S. 895.

[82] Vgl. Schwarze (1983), S. 52 unter Hinweis auf Fitzgerald (1982), S. 115 und Mc Leod/Mc Cabe (1980), S. 49ff. Teilweise wird auch von einem generellen Hedginggeschäft (general hedge) gesprochen: Vgl. BAKred (1985), S. 4; Barth (1984), S. 130 m.w.N.

[83] Vgl. Barth (1984), S. 130.

abgesicherten Festzinslücke gegeben ist[84]. Wegen der Unsicherheit der Korrelationsprognose wird ein Macro-Hedge verschiedentlich als verdecktes Spekulationsgeschäft[85] eingestuft. Eine Qualifizierung als Hedginggeschäft erscheint allenfalls denkbar, wenn die gesamte offene Festzinsposition wesentlich öfter als im Quartalsabstand, zumindest wöchentlich, über eine neue Zinsbindungsbilanz kontrolliert[86] und nur eine vorsichtige Teilabsicherung der ermittelten Inkongruenzvolumina über ein Macro-Hedginggeschäft vorgenommen würde. Dies könnte dadurch geschehen, daß die Kontraktposition nur mit einer Gruppe gleichartiger und identifizierbarer Kassapositionen zusammengefaßt würde, gegebenenfalls sogar ein Portefeuille von mehreren Terminkontraktpositionen einem Portefeuille bestimmter Bilanzpositionen mit gleichem Zinsänderungsrisiko gegenübergestellt würde.

3.4.3.4. Portfolio-Hedging

Das Portfolio-Hedging unterscheidet sich vom Macro-Hedging insbesondere dadurch, daß keine Absicherung des Bruttozinsspannenrisikos, sondern eine Zinsimmunisierung des Kurswertes eines bestimmten Portefeuilles beabsichtigt wird, das sich typischerweise aus Wertpapieren des Anlagevermögens zusammensetzt, in dem sich gegebenenfalls aber auch andere Sicherungsinstrumente wie Swaps, Optionen und andere Instrumente des Preisrisikomanagements befinden können. Da die Zinsspannenwirkung des betroffenen Portefeuilles unter der Annahme, daß die Anlagewertpapiere bis zu ihrer Fälligkeit gehalten werden, bereits Eingang in die Zinsbindungsbilanz gefunden hat, können Portfolio-Hedginggeschäfte mit Zinsterminkontrakten nur auf die Sicherung gegen das Abschreibungsrisiko bzw. gegen das Kursrisiko möglicher vorzeitiger Verkäufe aus dem Portefeuille gerichtet sein, deren Eintrittszeitpunkte aber nicht festgelegt sind. Daher wird beim Portfolio-Hedging eine permanente Zinsimmunisierung gleich einer Kursversicherung gegen steigende Marktzinssätze angestrebt. Auf die verschiedenen Strategien der Zinsimmunisierung, wie etwa das der Teilimmunisierung oder der bedingten Immunisierung, wollen wir hier nicht näher eingehen[87].

Das Portfolio-Hedging mit Zinsterminkontrakten basiert auf der Grundlage des Duration-Konzepts. Danach sind die Kursvolatilitäten verschiedener Aktiva bei Marktzinsschwankungen annähernd gleich, sofern sie eine jeweils gleiche durchschnittliche Zinsbindungsdauer (duration) aufweisen[88]. Dies gilt allerdings nur für absolute Marktzinsänderungen gleichen Ausmaßes über die

---

[84] Vgl. auch Schwarze (1983), S. 53.

[85] So explizit Barth (1984), S. 130; ähnlich Schmidt (1986), S. 246.

[86] Vgl. Becker (1988), S. 150; ebenso bereits Schwarze (1983), S. 54.

[87] Siehe dazu etwa Rudolph (1987) m.w.N.

[88] Siehe etwa Rudolph (1987), S. 321 und die dort im Literaturverzeichnis aufgeführten Aufsätze von Rudolph.

gesamte Zinskurve, also bei gleichzeitig konstanter Steigung derselben. Da die Kurse der Zinsterminkontrakte aber gerade besonders sensibel auf Änderungen in der Steigung der Zinskurve reagieren, ist das traditionelle Duration-Konzept bei Immunisierungsstrategien mit Zinsterminkontrakten nicht ohne weiteres anwendbar. Daher sind in der jüngeren Literatur für Zinsterminkontrakte stochastische Quasi-Duration-Kennzahlen entwickelt worden, die diese Effekte der Steigungsänderungen der Zinskurve auf die Terminkontraktkurse berücksichtigen[89].

4. Zinsterminkontrakte und Bankenaufsicht

4.1. Die Analyse der bankaufsichtlichen Beurteilung von Zinsterminkontrakten

Von seiten der Bankaufsicht werden Zinsänderungsrisiken zum einen als bedrohlich für die Bonität von Kreditinstituten[90], zum zweiten als nicht gänzlich vermeidbar und insoweit als unerwünschtes Nebenprodukt des banküblichen Geschäftes angesehen. Daher gilt es auch als „nicht vertretbar, Geschäfte zum alleinigen Zwecke einzugehen, von erhofften Zinsänderungen zu profitieren“[91]. Nach dieser Ansicht sollten „nach strengen Kriterien abzugrenzende spekulative Zinsterminkontrakte von Kreditinstituten in keinem Falle kontrahiert werden“[92]. Unter Hinweis auf eine entsprechende Ablehnung von Warentermingeschäften im Schreiben des Bundesaufsichtsamtes für das Kreditwesen vom 24. Oktober 1974 (I 1-1269-1/74)[93] hält das BAKred die Durchführung spekulativer Termingeschäfte wegen der damit verbundenen Risiken gar für unvereinbar mit den „Grundsätzen ordnungsgemäßer Geschäftsführung eines Kreditinstitutes“. „Diese bankaufsichtlich negative Beurteilung erstreckt sich grundsätzlich auch auf die Geschäfte mit Finanzterminkontrakten einschließlich Arbitragegeschäften, die von Kreditinstituten für eigene Rechnung abgeschlossen werden“[94]. Dabei wird insbesondere auf den hohen Risikogehalt aufgrund des „Leverage-Effekts“[95] abgestellt. Keine Ablehnung seitens der Bankenaufsicht erfahren:

1. Devisenterminkontrakte und Edelmetallterminkontrakte, weil diese
   a) einem Bereich angehören, der seit längerem zum herkömmlichen Geschäft vieler Banken zählt und
   b) von Grundsatz Ia (also quantitativ) begrenzt werden.

---

[89] Siehe Chen/Park/Wei (1986) m.w.N.

[90] Vgl. BAKred (1983).

[91] Vgl. Barth (1984), S. 126.

[92] Ebenda.

[93] Abgedruckt in: Consbruch-Möller-Bähre-Schneider (1987), Nr. 4.117.

[94] BAKred (1985), S. 3.

[95] Ebenda; außerdem Schmidt (1986), S. 246.

2. Der Abschluß eines Kontraktes, der zur Absicherung einer Vermögensposition des Institutes dienen soll und hierfür auch geeignet ist (Hedge-Geschäft)[96].

Die Zulässigkeit der Verwendung von Zinsterminkontrakten ausschließlich zur Sicherung bestehender Bilanzpositionen stellt eindeutig eine qualitative Begrenzung dar, während im Devisenbereich bezüglich der Währungsrisiken eine quantitative Risikobegrenzung via Grundsatz Ia greift. Die explizite Erlaubnis von (unausgesprochen auch spekulativen) Devisenterminkontrakten widerlegt zunächst das Argument einer bankaufsichtlichen Sorge vor dem zu hohen Leverage-Effekt, da dieser ja auch bei den Devisenterminkontrakten gegeben ist. Der Blick auf Grundsatz Ia macht deutlich, daß bei entsprechender Erfassung von Zinsterminkontrakten in einem quantitativ begrenzenden Grundsatz bezüglich der Zinsänderungsrisiken das bankaufsichtliche Sicherungsziel grundsätzlich erreichbar wäre. Die Wirkung des Leverage-Effektes ließe sich in eine entsprechende Regelung ohne weiteres einbeziehen.

Der Versuch, die Zinsterminkontrakte unter die qualitativ unerwünschten Warentermingeschäfte zu subsumieren, entbehrt ebenfalls einer sinnvollen Begründung. Zinsterminkontrakte sind zwar als Warentermingeschäfte anzusehen, gehören aber im Gegensatz zu den klassischen Rohwaren-Terminkontrakten und ebenso wie die Devisentermin- und Edelmetallterminkontrakte zu einem ganz banktypischen Geschäftsbereich. Das zinstragende Geschäft und auch die Übernahme von Zinsänderungsrisiken sind für Kreditinstitute wesentliche Grundfunktionen. Mit der Übernahme der Fristentransformation als eine der drei banktypischen Funktionen ist das gleichzeitige Eingehen von Zinsänderungsrisiken (und Zinsänderungschancen) nun einmal untrennbar verbunden. Eine Abwälzung des Zinsänderungsrisikos auf den Schuldner eines Bankkredites kann etwa dazu führen, daß dieses indirekt in Form eines höheren Bonitätsrisikos wieder auf das Kreditinstitut zurückfällt. Auch der Kauf oder Verkauf von Wertpapieren zu spekulativen Zwecken[97] ist für die Banken (noch) nicht begrenzt, und falls eine Einbeziehung in den Grundsatz I einmal erfolgen sollte, wäre dies auch nur eine quantitative, nicht aber eine qualitative Begrenzung. Die Bankenaufsicht sollte daher den Kreditinstituten auch im Zinsterminbereich nicht vorschreiben, welche Art von Positionen sie übernehmen dürfen, d.h. keine qualitativen Vorschriften erlassen. Vielmehr kann grundsätzlich nur eine quantitative Begrenzung sinnvoll sein, bei der die Bankenaufsicht die Übernahme sämtlicher Zinsrisiken nur bis zu einer bestimmten Höhe (z.B. in einem bestimmten Verhältnis zum haftenden Eigenkapital) zuläßt. Dies würde selbstverständlich auch den Abschluß der wie auch immer gearteten spekulativen Kontrakte miteinschließen.

---

[96] BAKred (1985), S. 3.

[97] So Becker (1988), S. 150.

Auch aus einem weiteren Grund ist es nicht einsichtig, warum spekulative Zinsterminkontrakte nicht mit den „Grundsätzen ordnungsgemäßer Geschäftsführung“[98] der Kreditinstitute vereinbar sein sollen. Hinter dieser Einschätzung steckt offenbar eine hierzulande viel weiter als im anglo-amerikanischen Raum verbreitete Vorstellung, daß „Spekulation“ etwas Schlechtes im Sinne eines Glücksspiels o.ä. sei. Beim Glücksspiel geht es aber um Chancen und Risiken, die erst durch das Spiel selbst geschaffen werden. Die Spekulation an den Terminkontraktmärkten beschäftigt sich dagegen mit Preisrisiken, die volkswirtschaftlich vorhanden sind und getragen werden müssen[99]. Für das Zinsrisiko gilt dies sicher in besonderem Maße, da sehr viele Marktteilnehmer hiervon betroffen sind. Die Funktion der Zinsterminkontraktmärkte ist es letztlich, den Transfer von Zinsrisiken zu ermöglichen[100]. Dieser Risikotransfer vollzieht sich insbesondere zwischen den beiden hauptsächlichen Gruppen der Marktteilnehmer, den Hedgern und den Spekulanten. Die Hedger sind bereits aus der Natur ihrer geschäftlichen Aktivitäten gewissen unerwünschten Zinsrisiken im Kassamarkt ausgesetzt, die sie auf andere Marktteilnehmer zu transferieren suchen. Sie nehmen den mit dem Risikotransfer verbundenen Chancentransfer aus einer für sie günstigen Marktzinsentwicklung im Kassamarkt in Kauf. Die Spekulanten übernehmen das Risiko von den Hedgern in der Hoffnung, aus einer für sie günstigen Marktzinsentwicklung Gewinne erzielen zu können. Sie tragen einen Großteil des Handels im Zinsterminkontraktmarkt und verschaffen diesem die nötige Liquidität, die ihn erst für Hedginggeschäfte tragfähig macht.

Zahlreiche Mitglieder und Marktteilnehmer der Terminkontraktbörsen sind Banken, die daher einen erheblichen Einfluß auf das Marktgeschehen haben. Eine bankaufsichtliche Restriktion, die jegliches Engagement mit spekulativem Anteil untersagen würde, könnte indirekt auch diese sinnvollen Hedginggeschäfte (auch die anderer Banken) verhindern. „Die Sinnhaftigkeit einer Strategie, die reine Sicherungsgeschäfte womöglich begrüßt, das Eingehen jedweden spekulativen Risikos jedoch verbietet, ist deshalb in Zweifel zu ziehen“[101]. Vielmehr muß es den Kreditinstituten, die im Hinblick auf ihr gesamtes Zinsänderungsrisiko dazu in der Lage sind, erlaubt sein, jede Art von Zinsterminkontraktposition einzunehmen.

Im Verlautbarungsentwurf des BAKred von 1985 wird eine so enge Definition der als zulässig erachteten Hedginggeschäfte vorgeschlagen, daß aus der Sicht deutscher Kreditinstitute eine Nutzung der Zinsterminkontrakte nur in sehr

---

98 Vertreter der Bankwirtschaft und des Instituts der Wirtschaftsprüfer weisen im übrigen auf Interpretationsschwierigkeiten dieses Begriffs hin und schlagen vor, diesen Terminus in der endgültigen Verlautbarung zu vermeiden. Siehe DSGV (1985), S. 4. Im jüngsten Vorentwurf einer Neufassung der Grundsätze I und Ia, BAKred (1987), findet er sich schließlich auch nicht mehr.

99 Vgl. v. Arnim (1981), S. 185.

100 Siehe hierzu und im folgenden Schwarze (1983), S. 6f. m.w.N.

101 Schmidt (1986), S. 247f.

engen Grenzen in Frage kommen würde. Insbesondere ist eine eindeutige Zuordnung und der Nachweis einer hohen Korrelation von Kassaposition (nur bestehende Bilanzpositionen) und Hedginggeschäft gefordert.

Die Kreditinstitute haben daher den Vorschlag des BAKred gänzlich abgelehnt. Dies hat deutlich gemacht, daß sie nicht nur absichern möchten, sondern die Zinsterminkontrakte auch zur Spekulation einsetzen wollen[102].

4.2. Ausblick auf zukünftige bankaufsichtliche Regelungen

Becker zeigt zwei bankaufsichtlich beschreitbare Wege auf. Eine qualitativ orientierte Variante für eine bankaufsichtliche Regelung könnte darin bestehen, bei weiterhin grundsätzlicher Ablehnung spekulativer Geschäfte die Definition zulässiger Hedginggeschäfte weiter zu fassen als im Verlautbarungsentwurf, indem der Hedgecharakter von Zinsterminkontrakten nicht für jede einzelne Gegenposition, sondern nur für die gesamte offene Zinsposition nachzuweisen wäre. Voraussetzung wäre allerdings, daß wenigstens kurzfristig, z.B. wöchentlich, über eine Zinsbindungsbilanz die gesamte offene Zinsposition beobachtet wird[103].

Ein zweiter (quantitativ orientierter) Lösungsansatz könnte aus der Vorgabe einer bestimmten, an das Eigenkapital gebundenen Grenze von z.B. 10% des haftenden Eigenkapitals bestehen. Eine solche Limitierung wäre nach Ansicht von Becker einfach und zweckmäßig, bringe aber eine weitere „Mehrfachnutzung" des Eigenkapitals mit sich. Instituten, die nur wenige Geschäftsarten betreiben, müßten dann höhere Grenzen zugestanden werden als solchen Kreditinstituten, die auf allen Geschäftsgebieten tätig sind. Dieses Problem wäre nach Ansicht von Becker allerdings lösbar, wenn schließlich alle banküblichen Risiken mit den Bonitätsrisiken gleichnamig gemacht und in den Grundsatz I integriert würden, so daß damit die Eigenkapitalanforderungen an der Summe aller Risiken und nicht an den Einzelrisiken ausgerichtet wären. Becker sieht den zuletzt genannten Vorschlag längerfristig als den einzig gangbaren Weg an[104]. Er befindet sich damit grundsätzlich in Übereinstimmung mit dem Ansatz der Vorschläge der Bank of England und des Federal Reserve Board der USA vom März 1987[105]. Wir sind mit Becker ebenfalls der Meinung, daß eine an quantitativen Kriterien orientierte Begrenzung von Zinsterminkontrakten die angemessene bankaufsichtliche Behandlung wäre. Eine solche Lösung würde auch eine bankaufsichtliche Begrenzung der bilanzwirksamen Zinsrisiken beinhalten. Zweifelhaft erscheint allerdings, ob es gelingen wird, in befriedigender Form alle banktypischen Schwerpunktrisiken in Quasi-Boni-

---

[102] Becker (1988), S. 150.

[103] Becker (1988), S. 150.

[104] Ebenda.

[105] Siehe hierzu im einzelnen die Ausführungen im Kapitel über die Bilanzierung von Swapgeschäften.

tätsrisiken umzurechnen oder ob nicht doch ein Konzept zu präferieren ist, welches an der Bekämpfung der einzelnen Preisrisiken ansetzt, wie dies etwa in Grundsatz Ia bezüglich des Wechselkursänderungsrisikos geschieht. Krümmel hat verdeutlicht, daß sich grundsätzlich alle neuen Finanzierungsinstrumente den Grundtypen Kassaposition, Optionsposition oder Terminposition zuordnen lassen, so daß ein konsistentes System von Kapitalstrukturnormen nur drei offene Positionen des Kreditinstitutes enthalten muß: Für jedes der drei Schwerpunktrisiken (Zinsänderungsrisiko, Wechselkursänderungsrisiko und Kreditrisiko) gibt es eine Position, die jeweils alle Teilpositionen in der Kasse, per Termin und per Option enthalten muß[106]. Der Präsident des BAKred, Kuntze, hat eine „Paketlösung", die sowohl Finanzterminkontrakte als auch Options- und Swapgeschäfte beinhalten soll, mit dem Argument in Aussicht gestellt, daß gleichartige Risiken nicht unterschiedlich zu regeln seien[107]. Auch die Bilanzierungspraxis scheint sich auf eine derartige Lösung, wie auch immer sie aussehen mag, eingestellt zu haben[108].

5. Die Ableitung bilanzieller Ausweis- und Bewertungsregeln

5.1. Die Abbildung von Zinsterminkontrakten vor dem Hintergrund der herrschenden GoB im Vergleich mit alternativen Bilanzierungsgrundsätzen

Da es in Deutschland noch keine speziellen Bilanzierungsregeln für Zinsterminkontrakte gibt, ist die Bewertung dieser Geschäfte vor allem aus den allgemeinen Bilanzierungsgrundsätzen abzuleiten. Hierbei sind im wesentlichen das Bilanzierungsverbot für schwebende Geschäfte[109], der Grundsatz der Einzelbewertung (§ 252 Abs. 1 Nr. 3 HGB), das Realisationsprinzip und das Imparitätsprinzip (§ 252 Abs. 1 Nr. 4 HGB) zu beachten.

5.1.1. Das Bilanzierungsverbot für schwebende Geschäfte

Bei den Zinsterminkontrakten handelt es sich um schwebende Geschäfte, die demnach selbst nicht zu bilanzieren sind, solange Leistung und Gegenleistung sich gleichwertig gegenüberstehen. Erst bei einer eventuellen Erfüllung — die nur äußerst selten vorkommt (s.o.) — wird ein Zinsterminkontrakt bilanzie-

---

[106] Krümmel (1986), S. 18ff.

[107] Gemäß Kral (1986), S. 7; der inzwischen vorliegende Vorentwurf einer Neufassung der Grundsätze I und Ia bestätigt die seit dieser Äußerung gehegten Erwartungen, daß es doch zu einer rein quantifizierten Vorschrift zur Begrenzung der Swap-, Zinstermin- und Optionsgeschäfte kommen dürfte. Siehe im einzelnen ausführlich BAKred (1987) sowie die ersten Reaktionen der Kreditwirtschaft in ZKA (1988a).

[108] Siehe auch Schwarze (1987), S. 35f. unter Hinweis auf den Verzicht einer Verlautbarung des BFA für Swapgeschäfte und Zinsterminkontrakte und die diesbezügliche Begründung des BFA. Siehe IdW (1986a), S. 447f.

[109] Vgl. BFH v. 20.1.1983, BStBl. II 1983, S. 413.

rungspflichtig[110]. So formuliert orientiert sich das Bilanzierungsverbot für Zinsterminkontrakte am Wortlaut des Vertrages. Danach wäre eine tatsächliche Erfüllung gewollt, da Vertragsinhalt die künftige Gewährung eines Darlehens und dessen spätere Rückzahlung ist. Nach den geltenden GoB ist eine Aufnahme in die Bilanz nicht zulässig. Geht man jedoch davon aus, daß eine Darlehensgewährung von beiden Seiten von vornherein nicht gewollt ist, stellt also den Tatbestand eines Differenzgeschäftes in den Vordergrund, handelt es sich nicht um einen Vertrag mit künftiger Leistung und Gegenleistung, und eine Aufnahme der Kontraktsumme in die Bilanz scheidet dann allein aus diesem Grunde aus. Es ergeben sich dann je nach Marktentwicklung nur einseitige Ansprüche bzw. Verpflichtungen[111].

Nur falls bestimmte Leistungen, wie z.B. Provisionen oder Sicherheitsleistungen getätigt werden, sind diese — im Gegensatz zu der Kontraktverpflichtung — im Jahresabschluß zu erfassen[112]. Die Einschußzahlung bei Abschluß eines Zinsterminkontraktes (initial margin) ist in der Bilanz als Forderung des Kreditinstitutes an den Broker auszuweisen[113]. Sie ist stets erfolgsneutral zu aktivieren[114], indem ein passiver RAP in gleicher Höhe gebildet wird.

5.1.2. Der Grundsatz der Einzelbewertung versus die Bildung von Bewertungseinheiten

Gemäß § 252 Abs. 1 Nr. 3 HGB sind die im Jahresabschluß ausgewiesenen Vermögensgegenstände und Schulden einzeln zu bewerten. Dieser Grundsatz der Einzelbewertung hat seinen Ursprung im Vorsichtsprinzip und soll verhindern, daß Wertminderungen einzelner Vermögensgegenstände mit Werterhöhungen anderer Vermögensgegenstände saldiert werden „und so notwendige Abschreibungen unterbleiben“[115,116]. Der Grundsatz der Einzelbewertung gilt nach § 6 Abs. 1 EStG auch für die Steuerbilanz[117]. Der Grundsatz erfordert, daß die Risiken eines jeden Vermögensgegenstandes für sich beurteilt werden und daß die Bewertung nach den individuellen Gegebenheiten des jeweiligen Vermögensgegenstandes auszurichten ist[118]. Damit besteht ein enger Zusammenhang zum Realisations- und zum Imparitätsprinzip[119].

---

110 Vgl. Schmekel (1983), S. 895; ähnlich BAKred (1985), S. 10; Barth (1984), S. 139.

111 Vgl. Windmöller (1985), S. 217.

112 Vgl. Schmekel (1983), S. 895.

113 Vgl. Schmekel (1985), S. 1495.

114 Vgl. BAKred (1985), S. 11.

115 Coenenberg (1987), S. 71.

116 Vgl. Budde/Ihle (1986), § 252 Anm. 12.

117 Ebenda.

118 Adler/Düring/Schmaltz (1987), § 252, Tz. 43.

119 Bieg (1983), S. 394.

Bei den bilanziell nicht erfaßten schwebenden Geschäften und damit auch bei den Zinsterminkontrakten ist wegen der ausschließlichen Ausrichtung des Bilanzinhalts an der Zielsetzung der Gewinnermittlung eine Saldierung der Ansprüche und Verpflichtungen vorzunehmen[120].

Im Schrifttum besteht durchaus keine Einigkeit darüber, was in dem hier diskutierten Zusammenhang als selbständiges Bewertungsobjekt anzusehen ist. Damit ist aber auch strittig, wann eine unerlaubte Saldierung selbständiger Bewertungsobjekte, also ein Verstoß gegen das Bruttoprinzip, vorliegt. Unter diesen Umständen muß natürlich auch die Anwendung der Bewertungsprinzipien (Realisations-, Imparitätsprinzip) umstritten bleiben.

Interpretiert man das Prinzip der Einzelbewertung nur aus juristischer Sicht, so hat man die einzelnen offenen (Kauf- oder Verkauf-) Kontraktpositionen entsprechend ihrem juristischen Zustandekommen[121] gesondert zu bewerten. Die Anwendung des in diesem Sinne sehr eng ausgelegten Einzelbewertungsgrundsatzes auf alle Zinsterminkontraktpositionen wird von einem gewichtigen Teil im Schrifttum gefordert[122]. Eine solche Vorgehensweise ist sehr stark geprägt vom Vorsichtsprinzip und wird deshalb nicht zufällig von dem Kreis der Bankenaufsicht zuzurechnenden Autoren bevorzugt.

Alle Einwendungen gegen die dargestellte juristisch enge Auslegung des Einzelbewertungsgrundsatzes gehen von einem an wirtschaftlichen Kriterien ausgerichteten Gegenstand der Einzelbewertung aus[123]. So ist es nach Ansicht von Bieg „verwunderlich, daß sich die Absicherung (...) gegen Risiken durch Abschluß korrespondierender Geschäfte in (...) Bilanz und (...) Erfolgsrechnung nicht auswirken soll", etwa wenn ein Preisverfall am Absatz- oder Beschaffungsmarkt durch einen niedrigeren Ansatz z.B. der Wertpapierbestände nachvollzogen werden soll, obwohl gerade dagegen durch Abschluß eines entsprechenden Terminverkaufs eine Absicherung getätigt worden ist[124]. „Bilanzen, die derartige Risikoabsicherungen nicht zum Ausdruck bringen (...) dürfen, die also den vorsichtigen, auf vollständige Risikoabsicherung bedachten Kaufmann grundsätzlich zur gleichen Vermögens-, Ertrags- und Liquiditätsdarstellung zwingen wie den risikoreich, ohne jegliche Risikoabsicherung agierenden Kaufmann, können schwerlich für sich in Anspruch nehmen, zutreffend über die Vermögens-, Ertrags- und Liquiditätssituation zu informieren"[125]. Die wirtschaftliche Lage der vorsichtigen, auf Kurssicherung bedachten Bank wird u.U. sogar

---

[120] Vgl. Bieg (1983), S. 395f.

[121] Zu dieser Reduzierung auf den kleinsten Sachverhalt, der „nach der Verkehrsauffassung als selbständig realisierbar" anzusehen ist, Ludewig (1974), S. 103; außerdem Eifler (1976), S. 125.

[122] So von BAKred (1985), S. 10; Schmekel (1983), S. 895, 897; Barth (1984), S. 139f.

[123] Bieg (1983), S. 396 und dort zit. Lit.

[124] Bieg (1983), S. 396.

[125] Ebenda.

ungünstiger dargestellt als diejenige einer mit offenen Terminkontraktpositionen spekulierenden Bank. So ist etwa bei einem perfekten Hedginggeschäft bei jeder Kursänderung, unabhängig von ihrer Richtung, eine Verlustantizipation vorzunehmen, da immer eines der gesondert betrachteten korrespondierenden Geschäfte zu einem Verlust führen wird. Demgegenüber hat das ohne entsprechende Zinsrisikosicherung handelnde Kreditinstitut eine Verlustantizipation nur bei einer für es ungünstigen Kursentwicklung vorzunehmen[126]. Im Falle eines Hedginggeschäftes ist eine derartige Handhabung in der Handelsbilanz jedoch nicht nur unter Informationsgesichtspunkten abzulehnen. Bieg bemerkt hierzu, daß es auch nicht angebracht ist, das Periodenergebnis zunächst durch den „negativen Erfolgsbeitrag" des verlustbringenden Geschäftes zu vermindern, um dann das Periodenergebnis der Abwicklungsperiode um den „positiven Erfolgsbeitrag" eines völlig kongruenten Gegengeschäftes zu erhöhen[127]. Zumindest bei einem perfekten Hedginggeschäft, wie Bieg es bei den Devisentermingeschäften vor Augen hat, bei dem von Anfang an der Erfolgsbeitrag der verbundenen Position fixiert ist, erfordern weder die positiven Zahlungsbemessungsinteressen der Anteilseigner noch die negativen Zahlungsbemessungsinteressen der Gläubiger eine derartige Bilanzierung[128]. In diesem Sinne bemerkt auch Scholz, daß die Reduktion des Begriffes ‚einheitliches Geschäft' auf den einzelnen Kauf- oder Verkaufsabschluß der wirtschaftlichen Wirklichkeit allein schon deshalb nicht gerecht werde, weil sie die Existenz einer Kurssicherung ignoriert. Dies führe „zur Bildung von stark überhöhten Rückstellungen, obgleich schon im Zeitpunkt der Bilanzierung bekannt ist, daß die angenommenen Verluste in dieser Höhe nicht entstehen werden"[129]. Wir können an dieser Stelle zunächst festhalten, daß für die Wechselkurssicherungsgeschäfte der Kreditinstitute die Bildung von Bewertungseinheiten im Bankbereich prinzipiell unumstritten ist[130]. Strittig ist dort lediglich das Problem der Qualität von als zulässig erachteten Bewertungseinheiten[131].

Die Frage nach der Zulässigkeit von Bewertungseinheiten bei Instrumenten des Zinsrisikomanagements wird ebenso wie bei den Devisengeschäften nicht unter dem Aspekt der formalen Einhaltung des Prinzips der Einzelbewertung,

---

[126] Vgl. analog zu Devisentermingeschäften Bieg (1983), S. 396.

[127] Vgl. Bieg (1983), S. 396f.

[128] Vgl. Bieg (1983), S. 397.

[129] Scholz (1975), S. 645.

[130] Vgl. etwa Forster/Gross (1985), S. 56f. m.w.N.; Windmöller (1987), S. 169, 171.

[131] Bieg (1983), S. 390, weist zurecht darauf hin, daß in der Stellungnahme BFA 1/1975 für Devisengeschäfte die als Bewertungseinheit fungierende „geschlossene Position" außerordentlich großzügig definiert ist, da es ausreicht, „wenn sich die innerhalb des gleichen Geschäftsjahres fälligen Aktiv- und Passivposten aus der Bilanz- und Terminposition je Währung im Betrag ausgleichen" (IdW [1975], S. 665). Bieg (1983), S. 403 ist zuzustimmen, daß sich eine „derart großzügige Handhabung mit den Aufgaben der Handelsbilanz, insbesondere mit ihrer Zahlungsbemessungsaufgabe, nicht vereinbaren lassen" dürfte.

d.h. ohne Berücksichtigung der mit diesem Grundsatz verfolgten Zielsetzungen zu treffen sein. Sie ist vielmehr allein unter dem Gesichtspunkt zu entscheiden, daß Handelsbilanzen den anerkannten Zahlungsbemessungs- und Informationsinteressen der an Unternehmungen beteiligten Personen bzw. Personengruppen zu dienen haben. Dies bedeutet zum einen, daß die positiven und negativen Zahlungsbemessungsinteressen der Eigentümer und Gläubiger berücksichtigt werden müssen; zum zweiten sind außenstehende Eigentümer und Gläubiger in die Lage zu versetzen, unter Verwendung der von handelsrechtlichen Jahresabschlüssen vermittelten Informationen eigenverantwortlich Entscheidungen zu treffen[132].

Auf der Zahlungsbemessungsebene muß also eine wie auch immer geartete Bewertungseinheit zu einem unter Berücksichtigung des Vorsichtsprinzips als ausschüttungsfähig anzusehenden Gewinn führen[133]. Zusätzlich wird auf der Informationsebene in der neueren Diskussion zur Bilanzierung von Finanzinnovationen dem § 264 HGB, also der Vermittlung eines den tatsächlichen Verhältnissen entsprechenden Bildes der Vermögens-, Finanz- und Ertragslage, ein ganz erhebliches Gewicht beigemessen. So weist Windmöller darauf hin, daß die strikte Einhaltung des Einzelbewertungsgrundsatzes erhebliche Ausschläge in der GuV ergeben kann und im Falle von Hedginggeschäften § 264 Abs. 1 HGB geradezu konterkariert werde[134]. Er geht dabei sogar so weit, zu fordern, in diesem Zusammenhang in erster Linie § 264 HGB zu befolgen und bezeichnet die GoB nur als Mittel zum Zweck, sie dürften dagegen nicht Selbstzweck sein[135]. Beispielhaft führt er an, daß es nicht richtig sei, Rückstellungen für Zinsrisiken zu legen, wenn gute Hedginggeschäfte mit entsprechenden Partnern einwandfreier Bonität getätigt werden. Dennoch vertritt er allerdings die Auffassung, neben der Bildung von Bewertungseinheiten sei auch eine strikte Einhaltung des Einzelbewertungsgrundsatzes unter den genannten Bedingungen zulässig. Windmöller bemerkt, daß er zwar durchaus ein Befürworter stiller Reserven sei, gleichwohl die strikte Einhaltung des Einzelbewertungsgrundsatzes in vielen Fällen eher einen problematischen Zwang zur Legung stiller Reserven via Risikorückstellungen beinhalte[136].

Die Verfechter des Einzelbewertungsgrundsatzes berufen sich als Begründung für die Ablehnung jeglicher, auch der als wirtschaftlich sinnvoll erkannten Bewertungseinheiten regelmäßig nicht allein auf den Einzelbewertungsgrund-

---

132 Gemäß den Ausführungen von Bieg zu den Devisentermingeschäften. Siehe Bieg (1983), S. 407.

133 Analog Bieg (1983), S. 407 zu Devisengeschäften.

134 Windmöller (1988), S. 110.

135 Ebenda. Vgl. auch bereits Benne (1979), S. 1654. Benne stellt für die derzeitige Bilanzierungspraxis fest, „der hier bestehende Zielkonflikt zwischen einem sicheren Einblick in die Vermögens- und Ertragslage und dem — im juristischen Sinne verstandenen — Prinzip der Einzelbewertung ist zu Lasten des ersteren entschieden".

136 Windmöller (1988), S. 111f.

satz in der o.e. streng juristischen Auslegung, sondern führen insbesondere an, daß beim Hedging in Zinsterminkontrakten keine feste vertragliche Bindung zwischen den juristisch eigenständigen Geschäften bestehe. So könne etwa jederzeit durch vorzeitige Glattstellung der Terminposition oder durch eine vorzeitige Transaktion mit der Kassaposition ein vorher als Bewertungseinheit behandeltes Hedginggeschäft wieder gelöst werden[137]. Außerdem wird die nicht perfekte Korrelation zwischen Kassa- und Terminkontraktposition als Gegenargument angeführt[138]. Abgelehnt wird in der Regel also nicht die Bildung einer Bewertungseinheit an sich, die Kritik richtet sich eher auf die zu geringe Qualität und Bestandsstabilität derselben[139].

Eine starke Gegenströmung, insbesondere aus der Bankpraxis, möchte dagegen grundsätzlich die im Rahmen der Bilanzierung von Devisentermingeschäften entwickelten Bewertungsgrundsätze analog auch auf Zinsterminkontrakte anwenden. So sollen u.a. vor allem in wirtschaftlichem Zusammenhang stehende Geschäfte, wie Pure oder Cross Hedges, als Bewertungseinheit behandelt werden können[140]. Dabei wird regelmäßig auch auf ein entsprechendes Urteil des Hessischen Finanzgerichts vom 24.11.1982[141] hingewiesen, das eine Einzelbewertung wirtschaftlich zusammengehöriger Termingeschäfte im Rahmen der Bewertung des Betriebsvermögens für unzulässig erklärt hat. Diesem Urteil kommt zweifellos auch für die Bildung von wirtschaftlich zusammengehörigen Geschäften zu Bewertungseinheiten im Zinsbereich maßgebliche Bedeutung zu. Dem Argument, daß die Bildung einer Bewertungseinheit wegen der jederzeit bestehenden Glattstellung der Zinsterminkontrakte nicht zugelassen werden könne, wird seitens des ZKA richtigerweise entgegengehalten, daß sich der Handel in Zinsterminkontrakten zwar vom herkömmlichen Terminhandel hinsichtlich der Abwicklung unterscheidet, für die Bewertung die Form der technischen Abwicklung jedoch kein maßgebendes Kriterium sein kann. Der ZKA konstatiert hierzu: „Auch bei herkömmlichen Devisentermingeschäften kann eine einseitige Glattstellung durch den Abschluß eines entsprechenden Gegengeschäftes bewirkt werden. Hinzu kommt, daß der bei Abschluß des Sicherungsgeschäftes bestehende wirtschaftliche Zusammenhang mit dem Grundgeschäft (d.h. der zu sichernden Bilanzposition) durch einseitige Glattstellung der Terminposition nicht beseitigt würde, weil der sich ergebende Aufwand oder Ertrag nicht erfolgswirksam zu verbuchen, sondern entsprechend der Laufzeit des Bilanzpostens zeitanteilig abzugrenzen ist“[142]. Die

---

[137] Vgl. Schmekel (1983), S. 895f.; BAKred (1985), S. 10; Schmidt (1986), S. 250 m.w.N.; Barth (1984), S. 139.

[138] Vgl. etwa Barth (1984), S. 139; BAKred (1985), S. 10; wohl auch Schmekel (1983), S. 897.

[139] Eine Ausnahme stellt die Ansicht von Barth (1984), S. 140, dar, der auch prinzipielle Bedenken gegen eine Übernahme der bei Devisengeschäften angewandten Bewertungsregeln hat.

[140] Siehe hierzu und im folgenden insbesondere ZKA (1985), S. 5.

[141] Siehe EFG 1983 Nr. 7, Entscheidung Nr. 377.

zuletzt genannte Begründung ist allerdings eine Tautologie. Gemeint sein kann nur, daß, wenn man einen wirtschaftlichen Zusammenhang zwischen Grundgeschäft und sichernder Terminkontraktposition bejaht und in Form einer Bewertungseinheit berücksichtigen will, durch entsprechende Abgrenzung des Erfolgsbeitrags aus dem Terminkontrakt auch bei einer vorzeitigen Glattstellung desselben die Bewertungseinheit entsprechend der ursprünglich geplanten Sicherungslaufzeit aufrecht erhalten werden muß[143]. Die Zulässigkeit von Bewertungseinheiten ist also tatsächlich nicht von der rein technischen Abwicklung (der täglichen Glattstellungsmöglichkeit) abhängig zu machen, sondern davon, ob die Bewertungseinheiten über das Rechnungswesen objektivierbar Bestand haben und damit eine willkürliche, subjektive Auflösung und damit spekulative Öffnung einer vorher intendierten Sicherungseinheit ausgeschlossen ist. Die vorzeitige Glattstellung solcher Bewertungseinheiten wird bei der Analyse der Bilanzierungsmöglichkeiten von Hedginggeschäften gesondert zu untersuchen sein.

Strikt von den hier diskutierten Bewertungseinheiten bei Hedginggeschäften zu trennen ist ein Vorschlag der Bildung von Bewertungseinheiten durch Zusammenfassung aller offenen Zinsterminkontraktpositionen der gleichen Art und zu demselben Fälligkeitszeitpunkt[144]. Schmekel hat dies als möglichen Lösungsvorschlag angeregt, um die „relativ hohen Rückstellungen für unrealisierte Verluste“ bei der von ihm verfochtenen strikten Einzelbewertung (ausdrücklich auch der Hedging-Terminkontraktpositionen) tendenziell zu verringern.

Nach Schmekels Überlegung sollen die identischen, aber entgegengerichteten Kontraktpositionen unabhängig vom Abschlußtag zusammengefaßt und nur die dann verbleibende „offene Position“ bewertet werden. Ein derart ermittelter unrealisierter Verlust wäre zurückzustellen, ein unrealisierter Gewinn nicht zu berücksichtigen[145]. Dieses Bewertungsverfahren ist vergleichbar mit der bereits zur Bilanzierung von Devisentermingeschäften vom BFA in seiner Stellungnahme 1/1975 vorgeschlagenen Saldierung von Devisenterminpositionen. Bei der vom BFA vorgeschlagenen Methode wird üblicherweise die offene Position nach Monaten zusammengefaßt und bewertet. Nach der hier erwähnten Methode wird jedoch nur die offene Position nach dem entsprechenden Liefermonat des Zinsterminkontraktes ermittelt. Dieser festgelegte Liefermonat ist eigentlich ein Lieferstichtag und nicht wie nach dem BFA bei den Devisentermingeschäften eine Reihe von Fälligkeiten innerhalb einer Monats-

---

142 ZKA (1985), S. 5.

143 Diese Bilanzierungsmethode ist als deferral accounting als spezielle Hedging-Bilanzierungsmethode in der anglo-amerikanischen Literatur bekannt. Vgl. etwa Glaab/Werneth/Zimmer (1987), S. 68f.

144 Siehe hierzu Schmekel (1983), S. 897f.; die Zulassung derartiger Bewertungseinheiten fordert auch der ZKA (1985), S. 5f.

145 Vgl. Schmekel (1983), S. 897f.

periode. Schmekel räumt ein, daß sich sein Vorschlag nicht in Übereinstimmung mit den herrschenden GoB befindet, hält die Verrechnung aber für wirtschaftlich gerechtfertigt, „da einem unrealisierten Gewinn bei dem einen Geschäft ein unrealisierter Verlust (oder umgekehrt) bei dem anderen Geschäft zwangsläufig gegenübersteht“[146]. Diese Einschätzung muß nach der strikten Ablehnung von Bewertungseinheiten bei Hedginggeschäften allerdings sehr überraschen. Schmekel selbst führt ja gerade dort die vorzeitige Glattstellungsmöglichkeit der Terminkontraktposition als Ablehnungsgrund an. Es ist nicht einsichtig, wieso dies bei einer Bewertungseinheit aus zwei Terminkontraktpositionen keine Rolle mehr spielen soll, bei der noch viel leichter die eine oder die andere Position vorzeitig glattgestellt werden und damit von einem zwangsläufigen Gegenüberstehen von Gewinn und Verlust nicht die Rede sein kann. Man kann allenfalls vermuten, daß Schmekel, angesichts der perfekten Korrelation beider Terminkontraktpositionen und im Vergleich zu der entsprechend großzügigen Regelung bei Devisengeschäften, die vorzeitige Glattstellungsmöglichkeit nicht als so wesentliche Beinträchtigung ansieht. Wir sind jedoch der Meinung, daß die viel zu großzügige Möglichkeit der Bildung von Bewertungseinheiten bei Devisentermingeschäften hier kein Maßstab für die Analyse von zulässigen Bewertungseinheiten bei Zinsterminkontrakten sein kann.

Vor allem aber muß im Gegensatz zu den Hedginggeschäften von vornherein eine wirtschaftlich begründete Berechtigung zur Bildung von solchen Bewertungseinheiten bezweifelt werden. Im Regelfall werden entgegengesetzte Zinsterminkontraktpositionen gerade keinerlei wirtschaftlichen Zusammenhang aufweisen, sondern typischerweise völlig unabhängig voneinander eingegangen worden sein, da sie ja lediglich Transaktionskosten verursachen und ansonsten einen erwarteten Nullgewinn aufweisen. Die einzige Ausnahme hierzu sind interlokale Arbitragegeschäfte, die wirtschaftlich verbunden sind, definitionsgemäß zum gleichen Zeitpunkt abgeschlossen, als solche vermerkt und im Regelfall zum gleichen Zeitpunkt glattgestellt werden. Bei diesen Arbitragegeschäften erscheint uns die Bildung einer Bewertungseinheit zulässig. Bei den anderen erwähnten Terminpositionen sind solche Bewertungseinheiten dagegen abzulehnen. Im Gegensatz zu den als Hedginggeschäften eingegangenen Bewertungseinheiten kann bei einseitiger Glattstellung einer Terminposition die Bewertungseinheit dort nicht aufrechterhalten werden, da sich die Terminpositionen mehr oder minder zufällig gegenüberstehen. Zudem ist zu bedenken, daß diese Bewertungseinheiten auch von Schmekel ihre wirtschaftliche Berechtigung nur indirekt zuerkannt bekommen, indem er auf ein überhöhtes Rückstellungspotential infolge der strikten Einzelbewertung bei den wirtschaftlich zusammengehörigen Hedginggeschäften verweist. Wenn man, wie wir dies tun, dort aber eine Bewertungseinheit zuläßt, entfällt jegliche Begründung „hilfsweiser“ anderer Bewertungseinheiten ohnehin. Die Forderung des ZKA[147] nach einer völlig

[146] Schmekel (1983), S. 897f.

[147] Siehe ZKA (1985), S. 5f.

analogen Anwendung der entsprechenden Vorschriften der Devisentermingeschäfte auf Zinsterminkontrakte ist somit nicht haltbar.

Selbst wenn für Zinsterminkontrakte tatsächlich aus Gründen der extremen Standardisierung und der daraus häufig resultierenden mangelhaften Qualität der Bewertungseinheiten diese letztlich auch bei Hedginggeschäften nicht oder zumindest nur in sehr eingeschränktem Maße in Frage kämen, bestünden dennoch recht gute Chancen, daß sich Bewertungseinheiten bei Hedginggeschäften gegen Zinsänderungsrisiken durchsetzen würden, bei denen individuellere Abstimmungsmöglichkeiten zur Verfügung stehen. Hier kommen insbesondere die Terminzinsvereinbarungen (forward rate agreements)[148], aber auch Zinsswapgeschäfte und Zinsoptionen europäischer Ausgestaltung (d.h. mit festem Ausübungstermin) in Betracht, während Zinsoptionen amerikanischer Ausgestaltung (d.h. mit einer Ausübungsfrist) vergleichbar mit den Zinsterminkontrakten und ihrer vorzeitigen Glattstellungsmöglichkeit sind.

5.1.3. Niederstwertprinzip versus Marktbewertungsprinzip

5.1.3.1. Grundlagen

Neben dem Streitpunkt um die Anwendung des Einzelbewertungsgrundsatzes bestehen zumindest im internationalen Vergleich in der Praxis große Unterschiede in der Anwendung des Niederstwertprinzips (i.V. mit dem Imparitätsprinzip) bei der Rechnungslegung von Zinsterminkontrakten. Es geht um die Frage, ob Zinsterminkontraktpositionen nach dem Niederstwertprinzip (in den USA: lower of cost or market = LOCOM) oder in Anbetracht ihrer besonderen Abwicklung und wirtschaftlichen Zielsetzung nach dem Marktbewertungsprinzip (in den USA: mark to market) im Rechnungswesen behandelt werden sollen. Da sich bei gleichzeitiger Verwendung von Bewertungseinheiten besondere Implikationen ergeben, soll hier zunächst nur auf die grundlegenden Bewertungsfragen streng einzeln bewerteter Zinsterminkontraktpositionen eingegangen werden.

Während in den USA über mehrere Jahre beide Konzepte explizit für die Rechnungslegung aller Zinsterminkontraktpositionen bei Kreditinstituten zulässig waren, hat sich dort in der Praxis vor allem die Marktbewertungsmethode durchgesetzt. Mit der Verlautbarung FASB No. 80 wurde sie schließlich auch als Bewertung für alle einzeln bewerteten Zinsterminkontraktpositionen und für diejenigen Bewertungseinheiten vorgeschrieben, bei denen die korrespondierende Position ebenfalls marktbewertet wird. Nach der Marktwertmethode sind die aufgrund der täglichen Abrechnung des Brokers anfallenden zahlungswirksamen Kursgewinne und Kursverluste unmittelbar erfolgswirksam zu berücksichtigen.

[148] Die eindeutige Zulässigkeit von Bewertungseinheiten bei diesem Instrument vertreten Adolph/Glaab (1987), S. 31.

Nach den hierzulande geltenden GoB kommt zumindest bei strenger Einzelbewertung eindeutig nur die Niederstwertmethode in Betracht, da als Realisationstermin im deutschsprachigen Schrifttum einstimmig nicht die tägliche Abrechnung, sondern frühestens der Zeitpunkt der Glattstellung der Kontraktposition angesehen wird und dann gemäß § 252 Abs. 1 Nr. 4, 5 ein täglicher „unrealisierter“ Gewinn nicht zu berücksichtigen, ein derart „unrealisierter“ Verlust dagegen erfolgswirksam zu verbuchen ist. Wir wollen daher im folgenden jeweils zunächst von der zuletzt genannten Methode ausgehen und die Marktbewertungsmethode als Alternative diskutieren.

5.1.3.2. Die Behandlung „unrealisierter“ Kursverluste

Ergeben sich bei der täglichen Abrechnung durch den Vergleich des aktuellen Kontraktkurses mit dem kontrahierten Kontraktkurs unrealisierte Kursverluste, sind diese durch Nachschußzahlungen (variation margins) auszugleichen. Die Nachschüsse sind ebenso wie die Einschußzahlungen erfolgsneutral als Forderungen zu bilanzieren[149], indem in gleicher Höhe eine Rückstellung für drohende Verluste aus schwebenden Geschäften gebildet wird. Am Bilanzstichtag sind die unrealisierten Verluste als Aufwendungen zu erfassen[150]. Nach Ansicht von Windmöller sind dagegen die Kursverluste, die via Nachschußzahlung ja bereits unmittelbar liquiditätswirksam werden, bei Einzelbewertung der Kontraktposition unmittelbar zu Lasten der GuV zu verbuchen. Er stellt fest, daß damit die Notwendigkeit entfällt, die Zahlungen zu aktivieren und in gleicher Höhe eine Rückstellung für drohende Verluste aus schwebenden Geschäften zu bilden, wie dies üblicherweise für alle schwebenden Geschäfte gilt, bei denen ein täglicher Einschuß nicht erfolgt[151]. Der Vorschlag von Windmöller bringt den Nachteil mit sich, daß die Möglichkeit entfällt, zuvor gebildete Rückstellungen im Falle späterer günstiger Kursentwicklungen wieder zu verringern. Er wäre nur dann gangbar, wenn umgekehrt gleichzeitig die unmittelbare Gewinnrealisation zulässig wäre, wie dies beim Marktbewertungsprinzip der Fall ist, da ansonsten das Vorsichtsprinzip überbetont würde. Während beim Marktbewertungsprinzip die direkte Aufwandsrealisation wegen der Annahme der täglichen Gewinn- und Verlustrealisation zwingend ist, ist eine einseitige, direkte Aufwandsverbuchung nicht zu rechtfertigen, wenn man, wie Windmöller, als Realisationszeitpunkt des schwebenden Geschäftes nach wie vor frühestens den Glattstellungstermin annimmt.

5.1.3.3. Die Behandlung „unrealisierter“ Kursgewinne

Die Behandlung der aufgrund täglicher Neubewertung anfallenden und bereits zahlungswirksam werdenden Kursgewinne ist umstritten und nach

---

149 Vgl. BAKred (1985), S. 9.

150 Vgl. BAKred (1985), S. 11.

151 Vgl. Windmöller (1985), S. 217.

beiden Konzepten höchst unterschiedlich. Nach den geltenden GoB können erwartete Gewinne aus schwebenden Geschäften nicht als Ertrag vereinnahmt werden, auch wenn sie bereits liquiditätswirksam geworden sein sollten. Danach sind Gewinne erst realisiert, wenn der Erfolgsbeitrag durch Abschluß eines Gegengeschäftes oder durch Zeitablauf (Liefertermin des Kontraktes) festgeschrieben ist[152].

Nach der vor allem in den USA vertretenen gegenteiligen Meinung erfolgt die Gewinnrealisation bei Zinsterminkontrakten bereits zum Zeitpunkt der täglichen Marktpreisabrechnung (mark to market), weil der Marktteilnehmer nach der dort vertretenen Auffassung gegenüber dem Broker ein Guthaben erwirbt, über das er, abgesehen von der bei Eröffnung des Kontraktes geleisteten Einschußzahlung (initial margin), verfügen kann, ohne daß die Terminkontraktposition geschlossen werden muß. Nur die Forderung über die initial margin ist erst bei Glattstellung des Kontraktes fällig. Der FASB konstatiert, daß dem Aktivum in Form des Guthabens gegenüber dem Broker keine Verbindlichkeit oder Reduktion eines anderen Aktivums gegenüberstehe[153].

Der Marktbewertungsmethode ist entgegenzuhalten, daß selbstverständlich nach wie vor die eingegangene Kontraktverpflichtung besteht, was ein erhebliches Kursrisiko und damit Verlustpotential beinhaltet. Stellt man auf den Charakter der Sicherheitsleistung der gezahlten Ein- und Nachschüsse ab, kann die tägliche Abrechnung nicht als Teilrealisation, sondern eher als Anpassung der als notwendig erachteten Sicherheitsleistung im Verhältnis zu den sich ändernden Marktbedingungen angesehen werden.

Barth zeigt sehr instruktiv die Unzulässigkeit der vorzeitigen Gewinnrealisation auf: „Die Tagesbewertung führt ebensowenig zu einer Gewinnrealisierung wie eine Marktpreis-Bewertung von im Kurs gestiegenen Wertpapierbeständen. (...) Selbst wenn ein Dritter (beim FTK[154]: Clearing House) für den Wertpapierbestand der Bank (beim FTK: Terminposition) die Erzielbarkeit des Börsenkurses garantiert, so realisiert die Bank einen Gewinn erst bei Verkauf der Wertpapiere, dies gegebenenfalls unter Inanspruchnahme des Dritten. Das Ergebnis kann nicht anders sein, wenn der Dritte zwischenzeitlich der Bank Liquidität in Höhe eines rechnerischen Gewinns zur Verfügung stellt: Da die Zahlung bei ungünstiger Kursentwicklung zurückzuerstatten ist, bleibt es für das Kreditinstitut — trotz der Garantie — bei der börsenkursabhängigen Ungewißheit hinsichtlich des tatsächlichen Gewinnanfalls, der erst mit der endgültigen Abwicklung der Position feststeht"[155].

---

[152] Windmöller (1985), S. 217; ebenso BAKred (1985), S. 11; Barth (1984), S. 140f.; Schmekel (1983), S. 895.

[153] Vgl. Bürge/Rufer (1985), S. 249f.

[154] Gemeint ist: Finanzterminkontrakt.

[155] Barth (1984), S. 140.

Selbst wenn man rechtlich und aufgrund der technischen Abwicklung eine Gewinnrealisation der Forderung gegenüber dem Broker annehmen würde, muß wegen der wirtschaftlichen Betrachtung des gesamten, weiterhin schwebenden Kontraktgeschäftes allein aufgrund des Vorsichtsprinzips eine Gewinnrealisation vor der Glattstellung unterbleiben. Zwar reichen Einschuß- und Nachschußzahlungen regelmäßig aus, um den maximalen täglichen Verlust abdecken zu können. Damit ist aber noch nicht dem Vorsichtsprinzip genüge getan, weil bei anhaltenden Kursverlusten aufgrund von „disorderly market conditions" das maximale Verlustrisiko aus einem Kontrakt grundsätzlich unbegrenzt ist und im theoretischen Extremfall, daß ein Kontrakt bis zum Fälligkeitstermin nicht glattgestellt werden kann, sogar 100% des Kontraktwertes erreicht. Die Einschußzahlung ist damit kein Maßstab für das maximale Verlustrisiko[156], die vorzeitige Gewinnrealisation mithin nicht begründbar.

5.1.3.4. Perspektiven des Marktwertkonzeptes

Bürge und Rufer[157] konstatieren, daß in der Schweiz gemäß Art. 667 OR die Marktbewertung bei börsengängigen Wertpapieren zulässig ist und dort das Imparitätsprinzip somit keine Gültigkeit habe; die gleichen Gründe können ihrer Ansicht nach auch in bezug auf Zinsterminkontrakte angeführt werden. Außerdem verweisen sie in diesem Zusammenhang auf Abschnitt 4, Art. 6, Note 85 des Kommentars zum Schweizerischen Bankengesetz, wo „aus Überlegungen der Praktikabilität und in Würdigung der besonderen Natur der schwebenden Geschäfte von Banken, die Tageskurse als Bewertungsmaßstab für die Termingeschäfte schlechthin, vor allem aber für die Devisentermingeschäfte" postuliert werden[158]. Sie folgern, daß „auch in der Schweiz die gemäss SFAS Nr. 80 in den USA vorgeschriebene Bewertung zu Tagesschlusskursen, d.h. auch die sofortige Verbuchung der Gewinne, möglich ist". Mögliche Einwände sehen sie nur aufgrund unterschiedlicher Definitionen des Vorsichtsprinzips. Dem Vorsichtsprinzip ist ihrer Ansicht nach Genüge getan, wenn die folgenden Bedingungen erfüllt sind:

" — Die Limiten für offene Spekulationspositionen sind im Verhältnis zur übrigen Geschäftstätigkeit angemessen
— Das interne Kontrollsystem erlaubt eine permanente Überwachung der offenen Positionen und somit die sofortige Intervention bei negativen Marktpreisbewegungen
— Die Vereinnahmung von Gewinnen auf offenen Positionen erfolgt im Rahmen der Vorsicht, d.h. nur wenn potentielle Verluste durch negative Marktpreisbewegungen im Verhältnis zur übrigen Geschäftstätigkeit nicht wesentlich sein können"[159].

---

156 Vgl. Barth (1984), S. 132f.

157 Bürge/Rufer (1985), S. 250.

158 Zit. nach Bürge/Rufer (1985), S. 250.

So einleuchtend diese Bedingungen auf den ersten Blick erscheinen mögen, das ihnen zugrunde liegende Verständnis von „Vorsicht“ bzw. vom „Vorsichtsprinzip“ hat nichts mit dem Vorsichtsprinzip zu tun, wie es seit langem zu den hiesigen GoB zu zählen und nunmehr in § 252 Abs. 1 Nr. 4 HGB kodifiziert worden ist. Bürge und Rufer stellen lediglich Bedingungen auf, die verhindern sollen, daß zu große Spekulationsvolumina eingegangen werden können, Verluste nicht frühzeitig genug erkannt und schließlich, daß „zu viele“ unrealisierte Gewinne vereinnahmt werden. Letzteres muß als bemerkenswerte Anleitung zu einer willkürlichen Bewertung interpretiert werden. Das Vorsichtsprinzip als kodifizierter GoB beschränkt dagegen nicht die Geschäftstätigkeit des Kaufmanns an sich, sondern schreibt vor, daß der Bilanzierende sich bei einem gegebenen Wirtschaftsgut oder Geschäftsvolumen „nie reicher, sondern eher ärmer rechnen“[160] sollte als er ist. Die Vorsichtsfunktion geht über die kaufmännische Vorsicht beim Abschluß irgendwelcher Geschäfte hinaus und bezieht sich nur auf den Bewertungsvorgang selbst. Dies findet seinen Ausdruck auch im Realisations- und insbesondere im Imparitätsprinzip. Letzteres kann daher auch nicht etwa mit dem Argument umgangen werden, ein liquider Markt erlaube ja die jederzeitige Glattstellung der Kontrakte[161]. Zudem ist das Vorsichtsprinzip im HGB Ausdruck der speziellen Kapitalerhaltungs- und Gläubigerschutzfunktion des Jahresabschlusses, was von Bürge und Rufer offensichtlich nicht beachtet wird und für die Jahresabschlüsse in den USA ohnehin nicht in gleichem Maße gilt; diese sind viel stärker an den Ausschüttungsinteressen der Aktionäre ausgerichtet.

Es erscheint daher sehr unwahrscheinlich, daß sich, selbst im Falle einer zunehmenden Bedeutung des Marktwertes im hiesigen Rechnungswesen, die sich vielleicht durch die Internationalisierung des Wettbewerbs und der liquideren Märkte ergeben mag, auf der Zahlungsbemessungsebene eine entsprechende Marktwertbilanzierung durchsetzen wird. Viel eher erscheint es dagegen möglich, daß sich auf der Informationsebene eine stärkere Orientierung am Marktwert widerspiegeln wird. Dafür spricht etwa die Forderung nach Offenlegung des Marktwertes von Wertpapieren des Umlaufvermögens und von marktfähigen Anlagewertpapieren, sofern er vom bilanzierten Buchwert abweicht, wie sie in einem jüngsten Vorschlag des IASC erhoben wird[162]. Eine ähnliche Bestimmung findet sich auch in der EG-Bankbilanzrichtlinie vom 8.12.1986[163] in Art. 36. Nach Art. 36 Abs. 1 ist für börsenfähige Wertpapiere, die nicht die Eigenschaft von Finanzanlagen haben, für den Fall, daß sie mit ihren Anschaffungskosten bilanziert werden, im Anhang der Unterschiedsbe-

159 Bürge/Rufer (1985), S. 250.

160 Budde/Ihle (1986), § 252 Anm. 16 m.w.N.

161 So rechtfertigt die vorzeitige Gewinnrealisation etwa auch Mc Cracken (1987), S. 30.

162 Vgl. International Accounting Standards Committee (1987).

163 Rat der Europäischen Gemeinschaften (1986).

trag zwischen diesen Kosten und dem höheren Marktwert am Bilanzstichtag anzugeben. Nach Art. 36 Abs. 2 können die Mitgliedsstaaten zulassen oder vorschreiben, daß diese börsenfähigen Wertpapiere zum höheren Marktwert am Bilanzstichtag bilanziert werden. Der Unterschiedsbetrag zwischen den Anschaffungskosten und dem höheren Marktwert ist auch dann im Anhang anzugeben.

In Anbetracht der hiesigen GoB ist es sehr wahrscheinlich, daß sich die Bundesrepublik Deutschland bei der Umsetzung der EG-Bankbilanzrichtlinie an der in Art. 36 Abs. 1 vorgesehenen Regelung orientieren wird. Dies würde bei unveränderter Zahlungsbemessungssituation eine deutliche Verbesserung der Informationslage bedeuten. Es erscheint durchaus nicht abwegig, angesichts der Nähe von Zinsterminkontraktpositionen im Handelsbestand (Spekulation i.w.S.) zu den Wertpapieren des Handelsbestandes, auch bei den einzeln bewerteten, offenen Zinsterminkontraktpositionen[164] eine entsprechende Offenlegung unrealisierter Gewinne im Anhang vorzusehen.

5.2. Die Bilanzierung spekulativer Kontrakte

Die bilanzielle Behandlung spekulativer Kontrakte i.e.S. ist problemlos und unumstritten, sofern ohnehin nur eine isolierte Kontraktposition vorliegt. Da hier per definitione gar keine Bildung einer Bewertungseinheit in Frage kommt, wird jede offene Position entsprechend der täglichen Kursfeststellung einzeln bewertet und in Übereinstimmung mit der unter 5.1.3. dargestellten Niederstwertmethode behandelt. Es handelt sich um den „Normalfall" einer Zinsterminkontraktposition.

Auch die Arbitragegeschäfte, die wir zur Spekulation i.e.S. gezählt haben, die also zinsrisikoerhöhend wirken, fallen ohne weiteres unter dieses bilanzielle Behandlungsschema. Auch hier ist jede einzelne Kontraktposition wie ein unabhängiger spekulativer Kontrakt zu behandeln, selbst wenn vielleicht das Zinsrisiko der gesamten Operation geringer ist, als das zweier völlig unabhängiger Spekulationspositionen. Dasselbe gilt für jene als Hedginggeschäfte intendierten, aber als solche nicht geeigneten Operationen, die wir oben auch unter die Spekulationsgeschäfte i.e.S. subsumiert hatten. Bei den sonstigen Arbitragegeschäften, die zur Kategorie der Spekulationsgeschäfte i.w.S. (Handelspositionen) gehören, hatten wir zwar keine Erhöhung des Zinsrisikos festgestellt, halten aber aufgrund der tatsächlichen Spekulation auf ein oder mehrere andere Risiken eine strenge Einzelbewertung für sachgerecht. Das soll nicht bedeuten, daß jegliche Bewertungseinheit allein unter Hinweis auf gleichzeitig bestehende andere Risiken abzulehnen ist, sondern nur, wenn die ausdrückliche Spekulation auf diese Risiken im Vordergrund steht (dies scheint hier der Fall zu sein) oder wenn andere Gründe, z.B. die Höhe dieser Risiken, dagegen sprechen.

---

[164] Siehe hierzu den folgenden Abschnitt 5.2.

Es sei darauf hingewiesen, daß in den USA die gesamten Geschäfte, die wir zur Spekulation i.w.S. rechnen (Handelsgeschäfte) ebenfalls einzeln bewertet, aber, anders als nach hiesigen GoB zulässig, nach dem Marktbewertungsprinzip verbucht werden.

5.3. Die Bilanzierung von Hedginggeschäften

Nachdem wir oben bereits grundsätzlich die Bildung von Bewertungseinheiten bei Zinsterminkontrakten im Rahmen von Hedginggeschäften befürwortet haben, sofern die Kontrakte als Sicherungsinstrumente geeignet, die Hedginggeschäfte als solche verbucht sind und die Bewertungseinheit objektivierbar über die gesamte Zeit der Zusammenlegung der einzelnen Positionen aufrechterhalten bleibt, sind im folgenden die einzelnen Hedginggeschäfte im Hinblick auf die o.g. Kriterien zu untersuchen. Ein Schwerpunkt liegt dabei neben der Eignung der Kontrakte vor allem auf dem Problem der Objektivierbarkeit und der konkreten Ausgestaltung von Bewertungseinheiten und dort insbesondere bei der Behandlung der vorzeitigen Beendigung von Bewertungseinheiten durch Auflösung einer der beiden Einzelpositionen. Schließlich haben wir uns auch mit den Folgen von Bewertungseinheiten auf die Verwendung von Zinssicherungsinstrumenten und den Zusammenhang mit der Zinsrisikobilanzierung insgesamt zu befassen.

5.3.1. Die Bilanzierung von Micro-Hedginggeschäften

5.3.1.1. Das Prinzip des Hedge-Accounting in den USA

Gemäß dem Statement FASB No. 80 sind die Micro-Hedginggeschäfte die einzigen Transaktionen, bei denen eine Bildung von Bewertungseinheiten mit Zinsterminkontrakten zugelassen ist. Alle übrigen Zinsterminkontrakte werden stets einzeln bewertet.

Bei der Bilanzierung mit Bewertungseinheiten — dem sogenannten Hedge-Accounting — bei den Micro-Hedginggeschäften sind in den USA zwei Fälle zu unterscheiden. Falls die abgesicherte Kassaposition zum Marktwert bilanziert wird, ist auch der entsprechende Terminkontrakt zum Marktwert zu bilanzieren. In diesem Fall sind Marktpreisänderungen des Terminkontraktes erfolgswirksam zu erfassen[165]. Im Rahmen solcher Bewertungseinheiten wird der Zinsterminkontrakt damit bilanziell nicht anders behandelt als die spekulativen Kontrakte, da diese ja ebenfalls täglich erfolgswirksam marktbewertet werden. Da das Marktbewertungskonzept für Bilanzpositionen nach den hiesigen GoB nicht in Frage kommt, können wir diese Bilanzierungsvariante an sich beiseite setzen. Es wäre allenfalls zu überlegen, ob für den speziellen Fall der Bewertungseinheit unter bestimmten Umständen eine Marktbewertungsbilanzierung in Betracht kommen könnte.

---

[165] Vgl. Schmekel (1985), S. 1495.

Werden beim US-amerikanischen Hedge-Accounting die abgesicherten Positionen zu historischen Anschaffungskosten oder zum Niederstwert bewertet, dann sind Gewinne oder Verluste aus dem Terminkontrakt als Korrektur des Buchwertes der abgesicherten Position zu erfassen. Dies bedeutet, daß Gewinne oder Verluste aus dem Terminkontrakt den Wert des abgesicherten Aktivums oder Passivums erhöhen oder vermindern. Änderungen des Kurswertes von Terminkontrakten, die als Hedginggeschäft einer festen Verpflichtung abgeschlossen werden, sind bei der Bewertung der Transaktion, die mit der Erfüllung dieser Verpflichtung zusammenhängt, zu berücksichtigen[166]. Die abgegrenzten Gewinne und Verluste aus der Terminkontraktposition sind wie ein Agio oder Disagio zu behandeln und beim Hedging von bestehenden verzinslichen Aktiva oder Passiva spätestens bei Beendigung der Terminposition und über die Restlaufzeit des Aktivums oder Passivums erfolgswirksam als Berichtigung des Zinsaufwandes oder -ertrages aufzulösen. Bei festen Verpflichtungen beginnt die erfolgswirksame Verteilung des abgegrenzten Terminkontraktergebnisses zum Zeitpunkt des Eingehens der Transaktion zur Erfüllung der Verpflichtung[167]. Falls die Bank im Ausnahmefall beabsichtigt, den abgesicherten Posten bei Fälligkeit des Terminkontraktes zur Erfüllung desselben zu liefern, kann die Differenz zwischen dem Terminkontraktkurs und dem Tageswert der abgesicherten Position erfolgswirksam über die Kontraktlaufzeit verteilt werden. Dies ist jedoch nur in dem seltenen Fall zulässig, in dem die abgesicherte Position nach den Kontraktbedingungen zur Lieferung qualifiziert ist und gleichzeitig Terminkontraktposition und Kassaposition bis zum Kontrakterfüllungstermin mit großer Wahrscheinlichkeit beibehalten werden[168].

Bei antizipativen Hedginggeschäften sind Gewinne und Verluste aus der Terminkontraktposition erfolgsneutral abzugrenzen und bei der Bewertung der entsprechenden zukünftigen Transaktion zu berücksichtigen. Sollte der Terminkontrakt glattgestellt werden, bevor die geplante Transaktion stattfindet, ist das Ergebnis weiterhin abzugrenzen und erst bei Durchführung der Transaktion zu berücksichtigen. Das abgegrenzte Terminergebnis ist ab dem Zeitpunkt des Zugangs des geplanten Aktivums oder Passivums erfolgswirksam als Korrektur des Zinsaufwandes oder -ertrages über die Restlaufzeit aufzulösen[169].

Beim Hedge-Accounting ist die Abgrenzung von Gewinnen oder Verlusten aus dem Terminkontrakt so lange zulässig, wie der Terminkontrakt das entsprechende Zinsänderungsrisiko reduziert. Sobald die geforderte hohe Korrelation zwischen dem Terminkontrakt und der abgesicherten Position nicht mehr gegeben ist, muß der Terminkontrakt zum Marktwert bewertet werden. Dann ist auch der Überschuß des Gewinns oder Verlustes aus dem Terminkon-

---

[166] Vgl. FASB (1984), S. 174f.

[167] Ebenda; vgl. auch Bürge/Rufer (1985), S. 247.

[168] Vgl. Schmekel (1985), S. 1496.

[169] Vgl. FASB (1984), S. 175.

trakt über den aufgelaufenen, unberücksichtigten Verlust oder Gewinn, der dem abgesicherten Posten zuzurechnen ist, sofort erfolgswirksam zu erfassen. Dies bedeutet, daß die Voraussetzungen des Hedge-Accounting regelmäßig während der gesamten Laufzeit des Hedginggeschäftes überprüft werden müssen[170].

5.3.1.2. Analyse der Möglichkeiten zur Bilanzierung von Bewertungseinheiten in Deutschland

Wie wir bereits bei der Diskussion zum Einzelbewertungsgrundsatz festgestellt hatten, wird die Bildung von Bewertungseinheiten, wie sie beim Hedge Accounting in den USA üblich ist, von seiten der deutschen Bankwirtschaft ebenfalls befürwortet[171]. Die Forderung nach einer den Devisentermingeschäften ähnlichen Bilanzierung für Zinsterminkontrakte geht sogar noch weit über das in den USA gemäß FASB No. 80 zulässige Bewertungsverfahren mit seinen eher eng definierten Möglichkeiten zur Bildung von Bewertungseinheiten hinaus. Im deutschen Schrifttum hat sich bisher vor allem Windmöller explizit mit den konkreten Möglichkeiten einer Bilanzierung von Bewertungseinheiten bei Zinsterminkontrakten auseinandergesetzt. Windmöller stellt die Frage, ob bei Sicherungsgeschäften für Bilanzpositionen „der Sicherungszweck bei der Bilanzierung berücksichtigt werden kann“[172]. Er stellt fest, daß die Ergebnisse aus derartigen Zinsterminkontrakten „ihr Pendant in den Aufwendungen und Erträgen der entsprechenden Bilanzposten haben“[173] und „im Idealfall Aufwand und Ertrag aus dem Bilanzposten von dem Zeitpunkt an anfällt, in dem das Ergebnis aus dem Zinstermingeschäft realisiert wird“. Windmöller hält es in diesem Fall zumindest im Rahmen einer innerbetrieblichen Rechnung für sinnvoll, realisierte Gewinne oder Verluste aus dem Zinsterminkontrakt über die Laufzeit der ursprünglichen Fristeninkongruenz zu verteilen. Das würde bedeuten, daß Verluste aus der Sicherung bilanzieller Inkongruenzen zunächst aktiviert, Gewinne zunächst passiviert und über die Dauer der ursprünglichen Inkongruenz verteilt werden. Dementsprechend müßten Bewertungsgewinne und -verluste aus noch nicht abgewickelten Kontrakten neutral behandelt werden, die Bewertungsgewinne blieben außer Ansatz[174]. Die analoge Bildung von Bewertungseinheiten in der externen Rechnungslegung lehnt Windmöller jedoch ab. Seiner Ansicht nach sind die realisierten Ergebnisse aus Zinsterminkontrakten „regelmäßig in voller Höhe GuV-wirksam, da keine entsprechenden

---

170 Vgl. Schmekel (1985), S. 1496; vgl. auch Bürge/Rufer (1985), S. 247.

171 A.A. Glaab/Werneth/Zimmer (1987), S. 68f., die aber andererseits das Niederstwertprinzip für Zinsterminkontrakte ablehnen und eine Marktwertbilanzierung entsprechend der täglichen Broker-Abrechnung fordern.

172 Vgl. Windmöller (1985), S. 218.

173 Hier und im folgenden ebenda.

174 Windmöller (1985), S. 218, unter Hinweis auf die entsprechende Vorgehensweise gemäß FASB No. 80 in den USA.

Bilanzposten begründet werden und Zinstermingeschäfte keine über den Abwicklungstag hinausgehenden (Bindungs-)Wirkungen entfalten"[175]. Die Aufnahme der realisierten Erfolgsbeiträge aus Zinsterminkontrakten wäre nach Windmöller dann geboten, wenn es sich um RAP handeln würde. Dies setzt nach § 250 Abs. 1, 2 HGB[176] voraus, daß es sich um Zahlungen vor dem Bilanzstichtag handelt, die Aufwand und Ertrag für eine bestimmte Zeit nach diesem Tag darstellen. Windmöller bezweifelt erstens, „ob es sich bei den realisierten Ergebnissen um Einnahmen oder Ausgaben handelt, die an die Stelle von Erträgen oder Aufwendungen nach ihrer Fälligkeit treten"[177]. Insbesondere sei jedoch zweitens in keinem Fall ein entsprechender Leistungsbezug aus dem Grundgeschäft gegeben. Ertrag oder Aufwand aus dem Zinsterminkontrakt seien kein Entgelt für Leistungen nach dem Bilanzstichtag, da es sich nicht um einen zweiseitigen Vertrag handele, „bei dem Leistung und Gegenleistung ihrer Natur nach zeitbezogen sind, zeitlich aber auseinanderfallen"[178].

Auch eine Bewertung, wie sie bei Devisengeschäften als zulässig angesehen wird, lehnt Windmöller für Zinsterminkontrakte ab. Bei den Devisengeschäften kann von einer Bewertung bestimmter Bilanzposten im Hinblick auf gegenüberstehende, noch nicht erfüllte Devisentermingeschäfte abgesehen werden. Außerdem ist es zulässig, keine Rückstellungen für drohende Verluste aus schwebenden Devisentermingeschäften zu bilden, wenn diese als Deckungsgeschäfte für andere Posten gleicher Währung anzusehen sind. Realisierte Verluste aus Devisentermingeschäften können beim Abschluß von Folgegeschäften im Hinblick auf später fällige Devisentermingeschäfte gemäß den Grundsätzen der Stellungnahme BFA 1/1975 aktiviert werden[179]. Windmöller begründet seine Ablehnung einer entsprechenden Behandlung von Zinsterminkontrakten v.a. damit, daß ein Devisentermingeschäft nur solange als Sicherungsgeschäft angesehen wird, wie es noch nicht fällig geworden ist, sich also noch im Bestand befindet. Spätestens bei Fälligkeit des Devisentermingeschäftes gehen die Ergebnisse aus der Abwicklung des Geschäftes in die GuV ein. Die Sicherungsfunktion endet in jedem Fall im Zeitpunkt der Fälligkeit. Bei einem Zinsterminkontrakt hingegen würde nach Meinung von Windmöller „die GuV-Wirksamkeit vom Zeitpunkt der Fälligkeit weg in die Zukunft verlagert werden"[180]. Unverständlich erscheint dann aber das Argument von Windmöller, mit dem er richtigerweise darauf aufmerksam macht, daß beim Abschluß eines Devisenter-

[175] Windmöller (1987), S. 173; ähnlich Windmöller (1988), S. 114.

[176] Windmöller (1985), S. 218f. bezieht sich noch auf den alten § 152 Abs. 9 AktG.

[177] Windmöller (1985), S. 219.

[178] Ebenda; vgl. auch z.B. BFH v. 5.4.1984, BStBl. II 1984, S. 552. Der BFH spricht in diesem Zusammenhang auch von Vorleistungen auf zeitbezogene (vgl. z.B. BFH v. 24.8.1983, BStBl. II 1984, S. 273) oder zeitraumbezogene (vgl. z.B. BFH v. 17.4.1985, BStBl. II 1985, S. 617) Gegenleistungen.

[179] Vgl. Windmöller (1985), S. 219 und dort zit. Lit.; ebenso IdW (1986c), S. 664f.

[180] Windmöller (1985), S. 220.

mingeschäftes die Wertverhältnisse des Abschlußstichtages für die Zeit vom Abschluß- bis zum Fälligkeitstag festgeschrieben werden, andererseits bei einem Zinsterminkontrakt „die Wertverhältnisse des Abschlußtages wirtschaftlich für einen Zeitraum festgeschrieben (werden), der frühestens im Zeitpunkt der Fälligkeit beginnt"[181]. Wir sehen gerade in diesem Unterschied keine Bekräftigung des zuvor genannten Argumentes von Windmöller, sondern einen Widerspruch. Wegen der Gültigkeit der Aussage, daß unterschiedliche Sicherungsperioden bei Devisentermin- und Zinstermingeschäft vorliegen, ist es entgegen der Ansicht von Windmöller geradezu notwendig, daß die GuV-Wirksamkeit des im Rahmen einer Bewertungseinheit „realisierten" Zinsterminkontraktes vom Zeitpunkt seiner Fälligkeit (Glattstellung) in die Zukunft verlagert wird, wenn seine Sicherungsfunktion sich gerade auf diesen Zeitraum bezieht. Um die wirtschaftliche Realität der Transaktion richtig abzubilden, erscheint es dann sogar zwingend, den „realisierten" Aufwand oder Ertrag des Zinsterminkontraktes zeitlich über die Sicherungsperiode abzugrenzen und entweder zur Erhöhung oder Verminderung des Zinsaufwandes/-ertrages der abgesicherten Position (beim Hedging gegen das Zinsspannenrisiko) oder zur Erhöhung oder Verminderung des Marktwertes der abgesicherten Position zum avisierten Sicherungszeitpunkt (z.B. beim Hedging gegen das Abschreibungsrisiko der Bilanzstichtag oder bei Absicherung einer geplanten Anleiheemission der Emissionstermin) zu verwenden.

Nach Windmöller läßt sich die Aktivierung bzw. Passivierung realisierter Ergebnisse aus Zinsterminkontrakten allerdings „auch nicht damit begründen, daß das Zinstermingeschäft mit den zu sichernden Bilanzposten notwendigerweise eine Bewertungseinheit bildet"[182]. Erkennt man — so Windmöller — die Bewertungseinheit an, „läßt sich die Aktivierung bzw. die Passivierung nur aus den vereinbarten Zinssätzen für die Aktiv- und Passivposten herleiten, denen wirtschaftlich die Ergebnisse aus dem Zinstermingeschäft zuzurechnen sind. Damit würden künftige Zinsüberschüsse bzw. Zinsmindererträge aus bestehenden Bilanzposten in die Bilanz eingestellt. Dies müßte dann aber unabhängig davon zulässig sein, ob ein Zinstermingeschäft vorher abgeschlossen und abgewickelt worden ist oder nicht"[183]. Windmöller lehnt eine isolierte Lösung des Problems der Bewertungseinheiten bei den schwebenden Zinssicherungsinstrumenten — hier: den Zinsterminkontrakten — ab, solange nicht gleichzeitig eine Regelung zur bilanziellen Behandlung von Zinsänderungsrisiken bei den Bilanzpositionen selbst getroffen wird. Er gesteht zwar ein, daß die fehlende Möglichkeit, nach den derzeitigen GoB Erfolgsbeiträge aus Zinstermingeschäf-

---

[181] Windmöller (1985), S. 221.

[182] Ebenda.

[183] Ebenda. Wir hatten bereits oben angemerkt, daß Windmöller offenbar nur Hedginggeschäfte gegen das Zinsspannenrisiko berücksichtigt, nicht aber die für Zinsterminkontrakte viel typischere Absicherung von diskontierten Zahlungsströmen (Marktwertänderungen).

ten in die Bilanz aufzunehmen, im Hinblick auf die Ermittlung des „richtigen" Periodenerfolgs im Jahresabschluß wenig befriedigend ist[184]. Er glaubt aber, daß dieses Problem der Erfolgsermittlung bei Kreditinstituten einer Lösung „wohl nur dadurch nähergebracht (wird), daß — ausgehend von der Behandlung der Geldaufnahmen und -ausleihungen als schwebende Geschäfte — die vereinbarten Zinssätze in die Bewertung dieser schwebenden Geschäfte mit einbezogen, die Verzinsung der Bilanzposten also mit den Zinssätzen des Bilanzierungsstichtages ‚bewertet' werden"[185]. Windmöller ist zuzustimmen, daß dazu eine Neuorientierung der Bilanzpraxis und der GoB erforderlich wäre[186]. Es ist aber zweifelhaft, die Zulässigkeit von konkreten Bewertungseinheiten bei Zinsterminkontrakten mit Sicherungsfunktion und eine sich daraus ergebende zeitweilige Aktivierung bzw. Passivierung von vorab aus der Kontraktposition realisierten Ergebnissen von einer umfassenden, neuen Lösung der Zinsrisikobilanzierung oder von der Zulässigkeit einer Aktivierung oder Passivierung von Unter-/Überverzinsungen bei Bilanzpositionen abhängig zu machen. So könnten wir uns durchaus vorstellen, daß sich einzelne Bewertungseinheiten mit Zinsterminkontrakten auch dann durchsetzen und insbesondere unter Berücksichtigung der mit ihnen verfolgten Sicherungsabsicht in einer bestimmten Entscheidungssituation[187] auch zu einem theoretisch fundierten Konsens zu bringen wären, wenn es etwa zu keiner zulässigen Form der Bildung eines Rückstellungspostens für drohende Verluste aus Zinsrisiken im Bilanzbereich kommen sollte. Umgekehrt ist es auch möglich, daß sich bei einer tieferen Analyse herausstellt, daß aufgrund der gesamten Zinsrisikoposition der Bank eine Rückstellung für drohende Zinsverluste zu bejahen ist, und einzelne Sicherungsgeschäfte nur an diesem Gesamtvolumen, ähnlich einem Macro-Hedginggeschäft orientiert werden sollten. Die mit einer solchen Analyse verbundenen vielfältigen bewertungs- und bilanztheoretischen Probleme können im Rahmen der vorliegenden Arbeit allerdings nicht näher behandelt werden. Einen ersten Einblick und eine wertvolle Diskussionsgrundlage für die gesamte Problematik einer „Bilanzierung von Zinsänderungsrisiken in Kreditinstituten" bietet aber ein Aufsatz von Scholz aus dem Jahre 1984, der im folgenden Abschnitt behandelt wird.

5.3.2. Überlegungen zur Bilanzierung von Zinsänderungsrisiken

Im Zusammenhang mit der Bilanzierung von Macro-Hedginggeschäften ist zunächst das Problem einer bilanziellen Berücksichtigung des gesamten Zinsrisikos der Bank näher zu untersuchen. Scholz hat sich sehr eingehend mit dieser

---

[184] Vgl. Windmöller (1985), S. 222.

[185] Windmöller (1985), S. 223.

[186] Vgl. ebenda.

[187] Eben hieran mangelt es regelmäßig den Bilanzpositionen, weshalb keine unmittelbare Vergleichbarkeit mit den schwebenden Sicherungsgeschäften gegeben ist.

Thematik befaßt. Er stellt fest: „Zinsänderungsrisiken aus offenen Positionen (...) werden (...) zum Bilanzierungsproblem, wenn die in ihnen enthaltenen Verlustmöglichkeiten aufgrund der Marktzinsentwicklung zu unmittelbar drohenden Verlusten werden“[188]. Scholz stellt u.a. die Frage, ob die aus offenen Festzinspositionen bei einer bestimmten Marktzinslage sicher zu erwartenden Zinsverluste künftiger Rechnungsperioden in Form von Rückstellungen für drohende Verluste antizipiert werden müssen. Es ist somit zu untersuchen, ob die nicht realisierten Verluste aus offenen Festzinspositionen für sich allein oder gegebenenfalls — unter ihrer Einbeziehung — die aus dem schwebenden Gesamtgeschäft drohenden Verluste den Tatbestandsmerkmalen des § 249 Abs. 1 Satz 1 HGB entsprechen und dafür Rückstellungen auch nach dem Sinn dieser Vorschrift zulässig bzw. erforderlich sind[189].

Die erste Voraussetzung, daß es sich bei den in Rede stehenden Positionen um schwebende Geschäfte handeln muß, ist unbestritten erfüllt. Darlehensgewährungen oder -aufnahmen sowie andere Formen der entgeltlichen Zurverfügungstellung von Geldkapital auf Zeit sind ebenso wie etwa Mietverträge schwebende Geschäfte. Mit der Überlassung der Valuta ist die Leistung des Kreditgebers oder des Einlegers nicht voll erbracht. „Nicht der Geldbetrag ist (...) Gegenstand des Leistungsaustausches, sondern die Nutzungsüberlassung, für die der Preis als Zins gezahlt wird, und diese ist noch im Schwebezustand, soweit die Nutzungsperioden noch in der Zukunft liegen“[190]. Eine Rückstellung kann desweiteren mit Aussicht auf Erfolg nur gefordert werden, wenn es gelingt, im Rahmen des am Bilanzstichtag mit verbindlicher Wirkung für die Zukunft kontrahierten Festzinsgeschäftes die schwebenden Verlustgeschäfte willkürfrei und für Dritte nachprüfbar von den gewinnbringenden Geschäften zu trennen. Die Identifizierung des verlustbringenden Festzinsgeschäftes erfordert insbesondere eine Entscheidung darüber, „wie die Grundsätze der Einzelbewertung und der Nichtberücksichtigung von Gewinnen aus schwebenden Geschäften auf die hier vorliegenden Sachverhalte anzuwenden sind“[191]. Scholz wählt dafür eine getrennte Betrachtung der geschlossenen Position in der Zinsbindungsbilanz einerseits und der offenen Position andererseits, in die er sowohl die Aktiv- als auch die Passivüberhänge einbezieht. Es ergibt sich ein Schema mit den folgenden Konstellationen (Abb. 4):

---

188 Scholz (1984), S. 129.

189 Vgl. Scholz (1984), S. 130, analog zu § 152 Abs. 7 AktG 1965.

190 Hier und im folgenden Scholz (1984), S. 130.

191 Ebenda.

geschlossene Position / offene Position		schwebender	
		Gewinn	Verlust
		1	2
schwebender Gewinn	1	A	B
schwebender Verlust	2	C	D

Abb. 4: Schwebende Gewinn- und Verlustsituationen bei geschlossenen und offenen Positionen

Der Gewinnfall A ist hier nicht zu betrachten. Im Fall B muß der Verlust aus fest kontrahierten Minusmargen der geschlossenen Position — sicher ein Ausnahmefall — in voller Höhe zurückgestellt werden. Der sicher eintretende schwebende Verlust darf nicht um einen schwebenden Gewinn gekürzt werden, dessen Zustandekommen von der ungewissen weiteren Entwicklung des Marktzinses abhängt[192]. Der schon als katastrophal zu bezeichnende Fall D erfordert die Rückstellung für die Summe der beiden Teilverluste. Zu dem besonders interessanten und realistischen Fall C werden zwei Meinungen vertreten:

a) Der Gewinn aus der geschlossenen Position bleibt als nicht realisierter Gewinn aus schwebenden Geschäften außer Betracht; der Verlust aus der offenen Position ist in voller Höhe zurückzustellen.

b) Gewinn und Verlust sind zu saldieren, nur ein verbleibender Verlustsaldo ist zurückzustellen; die Trennung beider Bereiche ist willkürfrei nicht möglich. Deshalb ist als Bewertungseinheit das „Gesamtgeschäft“ anzusehen.

Scholz bevorzugt die unter b) dargestellte Ansicht, da Rückstellungen für Verluste aus einem rechnerisch ermittelten Teilergebnis besonders bei gewinnbringendem sonstigem Geschäft sowohl handels- als auch steuerrechtlich mit Aussicht auf Erfolg nur dann gefordert und durchgesetzt werden könnten, wenn keine wesentlichen Einwendungen gegen das Rechenverfahren denkbar sind. Diese Einwendungen hegt Scholz aber selbst z.B. gegen die Ermittlung des rückstellungsfähigen Verlustes aus der offenen Position, wie sie nach Meinung a) notwendig ist. Er bemerkt, daß die offene Festzinslücke nach Volumen und Marktzinssatz der zu ihrer Schließung erforderlichen Mittel bestimmt ist, der offene Festzinsüberhang dagegen zwar nach der Höhe, aber eben nur durch den

192 Scholz (1984), S. 131. Zu Abb. 4 vgl. dort Schaubild 4.

Durchschnittszinssatz aller enthaltenen Aktiva (oder umgekehrt Passiva) festgelegt ist. Damit, so könne man einwenden, sei der Überhang eine reine Rechengröße, existiere in Wirklichkeit gar nicht und sei nur eine willkürliche Konstruktion, zumal es fast immer möglich sei, (bei einem Aktivüberhang) den teuer zu beschaffenden Marktmitteln — ebenso gedanklich — einige gleichhoch oder höher verzinsliche Aktiva gegenüberzustellen[193]. Außerdem ergäben sich Zweifelsfragen zur Bemessung der Verlustrückstellungen, weil die Rechnungsperioden in der Zinsbindungsbilanz teils mit Gewinn, teils mit Verlust schließen können und die Verteilung von Gewinn und Verlust auf die Teilperioden u.a. von ihrer — willkürlich gewählten — Länge abhänge. Scholz macht jedoch deutlich, daß in der weit überwiegenden Mehrzahl der Banken „eine einigermaßen zuverlässige Bemessung der drohenden Zinsverluste nur auf Grundlage von Zinsbindungsbilanzen" möglich sei, „die aber zumeist aus technischen Gründen nicht oder noch nicht in der für eine Identifizierung der Verlustgeschäfte erforderlichen Vollkommenheit vorliegen". Darin sieht er auch den Hauptgrund dafür, daß Rückstellungen „mangels ausreichender Bestimmbarkeit der Verluste bisher (Anm. d. Verf.: bis 1984!) nach den Grundsätzen ordnungsmäßiger Bankbilanzierung weder in der Handelsbilanz noch in der Steuerbilanz gefordert werden" können[194].

Nach dem von Scholz daher seinerzeit noch präferierten Lösungsvorschlag würden Rückstellungen für drohende Zinsverluste „vorraussichtlich nur in den seltenen Fällen erforderlich werden, in denen Zinsänderungsverluste die Lage der Bank erheblich beeinträchtigt haben und bei entsprechender Zinsentwicklung weiter beeinträchtigen werden"[195]. So berichtet er, daß nach seiner Kenntnis (bis 1984) nur in zwei Fällen solche Rückstellungen gebildet und auch zur Grundlage der steuerlichen Veranlagung gemacht wurden. In beiden Fällen seien die Verluste aus Festzinsüberhängen allerdings so groß gewesen, daß im Gesamtgeschäft eine negative Zinsspanne erwirtschaftet wurde, was auch ohne Aufstellung einer Zinsbindungsbilanz erkennbar war.

Scholz hat selbst seinerzeit eine mögliche und wahrscheinliche Entwicklung hin zu einer Rückstellung für drohende Zinsverluste aufgezeigt, deren Stand heute zu überprüfen ist. Angeführt sei hier auch sein Hinweis auf ein entsprechendes Urteil des BGH vom 1.3.1982, wonach der BGH den Jahresabschluß einer Bank für nichtig befunden hat, weil bei Bestehen hoher Zinsänderungsrisiken Rückstellungen für schwebende Wertpapier-Termingeschäfte fehlten. Mit Blick auf dieses Urteil stellt Scholz die Frage, „ob Jahresabschlüsse künftig für nichtig erklärt werden können, weil (...) Rückstellungen für drohende Zinsverluste nicht gebildet wurden". Zwar lag dem Urteil „ein so extremer Sachverhalt zugrunde, daß eine Verallgemeinerung nicht ohne weiteres

193 Vgl. Scholz (1984), S. 132f. Analog gilt für einen Passivüberhang die Gegenüberstellungsmöglichkeit einiger gleichhoch oder niedriger verzinslicher Passiva.

194 Scholz (1984), S. 133.

195 Ebenda.

angängig erscheint". In weniger eindeutig gelagerten Fällen können nach Scholz aber bilanzielle Konsequenzen gezogen werden, „wenn die Institute über geeignete Sonderrechnungen verfügen, ebenso wie Devisen-Termingeschäfte erst bilanzierbar wurden, nachdem für zuverlässige Aufzeichnungen dieser Geschäfte gesorgt war"[196].

Dieser Einschätzung von Scholz ist hinzuzufügen, daß heutzutage in der Bankwirtschaft zumindest z.T. ganz erhebliche Anstrengungen auf dem Gebiet des Zinsrisikomanagement unternommen worden sind, so daß vielfach bereits ausreichend präzise Verlustprognosen für den Fall von Marktzinsänderungen möglich sind. Sollte daher die Zinssenkungsphase der letzten Jahre zukünftig wieder einmal in eine Phase nachhaltig steigender Marktzinssätze übergehen, wird die Frage der Zinsrisikorückstellungen mutmaßlich auf breiterer Front virulent werden. Scholz selbst hat das Problem in den Bereich der technischen Durchführbarkeit verlagert, die bilanztheoretische Frage nach der Berechtigung solcher Rückstellungen ist vom Grundsatz her, nicht zuletzt aufgrund der Entwicklung im Bereich der vergleichbaren Währungsrisiken, sicher zu bejahen.

5.3.3. Die Bilanzierung von Macro-Hedginggeschäften

Zur Bilanzierung von Macro-Hedginggeschäften gibt es auch in den USA keine besonderen Rechnungslegungsvorschriften. Sie werden dort in der Praxis ebenso behandelt wie spekulative Transaktionen, d.h. einzeln, aber zum Marktbewertungsprinzip bewertet. Das oben beschriebene Hedge-Accounting gemäß FASB No. 80 findet also keine Anwendung. Zum gegenwärtigen Zeitpunkt wird im Regelfall auch in Deutschland die für spekulative Transaktionen verwendete Bilanzierung, d.h. die Beachtung des Grundsatzes der Einzelbewertung und des Niederstwertprinzips anzuwenden sein[197]. Sollte das Macro-Hedginggeschäft in der Form ausgestaltet sein, daß einem identifizierbaren Pool von Aktiva und Passiva ein Sicherungspool von für das Hedging geeigneten, verschiedenen Terminkontraktpositionen gegenübergestellt wird, so daß sich insgesamt eine hohe Korrelation zwischen Kassa-Portefeuille einerseits und Termin-Portefeuille andererseits ergibt, wäre zu überlegen, ob dann nicht auch die Bildung einer Bewertungseinheit, wie bei einem Micro-Hedginggeschäft, in Betracht kommt. Ähnliche Überlegungen gelten auch für Portfolio-Hedginggeschäfte zur Sicherung von Marktwertänderungen eines festen Portefeuilles zum Verkauf anstehender und/oder besonders vom Abschreibungsrisiko bedrohter Wertpapiere.

Sollte sich schließlich eine Rückstellung für drohende Verluste aus Zinsänderungsrisiken in der Bilanz durchsetzen lassen, müßten abgeschlossene Macro-Hedginggeschäfte zumindest bei der Bemessung der Höhe dieser Rückstellung berücksichtigt werden.

---

[196] Scholz (1984), S. 135.

[197] Vgl. Schmekel (1983), S. 895.

5.4. Zinsterminkontrakttransaktionen im Anhang des Geschäftsberichtes

Die Aufgabe der Begrenzung unerwünschter exzessiver Spekulationsgeschäfte kann bei einer gegebenen, quantitativen bankaufsichtlichen Regelung (etwa durch eine Bindung an das haftende Eigenkapital), wie wir sie oben gegenüber einer qualitativen Begrenzung bevorzugt haben, zu einem großen Teil den Marktkräften überlassen werden. Hierzu ist jedoch eine allgemein anerkannte, abgrenzende Definition von Spekulations- (Handels-) Geschäften und Hedginggeschäften notwendig, etwa derart, wie wir sie hier in Grundzügen vorgestellt haben. Zweitens ist eine klare Trennung der so definierten Geschäfte in der praktischen Durchführung des Zinsterminkontrakthandels in der Bank vorzunehmen. Drittens wird eine Form der externen Rechnungslegung erforderlich, die den Umfang der Zinsterminkontraktpositionen nach den o.g. Kriterien getrennt offenlegt, so daß alle Marktteilnehmer, insbesondere die Gläubiger des Kreditinstitutes, den Umfang der Spekulation ausmachen können. Windmöller weist zwar darauf hin, daß es nicht explizit die Aufgabe der Bilanzierungsvorschriften und -konventionen sei, „unerwünschte risikoreiche und komplizierte Geschäftstätigkeiten zu behindern oder zu begrenzen". Die GoB könnten auch nicht fehlende aufsichtsrechtliche Normen ersetzen oder ergänzen. Er deutet allerdings an, daß Bilanzierungsvorschriften in diesem Zusammenhang mittelbar begrenzend wirken können, „wenn Unternehmen besorgt sind, daß eine Offenlegung von Art und Umfang einzelner Geschäfte im Jahresabschluß zu einer negativen Beurteilung des Unternehmens insgesamt führen kann"[198]. Von besonderer Bedeutung ist in diesem Zusammenhang der Anhang der Kreditinstitute, der diese wichtige Informationsfunktion übernehmen kann. Explizit findet sich in der EG-Bankbilanzrichtlinie vom 8.12. 1986[199] in Artikel 41 Nr. 2 h) eine entsprechende Vorschrift, nach der u.a. auch die Zinsterminkontrakte, getrennt nach Handels- und Hedginggeschäften, aufzuführen sind, soweit sie einen nennenswerten Teil ausmachen. In diesem Fall erscheint uns auch die Angabe zumindest der entsprechenden Volumina erforderlich[200].

Bankenaufsicht und Geschäftsbericht sind vor allem durch den Aspekt des Gläubigerschutzes, der sowohl der bankaufsichtlichen Tätigkeit als auch der externen Rechnungslegung zugrunde liegt, eng miteinander verzahnt. Insofern sind wir auch entgegen der Ansicht von Windmöller[201] der Meinung, daß die GoB fehlende aufsichtsrechtliche Normen zwar nicht ersetzen, aber zumindest ergänzen können. Ob eine Politik, die die Eigenkapitalanforderungen bei Kreditinstituten generell mehr an der Summe aller Risiken aus bilanzwirksamen

---

198 Windmöller (1987), S. 168f.

199 Rat der Europäischen Gemeinschaften (1986).

200 A.A ist Windmöller (1988). S. 108. Windmöller betont, daß es sich nur um eine *Aufstellung* der Termingeschäfte handelt, während die Angabe von Volumina, Laufzeiten etc. nicht gefordert sei.

201 Windmöller (1987), S. 168.

und bilanzunwirksamen Geschäften ausrichtet und nicht nur vorrangig Einzelrisiken (vor allem von bilanzwirksamen Geschäften) zugrunde legt, die Bereitschaft zu größerer Publizität in der Rechnungslegung über die innovativen Geschäftstätigkeiten heben würde[202], darf allerdings bezweifelt werden. Es geht nämlich nicht — wie die genannten Autoren unterstellen — darum, daß die Kreditinstitute bestimmte Informationen über diejenigen bilanzunwirksamen Geschäfte zurückhalten wollen, die sie im Zuge der „Flucht aus den aufsichtlich verwendeten Risikoabbildungen“[203] unternommen haben. Vielmehr erhält das BAKred heute bereits eine Reihe dieser Informationen über die relevanten Geschäfte außerhalb der Bilanz ohnehin schon regelmäßig im Rahmen der Monatlichen Bilanzstatistik[204] bzw. des monatlichen Berechnungsbogens zum Grundsatz Ia[205]. Ein wirkliches Problem liegt vielmehr in dem wachsenden Informationsgefälle zwischen der Bankenaufsicht, die immer mehr Informationen erlangt, und dem „normalen“ Bilanzleser, dem die o.g. Informationen weiterhin vorenthalten werden. Man kann nicht davon ausgehen, daß die Banken dieses Informationsdefizit ohne weiteres freiwillig abbauen werden. Gerade bei einer quantitativ orientierten Risikobegrenzung der Bankaufsichtsbehörden durch Akkumulation gewichteter Einzelrisiken und den sich daraus vielleicht ergebenden Umrechnungs- und Aggregationsungenauigkeiten wird der Bilanzleser um so eher das Bedürfnis haben, einen Einblick in die Höhe der relevanten Einzelrisiken oder zumindest in die Volumina der zugrundeliegenden bilanzunwirksamen Geschäfte zu bekommen. Gerade im Bereich der Finanzinnovationen ist bislang ein solcher ausreichender Einblick in die Risiko- und damit Finanzlage des Kreditinstitutes gemäß § 264 Abs. 2 HGB häufig in Frage gestellt[206].

Der wiederholt geäußerten Ansicht[207], ein beachtlicher Teil der Bilanzleser sei nicht willens oder in der Lage, sachkundig den Geschäftsbericht einer Bank zu lesen, ist zwar wohl (leider) zuzustimmen. Die gläubigerschützende, zusätzliche Informationsfunktion kann also tatsächlich nicht unmittelbar erzielt werden. Dies bedeutet aber nicht, daß die betroffenen Gläubiger keine Kenntnis der relevanten Informationen bekommen würden. Die Wirtschaftspresse erfüllt hier eine wichtige Informationsverbreitungs- und Informationstransformationsfunktion, da sie

[202] v. Stein/Kirschner (1987), S. 111.

[203] Dieser Begriff wurde geprägt von Krümmel (1985), S. 111.

[204] So sind seit Juni 1986 die Meldungen für die monatliche Bilanzstatistik der Deutschen Bundesbank u.a. um die Euronotes-Fazilitäten sowie die Swapgeschäfte erweitert worden.

[205] Hier ist die freiwillige Ausgliederung der Volumina von Zins-, Index-, Edelmetall- und Devisenterminkontrakten, getrennt nach Kauf- und Verkaufskontrakten gemäß BAKred (1985), Ziffer VI gemeint.

[206] Vgl. Windmöller (1987), S. 170; dem folgend Schwarze (1987), S. 36; ebenso v. Stein/Kirschner (1987), S. 18.

[207] So etwa Kremkow (1980), S. 82.

— über sachkundige Bilanzleser verfügt,
— aus Gewinnerzielungsmotiven („Schlagzeile") ein Interesse daran hat, u.a. auch Informationen über gläubigergefährdende Tatbestände zu veröffentlichen und
— diese Informationen derart bündelt und aufbereitet, daß sie schließlich von einem großen Teil auch der betroffenen Gruppen gelesen und verstanden werden (können), die den entsprechenden Geschäftsbericht nicht lesen oder hierzu nicht in der Lage sind.

Damit dürfte aber in der Bevölkerung insgesamt ein Informationspotential zur Verfügung stehen, das ausreicht, freilich wiederum gefilterte Informationen auch an jene betroffenen Gruppen weiterzuleiten, die noch nicht einmal entsprechende Meldungen der Wirtschaftspresse verfolgen (können).

Ergänzt würde die Schutzfunktion indirekt auch durch die erwähnte Bedeutung der relevanten Informationen im Hinblick auf Standing-, also Marktzutrittsüberlegungen der Kreditinstitute untereinander. Größere Spekulationstransaktionen eines Kreditinstitutes würden von den Marktpartnern sicher kritisch verfolgt werden, eine exzessive Spekulationstätigkeit dürfte das sofortige „Aus" im Markt bedeuten.

6. Zusammenfassung

Die Auseinandersetzung im Schrifttum und in der Praxis zeigt die Schwierigkeiten, unterschiedliche Zinsterminkontrakttransaktionen von Kreditinstituten hinsichtlich ihrer risikobegründenden bzw. risikobegrenzenden Funktion zu systematisieren. Zur Unterscheidung spekulativer und absichernder Kontraktpositionen in bezug auf das Zinsspannenrisiko integrieren wir die Zinsterminkontrakte in eine Zinsbindungsbilanz. Ferner untersuchen wir die Kontrakte auf das sogenannte Abschreibungsrisiko und analysieren entsprechende Sicherungsmöglichkeiten. Dabei ergeben sich insbesondere Probleme, wenn bisher alle Wertpapiere des Anlagevermögens der bilanzierenden Bank zum Niederstwert ausgewiesen werden. Mit Hilfe der Zinsterminkontrakte oder ähnlicher zinsrisikobegrenzender Instrumente bieten sich hier Absicherungen gegen das Abschreibungsrisiko bei Verzicht auf die Niederstbewertung mit einer entsprechenden Erläuterung im Geschäftsbericht an.

Mit den Kategorien „Risikowirkungen" und „Transaktionsmotive" wird eine Systematik der möglichen Kontrakttransaktionen entwickelt, die für die Untersuchung bilanzieller Abbildungsformen geeignet erscheint. Die Hedginggeschäfte erfordern neben der Sicherungsabsicht eine hinreichende Sicherungseignung, um als solche in der Bilanz behandelt werden zu können. Diese Anforderungen sind vergleichbar mit denen, die in den USA für derartige Transaktionen gestellt werden.

Im Rahmen einer Analyse bankaufsichtlicher Regulierungsmöglichkeiten von Zinsterminkontrakten ist die vom BAKred lange Zeit vertretene qualitative Begrenzung über ein Verbot spekulativer Transaktionen abzulehnen. Stattdessen ist eine quantitative Begrenzung als sachgerecht anzusehen, die im übrigen vergleichbar mit der Behandlung des Devisentermingeschäftes wäre. Nicht zuletzt die Bedeutung der Spekulation für das Funktionieren von Hedginggeschäften ermöglichenden Zinsterminkontraktmärkten ist für diese Einschätzung verantwortlich. Eine denkbare Lösung wäre eine quantitative „Paket"-Lösung, die sowohl Zinsterminkontrakte als auch entsprechende andere Instrumente des Zinsrisikomanagements sowie auch die zinstragenden Positionen der Bilanz beinhalten könnte. Gegenwärtig plant das BAKred allerdings lediglich eine isolierte Begrenzung der offenen Positionen für Zinstermingeschäfte und für Optionsgeschäfte im Zuge einer Erweiterung des Grundsatzes Ia BAKred.

Das zentrale Bilanzierungsproblem der Zinsterminkontrakte liegt darin, inwieweit eine strikte Anwendung des Einzelbewertungsgrundsatzes erfolgen muß bzw. unter welchen Bedingungen Bewertungseinheiten aus juristisch unabhängigen, aber wirtschaftlich zusammengehörigen Einzelpositionen gebildet werden dürfen. Die Beurteilung dieser Frage ist an der bei Devisentermingeschäften üblichen Bilanzpraxis zu messen. Selbst wenn man dort die Zulässigkeit der Bildung von Bewertungseinheiten als zu großzügig einschätzt, ist die strenge Anwendung des Einzelbewertungsgrundsatzes nicht haltbar, weil sie der ökonomischen Realität der Risiko- und Finanzlage bei Zinsterminkontrakten zu Sicherungszwecken nicht gerecht wird. Oft ergibt sich zwangsläufig die Legung stiller Reserven via überhöhte Risikorückstellungen und damit ein Verstoß gegen die Generalnorm des § 264 Abs. 2 HGB. Voraussetzung zur Bildung zulässiger Bewertungseinheiten ist eine ausreichende Beachtung des Vorsichtsprinzips, das hinter der Einzelbewertungsvorschrift steht. In diesem Zusammenhang wird der Vorwurf erhoben, Bewertungseinheiten im Zinsterminkontraktmarkt hätten eine zu geringe Qualität (wegen der extremen Standardisierung der Kontrakte) und eine zu geringe Bestandsstabilität (wegen der einfachen vorzeitigen Auflösbarkeit von Bewertungseinheiten). Die Zulässigkeit von Bewertungseinheiten kann jedoch nicht von der reinen technischen Abwicklung abhängig gemacht werden. Vielmehr ist dafür Sorge zu tragen, daß einmal gebildete Bewertungseinheiten im Rechnungswesen objektivierbar Bestand haben und somit eine willkürliche, subjektive Auflösung einer vorher intendierten Sicherungseinheit ausgeschlossen ist. Die Zusammenlegung offener Zinsterminkontraktpositionen darf allerdings nicht so weit gehen, daß Kontrakte gleichen Fälligkeitstermins pauschal zu Bewertungseinheiten zusammengefaßt werden.

Bei spekulativen Positionen, bei denen der Einzelbewertungsgrundsatz obligatorisch angewendet wird, ist anders als in den USA nicht nach dem Marktbewertungsprinzip, sondern nach dem strengen Niederstwertprinzip zu verfahren. Die tägliche Gewinn- und Verlustrealisation im Gleichklang mit der Abrechnung des Brokers verstößt gegen das Realisationsprinzip und kommt daher für deutsche Kreditinstitute nicht in Frage. Das Marktwertkonzept wird auch in Zukunft auf der Zahlungsbemessungsebene hierzulande keine Rolle spielen. Wachsende internationale Einflüsse dieser Art auf die Rechnungslegungsvorschriften können aber — dies wird nicht zuletzt auch in der EG-Bankbilanzrichtlinie deutlich — auf der Informationsebene durch größere Offenlegungspflichten von Marktwerten zum Ausdruck kommen.

Ausgehend von der in den USA zulässigen Bewertungspraxis des Hedge accounting bei Micro-Hedginggeschäften analysieren wir Möglichkeiten zur Bilanzierung von Bewertungseinheiten in Deutschland, auch im Vergleich zu den Devisentermingeschäften. In der bisherigen Diskussion werden solche Bewertungseinheiten bei Zinsterminkontrakten u.a. deshalb abgelehnt, weil noch kein Konsens über eine Gesamtlösung hinsichtlich der Rückstellungen für Zinsänderungsrisiken erzielt worden ist. Die Praxis des Hedge accounting in den USA erscheint insofern ausreichend, als bei dem jeweiligen Hedginggeschäft geprüft wird, ob die abzusichernde Position das Gesamtzinsrisiko des Kreditinstituts erhöht und ob das Hedginggeschäft geeignet ist, dieses Risiko zu vermindern. Von mehreren Seiten wird es allerdings für notwendig gehalten, die Zulässigkeit solcher Micro-Hedginggeschäfte von umfassenden Lösungen zur Zinsrisikobilanzierung abhängig zu machen. Daher ziehen wir die Überlegungen von Scholz zur Zinsrisikorückstellung heran und machen sie zum Ausgangspunkt für weitere Überlegungen zur Einbindung von Macro-Hedginggeschäften. Abschließend zeigen wir auf der Basis der Vorschriften der EG-Bankbilanzrichtlinie Möglichkeiten zur Aufnahme von Zinsterminkontrakttransaktionen im Anhang des Geschäftsberichtes auf. Diese Darstellung im Anhang ist angesichts der gegenwärtigen Rechtslage von großer Bedeutung, denn bislang besteht ein erhebliches Informationsdefizit. Weniger der unmittelbare bankaufsichtliche Eingriff, als vielmehr die indirekte Begrenzung über eine Offenlegung spekulativer Transaktionen im Anhang könnte auch der angemessene Weg zur Regulierung der neuen Finanzmarktinstrumente sein. Nicht zuletzt Standing-Überlegungen dürften in dieser Hinsicht einen überhöhten Ausweis spekulativer Geschäfte verhindern helfen.

E. Swapgeschäfte im Geschäftsbericht von Kreditinstituten

1. Definition der Swapgeschäfte und die grundlegenden Swaparten

1.1. Definition der Swapgeschäfte

„Swapgeschäfte sind Finanztransaktionen, bei denen
— zwei Vertragsparteien vereinbaren,
— Zahlungsströme,

— die aus bereits bestehenden oder noch zu begründenden Forderungen oder Verbindlichkeiten resultieren,
— über eine bestimmte Periode
— auszutauschen,
— um komparative Vorteile, die einer der Vertragspartner an bestimmten Finanzmärkten oder Finanzmarktsegmenten hat,
— (in der Regel gegen Entgelt),
— zum beiderseitigen wirtschaftlichen Vorteil
— zu arbitrieren[1].

Das Swap-Instrumentarium ermöglicht somit eine Übertragung der Theorie der komparativen Kosten auf die Finanzmärkte[2]. Je nachdem, ob Zahlungsforderungen oder -verbindlichkeiten Gegenstand einer Swap-Transaktion sind, werden „asset swaps“ und „liability swaps“ unterschieden. Die Swaptechnik ist bei beiden Formen identisch[3]. Bei der Entwicklung der Swapmärkte standen lange Zeit die liability swaps im Vordergrund. In jüngster Zeit finden allerdings auch zunehmend asset swaps Verbreitung.

Die Swapgeschäfte lassen sich in die Kategorien Zinsswaps (interest rate swaps), Währungsswaps (currency swaps) und deren Kombination als Zins- und Währungsswap (cross currency interest rate swap) unterteilen[4]. Wir konzentrieren uns auf die jeweiligen Grundformen dieser Swaparten. Sie sind am Markt vorherrschend und stellen die Grundlagen für zahlreiche Variationen von Swaptechniken dar, die inzwischen in Literatur und Praxis zu finden sind. Im Vordergrund der Bilanzierungsdiskussion stehen die Zinsswaps in ein und derselben Währung, während die Währungsswaps zwar ähnliche, aber vergleichsweise geringe Bilanzierungsprobleme aufwerfen und daher hier auch nur in einem kurzen Abschnitt behandelt werden[5].

1.2. Zinsswaps

Bei einem (liability-)Zinsswap vereinbaren die Vertragsparteien ausschließlich den Austausch von Zinsverbindlichkeiten, die aus der Aufnahme von Geldmitteln gleicher Höhe und Währung, aber unterschiedlicher Zinsberechnungsbasen, entstanden sind. Die entsprechend finanzierten Kapitalbeträge (aus dem Kredit oder der Anleihe) werden nicht übertragen, sondern verbleiben für die gesamte Laufzeit der Mittelaufnahme beim jeweiligen Schuldner[6]. Es entstehen somit auch keine gegenseitigen Kapitalforderungen. Durch den

---

[1] Vgl. etwa Levedag (1985), S. 8; Storck (1985), S. 3.

[2] Vgl. Gröschel (1987); Arnold/Burg (1987); ebenso Leukers (1986), S. 9.

[3] Levedag (1985), S. 8.

[4] Vgl. etwa Büschgen (1986), S. 322; Levedag (1986), S. B8.

[5] Siehe Abschnitt 7 dieses Kapitels.

[6] Vgl. Levedag (1986), S. B8.

Zinsswap ergeben sich keine rechtlichen Auswirkungen auf die ursprünglichen Kreditverhältnisse der Vertragsparteien[7]. Ein Zinsswap läßt sich auch als eine Serie von Zinstermingeschäften mit Liefertermin jeweils zu den Tauschzeitpunkten der Zahlungsströme bezeichnen.

Beim reinen Zinsswap (Coupon-Swap)[8] tauschen die Parteien die Zinszahlungsverpflichtung einer zinsvariablen Verbindlichkeit gegen die einer festverzinslichen Mittelaufnahme. Mit der Swap-Vereinbarung übernimmt A die variable Zinsverpflichtung von B und vice versa B die Festzinsverpflichtung von A.

Eine Sonderform des Zinsswaps ist der Basis-Swap (variabel-in-variabel-Zinsswap). Dabei werden zwei variable Zinszahlungsströme getauscht, die mit Hilfe unterschiedlicher Basiszinssätze (z.B. Prime rate versus LIBOR) berechnet werden[9]. Ein Basis-Swap ist äquivalent zu einem Paket aus zwei verbundenen einfachen Zinsswaps A und B, bei denen die Zahlungsströme zunächst bei Swap A von variabel zu fest und anschließend mit Swap B (auf einer anderen Zinsbasis) von fest auf variabel konvertiert werden.

Eine Zinsverrechnung findet grundsätzlich dann statt, wenn die Vertragspartner ihrerseits die aufgenommenen Gelder bedienen müssen[10].

1.3. Währungsswaps

Bei einem (liability-)Währungsswap tauschen die Vertragspartner in unterschiedlichen Währungen denominierte Kapitalbeträge und die daraus resultierenden Zinsverbindlichkeiten gleicher Zinsberechnungsbasis. Der Austausch der Kapitalbeträge erfolgt zu Beginn der Laufzeit des Swaps zum aktuellen Devisenkassakurs. Gleichzeitig wird vereinbart, die Kapitalbeträge per Fälligkeitstermin des Swapgeschäftes zum *gleichen* Kurs zurückzutauschen[11]. Kassakurs und Terminkurs (Erfüllungskurs) sind identisch, weil — im Gegensatz zum traditionellen Devisenswapgeschäft — auch die Zinsverpflichtungen über die Laufzeit des Swaps in voller Höhe ausgetauscht werden und damit im Terminkurs keine Zinsdifferenz zwischen beiden Währungen in Form eines Deports (Abschlag) oder Reports (Zuschlag) auszugleichen ist[12].

---

[7] Vgl. Gondring/Albrecht (1986), S. 329.

[8] Vgl. Bank for International Settlements (1986), S. 37.

[9] Vgl. etwa Arnold (1984), S. 100; Bank for International Settlements (1986), S. 37; Pritchard (1984), S. S6.

[10] Vgl. Schmidt-Weyland (1984), S. 11.

[11] Vgl. etwa Gondring/Hermann (1986), S. 329; Lerbinger (1985a), S. 245; Storck (1985), S. 462.

[12] Vgl. Levedag (1985), S. 8.

1.4. Kombinierter Zins- und Währungsswap[13]

Der kombinierte Zins- und Währungsswap (cross currency interest rate swap) verbindet die Merkmale von Zins- und Währungsswap. Dabei tauschen die Vertragsparteien gleichhohe Kapitalbeträge in unterschiedlichen Währungen und die dazugehörigen Zinszahlungsströme mit unterschiedlicher Zinsberechnungsbasis. In der Regel erfolgt der Austausch einer variabel verzinslichen Verbindlichkeit gegen eine Festzinsverbindlichkeit in einer anderen Währung. Die kombinierten Zins- und Währungsswaps sind als eine Sonderform der Währungsswaps anzusehen.

2. Rechtliche Grundlagen von Swapgeschäften

Swapgeschäfte gehören im Rahmen der zwei — bzw. mehrseitig verpflichtenden Verträge zu den sogenannten synallagmatischen (= gegenseitigen) Verträgen. Bei diesen Schuldverhältnissen ergeben sich wechselseitige Schuldner- und Gläubigerbeziehungen zwischen den Vertragsparteien, wobei jeder Vertragspartner die Verpflichtung zu einer eigenen Leistung nur deshalb eingeht, weil sich der andere Teil zu einer Gegenleistung verpflichtet. In derartigen Verträgen hat die Vertragspartei A die eigene Leistung schließlich nur dann zu erbringen, wenn sie gleichzeitig die Gegenleistung von B erhält, es sei denn, A ist zur Vorleistung verpflichtet[14]. Swapgeschäfte gehören in diesem Zusammenhang zu den Austauschverträgen. Sie sind auf einen Austausch zwischen Vertragsparteien gerichtet, die sich in einem Interessengegensatz gegenüberstehen.

Der Währungsswap ist hinsichtlich des Elements „Kapitalbetrag“ ein Devisenkauf und -verkauf mit denselben Kontrahenten zu unterschiedlichen Zeitpunkten. Er ist ebenso wie der traditionelle Devisenswap[15] als doppelter Devisenkauf und -verkauf (§§ 433 ff. BGB) und nicht als doppelter Tausch (§ 515 BGB) oder Kauf mit Rückkauf zu qualifizieren. Wirtschaftlich handelt es sich um den Nutzungstausch von zwei Währungen, weil zum Schluß jeder Kontrahent seine eigene Währung zurückerhält[16]. Darüber hinaus führt der gleichzeitige Tausch der zugehörigen Zinszahlungsströme dazu, daß jede Partei — anders als beim traditionellen Devisenswap, bei dem erst über den höheren oder niedrigeren Devisenterminkurs nachträglich eine Ausgleichszahlung für die vorhergehende Kapitalnutzung in Fremdwährung erfolgt, — unmittelbar das zur Kapitalnutzung zugehörige Nutzungsentgelt pro rata temporis entrichtet. Beim modernen Währungsswap stellt sich somit auch nicht die Frage nach einer zeitanteiligen Abgrenzung des Swapsatzes über die Laufzeit.

---

[13] Vgl. etwa Pritchard (1984), S. S7; Glaab/Kraft (1986), S. 153 ff.; Gondring/Hermann (1986), S. 329.

[14] Zu den synallagmatischen Veträgen vgl. insbesondere Bieg (1977), S. 16 ff. m.w.N.

[15] Vgl. hierzu und im folgenden Groh (1986), S. 875 f., Kümpel (1986), S. 668.

[16] Kümpel (1986), S. 668.

(Liability-)Zinsswaps werden in der Praxis als Tausch von Verbindlichkeiten bezeichnet. Es handelt sich dabei jedoch nicht um einen Tausch im Sinne des § 515 BGB (auf den die kaufrechtlichen Bestimmungen entsprechend Anwendung finden). Dazu müßte ein Vertrag vorliegen, durch den sich beide Vertragspartner verpflichten, dem anderen Sachen und Rechte gegen Sachen oder Rechte zu verschaffen. Tauschfähig in diesem Sinne sind nur solche Gegenstände, über die auch ein Kaufvertrag abgeschlossen werden könnte. Solche tauschfähigen Vermögenswerte sind jedoch bei Swaps über Zinsverpflichtungen nicht gegeben. Selbst bei einem (asset)-Zinsswap liegt kein Tauschgeschäft im rechtlichen Sinne vor, weil die erforderliche wechselseitige Übertragung der getauschten Forderungen unterbleibt. Die Kontrahenten stellen sich vielmehr nur wirtschaftlich so, als ob eine solche rechtliche Übertragung stattgefunden hätte. Hierzu brauchen sie nur die von ihren jeweiligen Schuldnern angeschafften Beträge zu tauschen. Eine derartige nur wirtschaftliche „Übertragung" von Forderungen ohne Zession stellt jedoch keinen Tausch im juristischen Sinne dar. Ebenso liegt auch keine Erfülungsübernahme im Sinne von § 329 BGB vor; bei einer solchen Erfüllungsübernahme verpflichtet sich der Schuldner zu einer Tilgungsleistung unmittelbar an den Gläubiger seines Vertragspartners. Beim Zinsswap hat jedoch jeder Kontrahent die fälligen Zinsen seinem Gläubiger selbst anzuschaffen. Auch eine Schuldübernahme (§§ 414, 415 BGB) scheidet aus, da keiner der beiden Partner des Swapgeschäftes eine Verpflichtung gegenüber dem Gläubiger seines Kontrahenten eingeht. Das Swapgeschäft stellt die Vertragsparteien nur so, als ob hinsichtlich der Zinsverbindlichkeiten eine befreiende Schuldübernahme stattgefunden hätte. Der Austausch der Zinsverpflichtungen stellt daher keine rechtliche, sondern nur eine wirtschaftliche Schuldübernahme dar[17]. Das Swapgeschäft ist im übrigen rechtlich unabhängig von den zugrundeliegenden Finanzierungsgeschäften, es ist Gegenstand eines separaten Vertrages. Die zugrundeliegenden Gegenpositionen sind dem jeweils anderen Swap-Vertragspartner häufig nicht einmal bekannt[18].

Die beiderseitigen Ansprüche sind auch keine Darlehensforderungen, die auf Grund des Swaps geleisteten periodischen Zahlungen daher auch keine Zinszahlungen[19] im Sinne eines Entgelts für die Kapitalüberlassung für eine bestimmte Periode.

3. Die Funktion der Banken bei Swap-Geschäften

Kreditinstitute betätigen sich im Swap-Geschäft als Arrangeure, als Swap-Partner und als Intermediaries.

---

[17] Vgl. Kümpel (1986), S. 668f.

[18] Vgl. Bosch (1986), S. 185.

[19] Vgl. Bosch (1986), S. 185f.

Als *Arrangeure* treten die Banken als bloße Vermittler von Swap-Kontrakten für Dritte auf. Außerdem beraten sie die Swap-Parteien und übernehmen die Abwicklung der Swap-Zahlungen[20]. Die Bank geht selbst keinerlei Risiken aus den Swap-Transaktionen ein[21]. Eine besondere bilanzielle Berücksichtigung ist nicht notwendig, da die Arrangement-Funktion auch im Rahmen der Tätigkeit der Bank als Intermediary (s.u.) abgedeckt wird.

Als *Swap-Partner* können die Banken Swapgeschäfte aus den verschiedenartigsten Gründen eingehen, wie die übrigen sogenannten „end users"[22] auch. Die getauschten Zahlungsströme werden dabei im Hinblick auf günstigere Finanzierungs- oder Refinanzierungsmöglichkeiten, aus Spekulationsmotiven oder zur Absicherung/Umstrukturierung einer gegebenen Bilanzstruktur etc. abgeschlossen.

Als *Intermediary* fungiert das Kreditinstitut nur als Zwischenpartei, die mit den beteiligten Swap-Parteien völlig unabhängig voneinander Swap-Transaktionen vereinbart, ohne daß die Partner in einem direkten Vertragsverhältnis zueinander stehen oder miteinander in Verbindung treten[23]. Die Intermediary-Bank selbst hat kein originäres Interesse an den getauschten Zahlungsströmen, sondern nur an den Provisionserträgen aus der Übernahme der Intermediary-Funktion. Die Intermediary-Bank schließt jeweils separate Verträge mit den Swap-Parteien ab. Sie übernimmt rein technisch nur die Durchleitung der mit dem Swap verbundenen Zahlungsströme, vertragsrechtlich aber gegenüber beiden Seiten eine Erfüllungsgarantie[24]. Sofern eine der Vertragsparteien (A) zahlungsunfähig wird (wesentliche Verzögerungen der Zahlungen seien eingeschlossen), ist der Intermediary verpflichtet, an die vertragstreue Partei (B) weiterhin die vereinbarten Zinszahlungen zu leisten bzw. bei Vertragsablauf entstehende Kursverluste aus Fremdwährungsbeträgen auszugleichen[25]. Der Bank verbleibt also eine offene Swap-Position. Sie muß die ausfallenden Zahlungen von und zu A neu darstellen. Die dabei entstehenden Wiederbeschaffungskosten sind das Maß für das vom Intermediary übernommene Kreditrisiko aus dem Swap-Geschäft. Die Höhe dieses Ausfallrisikos ist eine Funktion von

— Zeitpunkt des Eintritts und Wahrscheinlichkeit der Insolvenz eines Vertragspartners (Bonitätsrisiko und Termin- bzw. Liquiditätsrisiko, das Transferrisiko kann bei den für Swaps verwendeten Währungen vernachlässigt werden)

---

[20] Vgl. etwa Gondring/Hermann (1986), S. 330f.; Glaab/Kraft (1987), S. 155f.

[21] Vgl. etwa Lerbinger (1985b), S. 294; Glaab/Kraft (1987), S. 156.

[22] Gemeint ist damit der Abschluß von Swapgeschäften für den Eigenbedarf der abschließenden Partei.

[23] Vgl. etwa Reinhardt (1985b), S. 671; Lerbinger (1985b), S. 155f.

[24] Vgl. etwa Gondring/Hermann (1986), S. 332; Büschgen (1986), S. 327.

[25] Vgl. hierzu und im folgenden Krümmel (1986), S. 39.

— Wahrscheinlichkeit und Ausmaß einer Abweichung der dann geltenden Marktpreise (Zinssätze, Wechselkurse bzw. Swap-Preise) von den kontrahierten Sätzen in die Richtung, die einen Verlust[26] für den Intermediary bedeutet. Das Verlustrisiko aus dem Swap-Geschäft ist somit eine bedingte Wahrscheinlichkeit von zwei, nicht notwendigerweise voneinander abhängigen Ereignissen[27].

4. Die Ermittlung des Marktwertes von Swapvereinbarungen[28]

Ausgangspunkt bei der Marktwertermittlung eines isolierten Zinsswapgeschäftes ist die Überlegung, daß ein Zinsswap die Charakteristika einer herkömmlichen Festzinsanleihe auf der Festzinsseite mit denen einer üblichen floating rate note (FRN) auf der Seite des zinsvariablen Zahlungsstroms verbindet. Der Swap wird als gleichzeitiger Austausch von zwei unabhängigen, hypothetischen Wertpapieren mit gleicher Laufzeit angesehen. Bei dieser Betrachtungsweise ist der Festzinszahler Verkäufer einer hypothetischen Festzinsanleihe an den Zahler des zinsvariablen cash flows, sein Vertragspartner Verkäufer einer hypothetischen FRN an den Festzinszahler. Der Nennwert der beiden hypothetischen Anleihen entspricht dem Nennwert des Swaps. Im einfachsten Fall entspricht auch der Marktwert beider Swapseiten im Abschlußtermin dem Nennwert des Swaps. Diese Swaps werden als par swaps bezeichnet. Swaps, bei denen die Marktwerte beider Seiten zu Beginn der Swaplaufzeit zwar gleich, aber abweichend vom Nennwert sind, werden als even swaps bezeichnet. Die Swaps, bei denen bereits zum Abschlußtermin die Marktwerte beider Zahlungsströme differieren, werden differential swaps genannt. Even swaps und differential swaps fallen beide in die Kategorie der nonpar swaps. Bei differential swaps wird zum Ausgleich der unterschiedlichen Marktwerte zu Beginn des Swaps von der einen Partei eine Ausgleichszahlung an die andere Partei geleistet.

Zu jedem Zeitpunkt während der Laufzeit des Swaps bemißt sich der aktuelle Marktwert des Swaps aus der Differenz des aktuellen Marktwertes der hypothetischen Festzinsanleihe und des Marktwertes der hypothetischen FRN[29].

---

[26] Krümmel weist ebenda, S. 40 darauf hin, daß der Konkursverwalter der insolventen Swap-Partei einen gegebenenfalls entstandenen Gewinn des Intermediary einfordern wird. Da die Rechtslage in dieser Hinsicht noch ungeklärt ist, sei daher die rechnerische Gewinnposition einer günstigen Abweichung des Marktpreises bei der Quantifizierung des Swapexposures zu vernachlässigen. Sie vermindere insbesondere die rechnerische Verlustposition nicht.

[27] Vgl. o.V., Swap Winners, Swap Losers, in: Beilage zu Euromoney, January 1986, S. 103; die Frage der Ausfallrisiken des Intermediary bei Swapgeschäften wird ausführlich behandelt von Krümmel (1986), S. 39ff.

[28] Wir beschränken uns hier auf den Marktwert von Zinsswaps.

[29] Zu Einzelheiten der Marktbewertung von Zinsswaps siehe die ausführliche Darstellung bei Kopprasch (1985).

Im Rahmen der Bewertung ganzer Swap-Portfolios mit offenen Swappositionen oder mit perfekt oder nur teilweise ausgeglichenen Swappositionen einer Intermediary-Bank tritt die oben dargestellte Einzelbewertung von Swaps zunehmend in den Hintergrund. Zwar erfassen nach wie vor eine Reihe von Intermediaries ihre Swaps chronologisch in sogenannten „matched books" und ermitteln den Marktwert und das potentielle Kreditrisiko jedes einzelnen Swaps in der erwähnten Weise. Teilweise setzt sich jedoch bereits eine systematischere Erfassung und Bewertung von Swaps im Rahmen eines Swap-Portfolios durch, die von der Überlegung ausgeht, daß z.B. ein Zinsswap nichts anderes als eine Serie von Zinstermingeschäften mit unterschiedlichen Fälligkeitszeitpunkten ist. Diese Betrachtungsweise erlaubt eine einfachere und präzisere Bewertung der Vielzahl verschiedenartiger und komplizierter Swapgeschäfte[30]. Beispiele für derartige komplexen Swaps sind etwa solche, bei denen die Zahlungszeitpunkte und/oder die Frequenz der getauschten cash flows differieren. Im Extremfall der sogenannten „zero swaps" leistet eine Partei bis zum Fälligkeitstermin keinerlei Zahlungen. Bei den „customized swaps" schwanken die Zahlungen einer Partei entweder zeitlich oder nach den jeweils gezahlten Beträgen[31].

Bei der Einzelbewertung von Swaps wird bekanntlich — wie im übrigen bei der Anleihebewertung auch — nur ein einziger interner Diskontierungszinsfuß auf die zukünftigen Zahlungsströme des Swaps angewendet. So hat etwa ein Fünfjahres-Swap nur einen Barwert, dem ein einziger Diskontierungszinssatz zugrundeliegt, ein Sechsjahres-Swap ebenfalls nur einen Barwert mit nur einem Diskontierungszinsfuß usf. Bei dem sogenannten „zero coupon-Verfahren"[32] der Bewertung von Swap-Portfolios wird dagegen auf jeder Seite der gesamte Zahlungsstrom jedes einzelnen Swaps in seine einzelnen Cash Flows aufgespalten, z.B. ein Fünfjahres-Swap mit jährlicher Zinszahlung in fünf einzelne Cash Flows mit Fälligkeiten in 1,2... 5 Jahren. Diese einzelnen Cash Flows werden nun über alle Swapgeschäfte des Portfolios nach ihren Fälligkeiten gegliedert und in jeder Laufzeitkategorie zusammengefaßt. Anschließend werden die Zahlungsströme jeder Kategorie mit dem *laufzeitspezifischen* Marktzins auf ihren jeweiligen Barwert abgezinst. Jede Laufzeitkategorie wird also analog zu einem Zero-Bond gleicher Laufzeit bewertet. Die aus der Differenz der Barwerte der Ein- und Auszahlungen entstehenden Nettopositionen werden über alle Laufzeitkategorien aufsummiert und ergeben dann den Marktwert des Swap-Portfolios. Diese Vorgehensweise hat gegenüber der Einzelbewertung von Swaps vor allem zwei Vorteile: Es entfällt die aufwendige Einzelberechnung jeder einzelnen Swapposition, und es wird möglich, verschiedenartige Verläufe in der Fristenstruktur der Zinssätze in die Swapbewertung einzubeziehen.

---

30 Vgl. Cooper (1987), S. 32f.

31 Vgl. Smith/Smithson/Wakeman (1986), S. 254.

32 Siehe hierzu Cooper (1987), S. 32f.

5. Die Bilanzierung von Zinsswaps

5.1. Die Diskussion der Bilanzierungsproblematik in der Praxis

Die Bilanzierungsproblematik von Zinsswaps wird sowohl im anglo-amerikanischen als auch im deutschsprachigen Schrifttum erst in allerjüngster Zeit in Ansätzen behandelt. Insbesondere gibt es weltweit noch keine speziellen Verlautbarungen der Rechnungslegungsorgane für diese Instrumente, abgesehen von einer kurzen Verlautbarung des Bankenfachausschuß' des IdW aus dem Jahre 1984 „Zur bilanzmäßigen Behandlung von Zinsausgleichsvereinbarungen"[33], in der allerdings nur sehr unvollständig auf die mit Zinsswaps verbundenen Bilanzierungsprobleme eingegangen wird.

Die rege Verwendung von Zinsswaps in der Praxis hat in den USA — ungeachtet einiger Unterschiede in der bilanziellen Behandlung — immerhin zu einer gewissen Gleichartigkeit bei der Bilanzierung der verschiedenen Swappositionen geführt[34], die sich zum Teil aus der Ähnlichkeit der Bilanzierungsprobleme der Zinsswaps mit denen der in den USA schon länger bekannten Zinsterminkontrakte erklären läßt. Das Statement FASB No. 80 „Accounting In Futures Contracts" stellt daher in der Diskussion zur Bilanzierung von Zinsswaps einen wichtigen Orientierungsrahmen dar[35].

Der nach wie vor bestehende Regelungsbedarf zur bilanziellen Behandlung von Swapgeschäften ist dem IdW durchaus bewußt. So hat der BFA in seiner 111. Sitzung (Ende 1985) einen Arbeitskreis eingerichtet, der sich mit Fragen der Bilanzierung und Prüfung von Finanzinnovationen befaßt. Dieser Arbeitskreis hat 1986 u.a. den Vorschlag für einen Verlautbarungsentwurf „Zur Prüfung von Zins-/Währungsausgleichsvereinbarungen und Zinstermingeschäften" vorgelegt, den der BFA jedoch nicht verabschiedet hat, da die Risiken aus Zinsausgleichsvereinbarungen grundsätzlich nicht anders einzustufen seien als die Risiken aus inkongruenter Refinanzierung bei bilanzwirksamen Geschäften. In der Begründung heißt es weiter, daß zur Beurteilung der Zinsrisiken eines Kreditinstituts vielmehr alle zinstragenden Geschäfte und alle einem Zinsrisiko unterliegenden Posten zusammengefaßt werden müßten[36]. Windmöller, Mitglied im BFA, sieht den Grund für die Nichtherausgabe einer Stellungnahme darin, „daß mit der Erörterung dieser Frage der gesamte Komplex der Berücksichtigung der Verzinsung bei einzelnen Bilanzposten angesprochen ist. Der Bankenfachausschuß sah sich nicht in der Lage, dieses Problem einer allgemein akzeptierten Lösung in diesem Zeitpunkt zuzuführen"[37].

---

[33] Abgedruckt in: Wpg 1984, S. 196.

[34] Vgl. Wishon/Chevalier (1985), S. 74.

[35] Vgl. Bank for International Settlements (1986), S. 56; Kilsby/White (1986), S. 42.

[36] Siehe IdW (1986a).

[37] Windmöller (1988), S. 114.

5.2. Bewertungsfragen unterschiedlicher Typen von Swappositionen

5.2.1. Die Bewertung offener Swappositionen (unmatched swaps)

Bei einem unmatched (oder „naked" oder „one-sided") swap trifft ein Vertragspartner mit einer anderen Partei die Vereinbarung zur Zahlung einer Serie von Zahlungsströmen (z.B. Festzins-Zahlungen) im Austausch für den Erhalt einer anderen Serie von Zahlungsströmen (z.B. zinsvariable Zahlungen) ohne einen Zusammenhang zwischen dieser Swaptransaktion und einer anderen Position, insbesondere einem speziellen Aktivum oder Passivum, herzustellen[38]. Eine solche offene Zinsswapposition kann aus unmittelbaren Spekulationsgründen auf eine Änderung der Fristenstruktur der Zinssätze eingegangen worden sein. Es ist kein plausibler Grund erkennbar, warum die Banken solche offenen Swappositionen nicht ebenso wie verzinsliche Wertpapiere in ihrem Handelsbestand halten sollten[39]. Typischerweise übernehmen die Banken offene Swappositionen zeitweise im Rahmen ihrer Intermediary-Funktion. Diese in gewisser Weise unfreiwillig eingegangenen offenen Swappositionen stellen beim Intermediary ein geschäftstypisches Risiko (Mismatch-Risiko) dar. Sie ergeben sich aus Divergenzen beider Swap-Seiten hinsichtlich des Swap-Volumens (zugrundeliegender Kapitalbetrag), der Laufzeiten und/oder Zinszahlungsmodi. Das Mismatch-Risiko ergibt sich immer dann, wenn der Intermediary im Rahmen seiner Vermittlungstätigkeit Swap-Kontrakte mit einem Partner A eingeht bzw. abschließt, ohne bereits über eine geeignete Gegenpartei B zu verfügen. Teilweise zwingt der Wettbewerbsdruck die Banken dazu, auf Swap-Anfragen von Unternehmen umgehend mit einem Angebot zu reagieren. Es entsteht zunächst eine offene Position — mismatch — (Eigenposition), die unter Umständen nicht durch ein kompensierendes Swapgeschäft glattgestellt werden kann. Das Mismatch-Risiko ist in diesem Fall tendenziell um so höher, je spezifischer und individueller die Offerte auf das anfragende Unternehmen A zugeschnitten ist. Mit der Standardisierung der Swap-Transaktionen und der damit verbundenen Expansion des Sekundärmarktes nimmt dieses Risiko ab[40].

In der US-amerikanischen Literatur werden nach herrschender Meinung offene Swappositionen grundsätzlich zu Marktpreisen bewertet (mark to market-Prinzip)[41]. Dies entspricht der bilanziellen Behandlung spekulativer Positionen im Statement FASB No. 80 zur Bilanzierung von Zinsterminkon-

---

[38] Vgl. Wishon/Chevalier (1985), S. 74.

[39] Gleichwohl streiten die Kreditinstitute regelmäßig ab, daß sie derartige offenen Swappositionen freiwillig — aus Spekulationsgründen — eingehen. Auch das BAKred geht überraschenderweise davon aus, daß die Banken „das alleinige Ziel der Schließung oder Reduzierung einer eigenen offenen Position verfolgen." Siehe BAKred (1987), Erläuterungen zum Vorentwurf einer Neufassung der Grundsätze I und Ia, S. 7.

[40] Vgl. etwa Büschgen (1986), S. 327; Lerbinger (1985b), S. 295f.

[41] Siehe etwa Bank for International Settlements (1986), S. 58; Ross (1987), S. 78; Buchanan (1986), S. 18; Bralsford (1986), S. 118f.

trakten[42]. Wir schlagen vor, analog zu der bei offenen Zinsterminkontrakten verwendeten Bewertung[43], bei den offenen Zinsswappositionen ebenfalls eine Marktbewertung vorzunehmen. Im Gegensatz zu den amerikanischen Rechnungslegungsvorschriften ist dabei das strenge Niederstwertprinzip zu beachten.

Der Vorschlag des Bundesverbandes deutscher Banken[44], den gesamten Handelsbestand nach der Barwertmethode zu bewerten und dann unrealisierte Gewinne gegen antizipierte Verluste aufzurechnen stellt eine unzulässige Form der Bewertungseinheit dar, da im Gegensatz zu den Hedginggeschäften hier keine erlaubte Abweichung vom Grundsatz der Einzelbewertung vorliegt.

5.2.2. Die Bewertung geschlossener Swappositionen (matched swaps)

5.2.2.1. Definition und Verwendungsmöglichkeiten

Ein Swapgeschäft gilt als „matched“, wenn die Bank ein zinstragendes Passivum oder Aktivum hält, dessen Zinsmerkmale denen der Swapvereinbarung entsprechen[45]. Wir bezeichnen diesen Fall als geschlossene Swapposition[46]. Wenn die Bank z.B. eine Verschuldung zu variablen Zinsen eingeht und ein Swapgeschäft (variable in Festzinsen) abschließt, um eine festverzinsliche Finanzierung zu erhalten, gilt diese Swapvereinbarung als „matched“ mit einer zugrundeliegenden Verbindlichkeit. Im geschilderten Fall entsteht aus der weiterhin als Festzinsverbindlichkeit in der Bilanz ausgewiesenen Verpflichtung eine synthetische zinsvariable Verbindlichkeit. Der umgekehrte Fall einer Umwandlung von zinsvariabel in festverzinslich ist ebenso möglich. Diese mit Änderungen der Finanzierungsmerkmale auf der Passivseite verbundenen Swaps gehören zu den liability swaps. Es entstehen in der hier verwendeten Diktion geschlossene Passiv-Swappositionen.

Matched swaps sind in der gleichen Weise auch auf der Aktivseite darstellbar. Bei diesen asset swaps entstehen analog je nachdem synthetische zinsvariable (beim Swap von Festzins zu variabler Verzinsung) oder synthetische Festzinspositionen (beim Swap von variabler Verzinsung der Bilanzposition zu Festzins). In beiden Fällen handelt es sich um geschlossene Aktiv-Swappositionen. Bei einem asset swap werden allerdings typischerweise Festzinsanleihen mit einem Zinsswap verbunden, so daß im Ergebnis künstliche floating rate notes entstehen[47]. Der Erwerber erhält vom Veräußerer der Festzinsanleihe, der nicht

---

[42] Auf diesen Zusammenhang weist explizit hin Bank for International Settlements (1986), S. 58.

[43] Siehe in Kapitel D die Abschnitte 5.1.3. und 5.2.

[44] Kommission für Bilanzierungsfragen des Bundesverbandes deutscher Banken (1988), S. 160f.

[45] Vgl. Wishon/Chevalier (1985), S. 74.

[46] Wir gehen im folgenden von dem Regelfall aus, daß die Laufzeit des Swapgeschäftes der Laufzeit der zugrundeliegenden Bilanzposition entspricht.

mit dem Emittenten identisch ist, einen variablen Zinssatz (z.B. Fibor), der Veräußerer erhält die festen Zinszahlungen aus dem Papier[48]. Bei der Gestaltung der Konditionen des asset swaps läßt sich die das Festsatzpapier erwerbende Bank von der Überlegung leiten, daß der Kauf des „synthetic floaters" einen höheren Ertrag erbringt als der Kauf einer originären floating rate note desselben Emittenten.

Der Bankenfachausschuß des IdW hat 1984 eine kurze Verlautbarung „Zur bilanzmäßigen Behandlung von Zinsausgleichsvereinbarungen"[49] veröffentlicht. Darin heißt es: „Durch Zinsausgleichsvereinbarungen mindern die Vertragspartner ihr Zinsänderungsrisiko aus der nicht-laufzeitkonformen Finanzierung ihres Aktivgeschäfts, indem sie ihre Zinsverpflichtungen[50] austauschen, um sie der Laufzeit ihres jeweiligen Aktivgeschäfts anzunähern. (...) Bei der Erfassung des Zinsänderungsrisikos gemäß dem Schreiben des Bundesaufsichtsamts für das Kreditwesen vom 24.4.1983 (FN 1983, S. 98 f.) sind die Zinsausgleichsvereinbarungen zusammen mit dem zugrundeliegenden Geschäft zu beurteilen". Die Verkürzung oder Verlängerung der Zinsbindungsdauer der Bilanzposition ist also in der Zinsbindungsbilanz zu erfassen. Als wesentliches Motiv für den Abschluß von matched swaps sieht der BFA das Hedging gegen Zinsänderungsrisiken an[51]. Eine Zielsetzung der Spekulation auf bevorstehende Zinsänderungen ist aber keineswegs auszuschließen[52]. In beiden Fällen darf als Motiv jedoch unterstellt werden, daß die Zinszahlungscharakteristika einer genau spezifizierten Aktiv- oder Passivposition umgekehrt (variabel in fest oder vice versa) werden sollen.

5.2.2.2. Die Bildung von Bewertungseinheiten

5.2.2.2.1. Bewertungseinheiten bei Hedgingpositionen

Die zentrale Frage zur Bilanzierung der geschlossenen Swappositionen lautet, ob und inwieweit die Swaps gemeinsam mit der zugrundeliegenden Bilanzposition bewertet werden sollen. In den USA werden bei geschlossenen Swappositionen die Zahlungen von Swaps, die zu Anschaffungskosten[53] verbuchte Positio-

---

[47] Vgl. Erdmann (1987), S. 12.

[48] Vgl. Windmöller (1988), S. 117.

[49] Abgedruckt in: Wpg 1984, S. 196.

[50] Seinerzeit waren in der Praxis fast ausschließlich liability swaps bekannt, während die asset swaps erst in den letzten Jahren Verbreitung gefunden haben. Die Aussage ist sinngemäß aber auch für asset swaps gültig.

[51] Ebenso Glaab/Kraft (1987), S. 94f.

[52] Vgl. etwa Buchanan (1986), S. 18; wenn auch nicht explizit behandelt, so wohl auch Glaab/Kraft (1987), S. 95.

[53] Die Bildung von Bewertungseinheiten bei der Absicherung von zu Marktwerten gebuchten Positionen durch Swaps ist unter Anwendung des market-to-market-Prinzips in den USA ebenso zulässig wie bei den Zinsterminkontrakten. Diese Saldierung von Marktwerten und die daraus folgende Ertragsrealisation bei potentiellen Gewinnen ist

nen absichern, in der Regel periodengerecht mit den Zinszahlungen/-kosten der zugrunde liegenden Aktiva/Passiva bzw. Erträge/Aufwendungen verrechnet und entsprechend ausgewiesen. Dies hat zur Folge, daß die Charakteristika der zugrundeliegenden Aktiva oder Passiva sich so ändern, daß sie die Swap-Zahlungen widerspiegeln. Der Swap wird zum integralen Bestandteil der zugrundeliegenden Bilanzposition. Diese Zuordnung ist von erheblicher Bedeutung, wenn man bedenkt, daß ein nicht zugeordnetes, einzeln bewertetes Swapgeschäft zum Markt- bzw. Niederstwert zu buchen ist.

Betrachten wir als Beispiel die Emission einer Floating Rate Note zu LIBOR plus 40 Basispunkten, verbunden mit einem Swap in Festzinsmittel derselben Fälligkeit zu 10,5%. Wenn die Zahlungstermine gleich sind, ist die Behandlung des zinsvariablen Kredits plus Swap äquivalent zur Behandlung eines Festzinskredits zu 10,9%. Diese Vorgehensweise entspricht insofern den erlassenen Verlautbarungen im FASB-Statement No. 80 zur Bilanzierung von Hedgingpositionen bei Zinsterminkontrakten[54]. FASB-80 schreibt allerdings strengere Kriterien für die Behandlung eines Kontraktes als Hedge vor, als dies in der Praxis der Swap-Bilanzierung üblich ist. Nach FASB-80 erfüllt ein Kontrakt nur dann die Definition eines Hedging-Geschäftes, wenn die abgesicherte Einzelposition auch das Zinsrisiko aus der Gesamtposition der Unternehmung erhöht. FASB-80 fordert außerdem eine ausreichende Korrelation zwischen dem Hedge und der abgesicherten Vereinbarung. Wollte man dieses Kriterium auf Swaps anwenden, müßte gewährleistet sein, daß der Zinssatz, auf dem der Swap basiert und der Zinssatz der abgesicherten Position eine hohe Korrelation in der Vergangenheit und in der Zukunft aufweisen. Bezogen auf diese Kriterien sind die Praktiken der Bilanzierung für Swaps vergleichsweise sehr flexibel[55]. In diesem Zusammenhang wird als Begründung darauf verwiesen, daß die Verlautbarung FASB No. 80 sich nur auf den speziellen Typ der Zinsterminkontrakte bezieht und damit nicht notwendigerweise auch für Zinsswaps bindend sei. Es sei insbesondere zu bedenken, daß bei den Zinsterminkontrakten die Kontraktposition nur in den seltensten Fällen perfekt die Zahlungsströme eines Aktivums oder Passivums ausgleicht. Daher sei dort die Prüfung, ob eine Verminderung des Zinsrisikos der Gesamtposition der Unternehmung vorliege, ein wichtiges Kriterium zur Objektivierung der bilanziellen Behandlung von Hedginggeschäften über die notwendige Zuordnung der Positionen seitens der Geschäftsleitung hinaus[56]. Bei Swapgeschäften sei dagegen eine Risikoverminderung der Gesamtposition der Unternehmung nicht unbedingt erforderlich, weil sich die Notwendigkeit, die Verbindung des Swaps zum abgesicherten Aktivum oder Passivum aufrecht zu erhalten, offensichtlich aus der Symmetrie

---

aufgrund des Imparitätsprinzips in Deutschland nicht erlaubt. Siehe im einzelnen die Ausführungen in Kapitel D dieser Arbeit.

54 FASB (1984), S. 174f.

55 Vgl. Bank for International Settlements (1986), S. 57f.

56 Vgl. Wishon/Chevalier (1985), S. 77f.

der zugrunde liegenden Merkmale ergebe. Matched swaps sollten daher grundsätzlich so behandelt werden, als ob sie mit der zugrunde liegenden Bilanzposition verbunden wären[57].

Die Bildung von Bewertungseinheiten in der Weise, daß die durch den Swap entstehenden synthetischen Bilanzpositionen mit den sich unter Einschluß des Swaps ergebenden „neuen" Zinserträgen/-aufwendungen in der GuV gebucht werden, dürfte bei Hedginggeschäften auch hierzulande kein Problem sein[58], zumindest sofern es sich bei den Bilanzpositionen um Aktiva oder Passiva handelt, die zum Nennwert bzw. dem Anschaffungswert bilanziert werden. Auch Windmöller ist der Ansicht, daß „bei Geschäften zur Deckung von Zinsinkongruenzen aus dem Bilanzbereich (...) die Aufnahme des Saldos in das Zinsergebnis zu erwägen"[59] ist. Wenn man die Zulässigkeit von Bewertungseinheiten bei Preisrisiken bejaht[60], sind Zinsswapgeschäfte geradezu ideale Instrumente, weil sie den Aufbau einer ganz individuellen Gegenposition zur abzusichernden Bilanzposition ermöglichen.

5.2.2.2.2. Besonderheiten der Bildung von Bewertungseinheiten bei asset-swaps

Nicht so eindeutig wird die Bildung von Bewertungseinheiten — selbst bei Hedginggeschäften — dann zu bejahen sein, wenn die korrespondierende Bilanzposition — durch Bilanzierungsvorschriften bedingt — bei Zinsänderungen auch in ihrem ausgewiesenen Bilanzwert verändert werden muß, wie dies typischerweise bei den börsengängigen Wertpapieren auf der Aktivseite der Fall ist, wenn der Marktwert aufgrund von Zinssteigerungen unter den ausgewiesenen Wert fällt. Bei den asset swaps gibt es daher kontroverse Meinungen. Betrachten wir hierzu das folgende Beispiel[61]: Im November 1986 kauft Bank A eine Eurodollar-Schuldverschreibung des Emittenten C von der Bank B mit gleichzeitiger Vereinbarung eines Zinsswaps zu folgenden Bedingungen:

1. Erwerb der Wertpapiere:	Nennbetrag: 10 Mio. US-$ Emittent: Bank C Kupon: 8% p.a. Fälligkeit: 16.9.1996 Kaufpreis: Briefkurs
2. Abschluß des Zinsswaps:	Nennwert: 10 Mio. US-$ Laufzeit: ab Erwerb der Anleihe bis 16.9.1996 Bank A zahlt an Bank B den Kuponzins von 8%

57 Ebenda.

58 Vgl. auch Rozencwajg (1986), S. 42; Kommission für Bilanzierungsfragen des Bundesverbandes deutscher Banken (1988), S. 160.

59 Windmöller (1987), S. 173.

60 Vgl. hierzu ausführlich Kapitel D dieser Arbeit.

61 Gemäß Erdmann (1987), S. 12f.

p.a. zuzüglich eines Aufgeldes
Bank B zahlt an Bank A 6 Monats-Libor für Dollar, plus 15 Basispunkte

Unter der Annahme, daß zehnjährige T-Bonds eine Rendite von 7,35% p.a. aufweisen und daß die Swapspanne eines zehnjährigen Dollar-Zinsswaps über der T-Bond-Rendite 123 Basispunkte beträgt, belaufen sich die Swapkosten für die Bank B nach folgender Berechnung auf 9% p.a.:

T-Bond-Rendite:	7,35% halbjährlich
10-Jahres-Swapspanne:	1,23% halbjährlich
Swap-Refinanzierungskosten:	0,07% halbjährlich
Basispunkte:	0,15% halbjährlich
	8,80% halbjährlich
	=9,00% p.a.

Zum Kauftermin 19.11.1986 (= Beginn des asset swaps) betrug der Briefkurs der Festzinsanleihe 93 5/8%, woraus sich eine Rendite von 9% p.a. errechnet. Der Kaufpreis der Festzinsanleihen betrug damit insgesamt 9362500 $. Die Bank A zahlt im Zinsswap an Bank B den Kupon der Anleihe, also 8% p.a. Da jedoch die Swapkosten 9% p.a. betragen, sind die wiederkehrenden Leistungen von A an B um 1% p.a. zu niedrig. Als Ausgleich hierfür zahlt A an B zum Kauftermin ein einmaliges Aufgeld an B in Höhe von 497 500 $, das sich aus den Gegenwartswerten der Differenzen aus den Zinszahlungsströmen (jeweils 16.9.) errechnet.

Die wesentliche Frage für die Bilanzierung der asset swaps besteht darin, ob das Wertpapier als zinsvariable Anleihe zu bewerten ist oder ob im Falle von Zinssteigerungen Kurswertabschreibungen erforderlich werden[62]. Erdmann zeigt zum o.g. Beispiel zwei Szenarien auf. Im Szenario 1 wird angenommen, daß am 31.12.1986 die Rendite zehnjähriger Dollar-T-Bonds auf 12% gestiegen wäre, im Szenario 2 wird umgekehrt ein Sinken der T-Bond-Rendite auf 4% p.a. unterstellt. In beiden Szenarien solle die marktübliche Swapspanne weiterhin bei 123 Basispunkten über der T-Bond-Rendite liegen und das Papier des Emittenten C gleichbleibend 145 Basispunkte über den 10-Jahres-T-Bonds rentieren. Im Szenario 1 kann der „synthetic floater“ des Beispiels wie folgt bewertet werden: Der Marktwert der Festzinsanleihen beträgt nur noch 6941000 $. Nach dem Niederstwertprinzip beläuft sich der Buchverlust der Anleihe auf 2421500 $. Unabhängig hiervon wird nun der Zinsswap bewertet. Die Bank A zahlt bis zum 16.9.1996 auf 10 Mio. $ 8% p.a. und erhält voraussichtlich gemäß der derzeitigen Hochzinsphase bis zum 16.9.1996 Sechs-Monate-Dollar-Libor (12% p.a.) plus 15 Basispunkte. Bei Verkauf des Zinsswaps im Sekundärmarkt würde die Bank A ein Aufgeld von 3050000 $ realisieren. Nach dem Imparitätsprinzip muß dieser unrealisierte Gewinn unberücksichtigt bleiben.

[62] Windmöller (1988), S. 117.

Die getrennte Bewertung von Wertpapier und dazugehörigem Zinsswap führt also zu einem Buchverlust von 2421 500 $. Bei strenger Einzelbewertung muß die Bank A auch bei Szenario 2 einen Buchverlust ausweisen. Hier beträgt der Marktwert der Festzinsanleihen 11816000 $. Nach dem Niederstwertprinzip sind die Wertpapiere jedoch zum Anschaffungspreis in Höhe von 9362500 $ auszuweisen. Umgekehrt hat die Bank A beim Zinsswap einen Verlust zu kalkulieren. Müßte sie den Swap im Sekundärmarkt verkaufen, hätte sie dem Käufer des Swaps ein Aufgeld von 1810000 $ zu bezahlen. Nach dem Imparitätsprinzip muß die Bank A den nichtrealisierten Buchverlust berücksichtigen. Somit beträgt der Buchverlust des „synthetic asset" bei getrennter Bewertung 1810000 $.

Ein eindeutiger Befürworter dieser strengen Einzelbewertung ist Windmöller. Nach seiner Ansicht sind die asset swaps mit dem Erwerb eines Wertpapiers vergleichbar, das von der Bank mit positiver Marge durchfinanziert wird. Auch bei diesen Wertpapieren sei bei Anwendung des Niederstwertprinzips eine Abschreibung bei steigenden Zinssätzen erforderlich, obwohl aus dem Gesamtgeschäft kein Verlust für das Institut entstehen wird[63]. Windmöller verweist darauf, daß im deutschen Bilanzrecht bei der Bewertung festverzinslicher Wertpapiere die einzige Vorschrift vorliegt, die eine (indirekte) Berücksichtigung der aktuellen Zinssätze bei der Bewertung zinstragender Aktiva vorschreibt. Er betrachtet die Zinstauschvereinbarung beim Erwerb dieser Wertpapiere als besondere Form der fristenkongruenten Refinanzierung. „Das Abschreibungserfordernis resultiert insoweit nicht aus wirtschaftlicher Begründung, sondern aus expliziten Vorschriften zur Bewertung von Wertpapieren"[64]. Nach der gegenteiligen Ansicht von Erdmann wäre das Ergebnis „sinnvoller, wenn Bondkauf und Zinsswapvereinbarung als eine Bewertungseinheit angesehen würden. Nur dann wird der Verlust auf der einen Seite durch den Gewinn auf der anderen Seite etwa ausgeglichen. Mittels der Einheitsbewertung würden ‚synthetic floaters' dem gleichen Bewertungsprinzip wie originäre ‚floating rate notes' unterliegen"[65]. Diese Bilanzierungsweise erscheint uns konsequent, da eine entsprechende erhebliche Verminderung des Abschreibungsrisikos des Wertpapiers durch den Swap nicht durch eine Abschreibung (wie bei einer ungesicherten Anleihe) konterkariert werden darf. Rein materiell ist die Bewertungseinheit die korrekte Abbildungsform. Nicht die Refinanzierung bestimmter festverzinslicher Wertpapiere, wie Windmöller diesen Tatbestand beurteilt, sondern die reine Umwandlung eines bestimmten Finanzierungsmerkmals ist als Vergleich des synthetischen Floaters zutreffend. Durch den Swap wird entgegen einer zinsvariablen Durchfinanzierung festverzinslicher Wert-

---

[63] Windmöller (1988), S. 117.

[64] Vgl. Windmöller (1988), S. 117. Die Möglichkeit der Bewertung dieser Wertpapiere wie Anlagevermögen wird — so Windmöller — wegen der damit verbundenen negativen Publizität von den Kreditinstituten im allgemeinen nicht wahrgenommen.

[65] Erdmann (1987), S. 13.

papiere die Passivseite gar nicht tangiert, weil ja gerade keine Passivposition eingegangen, sondern lediglich ein sicherer Festzins-Zahlungsstrom in einen zinsvariablen Zahlungsstrom umgewandelt wird, mithin Merkmale der zukünftigen Zinsforderung des Anlegers. Infolge der Veränderung der Verzinsungsart der angekauften Schuldverschreibung ist diese nicht mehr mit den üblichen Festzinsanleihen vergleichbar und nicht zum Börsenkurs, sondern zum Renditekurs[66] zu bewerten. Dieser ergibt sich aus dem Vergleich der durch das Swapgeschäft bewirkten variablen Verzinsung der Anleihe und dem Marktzins für die Restlaufzeit der variablen Zinsbindung.

Für die Behandlung als Bewertungseinheit spricht aber neben den wirtschaftlichen Gesichtspunkten außerdem die vertragsrechtliche Gestaltung der synthetischen FRN. So sind der Wertpapierkauf und das dazugehörige Swapgeschäft Teile einer Gesamttransaktion mit nur *einem* Vertragspartner (Wertpapierverkäufer und Swappartner sind identisch) im Rahmen nur *eines* abgeschlossenen Vertrages, in dem die Konditionen des Swapgeschäftes eindeutig auf die Ausstattung der Anleihe abgestellt sind[67].

Tuschhoff und Knoke weisen zur Begründung der Bewertungseinheit schließlich auf die Stellungnahme BFA 2/1971[68] hin, die für die synthetischen Floater analog anwendbar erscheint. Gemäß dieser Stellungnahme bilden eine Schuldverschreibung und eine außerhalb der Wertpapierurkunde niedergelegte Zusage, durch die die Laufzeit eines Teils der Gesamtanleihe verkürzt wird, eine Einheit. Die Schuldverschreibungen, die Gegenstand der Sondervereinbarung sind, sind nicht mehr mit den Papieren derselben Gattung vergleichbar, die an der Börse gehandelt werden. Die Bewertung erfolgt zum Renditekurs statt zum Börsenkurs[69]. Entsprechendes muß für die synthetischen FRN aus asset swaps gelten, da der Laufzeitverkürzung durch Sonderausstattung die Zinsbindungsfristverkürzung durch die Swap-Vereinbarung entspricht[70].

Für den formellen Bilanzausweis ergibt sich im übrigen keinerlei Unterschied zwischen originären Festzinsanleihen und originären Floating Rate Notes gleicher Laufzeit. Beide werden in der Bilanz zunächst völlig gleichbehandelt, weil die originären Floater ebenfalls unter den festverzinslichen Wertpapieren ausgewiesen werden. Bei Zinsänderungen sind die FRN allerdings grundsätzlich dem niedrigeren Abschreibungsrisiko ausgesetzt. Dem wirtschaftlichen Zweck entsprechende synthetische FRN sollten in dieser Hinsicht gleichgestellt werden. Allerdings ist unter Informationsgesichtspunkten die mit dem Sicherungsgeschäft[71] verbundene Auswirkung auf das Abschreibungsrisiko in einer geeigne-

---

66 So Tuschhoff/Knoke (1987), S. 61. Im folgenden ebenda.

67 Vgl. Tuschhoff/Knoke (1987), S. 61.

68 IdW (1972), S. 46.

69 IdW (1972).

70 Tuschhoff/Knoke (1987), S. 62.

71 Wir haben bisher unterstellt, daß die synthetische Bilanzposition ein Hedginggeschäft darstellt, d.h. daß das Gesamtzinsrisiko der Bank vermindert wird.

ten Form offenzulegen (s.u.). Eine derartige Offenlegungspflicht für materiell zulässige Bewertungseinheiten sollte unserer Ansicht nach grundsätzlich obligatorisch beim Ausweis im Geschäftsbericht werden.

Nach einer gegenteiligen Ansicht[72] zu der hier vertretenen Bewertungseinheit soll bei gekauften synthetischen Floatern der Unterschied zwischen Börsenkurs und Verkaufskurs als „Vorauszahlung auf das Swapgeschäft" als RAP ausgewiesen und laufzeitanteilig abgegrenzt werden. Dieses Verfahren ist aber aus zwei Gründen abzulehnen. Eine Vorauszahlung könnte nur vermutet werden, wenn das Ziel der Parteien bei dem Geschäft allein darauf gerichtet wäre, ein Swapgeschäft abzuschließen, für dieses nicht marktgerechte Konditionen vereinbart würden, was durch eine abzugrenzende Einmalzahlung ausgeglichen, diese aber nicht direkt, sondern über die Kurse eines zusätzlichen Wertpapierkaufs dargestellt würde. „Dies entspricht aber nicht dem Geschäftsinhalt und dem Willen der Beteiligten, die vielmehr ein Wertpapier, das nominell festverzinslich ist, in ein variabel verzinsliches Wertpapier umwandeln und als solches verkaufen bzw. kaufen wollen"[73]. Außerdem würde durch die Abgrenzung des Unterschiedsbetrages ein Ergebnisverlauf gebucht, der weder ein den tatsächlichen Verhältnissen entsprechendes Bild der Vermögens-, Finanz- und Ertragslage gemäß § 264 Abs. 2 HGB vermittelt, noch dem Grundsatz des periodengerechten Ergebnisausweises gemäß § 252 Abs. 1 Nr. 5 HGB gerecht wird[74].

5.2.2.2.3. Bewertungseinheiten bei Zinsswaps ohne Absicherungsfunktion?

Fraglich ist es, ob in Deutschland auch dann Bewertungseinheiten zulässig sind, wenn durch die synthetische Aktiv- oder Passivposition das gesamte Zinsrisiko der Bank erhöht wird, mit Hilfe des Swapgeschäftes also eine Bilanzposition nur aus Gründen einer billigeren Refinanzierung oder eines höheren Gesamtzinsertrages in ihren Zinszahlungscharakteristika verändert wird. Würde man dies bejahen, hieße das im Ergebnis, die Begründung der wirtschaftlichen Betrachtungsweise für Bewertungseinheiten auch beim Aufbau spekulativer Positionen zu bemühen. Für spekulative Positionen besteht aber gar kein entsprechender Bedarf zur Abkehr vom streng juristischen Einzelbewertungsgrundsatz, da anders als bei den Hedginggeschäften die strenge Einzelbewertung nicht zu einem unzumutbaren Bilanzausweis führt. Bei Hedginggeschäften lag die Begründung für eine Bewertungseinheit in der Überbetonung des Vorsichtsprinzips bei strenger Einzelbewertung. Bei einer spekulativen Operation ist der Einzelbewertungsgrundsatz aber demgegenüber gerade geeignet, dem Vorsichtsprinzip in angemessener Weise Rechnung zu tragen. Dieser Gedanke steht hierbei auch im Vordergrund, eine „richtige" Abbildung der synthetischen Bilanzposition ist dann zweitrangiger Natur. Aus

[72] Siehe hierzu und im folgenden Tuschhoff/Knoke (1987), S. 64.

[73] Tuschhoff/Knoke (1987), S. 64.

[74] Vgl. Tuschhoff/Knoke (1987), S. 64.

diesen Gründen ist das entsprechende, letztlich spekulative Swapgeschäft unabhängig von einer zugeordneten Bilanzposition und ebenso wie diese streng einzeln zu bewerten.

5.3. Probleme des Gewinn- und Verlustausweises

5.3.1. Die Behandlung der Swapzahlungsströme in der GuV

Bei der aufwands- und ertragswirksamen Erfassung der getauschten Zinsverpflichtungen oder -forderungen stellt sich die Frage, ob die anfallenden Zinsaufwendungen und Zinserträge in der GuV gesondert auszuweisen sind[75]. Grundlage für diese Überlegung ist das Bruttoprinzip, dem für die Aussagekraft der GuV zentrale Bedeutung zukommt[76] und das in § 246 Abs. 2 HGB (Verrechnungsverbot von Aufwendungen und Erträgen) verankert ist. Das Problem stellt sich sowohl bei den geschlossenen Swappositionen (matched swaps) als auch bei den ausgeglichenen Swappositionen (offsetting swaps) der Intermediaries in vergleichbarer Weise.

Wiedmann ist der Ansicht, daß aufgrund der zweiseitigen Zinsaustauschvereinbarung bei der Intermediary-Bank[77] die Zinsaufwendungen und -erträge nach dem Bruttoprinzip gebucht werden müssen, „obwohl liquiditätsmäßig nur die Spitzenbeträge ausgeglichen werden"[78]. Nach der gegenteiligen Ansicht führen dagegen die Buchungen sowohl der Zinsaufwendungen und -erträge aus den bilanzierten Geldaufnahmen und Geldausleihungen (bei matched swaps) als auch die aus den Swaptransaktionen fließenden Zinsen zu einer Verlängerung der GuV, die dazu verleiten kann, „daß aus dem ‚doppelten' Ausweis der originären Zinsaufwendungen und -erträge unzutreffende Schlüsse auf die Aktivitäten des bilanzierenden Instituts gezogen werden". Daher entspreche es den Bedürfnissen einer aussagefähigen GuV, „ — so wie im Falle des Devisengeschäfts — auch für den Zinstausch das Bruttoprinzip nicht anzuwenden"[79]. Die aus den Swaptransaktionen resultierenden Zinsaufwendungen und Zinserträge sollen deshalb auf besonderen GuV-Konten gebucht werden. Für den Ausweis seien „diese Konten zu kompensieren und der Ertragsüberschuß unter Zinsen und zinsähnliche Erträge, ein Aufwandsüberschuß unter Zinsen und zinsähnliche Aufwendungen zu erfassen"[80]. Voraussetzung hierfür ist, daß eine Verknüpfung zwischen dem Grundgeschäft und dem

---

[75] Vgl. Glaab/Kraft (1987), S. 110.

[76] Vgl. Birck/Meyer (1977), S. IV 37.

[77] Sinngemäß dürften diese Ausführungen auch für auf matched swaps anwendbar verstanden werden.

[78] Wiedmann (1987), S. B8.

[79] Glaab/Kraft (1987), S. 110. Für den Nettoausweis auch Tuschhoff/Knoke (1987), S. 47.

[80] Ebenda.

Zinsswap besteht, wie dies bei den Hedginggeschäften der matched swaps der Fall ist. In allen anderen Fällen, d.h. bei strenger Einzelbewertung des Zinsswaps ist das Ergebnis aus dem Zinsswap unter „Sonstige Aufwendungen“ bzw. „Andere Erträge“ auszuweisen[81].

Im Rahmen der EG-Bankbilanzrichtlinie wurde die Zuordnung der Erträge und Aufwendungen von Hedginggeschäften ausdrücklich geregelt. Danach sind gemäß Art. 29 Nr. 3 „die sich aus gedeckten Termingeschäften ergebenden auf die tatsächliche Laufzeit des jeweiligen Geschäfts verteilten Erträge und Aufwendungen mit Zinscharakter“ unter der Position „Zinserträge und ähnliche Erträge; Zinsaufwendungen und ähnliche Aufwendungen“ zu erfassen. Für alle anderen Swapgeschäfte wird der Ertrag oder Aufwand gemäß Art. 32 Nr. 3 der EG-Bankbilanzrichtlinie unter der GuV-Position „Erträge/Aufwand aus Finanzgeschäften“ zu verbuchen sein. Dieser Posten umfaßt u.a. „die Salden der Erträge und Aufwendungen der sonstigen Ankauf-Verkauf-Geschäfte mit Finanzierungsinstrumenten“[82]. Nach der rechtlichen Qualifizierung der Swapgeschäfte als kombinierte Kauf- und Rückkaufgeschäfte (s.o.) erscheint uns diese Zuordnung als eindeutig.

Im Ergebnis halten wir die oben dargestellte Form des Nettoausweises der Swapzahlungsströme für richtig. Der Begründung, daß der Bruttoausweis einen falschen Eindruck der Finanzlage der Bank vermitteln würde, ist zuzustimmen. Anders aber, als Glaab und Kraft dies sehen, liegt unseres Erachtens beim Nettoausweis des Swapergebnisses überhaupt kein Verstoß gegen das Bruttoprinzip der GuV vor, weil es sich bei den Swapzahlungen zwar um Ein- bzw. Auszahlungen, keineswegs aber um Erträge oder Aufwendungen handelt. Bei zu Sicherungszwecken abgeschlossenen Zinsswaps wird von der Intention und der wirtschaftlichen Ausrichtung des Geschäftes der Zinsertrag oder -aufwand aus dem Grundgeschäft ersetzt durch den neuen Zahlungsstrom aus dem Zinsswap, der damit als zinsähnlicher Ertrag/Aufwand interpretierbar ist. Hierbei muß korrekterweise dann sogar nur der Ertrag/Aufwand aus der künstlichen Gesamtposition in der GuV ausgewiesen werden. Bei einem einzeln bewerteten Zinsswap kommt den einzelnen Zahlungsströmen überhaupt kein Zinscharakter mehr zu[83], weil kein Zusammenhang mit einem Entgelt für die befristete Überlassung von Kapital besteht. Leistungstatbestand ist vielmehr die Übernahme des Fristentransformationsrisikos/der Fristentransformationschance (je nachdem kann der Saldo aus den getauschten Zahlungsströmen positiv oder negativ aus der Sicht eines Swappartners sein) über die vereinbarte Swaplaufzeit. Das Entgelt für diese Leistung besteht je nachdem in einer vereinbarten

---

[81] Vgl. auch die Ausführungen zu den sehr ähnlichen Terminzinsvereinbarungen (forward rate agreements) bei Adolph/Glaab (1987), S. 32; vgl. auch Windmöller (1987), S. 173; Kommission für Bilanzierungsfragen des Bundesverbandes deutscher Banken (1988), S. 160.

[82] Rat der Europäischen Gemeinschaften (1986).

[83] Vgl. auch Ross (1987), S. 77f., der daher ebenfalls den Nettoausweis bevorzugt.

positiven oder negativen Swapmarge und/oder bestimmter zu Beginn oder während der Laufzeit des Swaps zu zahlender Gebühren.

Bei einer ausgeglichenen Swapposition einer Intermediary-Bank besteht deren Leistung zum einen im Arrangement, d.h. im Zusammenführen der wechselseitig interessierten Swappartner bzw. im Anbieten der entsprechenden gewünschten Swapposition für jede Seite. Zum zweiten ist wesentlicher Leistungsbestandteil, daß der Intermediary über die gesamte Swaplaufzeit beiden Parteien gegenüber das Ausfallrisiko der jeweils anderen Seite abnimmt. Die Swapzahlungsströme haben hier selbst überhaupt keinen Ertrags- oder Aufwandscharakter für den Intermediary. Dasselbe gilt für die offene Swapposition, den unmatched swap, die letztlich nichts anderes als die Spekulation auf die Differenz der Gegenwartswerte von Festzinszahlungsstrom und zinvariablem Zahlungsstrom (insgesamt: Marktwert des Swaps) ist.

5.3.2. Die Aufwands- und Ertragsrealisation von Swapmargen und Gebühren

Im Zusammenhang mit der Aufwands- und Ertragsrealisation wird bei der Berücksichtigung der Swapmarge und der Gebühren in der GuV zumindest in der Rechnungslegungspraxis der USA sehr unterschiedlich verfahren. Umstritten ist die Frage der richtigen Realisationszeitpunkte für diese Zahlungen.

Eine Zahlung, die im wesentlichen eine Anpassung der Verzinsung darstellt, sollte abgegrenzt und sowohl bei der zahlenden als bei der empfangenden Partei über die vereinbarte Periode des Swaps amortisiert werden[84]. Nach den vorliegenden Erfahrungen erfolgt dies in der Praxis zumindest auf seiten der zahlenden Partei bei Gebühren, die solche Zinsanpassungen darstellen. Einige Zahlungsempfänger vertreten allerdings die Meinung, daß solche Gebühren zumindest zum Teil „Abwicklungsgebühren“ (arrangement fees) darstellen, die unmittelbar als Ertrag berücksichtigt werden sollten[85]. Im Arbeitskreis des FASB, der sich mit der Bilanzierung von Zinsswaps befaßt hat, ergab sich bei der Diskussion dieses Themas als Konsens, daß im Zusammenhang mit einer Zinsswapvereinbarung zu zahlende oder empfangende Gebühren abgegrenzt und als Ertrag oder Aufwand über die Laufzeit der Vereinbarung amortisiert werden sollten. Dieser Konsens ist bis jetzt allerdings noch nicht allgemein akzeptiert, da in der Praxis teilweise abweichend verfahren wird. Verschiedentlich wird die Ansicht vertreten, daß überhaupt keine sofortige Ertragsrealisierung erfolgen sollte und daß aufgrund der angenommenen Risiken alle Gebühren oder vereinbarten Margen abgegrenzt und über die Laufzeit amortisiert werden sollten. Andere vertreten die Position, daß sie die Gebühren des Arrangements auseinanderrechnen und gemäß der zur Verfügung gestellten

---

[84] Vgl. Wishon/Chevalier (1985), S. 78; ebenso Wiedmann (1987), S. B6.

[85] So auch Wiedmann (1987), S. B6.

Leistung berücksichtigen können. Wieder andere halten eine verursachungsgerechte Zurechnung ohnehin nicht für möglich und vertreten deshalb aus praktischen Gründen die Abgrenzung und Amortisierung der Gebühren. Als weitere Alternative ergab sich die Berücksichtigung eines Ertrages am Anfang zum Ausgleich der unmittelbar entstehenden Kosten und die Abgrenzung des verbleibenden Restes[86].

Bei vorab zu leistenden Zinsanpassungen, ähnlich einem Disagio bei Krediten oder Anleihen — wie etwa im Beispiel des synthetic floaters oben — ist eine Verteilung des Betrages über die Gesamtlaufzeit des Swaps ebenso wie bei den bilanzwirksamen Instrumenten eindeutig geboten.

Unproblematisch ist die Vereinnahmung von swap margins pro rata temporis, sie werden ohnehin p.a. gezahlt und stellen ein zeitlaufabhängiges Entgelt für die Übernahme des Fristentransformationsrisikos und gegebenenfalls des Ausfallrisikos des Swappartners über den kontrahierten Zeitraum dar. Die Tatsache, daß die Höhe des Ausfallrisikos eines Swaps tatsächlich über die Laufzeit schwankt, steht einer gleichmäßigen Ertragsvereinnahmung beim Intermediary oder beim Swappartner zunächst nicht im Wege. Allerdings ist laufend eine genaue Berechnung des aktuellen Kreditrisikos erforderlich. Drohende Verluste sind jeweils durch geeignete Rückstellungen zu berücksichtigen.

Gegen die sofortige Vereinnahmung einer zu Beginn des Swaps gezahlten Arrangement fee beim Intermediary[87] läßt sich grundsätzlich nichts einwenden, da der Intermediary tatsächlich mit dem Arrangement des Swaps eine gewisse Teilleistung vorab erbracht hat. Die Zurechenbarkeit dieser Teilleistung im Verhältnis zum Gesamtertrag dürfte allerdings eher willkürlich sein und eine Frage der Preisstellung gegenüber dem Swappartner darstellen. Hier ist im Ergebnis bei ein und demselben Swapgeschäft eine hohe Vorabgebühr bei niedrigerer laufender Swapmarge ebenso möglich wie eine niedrigere Vorabgebühr bei hoher laufender Swapmarge. Daher erscheint aus Gründen der Willkürfreiheit der Ertragsrealisation der Vorschlag des FASB durchaus sinnvoll, grundsätzlich alle Ein- und Auszahlungen des Swaps pro rata temporis zu realisieren[88]. Im übrigen sind derartige Fragen der Aufwands- und Ertragsrealisation von Gebühren und Provisionen bei Swaps nichts wirklich Neues, da sie ebenso z.B. im Zusammenhang mit dem Kreditgeschäft der Banken auftreten. Die dort üblichen Buchungsmethoden bei den Gebühren können grundsätzlich auch bei den Swapgeschäften angewendet werden.

---

[86] Vgl. Wishon/Chevalier (1985), S. 78, 82.

[87] Siehe etwa J.P. Morgan & Co. Inc. (1985), S. 48.

[88] Gl.A. Kommission für Bilanzierungsfragen des Bundesverbandes deutscher Banken (1988), S. 160.

5.3.3. Rückstellungen für drohende Verluste

Im Hinblick auf das mögliche Ausfallrisiko des Vertragspartners müssen alle Swapvereinbarungen, auch die im Rahmen eines Hedginggeschäftes als Bewertungseinheit behandelten Swaps, in bestimmten Abständen einzeln marktbewertet werden, um einen gegebenenfalls notwendigen Rückstellungsbetrag für das Kreditrisiko des Swaps ermitteln zu können[89]. In bezug auf das Bonitätsrisiko gilt nämlich grundsätzlich das Prinzip der strengen Einzelbewertung aller Positionen[90]. Auf das Bonitätsrisiko der Swapvereinbarung bezieht sich auch die Feststellung der Verlautbarung des IdW von 1984, nach der ein drohender Verlust zurückzustellen ist[91].

Im Zusammenhang mit dem originären Zinsrisiko von Zinsswaps ist „die Frage der Bildung von Rückstellungen für künftige Verluste (...) noch ungeklärt“[92]. Wir verweisen hierzu auf die entsprechenden Ausführungen in Kapitel D dieser Arbeit, da dieser Problemkreis gleichermaßen Zinsswaps, Zinsterminkontrakte und die weiteren Instrumente des Zinsrisikomanagements — wie etwa Terminzinsvereinbarungen (FRA) und Zinsoptionen — betrifft. Wir gehen an dieser Stelle daher nicht weiter darauf ein.

5.3.4. Besonderheiten der Aufwands- und Ertragsrealisation bei vorzeitiger Beendigung von Swapgeschäften

Eine Swap-Transaktion kann auf verschiedene Weise beendet werden, entweder durch

a) Beendigung des Kontraktes durch die andere Partei bei Zahlung einer Ausgleichsgebühr durch die andere Partei
b) durch den Abschluß eines weiteren Swapgeschäftes, das dem ersten Swap genau entgegengesetzte Tauschakte beinhaltet (reverse swap, mirror swap)
c) durch Übertragung des Swaps an eine andere Partei, wenn der Kontrakt dies gegen eine Gebühr erlaubt[93].

Die bilanzielle Behandlung hängt grundsätzlich davon ab, ob der Swap ein Hedginggeschäft darstellt oder nicht[94].

5.3.4.1. Die vorzeitige Beendigung von Matched Swaps im Rahmen von Hedginggeschäften

In der Bilanzpraxis der USA gehört die Beendigung von Swapgeschäften, die als Sicherungsgeschäft für eine Bilanzposition verwendet werden, zu einem der

[89] Vgl. auch Ross (1987), S. 83.

[90] Vgl. Windmöller (1987), S. 170.

[91] Vgl. IdW (1984), S. 196.

[92] Windmöller (1987), S. 173; vgl. auch Wiedmann (1987), S. B8.

[93] Vgl. Buchanan (1986), S. 18.

[94] Bank for International Settlements (1986), S. 58.

am meisten diskutierten Problemkreise der Bilanzierung von Swapgeschäften. Eine Seite vertritt die Meinung, daß jeder Gewinn oder Verlust bei der Beendigung zurückgestellt und als Zinsanpassung über die Restlaufzeit des zugrundeliegenden Finanzierungsinstrumentes amortisiert werden sollte. Andere argumentieren, daß sämtliche Gewinne oder Verluste sofort ertragswirksam berücksichtigt werden sollten, da keine verbleibenden Zahlungsströme oder Risiken[95] mit der Vereinbarung mehr verbunden sind. Die letztgenannte Behandlung ähnelt derjenigen einer Schuldentilgung[96]. Allerdings legt bereits die bilanzielle Behandlung von Zinsterminkontrakten gemäß FASB No. 80 nahe, den Gewinn oder Verlust einer Glattstellung des Hedge vor Fälligkeit des Swaps über die Laufzeit der abgesicherten Vereinbarung abzugrenzen[97]. Der FASB hat im Herbst 1984 auch speziell die Bilanzierung bei der Beendigung eines Swapgeschäfts angesprochen und als Konsens erreicht, daß die Beendigung einer matched swap-Position nicht zu einer sofortigen Berücksichtigung des Gewinns oder Verlustes führen sollte, sondern als Standard die Verteilung der Gewinne und Verluste über die Restlaufzeit der abgesicherten Bilanzposition gilt. Der amerikanische FHLBB und die SEC haben sich dieser Meinung angeschlossen[98]. Wir halten diese Abgrenzung des Swapergebnisses über die Restlaufzeit der abgesicherten Position ebenfalls für eine sachgerechte Lösung. Bei den Zinsswapgeschäften spricht für diese Methode noch mehr als bei den Zinsterminkontrakten, da die Stabilität der Bewertungseinheit hier im Regelfall erheblich höher ist[99].

Eine ambivalente Meinung vertritt die Kommission für Bilanzierungsfragen des Bundesverbandes deutscher Banken. Danach setzt eine Bewertungseinheit neben der dokumentierten Zusammengehörigkeit beider Positionen und einer im wesentlichen vorhandenen Übereinstimmung hinsichtlich Betrag, Zinsfälligkeiten und Laufzeit insbesondere „die Absicht des Durchhaltens der Hedging-Positionen bis zur Endfälligkeit“[100] voraus. Sofern die ursprünglich zusammengehörigen Positionen nicht bis zur Endfälligkeit durchgehalten werden, muß nach dieser Ansicht eine entsprechende Anschlußposition dokumentiert werden. In diesem letzen Aspekt geht dieser Vorschlag schon über das von uns bevorzugte Konzept des FASB hinaus. Gänzlich abzulehnen ist aber die

---

[95] Dies gilt bei Abschluß eines reverse swap nur in bezug auf das originäre Zinsrisiko, der Bank verbleibt das Ausfallrisiko der nunmehr ausgeglichenen Swapposition, welches weiterhin berücksichtigt werden muß.

[96] Vgl. Wishon/Chevalier (1985), S. 78.

[97] Vgl. Bank for International Settlements (1986), S. 58. Siehe im einzelnen auch die Ausführungen in Kapitel D dieser Arbeit.

[98] Vgl. Bank for International Settlements (1986), S. 58; Wishon/Chevalier (1985), S. 78.

[99] Siehe auch die ausführliche Diskussion bei den Zinsterminkontrakten in Kapitel D.

[100] Kommission für Bilanzierungsfragen des Bundesverbandes deutscher Banken (1988), S. 162.

Formulierung des Bundesverbandes, daß sich wegen der jederzeitigen Auflösbarkeit der einzelnen Positionen der Bewertungseinheit „im Zweifel eine Einzelbewertung“ empfiehlt. Wir hatten das Kriterium der jederzeitigen Auflösbarkeit der Einzelpositionen auch bereits bei der Bilanzierung der Zinsterminkontrakte in Kapitel D nicht als Ablehnungsgrund für eine Bewertungseinheit anerkannt.

5.3.4.2. Die vorzeitige Beendigung von offsetting swaps (ausgeglichene Swappositionen des Intermediary)

Bei einem Intermediary können sich erhebliche Konsequenzen ergeben, wenn er als Vermittler zwischen zwei sich ausgleichenden Swappositionen steht und nur eine der Parteien ihren Verpflichtungen nicht mehr nachkommt. Plötzlich behält der Intermediary eine offene Swapposition, die zusätzlich bereits von einer ungünstigen Marktzinsentwicklung betroffen ist. Wenn ein solcher Ausfall eintritt oder mit großer Wahrscheinlichkeit bevorsteht, müssen die Verluste für sämtliche uneinbringlichen Zahlungen der ausfallenden Partei berücksichtigt werden. Desweiteren muß der Intermediary den möglichen zusätzlichen Verlust dafür berücksichtigen, daß er weiterhin die Verpflichtungen gegenüber der verbleibenden Partei einzuhalten hat. Im Ergebnis ist die Swapvereinbarung mit der verbleibenden Partei gemäß den Marktbedingungen neu zu bewerten und jeder Verlust aus dem Ausfall, der über die vorher bereits zurückgestellten Beträge hinausgeht, als Aufwand der Periode zu verbuchen[101].

Wenn ein Swapgeschäft mit einer Partei freiwillig beendet wird, stellt dies keinen Ausfall im oben genannten Sinne dar, es ist allerdings von der den Swap beendenden Partei eine entsprechende Gebühr für die Beendigung zu leisten. In diesem Fall wird die Zahlung beim Intermediary je nachdem als Ertrag oder als Aufwand behandelt und die Swapvereinbarung mit der verbleibenden Partei gemäß den Marktbedingungen neu bewertet[102].

5.4. Der Ausweis unter dem Bilanzstrich und/oder im Anhang

5.4.1. Die gegenwärtige Rechtslage

Als schwebende Geschäfte finden die Ansprüche und Verpflichtungen aus Swapgeschäften nach den geltenden GoB keinerlei Eingang in die Bilanz i.e.S.[103]. Allerdings wäre nach § 285 Nr. 3 HGB die Darstellung der Swapgeschäfte im Anhang ebenso wie von Zinsterminkontrakten oder vergleichbaren Termingeschäften geboten. Da die Kreditinstitute, wie bereits mehrfach be-

---

[101] Vgl. Wishon/Chevalier (1985), S. 84.

[102] Ebenda.

[103] Vgl. IdW (1984), S. 196; ebenso Wiedmann (1987), S. B6; Windmöller (1987), S. 172.

merkt wurde, nach § 25a KWG gegenwärtig noch von dieser Darstellungspflicht befreit sind, erfolgt nach der gegenwärtigen Rechtslage keinerlei Offenlegung von Swapgeschäften im Geschäftsbericht bundesdeutscher Banken. Mit der Umsetzung der EG-Bankbilanzrichtlinie in nationales Recht wird sich dies allerdings ändern.

5.4.2. Die Darstellungsformen gemäß der EG-Bankbilanzrichtlinie

5.4.2.1. Der Ausweis unter dem Bilanzstrich

Nach Art. 25 der EG-Bankbilanzrichtlinie sind unter dem Strich, Posten 2 (Kreditrisiken) „alle unwiderruflichen Verpflichtungen zu erfassen, die Anlaß zu einem Kreditrisiko geben können. Im Anhang sind Art und Höhe jeder Verpflichtung anzugeben, die in bezug auf die Gesamttätigkeit des Instituts von Bedeutung ist“[104]. Überraschenderweise sind nach Ansicht von Windmöller Swapgeschäfte „von dieser Vorschrift nicht betroffen, da sie keine Kreditgewährung darstellen“[105]. Er führt an, daß zwar von der wirtschaftlichen Leistungsfähigkeit des Geschäftspartners abhängige Bonitätsrisiken bestehen, diese seien aber „nur dann von Bedeutung, wenn sich zusätzlich die Preise (Zinssätze, Währungskurse) ändern“[106], d.h. etwa bei Zinsswaps das Zinsänderungsrisiko schlagend wird. Wir sind demgegenüber der Meinung, daß Zinsswapgeschäfte in diese Position unter dem Strich einzubeziehen sind. Dafür spricht zum einen der Wortlaut der Vorschrift „... die Anlaß zu einem Kreditrisiko geben können“. Danach liegt es keineswegs nahe anzunehmen, daß nur unmittelbare, originäre Kreditrisiken gemeint sind. Viel wahrscheinlicher erscheint es, daß alle irgendwie von einem Bonitätsrisiko betroffenen Verpflichtungen hier in geeigneter Form aufzunehmen sind. Für eine Aufnahme der Zinsswaps unter diese Position spricht auch eine Entwicklung, die sich international im bankaufsichtlichen Bereich abzeichnet. Danach werden verschiedenen Finanzinnovationen — insbesondere auch den Swapgeschäften — sogenannte Kreditrisikoäquivalente zugeordnet, die für eine Anbindung des diesen Instrumenten inhärenten Bonitätsrisikos an das haftende Eigenkapital sorgen sollen[107]. Für den Ausweis unter dem Strich wäre eine Angabe nur des von einem Kreditrisiko betroffenen Swapvolumens zu erwägen, gegebenenfalls die Höhe des Kreditrisikoäquivalents. Bei einer entsprechenden bankaufsichtlichen Regelung wäre hierfür als Grundlage der Satz der Bankenaufsicht zu wählen, ansonsten ein intern, z.B. aufgrund von Marktwertberechnungen ermitteltes exposure[108]. In den USA wird bereits zum jetzigen Zeitpunkt — ungeachtet noch fehlender bankaufsicht-

---

[104] Rat der Europäischen Gemeinschaften (1986).

[105] Windmöller (1988), S. 108; gleicher Ansicht IdW (1987c), S. 528.

[106] Windmöller (1988), S. 108.

[107] Einzelheiten hierzu siehe in Abschnitt 6 dieses Kapitels.

[108] Ausführlich hierzu Krümmel (1986), S. 39ff.

licher Bestimmungen — eine Offenlegung des mit Zinsswaps verbundenen Kreditrisikos im Geschäftsbericht für notwendig gehalten[109]. Als auch für deutsche Banken vorbildliches Beispiel findet sich etwa in den „Notes to financial statements“ des Geschäftsberichts der J.P. Morgan & Co. Inc. von 1985 in der Anmerkung zu Kreditzusagen und Eventualverbindlichkeiten: „With respect to interest-rate swap transactions (...) the notional principal amount of outstanding contracts approximated $ 21.6 billion and $ 11.2 billion at December 31, 1985 and 1984, respectively. The current amount at risk from these contracts can be calculated by estimating the cost, on a present value basis, of replacing at current market rates all those outstanding contracts in which there is such a cost. The amount at risk, derived in this way, approximated $ 1,247 million and $ 269 million at December 31, 1985 and 1984, respectively. This amount will increase or decrease during the life of the swaps as a function of maturity and market interest rates“[110].

5.4.2.2. Der Ausweis im Anhang

Unabhängig von der Vorschrift des Art. 25 muß nach Art. 41 Abs. 2h) der EG-Richtlinie der Anhang eine Aufstellung enthalten „über die Arten von am Bilanzstichtag noch nicht abgewickelten Termingeschäften, wobei insbesondere für jede Art dieser Geschäfte anzugeben ist, ob ein nennenswerter Teil davon zur Deckung von Zins-, Wechselkurs- oder Marktpreisschwankungen abgeschlossen wurde und ob ein nennenswerter Teil davon auf Handelsgeschäfte entfällt ...“[111]. Wenn bei der Transformation dieser Vorschrift in nationales Recht lediglich der Wortlaut übernommen wird, fallen nach Windmöller mit Sicherheit Währungsswaps und Zinstermingeschäfte unter diese Vorschrift. Fraglich ist nach Windmöller, „ob im Hinblick auf die unklare Definition“ auch Zinsswapgeschäfte erfaßt werden[112]. Windmöller übersieht bei dieser Einschätzung jedoch die sehr weitgehende Ergänzung in Art. 41 Abs. 2h), in der es heißt:

---

[109] So Bralsford (1986), S. 118f.; Wishon/Chevalier (1985), S. 82; Kilsby/White (1986), S. 47.

[110] J.P. Morgan & Co. Incorporated (1985), S. 62. Sinngemäß lautet die Übersetzung: Der Nennwert ausstehender Zinsswap-Transaktionen betrug am 31.12.1985 annähernd 21,6 Mrd. $, am 31.12.1984 11,2 Mrd. $. Der laufende risikobehaftete Betrag aus diesen Kontrakten kann durch die auf den Gegenwartswert diskontierten, geschätzten Wiederbeschaffungskosten kalkuliert werden, indem man alle mit solchen Kosten verbundenen Kontrakte zu den gegenwärtigen Marktsätzen ersetzt. Der auf diese Weise ermittelte risikobehaftete Betrag betrug am 31.12.1985 ca. 1,247 Mrd. $ und am 31.12.1984 ca. 269 Mio. $. Dieser Betrag kann als Funktion von Laufzeit und Marktzinssätzen während der Laufzeit der Swapgeschäfte steigen oder fallen; ähnliche Offenlegungen finden sich etwa auch in The Chase Manhattan Corporation (1985), S. 64 und in First Chicago Corporation (1985), S. 60.

[111] Rat der Europäischen Gemeinschaften (1986).

[112] Windmöller (1988), S. 109; auf die Erklärungsbedürftigkeit des Begriffs „Termingeschäfte“ weist auch das IdW hin. Siehe IdW (1987c), S. 531.

„....Zu diesen Arten von Geschäften gehören alle Geschäfte, bei denen Erträge bzw. Aufwendungen unter Artikel 27 Posten 6, Artikel 28 Posten A 3 oder B 4 oder Artikel 29 Nummer 3 fallen..."[113]. Die genannten Positionen sind zum einen „Ertrag/Aufwand aus Finanzgeschäften" (Art. 27 Posten 6[114]), zum zweiten unter „Zinserträge und ähnliche Erträge; Zinsaufwendungen und ähnliche Aufwendungen" „die sich aus gedeckten Termingeschäften ergebenden auf die tatsächliche Laufzeit des jeweiligen Geschäfts verteilten Erträge und Aufwendungen mit Zinscharakter" (Artikel 29 Nummer 3). Damit fallen aber eindeutig alle Swapgeschäfte unter die Vorschrift des Art. 41 Abs. 2h) und sind deshalb — ebenso wie etwa die Zinsterminkontrakte — im Anhang zu erfassen.

Die konkrete Ausgestaltung der Offenlegung im Anhang ist ein weiteres umstrittenes Terrain. Windmöller hält nur eine Aufstellung der Arten der unter Art. 41 Abs. 2h) fallenden Geschäfte für geboten. Nach dem Wortlaut sei es „nicht erforderlich, Volumina, Laufzeiten oder vereinbarte Preise (Zinssätze, Währungskurse) im Anhang offenzulegen"[115]. Wie wir bereits bei den Zinsterminkontrakten bemerkt hatten, ist hier zumindest eine Angabe der kontrahierten Volumina erforderlich, da eine einfache Erwähnung der Art der Geschäfte einen völlig unzureichenden Informationswert für den Bilanzleser hat. Unter Umständen ist auch eine Staffelung der Restlaufzeiten der kontrahierten Termingeschäfte erforderlich, die sich an entsprechenden Laufzeitkategorien der Bilanz i.e.S. orientieren könnte. Sinnvoll erscheint uns, im Rahmen der ohnehin in Art. 41 Abs. 2h) vorgesehenen Zweiteilung der Angabe von Hedginggeschäften und Handelsgeschäften, bei den Hedginggeschäften nur die matched swaps zu Hedgingzwecken anzugeben, unter den Handelsgeschäften alle übrigen Swaps mit einer zusätzlichen Angabe „... davon offene Swapposition: ...... DM", in der die unmatched swaps enthalten sein würden. Hier bräuchten keine unmatched swaps aufgeführt werden, wenn sie durch andere Termingeschäfte — dies geschieht häufig durch Zinstermingeschäfte oder durch eine entgegengesetzte Kassaposition bei den Intermediaries[116] ausreichend abgesichert worden sind.

Besonders zu behandeln sind schließlich die Hedginggeschäfte bei den asset swaps, mit denen das Abschreibungsrisiko von Wertpapieren begrenzt wird[117],

---

113 Rat der Europäischen Gemeinschaften (1986).

114 So bei vertikaler Gliederung der GuV. Bei horizontaler Gliederung sind dies die entsprechenden Posten „Aufwand aus Finanzgeschäften" (Artikel 28 Posten A 3) und „Erträge aus Finanzgeschäften" (Artikel 28 Posten B 4).

115 Windmöller (1988), S. 108.

116 Solche auch als „hedged swaps" bezeichneten Hedginggeschäfte erfolgen zum Teil auch mit nicht kongruenten Swaps als Gegenposition und sichern die offene Swapposition oft nur teilweise. Vgl. hierzu Bank for International Settlements (1986), S. 58. Die Absicherung der offenen Swapposition durch den Kauf von Staatsanleihen erwähnen Wishon/Chevalier (1985), S. 74.

117 Siehe hierzu auch die Diskussion in Kapitel D dieser Arbeit.

typischerweise durch Umwandlung von Festzinsanleihen in synthetic floaters. In den USA wird es aufgrund des dort in den GAAP verankerten true and fair view-Prinzips für notwendig gehalten, Swapgeschäfte dieser Art und ebenso liability swaps etwa bei der Emission von Wertpapieren mit ihren Merkmalen (einschließlich des Einflusses auf den kontrahierten Zinssatz der Bilanzposition und unter Angabe der Swaplaufzeit) in den Fußnoten der Geschäftsberichte aufzuführen, wenn sie einen wesentlichen Einfluß auf die Finanzlage haben[118]. So hat etwa J.P. Morgan & Co. Inc. in seinem Geschäftsbericht zur Angabe der Emission einer Festzinsanleihe über 150 Mio. $ mit einer Laufzeit von 5 Jahren und einem Nominalzins von 11 3/8% hinzugefügt: „Concurrently with the agreement to issue the 11 3/8% notes, J.P. Morgan entered into an interest-rate swap agreement which effectively converted the interest rate on the debt from a fixed to a floating rate tied to the floating six-month Treasury bill rate“[119].

Wenn man eine Offenlegung wesentlicher matched swaps als Hedginggeschäfte nach Volumen und Laufzeit im Anhang vornimmt und zusätzlich nach asset und liability swaps getrennt ausweist, dürfte dies der Informationsfunktion des Anhangs genüge tun. Außerdem ist in den Erläuterungen zum Geschäftsbericht zur Position „Anleihen und Schuldverschreibungen“ darauf hinzuweisen, daß und in welchem Volumen Wertpapiere des Anlagevermögens, die bei Marktzinssteigerungen nicht auf den Niederstwert abgeschrieben wurden, mit Sicherungsgeschäften in einer Bewertungseinheit bewertet worden sind[120].

6. Zur bankaufsichtlichen Behandlung von Swapgeschäften

6.1. Der Vorschlag der Bank of England und des Federal Reserve Board der USA zur Erfassung der Risiken von Geschäften außerhalb der Bilanz

Zur Begrenzung der Risiken aus Geschäften außerhalb der Bilanz wurde von der Bank of England in Zusammenarbeit mit der amerikanischen Notenbank ein Lösungsvorschlag erarbeitet, dessen zentrales Element die Bindung der Summe der gewichteten bilanzwirksamen und bilanzunwirksamen Risiken an das Eigenkapital ist[121]. Dabei werden die Verpflichtungen außerhalb der Bilanz in Bilanzgrößen transformiert. Anschließend werden sie analog den bilanzwirksamen Geschäften, je nach Kreditnehmer, Laufzeit und Sicherheitsgrad, in Risikoklassen eingestuft. In die Umrechnung in Bilanzgrößen werden folgende bilanzunwirksamen Geschäfte einbezogen: Zinsswaps, Zins-/Währungsswaps,

---

[118] Vgl. hierzu Bank for International Settlements (1986), S. 59; Wishon/Chevalier (1985), S. 76; Bralsford (1986), S. 118f.

[119] J.P. Morgan & Co. Incorporated (1985), S. 52.

[120] Vgl. auch die Ausführungen zu den Zinsterminkontrakten in Kapitel D dieser Arbeit.

[121] Siehe hierzu und im folgenden Agreed Proposal of the United States Federal Banking Supervisory Authorities and the Bank of England (1987).

Terminzinsvereinbarungen (forward rate agreements), Zinskaufoptionen, Währungsswaps, Devisenterminkontrakte, Devisenkaufoptionen und andere mit ähnlichen Risiken verbundene Kontrakte. Von der Umwandlung ausgeschlossen sind Devisenkassageschäfte und Instrumente, die an den Terminkontrakt- und Optionsbörsen gehandelt werden, die täglich neu bewertet werden und für die Gewinne oder Verluste aufgrund der täglichen Neubewertung der Positionen unmittelbar zu zahlen sind[122].

Die Transformation in Bilanzgrößen („Kreditäquivalente") vollzieht sich nach folgendem Muster:

potentielles Risiko
+ laufendes Risiko (Wiederbeschaffungswert am Meldestichtag)
= Kreditäquivalent

Das potentielle Risiko bestimmt sich aus dem Produkt aus Nennwert des Kontraktes und einem Risikoumrechnungsfaktor. Der Risikoumrechnungsfaktor wird nach statistischen Methoden berechnet und von der Bank of England subjektiv festgelegt. Er soll der Risikovorsorge genügen, dabei aber die Wettbewerbsfähigkeit der internationalen Banken nicht zu stark beeinträchtigen. Das laufende Risiko entspricht genau dem Wiederbeschaffungswert des bilanzunwirksamen Kontraktes am Meldestichtag. Ist das errechnete laufende Risiko negativ, bedeutet dies allerdings nicht, daß die Bank von einem möglichen Ausfall des Vertragspartners profitiert[123], sondern lediglich, daß die Risiken aus diesem Geschäft für die restliche Laufzeit eher gering sind.

Tabelle 8

Potentielles Kreditrisiko

Vorgeschlagene Umrechnungsfaktoren[124] für Zins- und Devisenkontrakte (in % des fiktiven Kapitalbetrages)

Restlaufzeit	Zinskontrakte[125]	Devisenkontrakte[126]
Bis zu einem Jahr		
Bis zu drei Tagen	0	0
Drei Tage bis zu einem Monat	0	1 bis 2 %
Ein Monat bis zu drei Monaten	0	2 bis 4 %
Drei Monate bis zu einem Jahr	0	4 bis 8 %
Ein Jahr oder darüber	(1/2 bis 1%) pro volles Jahr	(5 bis 10 %) + (1 bis 2 %) pro volles Jahr

122 Die zuletzt genannten, an Börsen gehandelten Instrumente gelten wegen ihrer durch das jeweilige Clearingsystem garantierten Abwicklung als nahezu kreditrisikofrei.

123 Der Konkursverwalter der Ausfallpartei würde zum Ausfallzeitpunkt bestehende Gewinne später zurückfordern.

Tabelle 9

Beispiele zur Berechnung der Kreditäquivalente
Zins- und wechselkursabhängige Transaktionen

	(1)	x (2)	= (3)	+ (4)	= (5)
Kontrakttyp (Restlaufzeit)	Fiktiver Kapitalbetrag (in Dollar)	Umrechnungsfaktoren für das potentielle Risiko[1)]	Potentielles Risiko (in Dollar)	Laufendes Risiko (in Dollar[2)])	Kreditäquivalent (in Dollar)
1 Termindevisen, 120 Tage	5 000 000	0,04	200 000	100 000	300 000
2 Termindevisen, 120 Tage	6 000 000	0,04	240 000	– 120 000	– 120 000
3 Swap von auf dieselbe Währung lautenden Festsatz- und zinsvariablen Verpflichtungen, 3 Jahre	10 000 000	0,015	150 000	500 000	650 000
4 Swap von auf dieselbe Währung lautenden Festsatz- und zinsvariablen Verpflichtungen, 3 Jahre	10 000 000	0,015	150 000	– 600 000	0
5 Kombinierter Swap von zwei zinsvariablen Verpflichtungen, 7 Jahre	20 000 000	0,12	2 400 000	– 1 300 000	1 100 000
Insgesamt	51 000 000				2 170 000

6.2. Die Stellungnahme der ISDA zum Vorschlag der anglo-amerikanischen Bankaufsichtsbehörden

Die International Swap Dealers Association (ISDA)[127] hat in einem Memorandum[128] die von den US- und britischen Aufsichtsbehörden geplante

[124] Die Behörden überprüfen die vorgeschlagenen Kreditumrechnungsfaktoren unter Berücksichtigung der öffentlichen Stellungnahmen zu den Auswirkungen auf die Preisgestaltung und den Wettbewerb.

[125] Zinskontrakte umfassen auf dieselbe Währung lautende Zinsswaps, den Terminzinskontrakt (FRA), angekaufte Zinsoptionen (ohne die an der Börse erworbenen) und ähnliche Instrumente. Für auf dieselbe Währung lautende Swaps von zwei zinsvariablen Verpflichtungen wird kein potentielles Kreditrisiko berechnet; das Kreditrisiko für diese Kontrakte wird ausschließlich auf der Basis ihres Wiederbeschaffungswertes berechnet.

[126] Devisenkontrakte umfassen kombinierte Zinsswaps, Devisenterminkontrakte und angekaufte Devisenoptionen (ohne die an der Börse erworbenen) sowie ähnliche Instrumente.

[127] Die ISDA hat 75 Mitglieder, die zusammen über 90% des weltweiten Swapmarkt-Volumens tätigen.

Regelung zur Frage der Kapitalunterlegung für Swapgeschäfte kritisiert[129]. Zwar stimmt die Vereinigung grundsätzlich ebenfalls der Notwendigkeit zur Risikosicherung von Swaps zu, plädiert jedoch für eine geringere Kapitalunterlegung und eine differenzierte Berücksichtigung der verschiedenen Swap-Variationen in den Bankaufsichtsnormen. So sei insbesondere angesichts der geringen Ausfallquoten vergangener Swap-Arrangements der Risikogehalt von Swapgeschäften nicht mit dem des Kreditgeschäftes vergleichbar und insofern eine Risikogewichtung von 50% anstatt der geplanten 100% ausreichend. Die Formel zur Kalkulation des potentiellen zukünftigen Risikos müsse revidiert werden. Die Einbeziehung sowohl des laufenden als auch des zukünftigen Risikos hält die ISDA für eine unzulässige Doppelzählung, die zu einer Überschätzung des gesamten Risikos führe. Die ISDA kritisiert außerdem, daß das „potentielle Kreditrisiko" auf „schlechtest möglicher Fall-Szenarien" basiere und nicht die Tatsache berücksichtige, daß Swap-Portfolios unterschiedliche Risikograde beinhalten. So müsse etwa bei der Beurteilung der Risikostruktur von Swaps die unterschiedliche Volatilität verschiedener Währungen, bei Zinsswaps die verschiedenen Zinsniveaus und die daraus, gemessen am jeweiligen Zinsumfeld, unterschiedlichen resultierenden Wertpotentiale berücksichtigt werden. Außerdem seien die verschiedenen Motive der Swap-Vereinbarungen zu beachten. Nach Ansicht der ISDA ist z.B. ein zu Sicherungszwecken getätigtes Swapgeschäft unter Risikoaspekten anders einzustufen als ein Swap, der eine offene Position begründet und dieser wiederum anders als ein sogenannter asset swap zur Darstellung synthetischer Aktivpositionen. Grundsätzlich sollte eine Regelung nur auf die Händlerfunktion der Bank abzielen, während man eine Ausnahmeregelung für Swaps benötige, die von den Kreditinstituten im Zusammenhang mit Refinanzierungstransaktionen, Anlageoperationen sowie für Hedginggeschäfte bestimmter aktivischer oder passivischer Bilanzpositionen getätigt werden.

Das Modell der Bankaufsichtsbehörden unterscheidet auch nicht zwischen zu Marktsätzen abgeschlossenen Swaps und solchen, die mit signifikanten Auf- oder Abschlägen vereinbart wurden. Die Richtlinien sollten schließlich Swapgeschäfte innerhalb eines Konzerns aus den Risikobegrenzungsnormen ausschließen.

Besorgt äußert sich die ISDA auch über die Einführungsmodalitäten der geplanten Regelungen. Der Verband empfiehlt eine Einführungszeit von mehreren Jahren, damit sich die Marktteilnehmer auf die neuen Vorschriften und den zu erwartenden Druck auf die Margen einstellen können. Außerdem müsse gewährleistet sein, daß alle Marktteilnehmer gleichermaßen und zur

---

[128] Dem Verfasser stand als Primärquelle zur Verfügung: J.P. Morgan & Co. Inc. (1987).

[129] Vgl. hierzu und im folgenden außerdem Coggan (1987), S. 23; Sesit (1987), S. 10; o.V., Swap-Handel für variable Risiko-Formel - Alternativvorschlag zu Plänen der Bank von England und des Federal Reserve Board, in: BZ, 2.6.1987, S. 2.

gleichen Zeit von den Vorschriften betroffen würden, damit keine internationalen Wettbewerbsverzerrungen auftreten. Die ISDA weist in diesem Zusammenhang darauf hin, daß von dem Vorschlag weder die Investment-Banken noch die für das Swapgeschäft wichtigen Finanzzentren in Japan und Deutschland betroffen sind, weil die dortigen Zentralbanken nicht an dem vorgelegten Vorschlag beteiligt sind. Generell fürchtet man von seiten der ISDA, daß die geplanten Anforderungen an das Eigenkapital zu hoch und zu inflexibel sind, so daß die Swapgeschäfte wirtschaftlich uninteressant werden könnten.

Wir wollen hier auf eine ausführliche Analyse der Stellungnahme des ISDA verzichten und uns auf einige wenige Bemerkungen beschränken.

Als ganz wesentliches Ergebnis bleibt festzuhalten, daß die ISDA mit den Bankaufsichtsbehörden darin übereinstimmt, daß Swapgeschäfte mit Kreditrisiken verbunden sind. Richtigerweise weist die ISDA darauf hin, daß diese Risiken durchweg geringer als bei normalen Krediten sind. Besonders wichtig ist weiterhin der Hinweis, daß bei der Begrenzung von Swap-Kreditrisiken eine unterschiedliche Behandlung der verschiedenen Arten von Swaptransaktionen erfolgen muß. Es müßten in der Tat vor allen Dingen die Swap-Positionen der Intermediary-Banken einer Begrenzung unterworfen werden. Allerdings sind unserer Ansicht nach in gleicher Weise auch zu Hedgingzwecken abgeschlossene Swappositionen einzubeziehen, da auch hier bei Ausfall des Swappartners der Bank eine unerwünschte offene Position verbleibt. In einer zweiten Kategorie wären die unmatched swaps (offene Swappositionen) zu erfassen, außerdem diejenigen matched swaps, die eine in bezug auf die Zinsbindungsbilanz offene Position generieren.

Bei den gesamten Überlegungen zur Begrenzung des Kreditrisikos von Swapgeschäften ist erstens zu berücksichtigen, daß der Ausfall eines Swappartners nur dann zu einem Verlust führt, wenn im gesamten Swapportefeuille nicht gleichzeitig ein Swappartner mit einer entgegengesetzten Position ausfällt. Die Wahrscheinlichkeit hierfür steigt mit der Größe des Swapportefeuilles[130]. Zweitens führt der Ausfall eines Swappartners nur im Falle einer zwischenzeitlich ungünstigen Veränderung des Marktzinssatzes zu einem Verlust. Nach der für bankaufsichtliche Zwecke vielleicht ausreichenden Daumenregel, daß ausgehend von den im Swap kontrahierten Sätzen Zinssteigerungen ebenso wahrscheinlich wie Zinssenkungen sind, würde dies also nur mit 50%-iger Wahrscheinlichkeit eintreten.

---

[130] So ist z.B. unter sonst gleichen Bedingungen das abgeleitete Kreditrisiko eines Intermediary mit zwei identischen Festzins-in-variabel-Zinsswaps weniger als doppelt so hoch wie bei nur einem Zinsswap der selben Art, weil eine gewisse Wahrscheinlichkeit dafür besteht, daß bei Ausfall des Festzinszahlers von Swap A gleichzeitig der Zahler des variablen Zinszahlungsstroms bei Swap B ausfällt (dasselbe gilt natürlich auch umgekehrt für den Festzinszahler von Swap B und den variablen Zinsstrom in Swap A).

6.3. Reaktionen im bundesdeutschen Kreditgewerbe und Überlegungen der Bankaufsichtsbehörden in Deutschland

Der dargestellte Vorschlag der Bank von England und des amerikanischen Federal Reserve Board, die bilanzunwirksamen Verpflichtungen der Kreditinstitute in „Kreditäquivalente" zu transformieren, die in ein Risikogewichtungssystem mit entsprechendem Eigenkapitalerfordernis eingeteilt werden, ist in ersten Reaktionen sowohl von seiten der bundesdeutschen Kreditwirtschaft als auch seitens der Bundesbank positiv aufgenommen worden[131]. Aus den Reihen der Bundesbank wurde zunächst signalisiert, daß noch völlig offen sei, welcher Weg für das deutsche Kreditgewerbe bei aufsichtsrechtlichen Schritten zur Risikoerfassung von Swaps, Options- und Futures-Geschäften eingeschlagen werde[132]. Bislang hat sich die Bankenaufsicht mit der Ausweitung der Meldepflichten zu derartigen Geschäften begnügt und von weiteren Regelungen abgesehen. Zins- und Währungsswaps müssen ebenso wie die kombinierten Zins- und Währungsswaps von den Kreditinstituten seit Juni 1986 getrennt im Rahmen der erweiterten Meldung für die Monatliche Bilanzstatistik (Anlage H) gemeldet werden.

Inzwischen hat allerdings die internationale und nationale Diskussion um entsprechende bankaufsichtliche Regulierungen eine bemerkenswerte Dynamik bekommen. Im Dezember 1987 wurde vom Ausschuß für Bankenbestimmungen und -überwachung (Cooke-Ausschuß) der BIZ ein Konsultationspapier mit Vorschlägen zu einer internationalen Konvergenz der Eigenkapitalmessung und der Eigenkapitalanforderungen vorgelegt, das ebenfalls auf eine vollständige Umrechnung der außerbilanziellen Engagements — und damit auch der Swapgeschäfte — in Kreditrisikoäquivalente abzielt. Das BIZ-Papier orientiert sich in dieser Hinsicht stark an dem oben diskutierten Vorschlag der Bank of England und des Federal Reserve Board der USA und berücksichtigt bereits Teile der zu diesem Vorschlag eingegangenen Kritik[133]. Mit dem Konsultationspapier des Cooke-Komitees hat sich der Ansatz der Umrechnung von außerbilanziellen Finanzierungsinstrumenten in Kreditrisikoäquivalente im Grundsätzlichen international durchgesetzt. Einigung erfordert nun „nur" noch das genaue Prozedere dieser Umrechnung. So weicht dann auch der ebenfalls im Dezember vom Bundesaufsichtsamt für das Kreditwesen vorgelegte Vorentwurf über die Änderung und Ergänzung der Grundsätze I und Ia vor allem im Bereich der Berechnungsmodalitäten von den anglo-amerikanischen Vorstellungen ab.

[131] O.V.: Bald strengere Bilanz-Regeln für neue Finanzinstrumente? - Wegen hoher Risiken Bindung an Eigenkapital/Bundesbank unterstützt britisch-amerikanischen Vorschlag, in: FAZ, 11.3.1987.

[132] O.V.: FINANZ-INNOVATIONEN/Bank von England und Fed können wegweisend sein; Steuerungskräfte der Finanzmärkte lassen Risiken nicht zu groß werden, in: HB, 11.3.1987, S. 9.

[133] Siehe im einzelnen Bank für Internationalen Zahlungsausgleich (1987), S. 18f. sowie Anlage 3.

Als wichtiger Kernpunkt ist aber anzusehen, daß auch das BAKred die Finanz-Swaps (neben Termingeschäften und Optionsrechten) in die Berechnung der sogenannten Risikoaktiva des geplanten Grundsatz I einbeziehen will[134].

Bemerkenswert ist schließlich, daß Instrumente wie Zins- oder Währungsswaps, Termingeschäfte und Optionen im Vorschlag der BIZ (ebenso wie im Vorschlag der Bank of England und des Federal Reserve Board) nur unter dem Aspekt des Adressenausfallrisikos berücksichtigt werden, nicht jedoch in bezug auf ihre originäre Preisrisikokomponente. Es finden sich dort keinerlei Begrenzungen für offene Positionen bei den genannten Finanzinstrumenten[135]. Im Gegensatz dazu sieht der Vorentwurf des BAKred eine Begrenzung der offenen Positionen für die genannten, als besonders riskant erachteten Geschäftsarten in einem neu zu fassenden Grundsatz Ia vor. Der Grundsatz Ia soll zu einer über den Fremdwährungsbereich hinausgreifenden Regelung zur Beschränkung ausgewählter Preis- oder Wertänderungsrisiken ausgebaut werden. Finanz-Swaps werden durch den Vorschlag allerdings hier leider nicht eingeschränkt, dies wohl wegen der Auffassung des Bundesaufsichtsamtes, Kreditinstitute würden freiwillig keine offenen Swappositionen eingehen. Neu berücksichtigt werden allerdings im geplanten Grundsatz Ia die Stillhalterpositionen aus Optionsgeschäften und die Finanztermingeschäfte[136]. Nach dem Stand der Diskussion im bundesdeutschen Kreditgewerbe ist davon auszugehen, daß nach Klärung der genauen Kontingente im neuen Grundsatz Ia eine entsprechende Einigung zwischen dem Bundesaufsichtsamt und der Kreditwirtschaft erzielt wird[137].

7. Bemerkungen zur Bilanzierung von Währungsswaps

7.1. Zum Stand der Bilanzierungsdiskussion zu Devisengeschäften in der Praxis

Im Bereich der Währungsrisiken besteht in Deutschland im Gegensatz zu den Zinsänderungsrisiken sowohl hinsichtlich der bankaufsichtlichen Regelungen (Grundsatz Ia des BAKred als Reaktion auf die Herstatt-Krise) als auch bezüglich der bilanziellen Regelungen — hier ist insbesondere an die Stellungnahme BFA 1/75 „Bilanzierung und Prüfung der Devisengeschäfte der Kreditinstitute“[138] und die folgende Bilanzierungsdiskussion zu denken — ein wesentlich breiterer Fundus allgemein anerkannter Bilanzierungsgrundsätze, der es weit eher erlaubt, neue Finanzinstrumente dieses Bereichs, wie etwa

[134] Siehe im einzelnen BAKred (1987), Grundsatz I Abs. 1 Satz 2 Nr. 4, Abs. 4 und Abs. 9 sowie Erläuterungen, S. 6ff.

[135] Darauf weist auch Follak (1988), S. 355ff. hin.

[136] Siehe im einzelnen BAKred (1987) sowie die Erläuterungen, S. 16ff.

[137] Zur Reaktion des Kreditgewerbes siehe ZKA (1988b).

[138] Abgedruckt in: Wpg 1975, S. 664-667.

Währungsswaps, in das bankaufsichtliche und das bilanzielle Regelungssystem zu integrieren. Dies gilt nicht zuletzt für die Frage der Zulässigkeit der Bildung bilanzieller Bewertungseinheiten aus juristisch unabhängigen Geschäften, die aus ökonomischen Gründen jedoch eine Zusammenfassung erfordern. In der Folge der seinerzeit in recht revolutionärer Weise den Einzelbewertungsgrundsatz relativierenden[139] Verlautbarung BFA 1/1975 ist bis zum heutigen Tag bereits eine recht umfangreiche Literatur zur Bilanzierung von Devisentermingeschäften entstanden[140]. Dies ist dagegen bei den Instrumenten des Zinsrisikomanagements nicht annähernd der Fall. Diese unterschiedliche Ausgangssituation ist der Hauptgrund dafür, daß im Gegensatz zu den reinen Zinsswaps bei den Währungsswaps kaum ernstliche neue Bilanzierungsprobleme entstehen, insbesondere keine, die wir nicht in ähnlicher Form bereits bei den Zinsswaps eingehend behandelt haben. Außerdem weisen Währungsswaps im Vergleich zu den Zinsswaps einen eher geringen Neuigkeitsgrad auf. Wir hatten bereits festgestellt, daß reine Währungstauschgeschäfte als Devisenswapgeschäfte (Tausch sofort und Rücktausch zu einem späteren Zeitpunkt) schon seit langem bekannt sind[141]. Bei den modernen Währungsswaps handelt es sich wirtschaftlich ebenfalls um Devisenswapgeschäfte, also um Kassakauf und gleichzeitigen Terminverkauf einer Devise bzw. umgekehrt. Neu ist nur die Kombination des traditionellen Devisenswapgeschäftes mit dem gleichzeitigen Tausch der Zinszahlungsströme der beiden Währungen des Swaps. Daraus ergibt sich als wesentlicher Unterschied zu den traditionellen Devisenswaps, daß der Rücktausch bei Fälligkeit des Swaps nicht zum Devisenterminkurs, sondern zum Kassakurs des Abschlußtages erfolgt[142]. Anders also als beim traditionellen Devisenswap gibt es keinen Unterschied zwischen Kassakurs und Terminkurs der in Rede stehenden Fremdwährung. Mit anderen Worten, ein Swapsatz — der beim traditionellen Devisenswap in Abhängigkeit von der Zinsdifferenz der beteiligten Währungen positiv (Report) oder negativ (Deport) ist — ergibt sich nicht. Er wird beim modernen Währungsswap ersetzt durch den gleichzeitigen Tausch der laufenden Zinszahlungen, die entsprechend den jeweiligen Währungen unterschiedliche Beträge aufweisen[143]. „Die Vertragsgestaltung bewirkt, daß der Empfänger des höher verzinslichen Währungsbetrages sich verpflichtet, die höheren Erträge an den Swappartner abzuliefern; Entsprechendes gilt für die niedriger verzinsliche Währung. Folglich ist für unterschiedliche Kassa- und Terminkurse bei Swaptransaktionen kein Raum“[144]. Daher verstoßen diese

---

[139] Ähnlich Forster/Gross (1985), S. 56.

[140] Siehe insbesondere Forster/Gross (1985), m.w.N.; Groh (1986), m.w.N.; Bezold (1985a und b), m.w.N.; außerdem IdW (1986c).

[141] Vgl. auch Windmöller (1987), S. 167.

[142] Vgl. Windmöller (1988), S. 112; ders. (1987), S. 167 und 173; Glaab/Kraft (1987), S. 225; ebenso Wiedmann (1987), S. B6.

[143] Vgl. Windmöller (1988), S. 112f.

[144] Glaab/Kraft (1987), S. 225.

Währungsswaps auch nicht gegen das Verbot des Abschlusses von Devisengeschäften mit künstlich gebildeten, von den Marktgegebenheiten abweichenden Kursen[145,146].

Angesichts der dargestellten Zusammenhänge fällt das Urteil von Windmöller, Mitglied des Bankenfachausschusses im Institut der Wirtschaftprüfer, zur Bilanzierung von Währungsswaps eindeutig aus: „Für Währungstauschvereinbarungen gelten daher die gleichen Grundsätze, die zur Bewertung von Devisentermingeschäften entwickelt worden sind“[147]. Für die Bilanzierung der Währungsswaps und der kombinierten Zins- und Währungsswaps sind deshalb insbesondere die Stellungnahme BFA 1/75 sowie der geänderte Entwurf einer Verlautbarung zur Währungsumrechnung im Jahres- und Konzernabschluß[148] zu berücksichtigen[149]. Die zuletzt genannte Quelle hat wesentliche Entwicklungen der Literatur und einige bedeutende Urteile der Finanzgerichte zur Bilanzierung von Devisengeschäften mitverarbeitet[150].

7.2. Die Einbindung von Währungsswaps in die GoB für Devisentermingeschäfte

7.2.1. Definitorische Grundzüge der Abgrenzung offener und geschlossener Devisenpositionen in den Veröffentlichungen des IdW

Nach Ansicht des IdW sind offene Devisenpositionen „in fremder Währung valutierende Aktiv- oder Passivposten sowie schwebende Geschäfte, denen weder ein deckungsfähiger Bilanzposten noch ein schwebendes Geschäft gegenübersteht. Geschlossene Positionen liegen dann vor, wenn sich innerhalb einer Währung Ansprüche und Verpflichtungen aus deckungsfähigen Aktiv- und Passivposten untereinander oder mit schwebenden Geschäften betragsmäßig ausgleichen“[151], sofern die Fälligkeiten der involvierten Einzelposition(en) innerhalb des gleichen Geschäftsjahres liegen[152].

---

145 Vgl. BAKred (1977b).

146 Glaab/Kraft (1987), S. 225.

147 Windmöller (1988), S. 113.

148 IdW (1986c).

149 Auch in den USA finden auf Währungs- sowie kombinierte Zins- und Währungsswaps nach dort h.M. die Vorschriften zur Bilanzierung von Devisentermingeschäften Anwendung, die im Statement FASB No. 52 „Foreign Currency Translation“ vom Dezember 1981 niedergelegt sind. Vgl. hierzu Bank for International Settlements (1986), S. 56f.; außerdem die ausführliche Darstellung zur Bilanzierung von Währungsswaps in den USA von Antl/Fisher/Neuhausen (1986).

150 Einen ausgezeichneten Überblick über den Stand der Diskussion bietet der Aufsatz von Groh (1986), mit zahlreichen w.N.

151 IdW (1986c), S. 664.

152 Vgl. IdW (1975), S. 665. Diese äußerst großzügige Definition der geschlossenen Position war von Anfang an umstritten. Skeptiker verlangen absolute Zeitkongruenz, so

Ob ein Währungsrisiko besteht, hängt vom Stand der Gesamtposition je Währung, d.h. der Zusammenfassung aller Bilanz- und Terminpositionen, ab. „Ein von der Entwicklung der Devisenkurse abhängiges und bei der Bilanzierung zu beachtendes Währungsrisiko besteht nur im Falle einer offenen Gesamtposition je Währung“[153].

7.2.2. Die Bewertung offener Währungsswaps (unmatched swaps)

Die spekulativen Währungsswaps werden bilanziell grundsätzlich ebenso behandelt, wie dies bereits für die Zinsswaps dargestellt wurde.

Nach dem geänderten Entwurf einer Verlautbarung von 1986 gelten prinzipiell für alle Fremdwährungsposten die gleichen allgemeinen Bewertungsregeln, wie sie für die entsprechenden in inländischer Währung valutierenden Posten anzuwenden sind (Anschaffungswertprinzip, Realisationsprinzip, Imparitätsprinzip)[154]. „Bei der Ermittlung von Rückstellungen für drohende Verluste aus schwebenden Geschäften ist die Kursentwicklung in die Bemessung des Wertansatzes nach vernünftiger kaufmännischer Beurteilung einzubeziehen“[155]. Hierfür erscheint die Marktbewertung des Währungsswaps gut geeignet. Der Marktwert errechnet sich ebenfalls in der gleichen Weise wie bei Zinsswaps aus der Differenz hypothetischer Anleihen, die auf den getauschten Zahlungsströmen basieren. Beim einfachen Währungsswap — etwa DM-Festzins gegen US-$-Festzins — ist dies die Differenz des Marktwertes einer hypothetischen DM-Anleihe und einer gedachten Dollaranleihe.

Im Unterschied zu den reinen Zinsswaps ist bei den Währungsswaps allerdings zu überlegen, ob eine Einbeziehung in das speziell für Banken geltende Bewertungsschema der Stellungnahme BFA 1/75 erfolgen kann.

Es ist zwar unbestritten, daß es sich bei den unmatched Währungsswaps um eine Form des offenen Devisentermingeschäfts handelt. Dennoch erscheint es nicht zweckmäßig, offene Währungsswaps unmittelbar in die Bewertung der Terminpositionen je Währung gemäß D IIc der Stellungnahme BFA 1/75 einzubeziehen, weil der bei Fälligkeit des Swaps (z.B. in 5 Jahren) zum Kassakurs zurückgetauschte Kapitalbetrag (z.B. 5000 $) nur im Zusammenhang mit den zuvor getauschten Zinszahlungsströmen zu bewerten ist. Dies geschieht aber nur bei der erwähnten Marktbewertung des Swaps. Sowohl bei der Alternative einer isolierten Gleichstellung[156] des erwähnten Währungsswaps

etwa Schäfer (1977), S. 107; Hölzel (1980), S. 88. Siehe auch die Hinweise von Scholz (1975), S. 645 sowie die Diskussion in Kapitel D dieser Arbeit.

[153] IdW (1975), S. 665.

[154] IdW (1986c), S. 664.

[155] IdW (1986c), S. 665.

[156] Dies könnte nur unter Vernachlässigung der den Swapsatz ersetzenden getauschten Zinszahlungsströme und Einbuchung des getauschten Kapitalbetrages mit einem hypothetischen Terminkurs (statt des kontrahierten Kassakurses) geschehen.

mit einer offenen Devisenterminposition über 5000 $, fällig in 5 Jahren, als auch bei der Behandlung des Swaps als Serie von Devisentermingeschäften[157] würde dieser wirtschaftliche Zusammenhang unter großem Rechenaufwand künstlich aufgegeben und ohne Not in erheblichem Maße gegen den Einzelbewertungsgrundsatz verstoßen.

7.2.3. Die Bewertung geschlossener Währungsswaps (matched swaps)

Nach Windmöller bietet sich „insbesondere dann, wenn Währungs- und Zinstauschvereinbarungen in Zusammenhang mit Geldaufnahmen und Geldausleihungen stehen, (...) eine sogenannte korrespondierende Bewertung nach der Stellungnahme des Bankenfachausschusses 1/75 D IIa als adäquate Bewertungsmethode an“[158]. Darin heißt es: „Werden in Betrag und Fälligkeit korrespondierende Devisengeschäfte, z.B. in der Form der Swap-Geschäfte, gesondert erfaßt, so sind die in der Bilanz auszuweisenden Posten mit den Anschaffungskursen und die ihnen gegenüberstehenden Termingeschäfte mit den Erfüllungskursen zu bewerten. Deports oder Reports sind, soweit sie Zinscharakter haben, zeitanteilig abzugrenzen. Für die Bewertung nach den im folgenden behandelten Bewertungsgrundsätzen scheiden diese Geschäfte aus“[159]. Für eine unmittelbare Anwendung auf die modernen Währungsswaps erscheint diese Vorschrift kaum geeignet, da bei den in Rede stehenden matched swaps Anschaffungskurs der Kassaposition und Erfüllungskurs den gleichen Betrag aufweisen und keine Deports oder Reports anfallen. Glaab und Kraft[160] halten es daher gemäß Abschnitt D IIe (andere Bewertungsverfahren) der Verlautbarung BFA 1/75 für zulässig, während der gesamten Laufzeit des Geschäfts das bilanzwirksame Grundgeschäft zum Anschaffungskurs und das Termingeschäft zum damit identischen Erfüllungskurs in den Büchern zu führen bzw. auszuweisen. Ein GuV-relevantes Bewertungsergebnis falle folglich nicht an.

Aus der Swaptransaktion resultierende Zinsabgrenzungen sind nach Ansicht von Glaab und Kraft als Saldo unter der Position „Sonstige Verbindlichkeiten“ bzw. „Sonstige Vermögensgegenstände“ auszuweisen. Die beiden Autoren lehnen sowohl den Bruttoausweis zusammen mit den Zinsabgrenzungen aus dem Ursprungsgeschäft als auch die Saldierung mit der korrespondierenden Zinsabgrenzung aus der Forderung oder Verbindlichkeit des Ursprungsgeschäftes mit der Begründung ab, daß „Swaptransaktionen auch ohne direkt zurechenbare Ursprungsgeschäfte abgeschlossen werden können“[161].

---

[157] Hier unter Betrachtung der getauschten Zinszahlungsströme zu den unterschiedlichen Tauschzeitpunkten bei Errechnung jeweiliger, hypothetischer Devisenterminkurse.

[158] Windmöller (1988), S. 113.

[159] IdW (1975), S. 666.

[160] Glaab/Kraft (1987), S. 231.

[161] Glaab/Kraft (1987), S. 231 f.

Nach unserer Einschätzung ist die dargestellte Gleichbehandlung aller matched swaps denkbar ungeeignet, da sie weder die Sicherungsfunktion von künstliche DM-Positionen schaffenden noch die Spekulationsfunktion von künstliche Fremdwährungspositionen schaffenden matched swaps hinreichend berücksichtigt. Bei den Hedginggeschäften wird nämlich nicht die erforderliche enge Bewertungseinheit hergestellt — etwa durch Saldierung der Zahlungsströme aus Grund- und Sicherungsgeschäft — und bei den spekulativen matched swaps unterbleibt die strenge Einzelbewertung mit vollständiger Berücksichtigung des Währungsrisikos aus der hinsichtlich der gesamten Zinszahlungsströme offenen Fremdwährungsposition.

Bei den spekulativen matched swaps — etwa durch Hingabe der Zahlungsströme einer DM-Bilanzposition im Austausch gegen die Zahlungsströme einer Dollarposition — ist demgegenüber eine völlige Gleichbehandlung mit den unmatched swaps geboten, wie sie analog auch bei den reinen Zinsswaps vorgeschlagen wurde, d.h. eine Einzelbewertung unter Beachtung des strengen Niederstwertprinzips. Auch in den USA wird entsprechend der Stellungnahme FASB No. 52 (Foreign Currency Translation) für solche synthetische Fremdwährungspositionen schaffenden Währungsswaps in dieser Weise verfahren[162].

Der korrespondierenden Bewertung gemäß BFA 1/75 kommt unserer Ansicht nach nur insofern eine Bedeutung für die Beurteilung bilanzieller Abbildungsformen von Währungsswaps zu, als unabhängig von der die Stellungnahme durchziehenden Globalbetrachtung der gesamten offenen oder geschlossenen Position je Währung eine Möglichkeit zur gemeinsamen Betrachtung zusammengehöriger Einzelpositionen aufgezeigt wird. Die Stellungnahme war seinerzeit in dieser Hinsicht außerdem äußerst flexibel formuliert, da unter D IIe ausdrücklich ein Raum für „Andere Bewertungsverfahren“ vorgesehen ist[163]. Wenn die Bewertung nach den erläuterten Verfahren der Stellungnahme „dem wirtschaftlichen Gehalt zusammengehörender Geschäfte nicht ausreichend gerecht wird (und) auch eine gesonderte Bewertung nach D IIa nicht in Betracht kommt, muß der Abschlußprüfer sorgfältig und unter Abwägung der Gesamtumstände untersuchen, welche Bewertung am ehesten im Interesse einer vorsichtigen Bilanzierung und einer periodengerechten Gewinnermittlung liegt“[164].

Es bleibt somit zu untersuchen, welche Bewertungsform für die Währungsswaps mit Sicherungsfunktion geeignet ist. Für diese Hedginggeschäfte gelten in den USA gemäß FASB No. 52 Vorschriften, die denen für Zinstermingeschäfte (FASB No. 80) sehr ähnlich sind. Auch für Währungsswaps werden dort also Micro-Hedges, antizipative Hedges etc. unterschieden und zusammen mit dem Grundgeschäft als Bewertungseinheit behandelt, wenn sie als Hedginggeschäft

---

162 Vgl. Antl/Fisher/Neuhausen (1986), S. 33f.

163 IdW (1975), S. 667.

164 Ebenda.

gekennzeichnet und geeignet sind. Auch die Abgrenzung des Ergebnisses vorzeitig beendeter Hedginggeschäfte über die Restlaufzeit der abgesicherten Kassaposition wird analog zu den Zinstermingeschäften vorgenommen[165].

Die Bilanzierung von Micro-Hedginggeschäften gegen Währungsrisiken wurde mittlerweile auch in Deutschland in dem jüngsten, geänderten Entwurf einer Verlautbarung zur Währungsumrechnung im Jahres- und Konzernabschluß[166] konkretisiert. Im Ergebnis ist damit die Zulässigkeit der Bildung von Bewertungseinheiten[167] für Hedginggeschäfte des Devisenkassa- und Devisenterminbereichs festgeschrieben. Die Absicherung von Währungsrisiken aus anderen schwebenden Geschäften ist dabei neben dem üblichen Hedging von Bilanzpositionen ausdrücklich zulässig. Einschränkend heißt es in dem Verlautbarungsentwurf jedoch, daß hinsichtlich der Berücksichtigung von Hedginggeschäften (Deckungsgeschäften) derzeit für die Bewertung bei der Erstverbuchung bzw. bei der Bilanzierung eine einheitliche Übung nicht festgestellt werden kann. Vielmehr sei in der Praxis sowohl zu beobachten, daß das Grundgeschäft und das dazu gesondert abgeschlossene Deckungsgeschäft für die Bewertung der betreffenden Posten als eine Einheit behandelt werden, als auch die strikte Einzelbewertung des Grundgeschäftes einerseits und des Deckungsgeschäftes andererseits. Ein Grundsatz ordnungsmäßiger Buchführung habe sich dazu bislang noch nicht herausgebildet; „beide Methoden erscheinen grundsätzlich als zulässig“[168]. Dieses Wahlrecht entspricht jedoch nicht der Auffassung der Rechtsprechung und der h.M. über die Ermittlung von GoB; sie sind als unbestimmte Rechtsbegriffe aus den geschriebenen Bilanzierungsgrundsätzen „durch Nachdenken“ (also deduktiv) und nicht durch das Sammeln von Fakten abzuleiten[169]. Steinbach weist ausdrücklich darauf hin, daß die kaufmännische Übung als Quelle für Grundsätze ordnungsmäßiger Buchführung dann versagt, wenn neuartige Bilanzierungsprobleme auftreten und sich innerhalb der Kaufmannschaft noch kein Konsens über die einheitliche Handhabung dieser spezifischen Probleme herausgebildet hat[170]. Selbst wenn aber das bezeichnete Wahlrecht zwischen Einzelbewertung und Bewertungseinheit bestünde, müßte es in der Steuerbilanz gewinnerhöhend i.S. einer kompensatorischen Bewertung ausgeübt werden, weil ein Betriebserwerber das Grundgeschäft zum gesicherten Kurs ansetzen würde[171]. Außerdem ist nicht zuletzt auf

---

[165] Vgl. im einzelnen Antl/Fisher/Neuhausen, S. 19ff.; Bank for International Settlements (1986), S. 55ff.

[166] IdW (1986c).

[167] Es ist nochmals ausdrücklich darauf hinzuweisen, daß sich die Bewertungseinheit nur auf das Währungsrisisiko und insbesondere nicht auf das Bonitätsrisiko bezieht. In diesem Sinne auch Groh (1986), S. 873.

[168] Vgl. IdW (1986c), S. 665f.

[169] Vgl. etwa Leffson (1987), S. 29ff. m.w.N.; Groh (1986), S. 875 m.w.N.; Heinen (1982), S. 165ff.

[170] Vgl. Steinbach (1973), S. 2ff.

das bereits erwähnte Urteil des Hessischen Finanzgerichts vom 24. November 1982[172] hinzuweisen, das eine Rückstellung für schwebende Devisentermingeschäfte für unzulässig und damit die Bewertungseinheit mit dem Grundgeschäft für geboten erklärt hat.

Abschließend bleibt somit festzustellen, daß Währungsswaps, die zur Schaffung künstlicher DM-Positionen verwendet werden, eindeutig im Rahmen einer Bewertungseinheit zu behandeln sind. Da es sich um einen Tatbestand der Währungsumrechnung handelt, ist über die angewandte Methode gemäß § 284 Abs. 2 HGB im Anhang zu berichten. Nach der gegenwärtigen Rechtslage sind die Kreditinstitute von dieser Angabepflicht durch § 25a Abs. 2 KWG noch befreit. Für die Änderungen, die sich aufgrund der EG-Bankbilanzrichtlinie ergeben werden, sei auf die entsprechenden Ausführungen zu den Zinsswaps verwiesen, die in vergleichbarer Weise auch für die Instrumente des Devisenbereichs gelten.

8. Zusammenfassung

Für die Untersuchung der bilanziellen Darstellung von Swapgeschäften sind vor allem die Funktionen der Bank als Swappartner und als Intermediary von Bedeutung. Voraussetzung für eine richtige Bewertung der Swapgeschäfte ist eine korrekte Ermittlung ihres Marktwertes. Dieser bemißt sich bei „normalen" Zinsswaps aus der Differenz der jeweiligen Marktwerte einer hypothetischen Festzinsanleihe und einer hypothetischen Floating Rate Note.

Im anglo-amerikanischen Raum orientiert sich die Bilanzierung von Zinsswaps stark an den Vorschriften zur Bilanzierung von Zinsterminkontrakten (FASB No. 80). Kennzeichnend für die Bilanzierung offener Swappositionen, die vor allem im Rahmen der Intermediary-Funktion der Banken auftreten können, ist eine Marktbewertung, hier im Gegensatz zu den USA allerdings unter Einhaltung des strengen Niederstwertprinzips. Bei geschlossenen Zinsswappositionen, also Swaps, die im Ergebnis aus variabel verzinslichen Bilanzpositionen synthetische Festzinspositionen oder umgekehrt bilden, sollte bei Hedginggeschäften eine Bewertungseinheit zulässig sein. Bei spekulativen Zinsswaps dieser Art ist dagegen eine Einzelbewertung erforderlich. Bei den Hedginggeschäften wird die synthetische Position durch die Verbuchung der entsprechenden GuV-Charakteristika abgebildet. Unproblematisch ist dies bei abzusichernden Positionen, die zum Anschaffungs- oder zum Nennwert bilanziert werden. Wir sind jedoch der Ansicht, daß auch die ungesichert zum Niederstwert auszuweisenden Positionen durch Bewertungseinheiten mit Swaps darstellbar sind, wenn ein entsprechender Vermerk im Anhang des Geschäftsberichtes erfolgt.

---

[171] Groh (1986), S. 874, 875.

[172] EFG 1983 Nr. 7, Entscheidung Nr. 377.

Entgegen einer in der Literatur vertretenen Auffassung brauchen die Swapzahlungsströme in der GuV nicht brutto verbucht zu werden, da ihnen in keinem Fall ein Ertrags- bzw. Aufwandscharakter zukommt. Swapmarge und Gebühren sind aus Gründen der Willkürfreiheit ebenso wie in den USA periodengerecht über die Laufzeit des Swaps zu verteilen, auch wenn Gründe dafür sprechen, zumindest die arrangement fee bereits vorab zu vereinnahmen.

Bei vorzeitiger Beendigung von Hedginggeschäften ist ebenso wie bei den Zinsterminkontrakten das Swapergebnis über die Restlaufzeit des Grundgeschäfts zu amortisieren. Wegen der Möglichkeit des Ausfalls eines Vertragspartners müssen alle Swaps in gewissen Abständen marktgerecht bewertet werden, um einen gegebenenfalls notwendigen Rückstellungsbetrag ermitteln zu können. Dies spielt insbesondere bei den ausgeglichenen Swappositionen des Intermediary eine bedeutsame Rolle.

Als schwebende Geschäfte finden die Ansprüche und Verpflichtungen aus Swapgeschäften nach den geltenden GoB keinen Eingang in die Bilanz im engeren Sinne. Auch von einer Darstellung im Anhang gem. § 285 Nr. 3 HGB sind die Kreditinstitute durch § 25a KWG befreit. Nach der EG-Bankbilanzrichtlinie kommt dagegen sowohl eine Aufnahme der Swaps unter dem Strich als Kreditrisiko — ggf. durch rechnerische Kreditrisikoäquivalente der Bankenaufsicht — als auch eine Offenlegung im Anhang als eine Form der Zinstermin- bzw. Devisentermingeschäfte in Betracht. Beim Ausweis im Anhang wird insbesondere nach den Handelsgeschäften zuzurechnenden und den als Sicherungsgeschäfte fungierenden Swaps zu unterscheiden sein.

Im Vergleich zu den reinen Zinsswaps ist die Einbindung der Währungsswaps in die bestehenden GoB weniger problematisch, weil zur Bilanzierung von Devisentermingeschäften, zu denen die Devisenswaps zu rechnen sind, gesichertere GoB als für Zinsinstrumente zur Verfügung stehen. Typisch für den Währungsswap ist die Gleichheit von Kassakurs und Terminkurs, da anders als beim traditionellen Devisenswap kein Swapsatz anfällt. Dieser wird vielmehr ersetzt durch den gleichzeitigen Tausch der laufenden Zinszahlungsströme, die entsprechend den jeweiligen Währungen unterschiedliche Beträge aufweisen.

Die Währungsswaps lassen sich unschwer in das System der Bilanzierung von Währungsgeschäften einbeziehen, das durch die Stellungnahme BFA 1/75 und durch den jüngsten Entwurf einer Verlautbarung zur Währungsumrechnung im Jahres- und Konzernabschluß abgesteckt ist. Im Ergebnis zeigt sich, daß auch hierzulande Gleichartigkeit der Bilanzierung von Zins- und Währungsswaps anzustreben ist (wie dies in den USA bereits der Fall ist). Unbefriedigend ist allerdings noch, daß sowohl eine strenge Einzelbewertung als auch die Bildung von Bewertungseinheiten im Währungsbereich nebeneinander für zulässig gehalten werden.

F. Ausweis und Bewertung von Euronotes-Fazilitäten im Geschäftsbericht der Kreditinstitute

1. Definition und Merkmale

Euronotes zählen gemeinsam mit Euro-Certificates of Deposit und Euro-Commercial Papers zu den „Eurogeldmarktpapieren“. Unter Eurogeldmarktpapieren versteht man im Regelfall nicht-börsennotierte, kurzfristige und unbesicherte Schuldtitel[1] mit Laufzeiten von einem bis zwölf Monaten, die von erstklassigen Emittenten am Euromarkt begeben werden. Die Emission erfolgt dabei im Rahmen einer mittel- bis langfristigen Plazierungsvereinbarung (5 bis 10 Jahre) mit den involvierten Banken, die dem Schuldner die Möglichkeit einräumt, die Schuldtitel revolvierend, je nach Finanzierungsbedarf, über das Bankensystem bei den Anlegern zu plazieren. Während die Euro-CDs von Banken emittiert werden, handelt es sich in den beiden anderen Fällen i.d.R. jeweils um Emittenten aus dem Bereich der Nichtbanken. Im Gegensatz zu den Euro-Commercial Papers[2] (Non-underwritten Facilities) sind Euronotes Schuldtitel, bei denen im Falle der Nichtplazierbarkeit für den Emittenten die Deckung des Finanzierungsbedarfs durch eine Übernahmegarantie bzw. Kreditzusage (stand-by bzw. back-up line)[3] der „Underwriting-Bank“ auf Basis vorher vereinbarter Konditionen gesichert ist. Je nach Ausgestaltung der „Underwriting-Verpflichtung“ lassen sich zahlreiche Varianten von Euronotes unterscheiden, wie etwa RUF (Revolving Underwriting Facility), NIF (Note Issuence Facility), MOF (Multiple Option Facility), MCF (Multiple Component Facility), SNIF (Short Term Note Issuence Facility), TRUF (Transferable Revolving Underwriting Facility) und BONUS (Borrower's Option for Notes and Underwritten Stand by). Emissionswährung ist der US-$ oder die ECU, wobei eine Deregulierung bezüglich DM erwartet wird[4]. Die bis dahin noch bestehenden Probleme für eine Begebung von DM-Euronotes sind insbesondere die Börsenumsatzsteuer sowie der § 795 BGB, der die Ausgestaltung derartiger Geldmarktpapiere als Inhabertitel der staatlichen Genehmigungspflicht unterwirft[5]. Der Zinssatz der Euronotes orientiert sich am Interbanken-Abgabesatz (LIBOR) und schwankt je nach Marktverfassung und Bonität des finanzierten Unternehmens. Der Schuldner erhält langfristige Mittel zu kurzfristigen Sätzen[6].

[1] Diese Schuldtitel sind vergleichbar mit umlauffähigen Eigenwechseln des Kreditnehmers.

[2] ECP stehen nur Emittenten mit der höchsten Kreditwürdigkeit zur Verfügung, die darauf vertrauen können, daß sie ihre Papiere jederzeit zu den jeweils günstigsten Bedingungen am Markt plazieren können. Siehe Deutsche Bundesbank (1986), S. 28.

[3] Vgl. Reinhardt (1985a), S. 380.

[4] Siehe Bolck (1986), S. 513f.

[5] Vgl. Schnoor (1986), S. 16.

[6] Vgl. Schnoor (1986), S. 11.

Seit im Februar 1981 von der Citicorp International die erste Euronotes-Finanzierung für Her Majesty the Queen in the Right of New Zealand arrangiert worden ist[7], hat sich der Euronotes-Markt rasch entwickelt[8]. Die vorherrschenden Gründe für diesen Erfolg sind[9]:

— Euronotes sind flexibler und billiger als vergleichbare Konkurrenzprodukte, wie etwa FRN oder syndizierte Eurokredite.
— Euronotes sind für das internationale Cash Management ein geeignetes Diversifizierungsobjekt zu Euro-CDs und Bankdepositen.
— Es bestehen zunehmende Kapitalbeschränkungen internationaler Banken bei der Gewährung neuer Eurokredite.
— Es existiert eine erhebliche Überliquidität institutioneller Anleger.

In den letzten beiden Jahren ist die Tendenz zu verzeichnen, daß Kreditnehmeradressen erster Bonität zunehmend auf die Absicherung durch Übernahmeverpflichtungen oder back-up-Linien verzichten[10], mithin Euro-CPs den Euronotes vorziehen. Neben der Kostenersparnis für den Emittenten durch Wegfall der „underwriter fee“ ist ein weiterer Grund für diese Entwicklung darin zu sehen, daß das BAKred — ebenso wie etwa die Bank of England — seit Juni 1986 die Underwriting-Verpflichtungen der Banken in Höhe von 50% im Grundsatz I berücksichtigt[11].

2. Die Rolle der Kreditinstitute

Die Etablierung einer Euronotes-Fazilität vollzieht sich durch die Mittlerfunktion eines Konsortiums aus Geschäfts- und/oder Investmentbanken. Hierbei ist eine Funktionsteilung in der Weise typisch, daß die Organisation der Emission (Arranger), die Mittelbereitstellung (Placement) und die Mittelzusage (Underwriter) in der Regel von verschiedenen Mitgliedern des Konsortiums wahrgenommen werden[12].

2.1. Arranger

Der Arranger ist mit dem Konsortialführer eines Eurokredits vergleichbar. Ihm kommt die Aufgabe zu, die Dokumentation zu erstellen, die Gruppe der „Underwriter“ und der „Placement-Agents“ zusammenzustellen und die Kon-

---

[7] Vgl. Burkart (1985), S. 66.

[8] Vgl. Bank für Internationalen Zahlungsausgleich (1986b); Bank for International Settlements (1987), S. 18f.

[9] Vgl. Bolck (1986), S. 513.

[10] Siehe Bank für Internationalen Zahlungsausgleich (1986b), S. 16.

[11] Vgl. Schnoor (1986), S. 14.

[12] Vgl. hierzu und im folgenden Reinhardt (1985a), S. 380. Gelegentlich übernehmen Banken bei einer Fazilität sowohl die Funktion der Mittelbereitstellung als auch die Funktion der Mittelzusage.

ditionen auszuhandeln. Für diese Leistungen berechnet der Arranger eine einmalige „arrangement fee“ von etwa 1/8% des Gesamtbetrages der Fazilität.

2.2. Underwriter

Die Gruppe der „Underwriter“ setzt sich in der Regel aus internationalen Geschäftsbanken zusammen, die sich im Rahmen ihrer Übernahmezusage verpflichten, die nicht plazierbaren Papiere mit einem fest vereinbarten Aufschlag über LIBOR zu übernehmen. Als Vergütung erhalten sie hierfür eine jährliche Bereitstellungsprovision auf den Nominalbetrag (underwriter fee bzw. facility fee) in Höhe von 1/32 bis 1/8% p.a.

2.3. Placement

Die Plazierung der Euronotes erfolgt nach verschiedenen Methoden:

— Sole Placing Agent (SPA): Bei der SPA-Methode übernimmt ein einziges Institut die Plazierung der Papiere. Der Vorteil dieser Methode liegt in einer schnellen und einfachen Plazierung und beruht auf einer engen Bindung zu den Emittenten. Ein Nachteil ist in der einseitigen Kursfestsetzung durch den SPA zu sehen. Der SPA erhält als Vergütung eine jährliche Provision zuzüglich einer Plazierungsrendite.

— Multiple Placing Agency (MPA): Bei der MPA-Methode erhält jedes an der Plazierung interessierte Institut einen bestimmten Anteil an den zu plazierenden Euronotes. Ein möglicher Nachteil für den Kreditnehmer besteht darin, daß die Plazierungszuteilung sich nicht nach der jeweiligen Plazierungskraft des einzelnen Instituts richtet, sondern nach dessen Quote.

— Tender Panel: Die Tender Panel-Methode ist eine Fortentwicklung der zuvor genannten Methoden. Die Plazierungszuteilung für jedes einzelne Institut orientiert sich an seiner jeweiligen Plazierungskraft. Die verschiedenen „Placement Agents“ werden von dem „Tender Panel/Payment Agent“ aufgefordert, nach Rücksprache mit den Investoren Zinsgebote abzugeben. Der Zuschlag wird dann durch den „Tender Panel Agent“ an die Institute mit den niedrigsten Zinsgeboten erteilt. Für die erfolgreiche Unterbringung erhalten diese Institute eine marktabhängige Plazierungsrendite von bis zu 1/10% p.a. Sofern ein Restkontingent von Euronotes vom „Tender Panel“ nicht plaziert werden kann, gehen diese Euronotes an die „Underwriter“ zurück und werden von diesen, ihrer Quote entsprechend, übernommen.

3. Risikoaspekte der Euronotes-Fazilitäten

Die möglichen Risiken im Rahmen der Emission von Euronotes sind abhängig von der Art der Beteiligung der Bank an der Fazilität. Zwar werden typischerweise die Funktionen geteilt, bei kleineren Volumina besteht jedoch durchaus die Möglichkeit, daß eine Bank gleichzeitig mehrere Aufgabenbereiche wahrnimmt[13].

3.1. Die Risiken des Arrangers

Der Arranger wird nicht mit Risiken des Geschäftsbereichs konfrontiert, sondern nur mit Personal- und Management-Risiken, d.h. sogenannten Risiken des Betriebsbereichs, die wir hier allerdings beiseite setzen können.

3.2. Die Risiken beim Placement

3.2.1. Die Risiken des Sole Placing Agent (SPA) und der Mitglieder der Multiple Placing Agency (MPAs)

Ein SPA bzw. MPA ist der Gefahr ausgesetzt, die ihm zugeteilten Wertpapiere nicht im Markt unterbringen zu können[14]. Dies kann aufgrund

— einer Verschlechterung der Bonität des Schuldners (Bonitätsrisiko),
— einer Veränderung der Marge, die vom Markt für einen Emittenten bestimmter Bonität über den Referenzzinssatz hinaus gefordert wird[15] (allgemeines Marktrisiko) oder
— einer ausgeprägten Marktschwäche (Marktliquiditätsrisiko)

geschehen. Werden die genannten Risiken schlagend, d.h. mißlingt die Plazierung, ergeben sich für den SPA bzw. MPA Opportunitätskosten in Höhe der entgangenen Plazierungsprovision[16]. Die Notes gehen in das Portefeuille der Underwriter über.

3.2.2. Die Risiken des Tender Panel Agent (TPA)

Die Risikolage des TPA ist mit der des Arrangers vergleichbar. Auch ihm entstehen ausschließlich Betriebsrisiken.

3.2.3. Die Risiken eines Tender Panel-Mitglieds (TPM)

Das Mitglied eines Tender Panel ist wie ein SPA bzw. MPA der Gefahr einer mißlungenen Plazierung ausgesetzt. Sofern das TPM bereits vor der auktionsmäßigen Versteigerung der Euronotes erkennt, daß es die Papiere nicht im Markt wird unterbringen können und deshalb auf eine Abgabe eines Gebots zur Übernahme verzichtet, entgeht ihm lediglich die Plazierungsprovision. Eine Übernahmeverpflichtung besteht nicht. Gibt es jedoch sein Gebot ab und werden die o.a. Risiken schlagend, bevor die Papiere plaziert sind, fällt ihm die

---

[13] Zum Risikoaspekt vgl. auch Storck (1987), S. 181f.

[14] Vgl. Bank of England (1986), S. 11.

[15] Z.B. aufgrund einer veränderten Einschätzung der Risiken aus Euronotes.

[16] Vgl. Bankson/Lee (1985), S. 10.

Übernahmeverpflichtung zu. Durch die Übernahme[17] der Notes in das eigene Portefeuille entstehen dem TPM aus der Verlängerung der Bestandshaltedauer bis zum Laufzeitende der Schuldtitel die folgenden zusätzlichen Risiken: Bonitätsrisiko, Zinsänderungsrisiko, Währungsrisiko, Liquiditätsrisiko. Wegen der Kürze des Zeitraums zwischen Gebotsabgabe und Plazierung der Papiere ist die Wahrscheinlichkeit einer unerwarteten Änderung der Bonität des Emittenten, der Margen oder der Marktliquidität äußerst gering. Eine ungleich häufigere Ursache für den Mißerfolg der Plazierung ist dagegen eine Fehleinschätzung der Marktverhältnisse seitens der Tender Panel-Bank im Zeitpunkt der Abgabe ihrer Gebote (Personal- und Managementrisiko).

3.3. Die Risiken des Underwriters

Der Underwriter ist durch seine Zusage, Kredit zu gewähren oder Wertpapiere in das eigene Portefeuille zu übernehmen, dem Bonitäts-, dem allgemeinen Markt- und dem Marktliquiditätsrisiko ausgesetzt. Werden die Risiken schlagend, ist der Underwriter zur Übernahme bzw. Kreditvergabe verpflichtet. Eine Inanspruchnahme aus der Übernahmeverpflichtung kommt jedoch nur bei Erstausgabe oder Fälligkeit der Notes, also zu bestimmten, festgelegten Terminen, in Betracht.

Die „underwriting" Bank trägt die Bestandshalterisiken für Notes in ihrem eigenen Portefeuille. Eine Verlagerung der Bestandshalterisiken ist allerdings möglich, indem sie die Papiere mit einem entsprechenden Abschlag auf den ursprünglich geplanten Plazierungskurs verkauft. Der Bank entstehen hierbei Verluste in Höhe des Abschlags.

Die Analyse der Risiken aus den verschiedenen Funktionen, die ein Kreditinstitut im Rahmen einer Euronotes-Fazilität übernehmen kann, zeigt, daß dem Kreditinstitut sowohl in bezug auf den möglichen Schadensumfang als auch hinsichtlich der Eintrittswahrscheinlichkeit eines Schadens lediglich aus der Underwriting-Verpflichtung signifikante Gefahren drohen können. Verlustgefahren aus dem Arrangement und dem Placement sind zu vernachlässigen. Wir werden uns von daher im folgenden auf die bilanzielle Abbildung der Underwriting-Verpflichtung beschränken.

4. Rechtliche und wirtschaftliche Einordnung der Underwriting-Verpflichtung

Gemäß der Stellungnahme BFA 1/1987 ist die bilanzielle Behandlung der Underwriting-Verpflichtung danach zu entscheiden, ob sie wirtschaftlich als Gewährleistung oder als Kreditzusage zu beurteilen ist[18]. Beide Begriffe sind in

---

[17] Das TPM kann die Notes natürlich auch zu einem Preis plazieren, der unter dem Ankaufskurs liegt. In diesem Falle gehen die Bestandshalterisiken auf die Investoren über. Dem TPM entsteht ein Verlust in Höhe des Differenzbetrages.

diesem Zusammenhang allerdings nicht ohne ihren rechtlichen Gehalt zu beurteilen.

4.1. Rechtliche Aspekte von Gewährleistung und Kreditzusage

4.1.1. Gewährleistung

Bürgschaften, Garantien und sonstige Gewährleistungen für andere[19] werden unter den Begriff „Garantiegeschäft" subsumiert. Den genannten Geschäften ist gemeinsam, daß das Kreditinstitut ungeachtet einer späteren Geldleistung zunächst keine Zahlung leistet, sondern mittels einer Verpflichtung nur eine Haftungserklärung abgibt. Die Haftung des Kreditinstituts ist eine echte Eventualverbindlichkeit, für die es entsprechende Vorsorge treffen muß[20].

Der Garantiebegriff ist im BGB nicht geregelt. Die Rechtsprechung[21] definiert die Garantie[22] als einseitigen Vertrag, durch den sich jemand (Garant) verpflichtet, für einen bestimmten Erfolg oder für eine Gefahr (Risiko) einzustehen, die dem Vertragspartner aus *irgendeinem Unternehmen* erwachsen kann (weite Garantiedefinition). Demgegenüber definiert Creifelds[23] den - Garantie bzw. Gewährleistungsvertrag als einen Vertrag, in dem jemand die Haftung für einen bestimmten Erfolg oder die Gefahr bzw. den Schaden übernimmt, der *aus einem Rechtsverhältnis mit einem Dritten* entstehen kann (enge Definition). Dieser engen Definition schließt sich auch der BFA in der Stellungnahme 1/1987 an. Danach liegt eine Gewährleistung dann vor, „wenn im Einzelfall auch Dritte Ansprüche aus der Fazilität gegen das Kreditinstitut geltend machen können"[24].

Eine Einordnung der Underwriting-Verpflichtung einer Euronotes-Fazilität ist allerdings nur unter die weite Garantiedefinition möglich. Die Bank

---

[18] IdW (1987b), S. 301 f.

[19] Der Ausdruck „für andere" stellt auf das Vorhandensein einer „fremden" Schuld ab, d.h. das Garantiegeschäft muß für Rechnung oder zumindest in überwiegendem Interesse für andere vorgenommen werden. So sind z.B. Gewährleistungsverpflichtungen in Kaufverträgen keine Gewährleistung für andere. Vgl. Reischauer/Kleinhans (1987), Kza 115 § 1, Anm. 55. Unter den Kreditbegriff fallen jedoch nach § 19 Abs. 1 Nr. 4 KWG alle Bürgschaften, Garantien und sonstige Gewährleistungen.

[20] Vgl. Reischauer/Kleinhans (1987), Kza 115 § 1 Anm. 55.

[21] Vgl. BGH-Urteil vom 1.7.1958 - VIII, ZR 93/57, in: NJW 1958, S. 1483 f.; vgl. auch Obst/Hintner (1982), S. 276, 364 und Reischauer/Kleinhans (1987), Kza 115 § 1 Anm. 62.

[22] Nach Reischauer/Kleinhans (1987), Kza 115 § 1 Anm. 65 kann von einer weitgehenden Übereinstimmung der Begriffe "Garantie" und "sonstige Gewährleistungen" ausgegangen werden. Die besondere Erwähnung der beiden synonymen Begriffe nebeneinander dürfte nur deshalb erfolgt sein, um jeden Auslegungsstreit darüber auszuschließen, ob derartige Geschäfte den Vorschriften des KWG unabhängig von ihrer Bezeichnung auf jeden Fall unterliegen.

[23] Vgl. Creifelds (1968), S. 399.

[24] IdW (1987b), S. 301.

verpflichtet sich als Underwriter, für die Gefahr ihres Vertragspartners — des Emittenten der Euronotes — einzustehen, die jenem daraus resultiert, daß er seinen Finanzierungsbedarf nicht zu den vorher festgelegten Konditionen — vereinbarte Marge und Volumen — in der Zukunft decken kann. Ein Rechtsverhältnis des Emittenten mit einem Dritten entsteht nur dann, wenn der Emittent seinen Finanzierungsbedarf am freien Markt abdeckt. Dies setzt voraus, daß die Marktmarge für diesen nicht über der vom Underwriter garantierten Marge liegt, mithin der Underwriter aus seiner Haftungsverpflichtung nicht in Anspruch genommen wird. Der Garant übernimmt demnach nicht die Haftung für einen Schaden, der dem Emittenten aus einem Rechtsverhältnis mit einem Dritten entstehen kann, sondern er haftet für den Fall, daß ein Rechtsverhältnis mit einem Dritten erst gar nicht zustande kommt. Letzteres ist genau dann der Fall, wenn die vom Markt geforderte Marge über die garantierte Marge steigt und der Emittent sich aus Kostengründen beim Garanten eindeckt.

Wie gezeigt werden konnte, ist die vom BFA gewählte enge Garantiedefinition auf Euronotes-Fazilitäten nicht anwendbar. Bei strenger Anwendung der Stellungnahme wären Euronotes-Fazilitäten demnach bilanziell grundsätzlich wie Kreditzusagen zu behandeln. Vor diesem Hintergrund erscheint allerdings die Passage in der Stellungnahme unverständlich, in der es heißt, daß die bilanzielle Behandlung der Fazilitäten davon abhängig sei, ob sie wirtschaftlich als Kreditzusagen oder als Gewährleistungen zu beurteilen sind[25].

4.1.2. Kreditzusage

Der Begriff „Kreditzusage“ oder „Krediteröffnungsvertrag“ ist ein bankgeschäftlicher terminus technicus, der analog dem Garantievertrag als eigenständiger Vertrag gesetzlich nicht geregelt ist. Seine rechtliche Qualifikation ist umstritten. Nach Schurig[26] qualifiziert sich der Krediteröffnungsvertrag als gegenseitig verpflichtender Schuldvertrag, der für die Bank die Pflicht zur Gewährung des Kredits in der vereinbarten Weise und Höhe, für den Kreditnehmer die Pflicht zur Zahlung einer Vergütung begründet. Die Kreditzusage beinhaltet also für beide Vertragspartner eine Leistungsverpflichtung. In dem Maße und für die Zeit der Nichtinanspruchnahme des Kredits stehen die beidseitigen Erfüllungsleistungen noch aus. Insoweit sind daher die Kreditzusagen den schwebenden Geschäften zuzuordnen. Für die rechtliche Typologisierung des Krediteröffnungsvertrages ist — ebenso wie beim Kreditvertrag — die Rechtsnatur des zugesagten Kredits entscheidend: Der Darlehenskrediteröffnungsvertrag ist ein Darlehensvertrag, der Diskontkrediteröffnungsvertrag ein Kaufvertrag, der Aval- und i.a. auch der Akzeptkrediteröffnungsvertrag ein Geschäftsbesorgungsvertrag.

---

[25] IdW (1987b).

[26] Vgl. Schurig (1981), S. 186ff. und 212ff. Die Definition der Kreditzusage durch das BAKred (1977a) entspricht sinngemäß der Definition von Schurig. Vgl. Reischauer/ Kleinhans (1987), Kza 115 § 13 Anm. 9.

Die Zusage, einen Kredit zu gewähren, wird von einer Bank i.a. nicht in einer pauschalen Erklärung abgegeben. Vielmehr erfolgen regelmäßig genaue Vereinbarungen hinsichtlich der konkreten Ausprägung aller wesentlichen Leistungselemente. Diese können nun als Kriterien zur Typologisierung der Kreditzusagen dienen[27]:

1) Kriterien, die auch für die effektuierten Kredite gelten:
   - Geld- oder Kreditleihe
   - Kreditnehmer
   - Verwendungszweck
   - Sicherheiten
   - Währung
   - Kredithöhe
   - Kreditpreis (fix/in best. Zeitabständen neu vereinbaren/mittels Zinsgleitklausel an eine Variable gekoppelt)
   - Laufzeit
2) Kriterien, die sich lediglich auf die Zusage selbst beziehen und mit einer Inanspruchnahme des Kredits hinfällig werden:
   - feste Vereinbarung von Zeitpunkt und Höhe als der eine Extremfall bzw. die Möglichkeit der beliebig wiederholbaren Inanspruchnahmen zu jeweils variierenden Beträgen als der andere Extremfall
   - Befristung der Zusage
   - Bedingtheit der Zusage (vorbehaltslos oder bedingt nach § 158 BGB)

Wegen der vielfältigen Gestaltungsmöglichkeiten einer Kreditzusage läßt sich auch eine Underwriting-Verpflichtung rein formal (rechtlich) als solche klassifizieren.

4.2. Wirtschaftliche und risikotheoretische Aspekte von Gewährleistung und Kreditzusage

4.2.1. Das vorrangige Motiv der Instrumentenwahl

Unter wirtschaftlichen Gesichtspunkten steht bei einer Gewährleistung bzw. Garantie in den meisten Fällen der Absicherungsgedanke im Vordergrund des Interesses. Der aus dem Garantievertrag Begünstigte wünscht eine Absicherung gegen zukünftige Risiken durch seinen Vertragspartner, den Garanten. Demgegenüber ist eine Kreditzusage (Kontokorrentkredit) in aller Regel vorrangig mit einem Finanzierungswunsch für den laufenden, schwankenden Betriebsmittelbedarf[28] seitens des Bankkunden verbunden. Ein Absicherungswunsch gegen schlagende Risiken steht gemeinhin nicht im Vordergrund[29]. Bei einer Euronotes-Fazilität deckt das begünstigte Unternehmen den normalen, laufenden

[27] Vgl. Schurig (1981), S. 192.

[28] Vgl. auch Windmöller (1987), S. 168.

[29] Dies schließt nicht aus, daß verbindliche Kreditzusagen auch als Absicherung gegen zukünftige Marktrisiken und Liquiditätsengpässe des Begünstigten geeignet sind. In bezug auf das Bonitätsrisiko besteht jedoch durchweg ein Bonitätsvorbehalt. Auch

Kreditbedarf nicht bei dem zusagenden Institut, sondern über den Markt ab und greift nur im Schadensfall auf die Linie der Bank zurück[30]. Der Begünstigte betrachtet die Underwriting-Verpflichtung der Bank zum Zeitpunkt des Vertragsabschlusses als reine Absicherung gegen alle o.g. zukünftigen Risiken. Insbesondere gilt der Bonitätsvorbehalt bei der Underwriting-Verpflichtung im Gegensatz zur Kreditzusage nicht. Insofern steht die Euronotes-Fazilität — wirtschaftlich betrachtet — der Garantie näher als der Kreditzusage.

4.2.2. Die Art der auftretenden Risiken

Da für die bilanzielle Behandlung nicht der juristischen, sondern der wirtschaftlichen Beurteilung eines Tatbestandes die letzlich entscheidende Bedeutung zukommt, fällt neben dem Transaktionsmotiv dem Risikogehalt von Garantie, Euronote und Kreditzusage eine zentrale Rolle bei der bilanziellen Abbildung zu.

Eine Analyse des Risikogehaltes der drei in Rede stehenden Instrumente untermauert die wirtschaftliche Nähe der Euronotes zu den Garantien.

Der Risikogehalt eines geschäftlichen Unternehmens wird determiniert von der Art der Einzelrisiken, die mit diesem Unternehmen verbunden sind, ihrer Bedeutung und den Eintrittswahrscheinlichkeiten dieser Einzelrisiken. Abbildung 5 zeigt die mit der Garantie, der Underwriting-Verpflichtung und der Kreditzusage verbundenen Einzelrisiken[31] für eine Bank und die jeweiligen Wahrscheinlichkeiten dafür, daß diese Risiken schlagend werden. Aus der Abbildung 5 geht hervor, daß die Kreditzusage für eine Bank (nahezu) risikolos ist, sofern der Kreditpreis erst im Zeitpunkt der Inanspruchnahme fixiert wird. Die Marge kann in diesem Fall exakt auf die jeweilige Marktsituation zugeschnitten werden. Damit entfällt das allgemeine Marktrisiko sowie das Marktliquiditätsrisiko. Die Risikolage verschlechtert sich zuungunsten der Bank, wenn der Kreditpreis für einen längeren Zeitraum fixiert ist[32] oder wenn der Zins zwar mittels Zinsgleitklausel an eine Variable gebunden ist, die Marge aber nicht den jeweiligen Marktbedingungen angepaßt werden kann. In jedem Fall entfällt bei der Kreditzusage das Bonitätsrisiko im Zeitraum bis zur Inanspruchnahme, da die Bank über die AGB bei Anzeichen einer Gefährdung des zugesagten Kredits die Effektuierung verweigern kann[33].

Die Frage, welche Einzelrisiken mit einer Garantie verbunden sind, ist nur zu beantworten, wenn man den gesamten Tatbestand kennt, für den die Haftungs-

---

verbindliche Kreditzusagen haben danach im Falle offensichtlicher Bonitätsprobleme des Kreditnehmers keinen Bestand. Vgl. hierzu etwa Degenhart (1987), S. 120f.

[30] Vgl. Windmöller (1987), S. 168.

[31] Zur Definition der Risiken siehe oben Abschnitt 3.

[32] Hier besteht ein Festzinsrisiko. In der Übersicht wird von dieser Möglichkeit abgesehen, da üblicherweise eine Anknüpfung des Zinses mittels einer Zinsgleitklausel an eine Variable vorgenommen wird.

		Garantie (enge Definition)	Euronote	Kreditzusage
auftretende Risiken	Bonitätsrisiko	ja	ja	-
	allg. Marktrisiko	-	ja	gegebenenfalls*
	Marktliquiditätsrisiko			gegebenenfalls*
Bedeutung der Risiken	Bonitätsrisiko	groß	klein	-
	allg. Marktrisiko	-	groß	klein
	Marktliquiditätsrisiko	-	groß	klein
Eintrittswahrscheinlichkeit der Risiken	Bonitätsrisiko	kleiner**	größer	-
	allg. Marktrisiko	-	größer	kleiner
	Marktliquiditätsrisiko	-	größer	kleiner
Risikogehalt (2 = höchstes Risiko)		2	2	1

Abb. 5: Vergleichende Risikoanalyse von Garantie, Euronote und Kreditzusage

zusage gilt. Ohne Kenntnis dieses Tatbestandes läßt sich die Anzahl der möglicherweise auftretenden Einzelrisiken nicht begrenzen. Daher ist es sinnvoll, die Risikoanalyse auf das in der Praxis „übliche" Garantiegeschäft einer Bank zu beschränken: die Übernahme der Haftung für ein Kreditverhältnis mit einem Dritten. Hier tritt lediglich ein Bonitätsrisiko auf.

Bei der Underwriting-Verpflichtung aus Euronotes-Fazilitäten wird das Bonitätsrisiko, das allgemeine Marktrisiko sowie das Marktliquiditätsrisiko wirksam. Es wird angenommen, daß Escape-Klauseln nicht greifen[34].

4.2.3. Potentieller Schadensumfang

Der mögliche Schadensumfang aus einer Verschlechterung der Bonität des Vertragspartners ist größer als der, welcher durch Marktstörungen verursacht werden kann. Im schlimmsten Fall bewirkt ein schlagendes Bonitätsrisiko, daß

[33] Vgl. Schurig (1981), S. 226f. und S. 253f.

[34] Diese Einschätzung deckt sich mit der des BAKred (1986b), S. 27; ebenso Krümmel (1986), S. 53.

der gesamte Betrag, für den die Bank haftet, verloren geht. Dagegen ist der Verlust aus dem allgemeinen Marktrisiko bzw. Marktliquiditätsrisiko in jedem Fall auf einen Teilbetrag begrenzt.

Bei der Garantie tritt im Normalfall entweder der maximale Schaden oder kein Schaden auf. Wird der Garant aufgrund seiner Haftungszusage in Anspruch genommen, gilt dies zunächst immer für den Gesamtbetrag. Der Verlust eines Teilbetrages ist ausnahmsweise nur dann zu verzeichnen, wenn der Garant aufgrund seines durch seine Leistung begründeten Rückgriffsrechtes auf den Vertragspartner einen Teil der Haftsumme zurückerhält.

Bei Euronotes ist der Verlust nur dann maximal, wenn die Bank dem Vertragspartner in Höhe des Kreditrahmens Kredit gewährt hat bzw. alle Notes in ihrem eigenen Portefeuille hält. Im Regelfall kann sich die Bank durch eine (Teil-)Plazierung der übernommenen Papiere unter Ankaufskurs vor diesem maximalen Schaden schützen. Eine Ausnahme von dieser Regel liegt nur dann vor, wenn sich die Bonität des Emittenten darart verschlechtert hat, daß eine Plazierung selbst mit einem hohen Abschlag nicht mehr gelingt.

4.2.4. Die Eintrittswahrscheinlichkeit der Risiken

Wir haben dargelegt, daß der durchschnittliche Schaden aus dem Bonitätsrisiko größer ist als der aus den beiden Marktrisiken. Des weiteren wurde gezeigt, daß der durchschnittliche Schaden aus dem Bonitätsrisiko bei Garantien größer ist als bei Euronotes.

Es stellt sich nun die Frage nach der Wahrscheinlichkeit des Schadensfalles. Hier ist keine eindeutige Aussage möglich. Zunächst ist zu bemerken, daß die durchschnittliche Bonität eines Euronotes-Emittenten besser ist als die von „Garantie-Kunden“. Dies verleitet zu der Annahme, daß die Wahrscheinlichkeit eines Schadens bei Euronotes geringer ist. Dagegen spricht jedoch erstens, daß bei Euronotes bereits geringe Bonitätsverschlechterungen zu Verlusten führen können, während dies bei der Garantie i.a. erst bei konkursgefährdeten Kunden der Fall ist. Zum zweiten ist zu beachten, daß Euronotes-Transaktionen per Telefon oft in Sekundenschnelle abgewickelt werden, ohne daß der zuständige Sachbearbeiter der Bank eine genaue Bonitätsprüfung des Emittenten vornehmen kann[35]. Bei Garantien dürfte diese Verfahrensweise dagegen nicht üblich sein.

Über die Eintrittswahrscheinlichkeit des allgemeinen Marktrisikos bzw. Marktliquiditätsrisikos läßt sich wenig aussagen. Man kann allerdings vermuten, daß der Markt für Euronotes wegen den geringen Margen und dem damit verbundenen geringen Risikoentgelt für die Banken sehr flexibel auf Marktstö-

[35] Elstein und andere Autoren empfehlen deshalb die Einführung von Rating-Systemen für Euronotes-Emittenten. Vgl. Elstein (1986), o.S.; vgl. auch Bankson/Lee (1985), S. 62.

rungen reagiert. Margen für Euronotes werden sehr schnell den neuen Marktgegebenheiten angepaßt, wohingegen die Margen für klassische Kredite eher als träge einzustufen sind. Insofern dürfte die Eintrittswahrscheinlichkeit der oben genannten Risiken bei Euronotes größer sein als bei den Kreditzusagen.

4.2.5. Einstufung nach dem Risikogehalt für die Bank

Aus Abb. 5 geht eindeutig hervor, daß die Underwriting-Verpflichtung als risikoreicher einzustufen ist als die Kreditzusage. Die Euronotes-Fazilität ist mit mehr Einzelrisiken verbunden[36], der durchschnittliche Schaden aus diesen Einzelrisiken ist größer und die Eintrittswahrscheinlichkeiten der Einzelrisiken sind höher.

Auch die Garantie ist mit höheren Risiken verbunden als die Kreditzusage. Zwar wirkt bei der Garantie nur das Bonitätsrisiko, dieses ist jedoch von ungleich größerer Bedeutung als die beiden Marktrisiken.

Eine Einstufung der Garantie und der Underwriting-Verpflichtung nach ihrem Risikogehalt ist problematisch. Zwar ist der Schadensumfang pro Schadensfall bei der Garantie erheblich höher als bei den Euronotes, jedoch läßt sich über die Eintrittswahrscheinlichkeit eines Schadens wenig aussagen. Marktrisiken wirken sich nur bei den Euronotes aus. Die Belastung beider Instrumente im Grundsatz I zu 50% spricht dafür, daß sie in bezug auf ihren Risikogehalt als annähernd gleichgewichtig anzusehen sind.

4.3. Die Ansicht des BAKred zur Einordnung der Verpflichtungen aus Euronotes

Auch die Bankenaufsicht betont den garantieähnlichen Charakter der Euronotes. Zweck dieses Finanzinstrumentes sei nicht die effektive Gewährung von Gelddarlehen, wie bei der klassischen Kreditzusage, sondern die Absicherung des Euronotes-Emittenten gegen das Risiko des Plazierungsmißerfolges. Das BAKred betrachtet die „Underwriting"-Verpflichtungen aus Euronotes deshalb als „sonstige Gewährleistungen" im Sinne von § 19 Abs. 1 Nr. 4 KWG bzw. als „Gewährleistungen" im Sinne von Grundsatz I Abs. 3 Nr. 4c BAKred. Sie sind mit einem Anrechnungssatz von 50% bzw. 20% (falls es sich bei den Emittenten um ein inländisches Kreditinstitut handelt)[37] in den Grundsatz I einzubeziehen. Bei der Errechnung der Großkredite kann die Regelung des § 13 Abs. 6 KWG angewendet werden, so daß es auch insoweit zu einer hälftigen Anrechnung kommt[38].

---

[36] Dies gilt für nahezu alle gängigen Vertragstypen von Kreditzusagen. Eine Ausnahme bilden die Kreditzusagen mit Festzinsgarantie.

[37] Krümmel weist darauf hin, daß es konsequent gewesen wäre, diese Underwriting-Verpflichtungen ebenfalls gegenüber der entsprechenden Kreditrisikoklasse des 20%-Anrechnungssatzes nur hälftig anzurechnen, also mit 10%. Siehe Krümmel (1986), S. 53.

[38] Vgl. BAKred (1986b), S. 28.

Die „Underwriting"-Verpflichtung ist solange als Gewährleistung zu behandeln, wie aus ihr eine künftige Inanspruchnahme im Rahmen der Euronotes-Fazilität möglich ist. Für den Zeitraum, in dem ein Institut aus seiner Verpflichtung ganz oder teilweise in Anspruch genommen wird und dem Kreditnehmer effektive Mittel zur Verfügung stellt, ist die „Underwriting"-Verpflichtung zur Vermeidung von Doppelanrechnungen um den entsprechenden Betrag zu kürzen, wenn und solange dieser als Buchkredit[39] auszuweisen und mit dem jeweils gültigen Anrechnungssatz in den Grundsatz I einbezogen ist sowie den Vorschriften über das Kreditgeschäft unterliegt. Bei der Aufnahme ausländischer Notes setzt die Kürzung voraus, daß diese Schuldtitel nicht börsengängig sind. Werden an ausländischen Börsen zugelassene oder gehandelte Wertpapiere übernommen, ist nach Ansicht der Bankenaufsicht voll auf die Gewährleistung aus der „Underwriting"-Verpflichtung abzustellen[40]. Entgegen der ursprünglichen Absicht des BAKred[41] sind die „Underwriting"-Verpflichtungen jedoch nicht als Eventualverbindlichkeiten unter dem Bilanzstrich auszuweisen[42].

4.4. Die Ansicht des ZKA

Die kreditwirtschaftlichen Verbände hatten mit dem BAKred übereingestimmt, daß die Verpflichtungen aus Euronotes-Fazilitäten anders einzustufen sind als die klassischen Kreditzusagen, die nicht in den Grundsatz I einbezogen werden. Insofern hat sich der ZKA auch gegen eine Bezeichnung der „Underwriting"-Verpflichtungen als Kreditzusagen ausgesprochen. Der Hintergrund hierfür wird in der Stellungnahme des ZKA deutlich[43]. Zum einen befürchtete man seitens des ZKA, das BAKred könnte andernfalls die Nichtberücksichtigung der herkömmlichen Kreditzusagen im Grundsatz I generell überdenken. Zum anderen war der ZKA besorgt, daß die Betonung des

---

[39] Wird er als Briefkredit (z.B. börsengängige Wertpapiere) ausgewiesen, ist eine Kürzung nicht möglich; das hieße aber, daß der Umgehungsversuch der Deutsche Bank AG bei der KHD-Emission heute keinen Sinn mehr macht. Im Oktober 1985 hatte die Deutsche Bank die von der Klöckner-Humboldt-Deutz AG emittierten Notes an der Börse von Luxemburg eingeführt, um im Falle der Übernahme der Papiere eine Grundsatzbelastung zu vermeiden. Siehe o.V., KHD will Euronotes begeben, in: FAZ, 3.9.1985, S. 16.

[40] Vgl. BAKred (1986a); ebenso BAKred (1986b), S. 28; vgl. auch o.V., Euronotes-Fazilitäten im Grundsatz I, in: BZ, 6.6.1986, S. 2. Gegen die Nichtberücksichtigung der Übernahme börsengängiger Wertpapiere hat sich der ZKA ausgesprochen, da im übrigen der Ankauf börsengängiger Wertpapiere im Grundsatz I unberücksichtigt bleibt. Vgl. ZKA (1986b).

[41] So noch in BAKred (1986a).

[42] Gegen diese ursprüngliche Absicht hatte neben dem Zentralen Kreditausschuß auch das Institut der Wirtschaftsprüfer Bedenken geäußert. Vgl. o.V., Wirtschaftsprüfer auf Seite der Banken, in: HB, 16.4.1986, S. 8.

[43] Vgl. DSGV (1986a); ZKA (1986b).

Kreditzusagecharakters von Euronotes im Grundsatz I (wenn auch wahrscheinlich nur vorübergehend, siehe oben) zwar Vorteile für die Banken bringen würde, im Großkreditbereich aber eine einhundertprozentige Anrechnung drohen würde (§ 13 Abs. 1,3, § 13a KWG)[44]. Diese Zusammenhänge entbehren ganz offenkundig einer logischen Begründung und sind rein verhandlungstaktischer Natur.

Entgegen der Ansicht des BAKred hatten die kreditwirtschaftlichen Verbände schließlich betont, daß die „Underwriting"-Verpflichtungen wesentliche Unterschiede gegenüber „sonstigen Gewährleistungen" aufweisen und insofern eigentlich in einem gesonderten Grundsatz zu erfassen seien. Begründet wurde die Sonderstellung wie folgt[45]:

1. Das Rechtsverhältnis aus der „Underwriting"-Verpflichtung beschränkt sich auf den Emittenten und den Underwriter; es ist also regelmäßig — anders als bei bankmäßigen Gewährleistungen — kein Dritter als Begünstigter miteinbezogen.
2. Anders als bei gegenüber Dritten übernommenen Gewährleistungen hat die Bank im Falle einer Bonitätsverschlechterung des Emittenten die Möglichkeit, sich aufgrund kasuistisch formulierter Escape-Klauseln von der „Underwriting"-Verpflichtung zu lösen. Dies ist vergleichbar mit der im Rahmen der AGB möglichen Lösung von Kreditzusagen[46]. Unter anderem aus diesem Grund wird die Bonität der Emittenten fortlaufend überprüft.
3. Eine Zahlung auf „erstes Anfordern" kommt nicht in Betracht.
4. Der aus „Underwriting"-Verpflichtete kann nicht jederzeit in Anspruch genommen werden, sondern lediglich zu den Zeitpunkten, an denen die Notes erstmals emittiert oder fällig werden und eine Plazierung im Markt nicht möglich war.

Gegen diese Argumentation läßt sich folgendes einwenden:

ad 1) Die Tatsache, daß kein Dritter als Begünstigter miteinbezogen ist, ist ein rein formales Argument, das lediglich die Anwendung der „engen" Garantiedefinition ausschließt. Die „weite" Garantiedefinition ist ohne weiteres anwendbar. Zudem geht es — wie bereits betont — um den wirtschaflichen Aspekt der „Underwriting"-Verpflichtung und nicht um die rechtliche Einordnung.

ad 2) Aufgrund der Escape-Klauseln schätzen die Bankverbände den Risikograd der „Underwriting"-Verpflichtungen erheblich geringer ein als den von Gewährleistungen. Deshalb halten sie eine Anrechnung mit einem Mittelsatz zwischen Kreditzusage und Gewährleistung für

[44] Vgl. DSGV (1986a).

[45] ZKA (1986a), S. 2ff. und ZKA (1986b).

[46] Vgl. hierzu Schurig (1981), S. 226f.

angebracht, der 25% gegenüber Nichtbanken und ausländischen Kreditinstituten bzw. 10% gegenüber inländischen Kreditinstituten betragen sollte. Die Bankenaufsicht bezweifelt allerdings unter rechtlichen und faktischen Gesichtspunkten die Wirksamkeit einer vereinbarten „Material Adverse Change"-Klausel[47]. So sei zunächst noch nicht einmal die juristische Haltbarkeit einer solchen Klausel bisher bestätigt worden[48]. Außerdem wäre der Emittent ohne die Überlassung neuer Mittel möglicherweise gar nicht in der Lage, die vorangegangene, bei Dritten plazierte Emission einzulösen, wodurch es unter Umständen zu einer den Markt gefährdenden Vertrauenskrise bei den Anlegern kommen könnte. Wegen der langen Laufzeiten der Fazilitäten kann eine Inanspruchnahme der Bank nicht von der Hand gewiesen werden. Becker behauptet, daß sogar die Beteiligten einer ECP-Finanzierung stillschweigend von einer Übernahme der Papiere durch die Bank im Krisenfall ausgehen, obwohl sie juristisch keinerlei Ansprüche gegenüber der Bank geltend machen können[49]. Für die Bank zieht ein solches Verhalten kurzfristig unweigerlich einen Verlust nach sich. Langfristig läßt sich durch die verbesserte Geschäftsbeziehung zum Kunden bzw. durch Erhaltung des Vertrauens der Investoren in den ECP-Markt dieser Verlust möglicherweise überkompensieren. Erst wenn die Bank den kurzfristigen Verlust höher einstuft als den diskontierten erwarteten Gewinn in der Zukunft, wird sie sich darauf berufen, daß sie zu keiner Übernahme von Notes verpflichtet sei. Da bei ECP-Finanzierungen keine underwriter fees berechnet werden, erscheint eine solche Argumentation eher legitim als bei Euronotes-Fazilitäten. Eine bilanzielle Abbildung von ECP-Finanzierungen ist demzufolge nicht notwendig[50].

ad 3) Eine Zahlung auf erstes Anfordern liegt bei den Absicherungsfazilitäten in juristischem Sinne nicht vor. Die Bank ist erst dann zur Kreditgewährung bzw. Übernahme der Notes verplichtet, wenn ihr der Nachweis für den Eintritt des Garantiefalles erbracht worden ist. Zwischen Aufforderung zur Zahlung und der Leistung durch die Bank besteht also zumindest theoretisch ein zeitlicher Spielraum. Dieser wird in der Praxis aber auch ohne Zahlung auf erstes Anfordern äußerst gering sein, da der Begünstigte im allgemeinen durch die geleisteten Mittel eine frühere Emission von Euronotes ablösen muß. Die hierzu

---

[47] BAKred (1986b), S. 27. Erfahrungen mit Roll-Over-Finanzierungsvereinbarungen bestätigen diese Zweifel.

[48] Vgl. Deutsche Bundesbank (1986), S. 28; vgl. auch o.V., Banken tragen bei NIFs und RUFs von vornherein ein gesteigertes Kreditrisiko, in: HB, 6./7.6.1986.

[49] Vgl. Becker (1988), S. 141.

[50] Im Ergebnis ebenso IdW (1987b), S. 301.

erforderliche Liquidität muß also de facto umgehend gewährleistet sein[51].

ad 4) Ähnliche Zweifel sind in bezug auf den vierten Einwand des ZKA angebracht. Zwar kann der Underwriter tatsächlich nur zu den angegebenen Zeitpunkten in Anspruch genommen werden, das Bonitätsrisiko wirkt jedoch während der gesamten Laufzeit. Verschlechtert sich die Bonität des Emittenten zwischen zwei möglichen Zeitpunkten der Inanspruchnahme, so ist damit zu rechnen, daß der Underwriter im nächstmöglichen Zeitpunkt seine Finanzierungszusage erfüllen muß. Die Wahrscheinlichkeit, daß sich die Bonität des Emittenten bis zu diesem Zeitpunkt wieder verbessert, ist wegen der Kürze des Zeitraumes sehr gering. Zwar ist der Einwand korrekt, daß bei einer Bonitätsverschlechterung eine Inanspruchnahme im Gegensatz zur Garantie i.a. nicht sofort, sondern erst nach einem gewissen Zeitraum möglich ist (der durchschnittlich 3-6 Monate beträgt). Dies begründet jedoch nach unserer Ansicht keinen *wesentlichen* Unterschied zur Garantie. Der einzige Unterschied besteht nämlich darin, daß der Bank bei der Garantie aufgrund der frühzeitigeren Verpflichtung zur Zahlung Zins- und Liquiditätskosten entstehen.

4.5. Abschließende Beurteilung der Underwriting-Verpflichtung

Juristisch läßt sich die Underwriting-Zusage sowohl unter die von der Rechtsprechung entwickelte weite Garantiedefinition als auch unter die Definition der Kreditzusage subsumieren.

Wirtschaftlich und risikotheoretisch betrachtet, steht die Underwriting-Zusage der Garantie jedoch näher. Insofern wird die Einschätzung der Euronotes-Fazilitäten durch das BAKred von unserer Analyse bestätigt, während der Argumentation des ZKA nicht gefolgt werden kann.

Für die bilanzielle Behandlung eines Sachverhaltes ist nicht die juristische, sondern die wirtschaftliche Beurteilung dieses Sachverhaltes entscheidend. Daher sollten Euronotes bilanziell wie Garantien behandelt werden.

5. Formen der Bilanzierung der Underwriting-Verpflichtung beim Kreditinstitut

5.1. Die Vereinnahmung positiver Erfolgsbeiträge

Eine Underwriting-Zusage läßt sich als zweiseitig verpflichtendes Rechtsgeschäft vom Zeitpunkt des Vertragsabschlusses bis zur Erfüllung durch das zur

---

[51] Vgl. Schmutz/Bretschneider (1987), S. 25.

Lieferung oder Leistung[52] verpflichtete Kreditinstitut interpretieren. Damit ist der Tatbestand eines schwebenden Geschäftes erfüllt[53].

Durch den Vertrag will jeder Vertragspartner erreichen, daß er einen positiven Erfolgsbeitrag erzielt[54]. Ein positiver Erfolgsbeitrag spiegelt sich für den Euronotes-Emittenten im Falle einer Inanspruchnahme der Fazilität darin wider, daß er sich dann über den Underwriter billiger finanzieren kann als über den Markt[55]. Umgekehrt realisiert der Underwriter einen Gewinn aus dem Vertrag, wenn er die Underwriter-Fee ohne Inanspruchnahme vereinnahmen kann. Bevor der positive Erfolgsbeitrag nicht realisiert worden ist, bleiben die schwebenden Geschäfte im Jahresabschluß nach dem Realisationsprinzip unberücksichtigt, es sei denn, zum Zeitpunkt der Aufstellung des Jahresabschlusses ist damit zu rechnen, daß aus schwebenden Geschäften ein negativer Erfolgsbeitrag eintreten wird. Dieser ist nach dem Imparitätsprinzip gemäß § 252 Abs. 1 Nr. 4 zu erfassen.

5.2. Die Bilanzierung erwarteter negativer Erfolgsbeiträge

Die Antizipation wird für den negativen Erfolgsbeitrag als Saldo der dem Geschäft zuzurechnenden Aufwendungen und Erträge gebildet und nicht allein für die drohende Verpflichtung[56]. Bei der Underwriting-Verpflichtung ergibt sich der negative Erfolgsbeitrag aus den Kosten der Übernahme der Notes abzüglich der vereinnahmten Underwriter-Fee.

Der erwartete Verlust wird unter den Rückstellungen für drohende Verluste aus schwebenden Geschäften ausgewiesen, da er alle Rückstellungskriterien[57] erfüllt. Er stellt eine Vermögensminderung dar, die nach dem Imparitätsprinzip Aufwand abgelaufener Rechnungsperioden ist, durch künftige Handlungen des Unternehmens begründet wird, nicht den Bilanzansatz bestimmter Aktivposten korrigiert und nicht eindeutig, aber ausreichend genau quantifiziert werden kann. Rückstellungen für drohende Verluste aus schwebenden Geschäften zählen zu den Rückstellungen für ungewisse Verbindlichkeiten[58]. Die Ungewiß-

---

[52] Das Kreditinstitut ist verpflichtet, an bestimmten zukünftigen Zeitpunkten bei Inanspruchnahme dem Vertragspartner Kredit zu gewähren bzw. seine emittierten Notes zu übernehmen.

[53] Vgl. Friederich (1976), S. 13-27. Es existiert keine Legaldefinition und keine einheitliche Begriffsbestimmung für schwebende Geschäfte. Vgl. auch Schurig (1981), S. 406.

[54] Vgl. Friederich (1976), S. 7.

[55] Der Underwriter wird gezwungen, Vermögenswerte zu einem Preis zu übernehmen, der über dem Marktpreis liegt.

[56] Vgl. Friederich (1976), S. 11. Zu diesem Punkt siehe auch Forster (1971), S. 393.

[57] Vgl. hierzu Eifler (1976), S. 32 und 124.

[58] Die zweite große Gruppe der Rückstellungen sind die Rückstellungen für innerbetrieblichen Aufwand, auch als Verbindlichkeiten des Unternehmens gegen sich selbst bezeichnet. Vgl. Eifler (1976), S. 105ff.

heit kann sich auf den Betrag oder den Bestand der Verbindlichkeit beziehen. Die Verbindlichkeit muß am Bilanzstichtag noch nicht rechtswirksam bestehen, es genügt für die Bilanzierungsfähigkeit, daß mit ihrem Entstehen ausreichend sicher zu rechnen ist.

Ungewisse Verbindlichkeiten können sowohl durch Verträge wie aufgrund gesetzlicher Vorschriften und Verordnungen entstehen, nach h.M. jedoch auch aufgrund faktischer Verpflichtungen. Dazu zählen alle Pflichten, denen sich der Kaufmann trotz fehlender Einklagbarkeit nicht entziehen kann, z.B. aus Konkurrenzgründen[59].

Bei einer Euronotes-Fazilität als einem schwebenden Dauerschuldverhältnis kann sich der zu erwartende negative Erfolgsbeitrag aus dem noch nicht abgewickelten Vertrag auf mehrere zukünftige Jahre beziehen[60]. Dies ist der Fall, wenn die Bonitätsverschlechterung des Emittenten oder die Marktstörung von Dauer ist. Der Underwriter muß hier damit rechnen, daß er auch in den nächsten Abrechnungsperioden in Anspruch genommen wird.

Die Rückstellung für die negativen Erfolgsbeiträge aus schwebenden Geschäften soll in dem Jahr in Anspruch genommen werden, in dem die negativen Erfolgsbeiträge realisiert werden. Damit soll erreicht werden, daß die aus der Ausführung der aus dem Vorjahr übernommenen Geschäfte entstehenden negativen Erfolgsbeiträge durch die Inanspruchnahme der Rückstellung neutralisiert werden. Negative Erfolgsbeiträge werden realisiert, wenn der Underwriter Notes zu einem Kurs ankauft, zu dem die Papiere am Markt nicht unterzubringen sind[61]. Die tatsächlich übernommenen Wertpapiere werden nach dem strengen Niederstwertprinzip bilanziert. Handelt es sich dagegen um Buchforderungen, gilt das Nominalprinzip.

Windmöller weist darauf hin, daß die Underwriting-Verpflichtungen hinsichtlich der Rückstellungen grundsätzlich wie Kreditzusagen zu behandeln sind. Das heißt, es sind Rückstellungen zu bilden, wenn mit einer Inanspruchnahme zu rechnen ist und Vorbehalte hinsichtlich der Bonität des Begünstigten bestehen. Nach Windmöller kann es jedoch fraglich sein, „ob Rückstellungen

---

[59] Nach dieser Argumentation könnte auch eine Rückstellung für ECPs in Betracht kommen, da aus Standingüberlegungen durchaus ein faktischer Zwang für das Kreditinstitut, Notes im Krisenfall zu übernehmen, angenommen werden kann.

[60] Kann die Inanspruchnahme am Bilanzstichtag bereits als sicher gelten, ist eine Verbindlichkeit auszuweisen. Die Rückstellung unterscheidet sich also von der Verbindlichkeit durch das zusätzliche Merkmal der Ungewißheit, was sich nach h.M. auf das Bestehen, Entstehen und die Höhe der Verbindlichkeit bezieht. Dabei ist Ungewißheit so zu verstehen, daß ein bestimmter Tatbestand nicht mit Sicherheit erfaßt, jedoch nach vernünftigem kaufmännischen Ermessen abgeschätzt werden kann. Wenn eine Rückstellung zu bilden ist, muß neben dem passivischen Ausweis auch eine in der Regel vorhandene Rückgriffsforderung aktiviert werden. Vgl. Kosfeld (1986), S. 618.

[61] Gleiches gilt für die Gewährung eines Buchkredits zu einem Zins, der unter dem Marktzins liegt.

für drohende Verluste auch dann zu bilden sind, wenn die Bonität des Begünstigten zwar einwandfrei ist, der diesem zugesagte Zinssatz aber unter den Refinanzierungskosten des Kreditinstitutes liegt"[62]. Für derartige Zinsrisiken war nach geltendem Recht eine Rückstellung nicht zwingend vorgeschrieben. Dieser Auffassung hat sich auch der BFA in der Stellungnahme 1/1987 angeschlossen. Gegen eine freiwillige Rückstellung für diese Zinsrisiken hegt Windmöller dagegen keine Bedenken[63].

5.3. Der Ausweis der Underwriting-Verpflichtung im Geschäftsbericht

5.3.1. Abbildungsformen der Euronotes-Fazilitäten außerhalb der Bilanz i.e.S.

Euronotes-Fazilitäten finden als schwebende Geschäfte in der Bilanz solange keinen Niederschlag, wie Leistung und Gegenleistung noch als gleichwertig erachtet werden. Sie unterliegen dann dem üblichen Bilanzierungsverbot für schwebende Geschäfte, soweit die Bilanz i.e.S. betroffen ist[64].

Da mit den Euronotes-Fazilitäten jedoch besondere Risiken für die Bank verbunden sind, muß der Jahresabschluß als Element des gläubigerschützenden Instrumentariums im Rahmen seiner Informationsfunktion für eine geeignete Abbildung der Geschäfte sorgen. Als Abbildungsformen für die Euronotes-Fazilitäten außerhalb der Bilanz i.e.S. kommen grundsätzlich in Betracht[65]:

a) Aufnahme im Bilanzvermerk („unter dem Strich")[66]
Neben der Bilanz i.e.S. dient der Bilanzvermerk der Information über bestimmte, die Unternehmenssituation beeinflussende Sachverhalte. Nach dem geltenden Recht sind dies bei AGs verschiedene Arten von Eventualverbindlichkeiten, die „unter dem Strich" auf der Passivseite erfaßt werden; bei Kreditinstituten können außerdem bestimmte Erläuterungen zu Positionen über dem Strich, die damit den Charakter von Ausgliederungsangaben haben, sowie noch besondere Zusatzangaben, die teils aktivisch, teils passivisch „unter dem Strich" vermerkt werden müssen, hinzukommen[67].

---

[62] Windmöller (1988), S. 112.

[63] Ebenda.

[64] Auf die insbesondere von Bieg diskutierten alternativen Ausweismöglichkeiten für schwebende Geschäfte im Rahmen der Bilanz i.e.S. gehen wir an dieser Stelle nicht ein. Siehe hierzu Bieg (1983), S. 314ff. m.w.N.

[65] Schurig weist nach, daß eine Bilanzierung der schwebenden Geschäfte in der Bilanz i.e.S. nicht in Frage kommt, zeigt jedoch, daß die bei der Frage der Bilanzierung von schwebenden Geschäften zugrundegelegten Grundsätze und ihre verschiedenen Auslegungen im Schrifttum einer Abbildung der schwebenden Geschäfte außerhalb der Bilanz i.e.S. nicht entgegenstehen. Vgl. Schurig (1981), S. 318ff.

[66] Vgl. hierzu und im folgenden Schurig (1981), S. 360ff.

[67] Vgl. auch Reischauer/Kleinhans (1987), Formblatt für den Jahresabschluß der AG, KGaA, GmbH, Kza 426.

b) Aufnahme in einen Bilanzanhang

Nach § 285 Nr. 3 HGB ist im Anhang der Gesamtbetrag der sonstigen finanziellen Verpflichtungen anzugeben, *die nicht in der Bilanz erscheinen* und auch nicht nach § 251 HGB als Haftungsverhältnisse anzugeben sind, sofern *diese Angabe* für die Beurteilung der Finanzlage von Bedeutung ist. Ziel dieser Vorschrift ist die Verbesserung des Einblicks in die Finanzlage. Entscheidend für die Berichterstattungspflicht ist der Inhalt des Begriffs der „sonstigen finanziellen Verpflichtungen". Clemm/Ellrott verstehen darunter zukünftige Zahlungsansprüche Dritter (juristisch oder faktisch)[68] sowie zukünftige Verbindlichkeiten gegen sich selbst (nicht passivierte Aufwandsrückstellungen).

Eindeutig nach dem Gesetzeswortlaut gehen der Ausweis in der Bilanz oder der Vermerk unter der Bilanz vor; ist die Verpflichtung also zu passivieren oder als Haftungsverhältnis zu vermerken, wird nichts im Anhang angegeben.

In einer Wertung der beiden Abbildungsformen für schwebende Geschäfte außerhalb der Bilanz i.e.S. betont Schurig, daß der Anhang gegenüber dem Bilanzvermerk aus folgenden Gründen vorzuziehen ist[69]:

— er bietet mehr Raum, so daß die Gefahr der Überladung weniger droht
— weniger prognostische Informationen können zugunsten mehrerer faktischer Informationen vermieden werden und
— er erlaubt eine anschaulichere Informationsdarbietung.

Ob diese Vorzüge des Anhangs gegenüber dem Bilanzvermerk auch für Underwriting-Verpflichtungen gelten, wird im folgenden zu prüfen sein.

5.3.2. Abbildung der Underwriting-Verpflichtung unter dem Strich

Eine Aufnahme der Underwriting-Verpflichtung im Bilanzvermerk kommt nach dem geltenden Recht in Betracht, wenn es sich bei Underwriting-Verpflichtungen um Eventualverbindlichkeiten handelt. Der Begriff „Eventualverbindlichkeiten" ist ein bilanzrechtlicher Begriff, der im Privatrecht keine Verwendung findet[70]. Hüttemann[71] definiert die Eventualverbindlichkeiten als aufschiebend bedingte Verbindlichkeit. Der Unterschied zwischen Eventualverbindlichkeit und den in der Bilanz ausgewiesenen Verbindlichkeiten kann darin gesehen werden, daß den Eventualverbindlichkeiten häufig in gleicher Höhe Rückgriffsforderungen gegenüberstehen[72].

---

[68] Clemm/Ellrott (1986), § 285 Anm. 12. Auch hiernach könnte ein entsprechender Ausweis von ECPs in Betracht kommen.

[69] Vgl. Schurig (1981), S. 388.

[70] Vgl. Kosfeld (1986), S. 613ff.

[71] Vgl. Hüttemann (1970), S. 23.

[72] Ist wegen drohender Inanspruchnahme eine Passivierung in Form einer Rückstellung erforderlich, so ergibt sich zugleich das Erfordernis, die eventuell vorhandene Rückgriffsforderung zu aktivieren. Vgl. Hüttemann (1970), S. 24.

Underwriting-Verpflichtungen aus Euronotes-Fazilitäten lassen sich als aufschiebend bedingte Verbindlichkeiten interpretieren, da sie den Underwriter verpflichten, dem Emittenten in Zukunft einen Geldbetrag zur Verfügung zu stellen, falls dessen Geldaufnahmesatz den vom Kreditinstitut garantierten Satz übersteigt (Bedingung). Dieser Verpflichtung des Underwriters stehen Rückgriffsforderungen gegenüber. Da die Underwriting-Pflichten seitens des BAKred als sonstige Gewährleistungen angesehen werden, müßte folgerichtig eine Bilanzierung unter der Position „Verbindlichkeiten aus Bürgschaften, Wechsel- und Scheckbürgschaften sowie Gewährleistungsverträgen" erfolgen[73]. Dafür spricht auch, daß die genannten Verpflichtungen bzw. Verbindlichkeiten in Grundsatz I in gleichem Maße berücksichtigt werden. Entgegen seiner ursprünglichen Absicht hat das BAKred in seiner endgültigen Regelung der Behandlung von Euronotes-Fazilitäten vom 2.6.1986[74] jedoch auf seine Forderung nach Bilanzierung unter dieser Position verzichtet. Damit ist es der Ansicht des ZKA und des IdW gefolgt, die Bedenken gegen einen Ausweis als Eventualverbindlichkeit unter dem Strich geäußert hatten[75].

Der Grund für die augenscheinliche Inkonsistenz dieser Regelung ist möglicherweise ein Zugeständnis an die Banken, deren Forderung nach einer nur 25-prozentigen Anrechnung der Euronotes-Fazilitäten im Grundsatz I das BAKred nicht gefolgt ist. Zudem ist im Zuge der Transformation der EG-Richtlinie in nationales Recht ohnehin mit einer Neuregelung der Offenlegung schwebender Geschäfte zu rechnen (s.u.).

5.3.3. Abbildung der Underwriting-Verpflichtung im Anhang

Eine Abbildung der Underwriting-Verpflichtung im Anhang wird geregelt durch § 285 Nr. 3 HGB. Eine Berichterstattung im Anhang kommt hiernach — wie bereits beschrieben — in Betracht, wenn folgende Voraussetzungen erfüllt sind:

1. Bei den Underwriting-Verpflichtungen handelt es sich um sonstige finanzielle Verpflichtungen.
2. Sie sind bisher nicht in der Bilanz erschienen und auch nicht nach § 251 als Haftungsverhältnis angegeben.
3. Sie sind für die Beurteilung der Finanzlage von Bedeutung.

Underwriting-Verpflichtungen lassen sich wegen ihres garantieähnlichen Charakters den sonstigen finanziellen Verpflichtungen zurechnen. Daneben sind Euronotes-Fazilitäten i.a. von großem Volumen. Die Voraussetzungen 1

---

[73] Dies hatte das BAKred auch in seinem Verlautbarungsentwurf zunächst gefordert. Siehe BAKred (1986a), S. 3.

[74] BAKred (1986b).

[75] Vgl. o.V., Wirtschaftsprüfer auf Seite der Banken, in: HB, 16.4.86, S. 8 sowie Stellungnahme des ZKA (1986b).

und 3 sind somit erfüllt. Bei Ausgewogenheit von Leistung und Gegenleistung ist auch die Voraussetzung 2 ohne weiteres insofern erfüllt, als die Verpflichtung nicht in der Bilanz i.e.S. erscheint. Sind aufgrund drohender Verluste Rückstellungen zu bilden, erfolgt für diesen Differenzbetrag, um den sich Leistung und erwartete Gegenleistung unterscheiden, zwar eine Aufnahme in die Bilanz. Die grundsätzliche Nichtaufnahme des schwebenden Gesamtgeschäftes (hier des gesamten zugesagten Volumens der Underwriting-Verpflichtung) in die Bilanz ist dadurch allerdings nicht tangiert. Damit ist auch Voraussetzung 2 unter der Maßgabe erfüllt, daß sich die Abbildung unter dem Strich und die Berichterstattung im Anhang ausschließen[76].

Grundsätzlich ist ein Ausweis der Euronotes-Fazilitäten im Anhang vorzunehmen. Da die Anwendung des § 285 HGB jedoch durch § 25a KWG in das Belieben der Kreditinstitute gestellt ist, besteht gegenwärtig noch ein erhebliches Informationsdefizit, da die Euronotes-Fazilitäten deshalb nicht im Geschäftsbericht der Kreditinstitute aufgeführt werden.

5.3.4. Abbildung der Underwriting-Verpflichtung nach der EG-Bankbilanzrichtlinie

Nach der EG-Bankbilanzrichtlinie vom 8.12.1986, die bis zum 31.12.1990 in nationales Recht zu transformieren ist, sind gemäß Art. 4 zwei Posten unter dem Strich (Passivseite) zu unterscheiden[77]:

1. Eventualverbindlichkeiten, darunter:
   — Akzepte und Indossamentsverbindlichkeiten aus weitergegebenen Wechseln,
   — Verbindlichkeiten aus Bürgschaften und Haftung aus der Bestellung von Sicherheiten
2. Kreditrisiken, darunter:
   — Verbindlichkeiten aus Pensionsgeschäften.

Unter Posten 1 sind gemäß Art. 24 alle Geschäfte zu erfassen, bei denen das Institut die Verpflichtung eines Dritten übernommen hat[78] (Indossamentsverbindlichkeiten) oder zugunsten Dritter Garantieverpflichtungen eingegangen ist.

Unter Posten 2 sind gemäß Art. 25 „alle unwiderruflichen Verpflichtungen zu erfassen, die Anlaß zu einem Kreditrisiko geben können". Euronotes-Fazilitä-

---

[76] Der Sinn dieses Ausschlusses darf bezweifelt werden. Nach unserer Meinung sollte zur Vermeidung einer Bilanzaufblähung unter dem Strich nur das Gesamtvolumen der Fazilität vermerkt werden, während dem Anhang eine differenzierte Informationsfunktion vorbehalten bleibt. Hier ist z.B. an eine Staffelung der Fazilitäten nach ihrer Laufzeit zu denken, wie dies die Bank of England in einem neuen Vorschlag befürwortet. Vgl. Rutteman (1987), S. 102ff. sowie die Ausführungen in 5.3.4.

[77] Vgl. Rat der Europäischen Gemeinschaften (1986), Art. 4.

[78] Vgl. Rat der Europäischen Gemeinschaften (1986), Art. 25.

ten sind zweifellos unter Posten 2 auszuweisen[79], obwohl es sich bei den Underwriting-Verpflichtungen ebenfalls um Eventualverbindlichkeiten handelt[80]. Unter Posten 1 fallen dagegen nur die Eventualverbindlichkeiten mit Drittwirkung, also die der engen Garantiedefinition genügenden Instrumente.

Schließlich sind gemäß Art. 25 im Anhang Art und Höhe jeder Eventualverbindlichkeit und jedes Kreditrisikos anzugeben, die in bezug auf die Gesamttätigkeit des Instituts von Bedeutung ist. Im Regelfall dürfte dieser Tatbestand bei den Euronotes-Fazilitäten wegen ihrer typischerweise hohen Volumina gegeben sein, so daß die Euronotes-Fazilitäten zukünftig auch explizit als solche in den Geschäftsberichten der Banken erscheinen dürften. Entgegen § 285 Nr. 3 HGB schließen sich also künftig der Ausweis unter dem Strich und der Ausweis im Anhang nicht mehr gegenseitig aus.

6. Zusammenfassung

Die Analyse der Risiken einer Euronotes-Fazilität zeigt, daß dem Kreditinstitut sowohl in bezug auf den Schadensumfang als auch auf die Eintrittswahrscheinlichkeit lediglich aus der Underwriting-Verpflichtung signifikante Gefahren drohen können. Wir beschränken uns daher auf die bilanzielle Abbildung der Underwriting-Verpflichtung.

Nach der Stellungnahme BFA 1/1987 hängt die bilanzielle Behandlung der Underwriting-Verpflichtung davon ab, ob sie wirtschaftlich als Gewährleistung oder als Kreditzusage zu beurteilen ist. Bei der Untersuchung des rechtlichen Gehalts beider Begriffe wird deutlich, daß die Euronotes-Fazilität grundsätzlich nicht in den engen Garantiebegriff paßt (Haftung für einen bestimmten Erfolg oder Übernahme der Gefahr, die aus einem Rechtsverhältnis mit einem Dritten entstehen kann). Allerdings ist die Einordnung der Underwriting-Verpflichtung in eine weitergefaßte Garantiedefinition möglich: Die Bank verpflichtet sich, für die Gefahr ihres Vertragspartners — des Emittenten der Euronotes — einzustehen, die ihm droht, wenn er seinen Finanzierungsbedarf nicht zu den vorher festgelegten Konditionen decken kann. Die vom BFA gewählte enge Garantiedefinition ist also nicht anwendbar, so daß bei strenger Anwendung der Stellungnahme die Euronotes-Fazilitäten bilanziell immer wie Kreditzusagen zu behandeln wären. Wegen der vielfältigen Gestaltungsmöglichkeiten von Kreditzusagen läßt sich eine Underwriting-Verpflichtung rein formal (rechtlich) ohne weiteres ebenfalls als solche gestalten. Bei der wirtschaftlichen und risikotheoretischen Analyse von Gewährleistung und Kreditzusage spielt das vorrangige Motiv der Instrumentenwahl eine erhebliche Rolle. Unter wirtschaftlichen Gesichtspunkten steht bei einer Gewährleistung bzw. Garantie der Absiche-

---

[79] Ebenso Windmöller (1988), S. 108; vgl. auch Bauer (1987), S. 867.

[80] Siehe 5.3.2. Ebenso Reischauer/Kleinhans (1987), Kza 115, Anhang zu §§ 10 und 11, Anm. 18.

rungsgedanke gegen zukünftige Risiken im Vordergrund des Interesses. Demgegenüber ist eine Kreditzusage in aller Regel vorrangig mit einem Finanzierungswunsch für den laufenden, schwankenden Betriebsmittelbedarf verbunden; ein Absicherungswunsch gegen schlagende Risiken steht hier gemeinhin nicht im Vordergrund. Die Euronotes-Fazilität steht also wirtschaftlich betrachtet der Garantie näher als der Kreditzusage. Die Risikoanalyse untermauert die wirtschaftliche Nähe der Euronotes zu den Garantien. Sie zeigt, daß die Underwriting-Verpflichtung risikoreicher ist als die Kreditzusage. Die Euronotes-Fazilität ist mit mehr Einzelrisiken verbunden, der durchschnittliche Schaden aus diesen Einzelrisiken ist größer und die Eintrittswahrscheinlichkeiten der Einzelrisiken sind höher. Auch ist die Garantie mit höheren Risiken verbunden als die Kreditzusage.

Der Vergleich von Garantie und Euronotes-Fazilität auf ihren Risikogehalt hin ist problematisch. Es spricht einiges dafür, daß beide Instrumente einen annähernd gleichhohen Risikogehalt haben. Auch die Bankenaufsicht betont den garantieähnlichen Charakter der Euronotes durch entsprechende Anrechnungen in Grundsatz I BAKred. Entgegen der Ansicht des BAKred hatten die kreditwirtschaftlichen Verbände betont, daß die Underwriting-Verpflichtung wesentliche Unterschiede gegenüber der Garantie aufweise und insofern eigentlich in einem gesonderten Grundsatz zu erfassen sei. Die Gründe für diese Einschätzung werden ausführlich analysiert. Schließlich ist jedoch der Meinung des Bundesaufsichtsamtes zuzustimmen.

Die Euronotes-Fazilitäten finden als schwebende Geschäfte in der Bilanz so lange keinen Niederschlag, wie Leistung und Gegenleistung noch als gleichwertig anzusehen sind. Da mit diesem Instrument jedoch besondere Risiken für die Bank verbunden sind, muß der Jahresabschluß als Element des gläubigerschützenden Instrumentariums im Rahmen seiner Informationsfunktion für eine geeignete Abbildung der Geschäfte sorgen. Denkbar wäre eine Aufnahme der Underwriting-Verpflichtung als Bilanzvermerk unter dem Strich, da es sich um eine Eventualverbindlichkeit handelt. Entgegen seiner ursprünglichen Absicht hat das BAKred in seiner Regelung zur Behandlung der Euronotes-Fazilitäten vom 2.6.1986 jedoch auf die Forderung nach Bilanzierung unter der entsprechenden Position verzichtet. Damit ist es der Ansicht der kreditwirtschaftlichen Verbände und des Instituts der Wirtschaftsprüfer gefolgt, die Bedenken gegen einen Ausweis als Eventualverbindlichkeit unter dem Strich geäußert hatten. Der Grund für die augenscheinliche Inkonsistenz dieser Regelung (angesichts der entsprechenden Berücksichtigung im Grundsatz I) ist möglicherweise ein Zugeständnis an die Banken, deren Forderung nach einer nur 25%igen Anrechnung der Euronotes-Fazilitäten im Grundsatz I das BAKred nicht gefolgt ist. Zudem ist im Zuge der Transformation der EG-Bankbilanzrichtlinie in nationales Recht ohnehin mit einer Neuregelung der Offenlegung schwebender Geschäfte zu rechnen. An sich wäre nach gegenwärtiger Rechtslage ein Ausweis der Euronotes-Fazilitäten im Anhang vorzunehmen. Da die Anwendung des § 285 HGB jedoch durch § 25a KWG in das Belieben der Kreditinstitute gestellt ist, erfolgt eine solche Offenlegung gegenwärtig nicht. Gemäß der EG-Bankbilanzrichtlinie (Art. 25) sind im Anhang Art und Höhe jeder Eventualverbindlichkeit und jedes Kreditrisikos anzugeben, die in bezug auf die Gesamttätigkeit des Instituts von Bedeutung sind. Im Regelfall ist dieser Tatbestand bei den Euronotes-Fazilitäten wegen ihrer typischerweise hohen Volumina erfüllt, so daß die Euronotes-Fazilitäten zukünftig auch explizit als solche in den Geschäftsberichten der Banken erscheinen dürften. Außerdem sind gemäß Art. 25 alle unwiderruflichen Verpflichtungen zu erfassen, die Anlaß zu einem Kreditrisiko geben können. Euronotes-Fazilitäten fallen zweifellos auch unter diese Ausweispflicht unter dem Bilanzstrich.

Zusammenfassung

Aus der großen Fülle neuer Finanzinstrumente werden in der vorliegenden Arbeit einige ausgewählte Instrumente mit dem Ziel untersucht, grundsätzliche Lösungsmuster für typische Bilanzierungsprobleme von Finanzinnovationen abzuleiten.

Nach inzwischen herrschender Meinung wird die gesetzlich vorgeschriebene Passivierung von Zero-Bonds zum Rückzahlungsbetrag (Bruttobilanzierung) abgelehnt und stattdessen der Ausweis nach der sogenannten Nettomethode gefordert. In der vorliegenden Untersuchung wird dagegen nachgewiesen, daß auch bei Finanzinstrumenten mit derartig hohen Unterschiedsbeträgen an der Bruttopassivierung festgehalten werden sollte. So wird etwa der Vorwurf entkräftet, der Bruttoausweis verstoße gegen das Verbot der Bilanzierung schwebender Geschäfte. Auch der Versuch, die Nettomethode damit zu rechtfertigen, daß als „Rückzahlungsbetrag" nur der zugeflossene Ausgabebetrag anzusehen sei, wird widerlegt. Weiterhin wird gezeigt, daß es für den Bilanzansatz zum Rückzahlungsbetrag irrelevant ist, ob es sich um Zero-Bonds des Auf- oder Abzinsungstyps und mithin bei dem Unterschiedsbetrag um ein Agio oder Disagio handelt.

Wir kommen schließlich zu dem Ergebnis, daß der Nettoausweis auch hinsichtlich der Darstellung der Vermögenslage dem Bruttoausweis bei Zero-Bonds keineswegs überlegen ist.

Selbst für Befürworter der Nettomethode muß die Verlautbarung HFA 1/1986 des Instituts der Wirtschaftsprüfer unbefriedigend sein, da sie die Nettobilanzierung nur für die *un*verzinslichen Anleihen vorschreibt. Dies schafft keine sicheren neuen GoB für derartige Verbindlichkeiten, weil die extrem unterverzinslichen Anleihen nicht miteingeschlossen sind. Die Beibehaltung der Bruttobilanzierung würde dagegen ohne Bruch mit bestehenden GoB erlauben, ein breites Spektrum von Disagien neuer Finanzierungsinstrumente in das bestehende System von Bilanzierungsvorschriften einzubinden.

Die rechtlich klare Trennung des Anspruchs auf Rückzahlung des Kapitals in Dollar von dem Anspruch auf Zahlung des Zinsentgelts in DM spricht bei der Doppelwährungsanleihe für eine getrennte bilanzielle Behandlung von DM-Zins- und Dollar-Kapitalforderung. Es erweist sich als sinnvoll, zumindest für die Kapitalforderung bilanziell von einer reinen diskontierten Dollaranleihe auszugehen. Zu klären war, ob der fiktive Unterschiedsbetrag, wie bei der vergleichbaren diskontierten Dollaranleihe, als zusätzlicher Zinsertrag über die Laufzeit vereinnahmt werden kann oder ob er eine auf den Rückzahlungszeitpunkt bezogene Ausgleichszahlung für das Währungsrisiko des überlassenen Kapitalbetrages darstellt. Es wird gezeigt, daß der sogenannte Basiskurs der Doppelwährungsanleihe für die Anlageentscheidung eines Erwerbers irrelevant ist und deshalb der Unterschiedsbetrag der Doppelwährungsanleihe als Agio zu behandeln ist.

Analog zur Aktivierung erfolgt auch die Passivierung der Doppelwährungsanleihe als (unterverzinsliche) Fremdwährungsanleihe. Das Ergebnis ist hier: Eine Einbuchung der Verbindlichkeit zum Sicherungskurs, wie dies bei einem entgegengesetzten Devisentermingeschäft über den Tilgungsbetrag zulässig ist, kommt nicht in Betracht.

Die Zinsterminkontraktpositionen werden in die Zinsbindungsbilanz integriert und damit in bezug auf das Zinsspannenrisiko in spekulative und absichernde Kontrakte unterschieden. Im Rahmen der Analyse des Abschreibungsrisikos ergeben sich insbesondere dann Probleme, wenn bisher alle Wertpapiere des Anlagevermögens zum Niederstwert ausgewiesen werden. Mit Hilfe der Zinsterminkontrakte oder ähnlicher zinsrisikobegrenzender Instrumente bieten sich hier Absicherungen gegen das Abschreibungsrisiko bei Verzicht auf die Niederstbewertung mit einer entsprechenden Erläuterung im Geschäftsbericht an.

Mit den Kategorien „Risikowirkungen" und „Transaktionsmotive" wird für die Untersuchung bilanzieller Abbildungsformen eine Systematik der möglichen Kontrakttransaktionen entwickelt. Hedginggeschäfte erfordern neben der Sicherungsabsicht eine hinreichende Sicherungseignung als micro-hedge und gegen das Gesamtzinsrisiko der Bank, um als solche in der Bilanz behandelt werden zu können.

Bei dem zentralen Bilanzierungsproblem der Zinsterminkontrakte, der Zulässigkeit von Bewertungseinheiten aus juristisch unabhängigen, aber wirtschaftlich zusammengehörigen Einzelpositionen erweist sich die strenge Anwendung des Einzelbewertungsgrundsatzes als nicht haltbar, weil sie der ökonomischen Realität der Risiko- und Finanzlage bei Zinsterminkontrakten zu Sicherungszwecken nicht gerecht wird. Der Vorwurf, Bewertungseinheiten im Zinsterminkontraktmarkt hätten eine zu geringe Qualität und Bestandsstabilität, wird eindeutig zurückgewiesen. Die Zulässigkeit von Bewertungseinheiten kann nicht von der reinen technischen Abwicklung abhängig gemacht werden. Vielmehr ist dafür Sorge zu tragen, daß einmal gebildete Bewertungseinheiten im Rechnungswesen objektivierbar Bestand haben und somit eine willkürliche, subjektive Auflösung einer vorher intendierten Sicherungseinheit ausgeschlossen ist.

Für die einzeln bewerteten spekulativen Positionen ist zu bemerken, daß die tägliche Gewinn- und Verlustrealisation im Gleichklang mit der Abrechnung des Brokers gegen das Realisationsprinzip verstößt und daher für deutsche Kreditinstitute nicht in Frage kommt.

Bei der Bilanzierung offener Swappositionen ist eine Marktbewertung vorzunehmen, aber nach unserer Erkenntnis, anders als in den USA, das strenge Niederstwertprinzip zu beachten. Bei geschlossenen Zinsswappositionen sollte bei Hedginggeschäften eine Bewertungseinheit zulässig sein. Bei spekulativen Zinsswaps dieser Art ist dagegen eine Einzelbewertung erforderlich. Bei den Hedginggeschäften wird die synthetische Position durch die Verbuchung der entsprechenden GuV-Charakteristika abgebildet. Unproblematisch ist dies bei abzusichernden Positionen, die zum Anschaffungs- oder zum Nennwert bilanziert werden. Auch die ungesichert zum Niederstwert auszuweisenden Positionen sind aber durch Bewertungseinheiten mit Swaps darstellbar, wenn ein entsprechender Vermerk im Anhang des Geschäftsberichtes erfolgt.

Entgegen einer in der Literatur vertretenen Auffassung brauchen die Swapzahlungsströme in der GuV nicht brutto verbucht zu werden, da ihnen in keinem Fall ein Ertrags- bzw. Aufwandscharakter zukommt. Swapmarge und Gebühren sind aus Gründen der Willkürfreiheit periodengerecht über die Laufzeit des Swaps zu verteilen. Bei vorzeitiger Beendigung von Hedginggeschäften ist ebenso wie bei den Zinsterminkontrakten das Swapergebnis über die Restlaufzeit des Grundgeschäfts zu amortisieren.

Als schwebende Geschäfte finden die Ansprüche und Verpflichtungen aus Swapgeschäften nach den geltenden GoB keinen Eingang in die Bilanz. Durch § 25a KWG sind die Kreditinstitute auch von einer notwendigen Darstellung im Anhang befreit. Nach der EG-Bankbilanzrichtlinie kommt dagegen eine Aufnahme der Swaps unter dem Strich als Kreditrisiko — ggf. durch rechnerische Kreditrisikoäquivalente der Bankenaufsicht — und eine Offenlegung im Anhang als eine Form der Zinstermin- bzw. Devisentermingeschäfte in Betracht. Beim Ausweis im Anhang wird insbesondere nach den Handelsgeschäften zuzurechnenden und den als Sicherungsgeschäfte fungierenden Swaps zu unterscheiden sein.

Die bilanzielle Behandlung der Underwriting-Verpflichtung aus einer Euronotes-Fazilität hängt davon ab, ob sie wirtschaftlich als Gewährleistung oder als Kreditzusage zu beurteilen ist. Die Euronotes-Fazilität paßt nicht in den engen Garantiebegriff, der nur in bezug auf ein Rechtsverhältnis mit einem Dritten definiert ist. Sie läßt sich aber in eine weitergefaßte Garantiedefinition einordnen.

Die Untersuchung der Motive des Begünstigten bei Abschluß eines Garantievertrages im Vergleich zu denen bei einer Kreditzusage ergibt, daß die Euronotes-Fazilität wirtschaftlich betrachtet der Garantie erheblich näher steht als der Kreditzusage.

Der durchgeführte Vergleich von Garantie und Euronotes-Fazilität deutet darauf hin, daß beide Instrumente einen annähernd gleichhohen Risikogehalt aufweisen. Die Bankenaufsicht betont also zurecht den garantieähnlichen

Charakter der Euronotes durch entsprechende Anrechnungen in Grundsatz I BAKred.

Euronotes-Fazilitäten finden als schwebende Geschäfte grundsätzlich keinen Niederschlag in der Bilanz. Denkbar wäre aber eine Aufnahme der Underwriting-Verpflichtung als Bilanzvermerk unter dem Strich, da es sich um eine Eventualverbindlichkeit handelt. Entgegen seiner ursprünglichen Absicht hat das BAKred letzlich jedoch auf die Forderung nach Bilanzierung unter der entsprechenden Position verzichtet. Damit ist es der Ansicht der kreditwirtschaftlichen Verbände und des Instituts der Wirtschaftsprüfer gefolgt, die Bedenken gegen einen Ausweis als Eventualverbindlichkeit unter dem Strich geäußert hatten. Im Zuge der Transformation der EG-Bankbilanzrichtlinie in nationales Recht ist allerdings damit zu rechnen, daß die Underwriting-Verpflichtungen mit ihren typischerweise hohen Volumina einzeln im Anhang aufgeführt werden müssen. erfüllt. Außerdem sind nach Art. 25 der EG-Bankbilanzrichtlinie alle unwiderruflichen Verpflichtungen zu erfassen, die Anlaß zu einem Kreditrisiko geben können. Euronotes-Fazilitäten fallen zweifellos in ihrer Gesamtheit auch unter diese Ausweispflicht unter dem Bilanzstrich.

Summary

This thesis discusses a few of the large number of new financial instruments with a view to developing basic options for resolving typical accounting problems arising in connexion with financial innovations.

The now prevalent opinion is that the statutory obligation to show zero bonds under liabilities at the amount repayable (gross accounting procedure) ought to be rejected and that the socalled net accounting method should be applied instead for taking zero bonds on the books. This analysis, however, proves that the gross accounting procedure should also be retained for financial instruments that involve similarly large amounts of difference as zero bonds. For instance, it disproves the assertion that the gross accounting procedure violates the ban on showing pending transactions on the balance sheet. The approach to justify the application of the net method with the argument that only the amount paid up represents the "amount repayable" has been unsuccessful, too. The analysis furthermore shows that the "amount repayable"-approach as valuation standard is of no relevance to whether a zero bond has been sold at a premium or at a discount.

Finally, the conclusion has been reached that in the case of zero bonds the net recording method is in no way superior to the gross recording method for representing the net worth.

Even the advocates of the net recording principle must, of necessity, regard the release HFA 1/1986 of the Institut der Wirtschaftsprüfer (Institution of Chartered Accountants) as unsatisfactory, because according to this release the net recording method is stipulated for *non*-interest bearing bonds only. This does not create any new unambiguous orderly accounting principles for such liabilities, because these bonds carrying extremely low rates of interest are not covered thereby. Retaining the gross accounting principle would, on the other hand, allow a wide range of the discounts offered by new financial instruments to be included into the existing rules of balance-sheet representation without violating the existing orderly accounting principles.

The legally clear separation of the dollar-denominated claim for principal repayment from the Deutschmark-denominated interest claim suggests the need for separate balance-sheet representation in the case of dual-currency bonds. It has turned out to be reasonable to proceed, for reporting purposes, from the assumption of a discounted pure dollar bond issue at least for the claim to principal repayment. It had to be clarified whether the fictitous amount of difference — as is the case with the comparable dollar-denominated bonds sold at a discount — may be booked as additional interest receivable over the lifetime of the bond issue or whether it represents date-of-payment-related compensation fot the exchange rate risk to which the capital employed is exposed. The thesis shows that the socalled initial price of dual-currency bonds is irrelevant to buying decisions and that, for this reason, the amount of difference of dual-currency bonds must, for balance sheet purposes, be shown as a premium.

As on the asset side of the balance sheet, dual-currency bonds must be shown as (extremely low-interest bearing) foreign currency loans on the liabilities side as well. Consequently, reporting the liability at the hedging price, which is permissible in offsetting forward exchange deals via the redeemable amount, cannot be considered in this context.

Interest rate futures contract positions are shown in the balance sheet by remaining maturities and are thus distinguished by speculative and by hedging contracts in respect of the interest rate spread risk. The write-off risk analysis shows that problems are encountered especially when all securities held as financial fixed assets were shown at the lower of cost or market valuation till then. With the help of interest rate futures contracts or similar risk-containing instruments, the best way of hedging the effects of the write-off risk would be to give up the lower of cost or market valuation-method and to offer pertinent explanations in the notes on the accounts.

Under the criteria "risk effects" and "transaction motives" a system of possible transactions for analysing different forms of balance-sheet representation is developed. Hedging transactions are not only designed, but must also be appropriate to affording protection as a micro-hedge and against the bank's general interest rate risk in order to qualify as such for balance sheet reporting purposes.

As regards the key balance-sheet recording problem of interest rate futures contracts, i.e. the permissibility of valuation units derived from legally independent, but commercially related individual positions, the application of the strict unit account method of valuation has turned out to be untenable, because it does not do justice to the economic reality of the risk and financial position in respect of interest rate futures contracts for hedging purposes. The criticism that valuation units on the market for interest rate futures contracts are too poor in quality and not stable enough is clearly rejected. The permissibility of valuation units must not be made dependent on pure technical handling criteria of contract positions. It is rather necessary to ensure that valuation units, once formed, be given the status of independent objective accounting quantities thereby excluding any arbitrary and subjective dissolution of previously intended hedging positions.

It ought to be noted with regard to the speculative positions valued individually that the daily profit and loss realization identical with the broker's contract note violates the realization principle and can therefore not be considered for aplication by German financial institutions.

The balance-sheet reporting of open swap positions requires a market assessment to be made, but the opinion is that — contrary to the US practice — the strict principle of valuation at the lower of cost or market must be complied with. When hedging the effects of closed swap positions, a valuation unit ought to be permissible, whilst speculative interest rate swap deals of this kind presuppose individual valuation. In the case of hedging transactions, the synthetic position is reported by recording corresponding profit and loss statement characteristics. This is unproblematic in respect of positions to be hedged that are taken on the balance sheet at their purchase or nominal value. However, the positions to be reported unhedged according to the principle of valuation at the lower of cost or market are capable of being recorded by means of valuation units with swaps, provided that this is disclosed in the notes on the accounts.

As distinct from a written view, swap flows must be reported in the profit and loss statement according to the gross accounting principle, because it is definite that they do not represent either net profit or a loss. In order to rule out arbitrariness, swap premiums and fees are to be released to income by instalments over the period remaining until repayment. When a hedge is ended ahead of schedule, the swap result is, as in the case of interest rate futures contracts, to be amortized over the residual lifetime of the underlying transaction.

According to the applicable orderly accounting principles, swap accounts receivable and swap accounts payable are not taken on the books since they represent pending transactions. Moreover, § 25 of the Credit Act does not obligate financial institutions to represent such transactions in the notes on the account either. However, according to the EC Directive on the annual accounts and consolidated accounts of banks and other financial institutions it would be worthwhile considering the possibility to report swaps as off-balance sheet items, since they represent commitments,by using fictitious commitment risk equivalents of the banking supervisory authorities, if applicable, and to disclose such swaps as one form of interest or exchange rate futures contract positions in the notes on the accounts. When reporting such positions in the notes on the accounts, it will be necessary to distinguish between swaps to be classified as mainly commercial in character and others to be classified as hedging transactions.

The treatment, for balance-sheet reporting purposes, of the underwriting obligation from an underlying Euronote facility depends on whether — commercially speaking — it must be classified as a guarantee or as loan commitment. The Euronote facility does not fit into the narrow guarantee term exclusively defined as a legal relationship with a third party. However, it could be fitted into a wider guarantee definition.

A look into the motives guiding beneficiaries under guarantee arrangements as distinct from loan arrangements shows that, in commercial terms, the Euronote facility is much closer to a guarantee than to a loan arrangement.

The comparison made between a guarantee arrangement and the Euronote facility suggests that the risk content of both instruments is more ore less equally high. Bank supervisors are thus right in underlining the guarantee-like character ofthe Euronote facility by granting equal treatment with guarantees under Principle No. 1 of the Federal Banking Supervisory Office.

Representing pending transactions, Euronote facilities are basically not recorded on the balance sheet. However, it would be worth considering to record the underwriting obligation as an off-balance sheet item in the notes on the accounts since its character is that of a contingent liability. However, contrary to its original intention, the Federal Banking Supervisory Office has ultimately dropped its earlier demand for representation on the balance sheet under the relevant items. It has thus adopted the view of the credit industry association and the Institution of Chartered Accountants which had expressed concern at reporting the Euronote facility as a contingent off-balance sheet liability item. In the course of transforming the EC Directive on the annual accounts and consolidated accounts of banks and other financial institutions into national law it must, however, be expected that the underwriting obligation typically involving large volumes must be individually recorded in the notes on the accounts. Moreover, pursuant to Article 25 of that Directive any exposure on account of irrevocable commitments must be reported that may represent a credit risk. Euronote facilities in their entirety, no doubt, fall under the disclosure obligation in the notes on the accounts.

Résumé

De la multitude de nouveaux instruments financiers, l'auteur de cet ouvrage en a sélectionné quelques-uns afin d'en déduire des solutions-types pour des problèmes typiques de présentation au bilan d'innovations financières.

L'opinion, devenue entre-temps générale, refuse d'inscrire au passif, comme le prescrit la loi, des obligations à coupon zéro au montant de remboursement (enregistrement brut) et exige au lieu de cela de les inscrire selon la méthode dite nette. La présente analyse prouve par contre que des instruments financiers avec des différences si élevées doivent continuer à être inscrits au passif à la valeur brute. Il est reproché à la méthode brute de contrecarrer l'interdiction de la portée au bilan d'opérations en suspens. L'auteur détruit cette thèse. Il réfute aussi l'opinion qui essaie de justifier la méthode nette en affirmant que seul le montant de souscription rentré est considéré comme «montant de remboursement». Il montre en outre que le type des obligations à coupon zéro n'a aucune importance pour l'inscription au bilan au montant de remboursement et donc qu'il est insignifiant de savoir si la différence est un agio ou un disagio.

Pour terminer, nous en arrivons au résultat suivant: l'inscription des obligations à coupon zéro à la valeur nette n'est pas meilleure que celle à la valeur brute, même si l'on veut représenter la situation de patrimoine.

Même pour les partisans de la méthode nette, la publication HFA 1/1986 de l'Institut des Réviseurs d'entreprises doit être insatisfaisante. En effet, elle ne prescrit l'enregistrement au bilan à la valeur nette que pour les emprunts non productifs d'intérêts. Ceci ne rend pas le nouveau principe de comptabilité régulière pour de telles obligations plus sûr, car les emprunts producteurs d'intérêts extrêmement insuffisants n'y sont pas considérés. En maintenant la méthode brute pour la présentation au bilan, on pourrait par contre, sans toucher au principe de comptabilité régulière existant, intégrer une large gamme de disagios de nouveaux instruments financiers dans le système actuel des règlements relatifs à l'établissement du bilan.

Comme du point de vue juridique, le droit de remboursement du capital en dollars et le droit de paiement de la rémunération d'intérêt en DM sont nettement séparés, il faut traiter séparément dans le bilan la créance d'intérêt en DM et celle en capital, en dollars. Il s'avère adéquat de partir pour le bilan, du moins pour la créance en capital, d'un pur emprunt en dollars escompté. Il fallait clarifier si la différence fictive, comme pour l'emprunt en dollars escompté semblable, peut être encaissée pendant la durée comme revenu d'intérêts supplémentaire ou si elle représente un paiement d'une indemnité compensatrice pour le risque de change du capital cédé, basé sur la date de remboursement. L'auteur montre que le dit cours de base de l'emprunt à double étalon est sans importance pour la décision de placement d'un acquéreur; pour cette raison, il faut traiter la différence de l'emprunt à double étalon comme agio.

De façon analogue à l'inscription à l'actif s'effectue la présentation au passif de l'emprunt à double étalon, en tant qu'emprunt (producteur d'intérêts insuffisants), libellé en monnaie étrangère. Le résultat en est ici: une comptabilisation de l'obligation au cours de cautionnement, comme ceci est admis pour une opération à terme opposée en devises au-delà du montant d'amortissement, n'entre pas en ligne de compte.

Les positions de contrat à terme sur intérêts sont intégrées dans le bilan selon les délais d'intérêts. On fait ainsi la distinction entre des contrats spéculatifs et des contrats de couverture quant au risque de marge d'intérêt. Dans le cadre de l'analyse du risque d'amortissement, des problèmes surviennent surtout lorsque tous les titres des valeurs immobilisées figurent jusqu'ici pour la valeur minimale. Les contrats à terme sur intérêts ou des instruments semblables limitant les risques d'intérêt offrent ici des garanties contre le risque d'amortissement, en renonçant à l'évaluation minimale et en le mentionnant dans le rapport de l'exercice.

Pour l'examen de formes de représentation au bilan, une méthode systématique des transactions de contrat possibles est développée avec les catégories «effets des risques» et «motifs de transaction». Pour être traitées comme telles dans le bilan, les opérations de garantie de cours doivent non seulement viser à assurer le risque de cours, mais aussi être capables d'apporter une garantie suffisante en tant que micro-garantie de cours (micro-hedge) et contre le risque total des intérêts de la banque.

Pour le problème central de l'inscription au bilan des contrats à terme sur intérêts, de l'admissibilité d'unités d'évaluation résultant de positions particulières, juridiquement indépendantes, mais connexées du point de vue économique, il est insoutenable d'appliquer strictement le principe de l'évaluation individuelle. En effet, celui-ci ne rend pas justice à la réalité économique des risques et de la situation financière lors de contrats à terme sur intérêts aux fins de garantie. L'auteur réfute clairement la critique, affirmant que des unités d'évaluation sur le marché des contrats à terme sur intérêts sont de faible qualité et peu stables. On ne peut pas faire dépendre l'admissibilité d'unités d'évaluation du pur déroulement technique. Il faut bien plus veiller à ce que des unités d'évaluation, une fois formées, puissent être objectivées dans la comptabilité et à ce qu'il ne soit ainsi guère possible d'annuler arbitrairement et subjectivement une unité de garantie déjà existante.

Il faut remarquer que, pour les positions spéculatives évaluées séparément, la réalisation quotidienne de profits et de pertes, en concordance avec la liquidation des agents de change, s'oppose au principe de réalisation et est donc hors de question pour les instituts de crédit allemands.

Pour inscrire au bilan des positions de swap ouvertes, il faut procéder à une évaluation du marché, mais à notre avis, à l'encontre de ce qui se fait aux USA, il faut respecter le principe strict de l'évaluation minimale. Pour les positions de swap d'intérêts fermées, une unité d'évaluation devrait être admise pour des opérations de garantie de cours. Les swaps d'intérêt spéculatifs de ce genre exigent par contre une évaluation individuelle. Pour les opérations de garantie de cours, la position synthétique est représentée par la comptabilisation correspondante au compte de pertes et profits. Ceci ne pose aucun problème pour des positions à garantir qui figurent au bilan pour la valeur d'acquisition ou nominale. Les positions non-garanties inscrites à la valeur minimale peuvent également être représentées par des unités d'évaluation avec des swaps, sie ceci est mentionné explicitement dans le rapport de l'exercice.

Contrairement à une opinion défendue dans la littérature, les flux de paiement de swap ne doivent pas être comptabilisés à la valeur brute dans le compte de pertes et profit. En effet, ils n'ont dans aucun cas caractère de profit ou de dépense. La marge de swap et les taxes doivent être réparties conformément à la période comptable pendant la durée du swap pour empêcher toute mesure arbitraire. Si les opérations de garantie de cours se terminent avant terme, il faut également amortir le résultat du swap tout au long de la durée restante de l'opération de base. Il en va de même pour les contrats à terme sur intérêts.

En tant qu'opérations en suspens, les droits et obligations provenant de swaps ne figurent pas au bilan, d'après le principe de la comptabilité régulière en vigueur. Les instituts de crédit ne doivent pas non plus les inscrire en annexe, comme le leur dispense le § 25a KWG (loi sur le crédit). La directive européenne relative au bilan bancaire prescrit par contre d'inscrire les swaps dans une rubrique distincte sous le bilan, en tant que risque de crédit, et de les divulguer dans l'annexe, en tant qu'une forme d'opérations à terme sur intérêts ou en devises. Il faut avant tout faire la distinction dans cette annexe entre les swaps se rattachant à des opérations commerciales et ceux faisant fonction d'opérations de garantie.

Pour décider de la façon de traiter l'obligation de sous-participation résultant d'une facilité d'Euronotes, il faut savoir si elle est jugée du point de vue économique comme garantie ou comme promesse de crédit. La facilité des Euronotes ne s'accorde pas avec la définition de garantie au sens étroit, qui n'est définie qu'en se basant sur un rapport juridique avec un tiers. Mais, on peut l'inscrire dans une définition plus large de la garantie.

L'examen des motifs des bénéficiaires lorsqu'ils passent un contrat de garantie, à comparé à ceux d'une promesse de crédit, montre que, d'un point de vue économique, les Euronotes se rapprochent beaucoup plus de la garantie que la promesse de crédit.

La comparaison faite de la garantie et de la facilité des Euronotes indique que les deux instruments contiennent à peu prés les mêmes risques. Le contrôle bancaire souligne donc — à raison — le caractère de garantie des Euronotes en les imputant dans le principe I du BaKred. (office fédéral de surveillance et de contrôle de crédit).

Les Euronotes, en tant qu'opérations en suspens, ne figurent pas de principe au bilan. Il serait toutefois concevable d'inscrire l'obligation de sous-participation dans une rubrique distincte sous le bilan, car il s'agit d'une obligation éventuelle. Contrairement à son intention initiale, l'office fédéral de surveillance et de contrôle du crédit a en fin de compte cependant renoncé à sa demande de l'inscrire au bilan sous la position correspondante. Il a ainsi suivi l'opinion des associations économiques de crédit et de l'Institut des Reviseurs d'Entreprises qui avaient émis des doutes à l'égard d'une inscription comme obligation éventuelle sous le bilan. Au cours de la transformation en droit national de la directive européenne relative au bilan bancaire, il faut cependant s'attendre à ce que les obligations de sous-participation, dont le volume est typiquement élevé, doivent être indiquées séparément en annexe. En outre, selon l'art. 25 de la directive européenne relative au bilan bancaire, il faut enregistrer toutes les obligations irrévocables qui peuvent occasionner un risque de crédit. Sans aucun doute, les Euronotes dans leur entièreté doivent être aussi portées dans une rubrique distincte sous le bilan.

Literaturverzeichnis

Adler/Düring/Schmaltz (1957): Rechnungslegung und Prüfung der Aktiengesellschaft, 3. Aufl., Stuttgart 1957.

Adler/Düring/Schmaltz (1968): Rechnungslegung und Prüfung der Aktiengesellschaft, 4. Aufl., Stuttgart 1968.

Adler/Düring/Schmaltz (1987): Rechnungslegung und Prüfung der Unternehmen, 5. Auflage, Stuttgart 1987.

Adolph, Birgit/Glaab, Wolfgang (1987): Forward Rate Agreement, in: DSGV (Hrsg.): Instrumente zur Absicherung zukünftiger Zinsrisiken, Sparkassenheft 87, Stuttgart 1987, Teil A, S. 9-47.

Agreed Proposal of the United States Federal Banking Supervisory Authorities and the Bank of England (1987): Credit Equivalent Amounts for Interest Rate and Foreign Exchange Rate Related Instruments, 4.3.1987.

Antl, Boris (1986): Quantifying the Exposure, in: Boris Antl (Hrsg.): Swap Finance Vol. 2, London 1986, S. 119-124.

Antl, Boris/Fisher, David/Neuhausen, Benjamin S. (1986): US Accounting Standards, in: Boris Antl (Hrsg.): Swap Finance Vol. 2, London 1986, S. 19-35.

Arnim, Rainer von (1981): Die Warenterminanlage, Band 1, 2. Auflage, Darmstadt u.a. 1981.

Arnim, Rainer von (1983): Die Warenterminanlage, Band 2, Darmstadt 1983.

Arnold, Wolfgang/Burg, Sabine (1987): Swaps und Ricardos Theorem der komparativen Kosten, in: Die Bank 1987, S. 194-196.

Arnold, Tanya (1984): How to do Interest Rate Swaps, in: HBR, Sept.-Okt. 1984, S. 96-101.

Asay, Michael R./Gonzalez, Gisela A./Wolkowitz, Benjamin (1981): Financial Futures, Bank Portfolio Risk, and Accounting, in: JoFM 1981, S. 607-618.

Baetge, Jörg/Commandeur, Dirk (1986): § 264 HGB, in: Küting/Weber: Handbuch der Rechnungslegung, Stuttgart 1986.

Baetge, Jörg/Knüppe, Wolfgang (1986): Vorhersehbare Risiken und Verluste, in: Leffson/Rückle/Großfeld: Handwörterbuch unbestimmter Rechtsbegriffe im Bilanzrecht des HGB, Köln 1986, S. 394-403.

Baker, James V. Jr. (1978): System Method of Asset/Liability Management: What it is, How it Works, in: Banking 1978, S. 114ff.

BAKred (1965): Stellungnahme vom 15. November 1965, Bewertung der Wertpapiere in den Jahresbilanzen der Kreditinstitute, abgedr. in: Consbruch-Möller-Bähre-Schneider: Kreditwesengesetz — Textsammlung, München 1987, Nr. 17.02.

BAKred (1977a): Schreiben vom 8. Februar 1977 (III 38-34 (10)), abgedruckt in: Consbruch-Möller-Bähre-Schneider: KWG-Textsammlung, München 1987, Abschnitt 4.141.

BAKred (1977b): Schreiben vom 30.3.1977 an die Spitzenverbände der Kreditinstitute (I3-122-1/77), abgedruckt in: Consbruch-Möller-Bähre-Schneider, KWG-Textsammlung, München 1987, Abschnitt 4.147.

BAKred (1983): Schreiben an die Spitzenverbände der Kreditinstitute vom 24. Februar 1983 (I 1-31-2/77), abgedruckt in: Consbruch-Möller-Bähre-Schneider, KWG-Textsammlung, München 1987, Nr.11.28.

BAKred (1985): Entwurf eines Schreibens an die Spitzenverbände der Kreditinstitute vom 24.4.1985, Betr.: Bankaufsichtliche Behandlung von Finanztermingeschäften (unveröffentlichtes Manuskript).

BAKred (1986a): Entwurf einer Verlautbarung über die Behandlung von Verpflichtungen der Kreditinstitute aus Euronotes-Fazilitäten bei der Anwendung des Grundsatzes I sowie der KWG-Vorschriften über das Kreditgeschäft und bei der Bilanzierung, Berlin, 13.2.1986.

BAKred (1986b): Schreiben vom 2. Juni 1986 — I 3 — 236-13/84 — Betr.: Behandlung von Verpflichtungen der Kreditinstitute aus Euronotes-Fazilitäten bei der Anwendung des Grundsatzes I und der KWG-Vorschriften über das Kreditwesen, in: Reischauer/Kleinhans: Kreditwesengesetz — Kommentar, Berlin 1988, Kza 281, S. 26-28.

BAKred(1987): Vorentwurf: Bekanntmachung über die Änderung und Ergänzung der Grundsätze über das Eigenkapital und die Liquidität der Kreditinstitute, nebst Erläuterungen zum Vorentwurf einer Neufassung der Grundsätze I und Ia, Berlin, 18.12.1988.

Bank for International Settlements (Hrsg.) (1986): Recent Innovations in International Banking, Basel, April 1986.

Bank für Internationalen Zahlungsausgleich (Hrsg.) (1986a): Die Behandlung nicht bilanzwirksamer Risiken der Banken aus Sicht der Bankenaufsicht, Basel, März 1986.

Bank für Internationalen Zahlungsausgleich (Hrsg.) (1986b): Entwicklung des internationalen Bankgeschäfts und der internationalen Finanzmärkte, Basel, Oktober 1986.

Bank für Internationalen Zahlungsausgleich (1987), Ausschuß für Bankenbestimmungen und Überwachung: Konsultationspapier — Vorschläge zu einer internationalen Konvergenz der Eigenkapitalmessung und Eigenkapitalanforderungen, Übersetzung, Dezember 1987.

Bank of England (Hrsg.) (1986): Off Balance Sheet Business of Banks, A Consultive Paper, März 1986.

Bankson, Lloyd/Lee, Michael (Hrsg.) (1985): Euronotes, London 1985.

Barske, Kurt (1981): Bilanzierung schwebender Geschäfte, in: NWB Nr. 48 vom 30.11.1981, Fach 17a, S. 767-778 (S. 2991-3002).

Barth, Herbert (1984): Financial Futures: Neue Risiken für die Kreditinstitute?, in: KuK 1984, S. 120-145.

Bauer, Wolf-Dieter (1987): Die EG-Bankbilanzrichtlinie und ihre Auswirkungen auf die Bilanzierungsvorschriften der deutschen Kreditinstitute, in: WM 1987, S. 861 - 868.

Becker, Jürgen (1988): Bankaufsichtliche Aspekte bei Finanzinnovationen, in: Armin Gutowski (Hrsg.): Neue Instrumente an den Finanzmärkten: Geldpolitische und bankenaufsichtliche Aspekte, Berlin 1988, S. 131 - 150 (unveränderter Abdruck eines Memorandums vom 23.6.1986).

Beisse, Heinrich (1984): Zum Verhältnis von Bilanzrecht und Betriebswirtschaftslehre, in: StuW 1984, S. 1 - 14.

Benne, Jürgen (1979): Die Bedeutung von Gewinnerwartungen aus schwebenden Geschäften für die Bewertung der Aktiva und Passiva — Ein Beitrag zum Problem der Einzelbesteuerung, in: BB 1979, S. 1653 - 1656.

Bezold, Andreas (1985a): Bilanzierung der Devisengeschäfte der Kreditinstitute (Teil I), in: Wpg 1985, S. 321 - 327.

Bezold, Andreas (1985b): Bilanzierung der Devisengeschäfte der Kreditinstitute (Teil II), in: Wpg 1985, S. 354 - 358.

BFH-Urteil vom 26.11.1973, BStBl. II 1974, S. 132.

BFH-Urteil vom 17.7.1974, BStBl. II 1974, S. 684, in: BB 1974, S. 1287.

BFH-Urteil vom 27.2.1976, III R 64/74, BStBl. II 1976, S. 529.

BFH-Urteil vom 16.11.1982, BStBl. II 1983, S. 361 ff.

BFH-Urteil vom 8.12.1982, I R 142/81, BStBl. II 1983, S. 369.

BFH-Urteil vom 20.1.1983, BStBl. II 1983, S. 413.

BFH-Urteil vom 19.7.1983, BStBl. II 1984, S. 56.

BFH-Urteil vom 24.8.1983, BStBl. II 1984, S. 273.

BFH-Urteil vom 5.4.1984, BStBl. II 1984, S. 552.

BFH-Urteil vom 17.4.1985, BStBl. II 1985, S. 617.

BGH-Urteil vom 1.7.1958-VIII, ZR 93/57, in: NJW 1958, S. 1483 f.

BGH-Urteil vom 20.12.1971-II, ZR 156/69, in: WM 1972, S. 178.

BGH-Urteil vom 16.3.1981-II, ZR 110/80, in: WM 1981, S. 711.

BGH-Urteil vom 13.12.1982-II, ZR 63/82, in: WM 1983, S. 82.

BGH-Urteil vom 12.3.1984-II, ZR 10/83, in: WM 1984, S. 1245.

Bickert, Georg (1960): „Wachstumsobligationen" — ein neuer Wertpapiertyp, in: ZfgK 1960, S. 586 - 589.

Bieg, Hartmut (1977): Schwebende Geschäfte in Handels- und Steuerbilanz, Frankfurt/M. und Bern 1977.

Bieg, Hartmut (1983): Bankbilanzen und Bankenaufsicht, München 1983.

Biener, Herbert (1979): AG, KGaA, GmbH, Konzerne. Rechnungslegung, Prüfung und Publizität nach den Richtlinien der EG, Köln 1979.

Biener, Herbert/Berneke, Wilhelm (1986): Bilanzrichtlinien-Gesetz, Düsseldorf 1986.

Biergans, Enno (1985): Einkommensteuer und Steuerbilanz, 3. Aufl., München 1985.

Birck, Heinrich/Meyer, Heinrich (1976): Die Bankbilanz, 3. Aufl., Teillieferung 1, Wiesbaden 1976.

Birck, Heinrich/Meyer, Heinrich (1977): Die Bankbilanz, 3. Aufl., Teillieferung 2, Wiesbaden 1977.

Bletz, Ralf D. (1987): Börsentermingeschäfte, Termin- und Differenzeinwand, in: BB 1987, S. 627-636.

BMF (1985): Schreiben vom 24. Januar 1985 an die Finanzminister der Länder, Betr.: Ermittlung des einkommensteuerlichen Kapitalertrags aus Zero Coupon Bonds, die zu einem Privatvermögen gehören, in: BStBl. I 1985, S. 77-81.

BMF (1987a): Einkommensteuerliche Behandlung von a) Emissionsdisagio, Emissionsdiskont und umlaufbedingtem Unterschiedsbetrag zwischen Marktpreis und höherem Nennwert bei festverzinslichen Wertpapieren, b) unverzinslichen Schatzanweisungen, die zu einem Privatvermögen gehören, Schreiben vom 24.11.1986 — IV B 4 — S 2252 — 180/86, BStBl. I, S. 539, in: Wpg 1987, S. 101-102.

BMF (1987b): Schreiben vom 5.3.1987 — IV B 2 — S 2133 — 1/87, BStBl. I 1987, S. 394.

Bodarwé, Ernst (1966): Erfüllen die Grundsätze ordnungsmäßiger Buchführung und Bilanzierung noch ihre Aufgaben?, in: Wpg 1966, S. 668-672.

Böcking, Hans-Joachim (1986): Der Grundsatz der Nettobilanzierung von Zero-Bonds, in: ZfbF 1986, S. 930-955.

Bolck, Christian (1986): Euronotes gewinnen im Wettbewerb der Finanzierungsinstrumente, in: Die Bank 1986, S. 513f.

Bordewin, Arno (1986): Bilanzierung von Zero-Bonds, in: Wpg 1986, S. 263-267.

Borkowsky, Rudolf (1985): Bilanzierung neuer Obligationenformen beim Schuldner, in: Der Schweizer Treuhänder 1985, S. 139-145.

Bosch, Ulrich (1986): Rechtsfragen bei internationalen Finanzierungen, in: Deutsche Bank AG (Hrsg.), Internationale Investitionsfinanzierungen, Frankfurt/M. 1986, S. 167-190.

Bralsford, Martin (1986): Interest Rate and Currency Swaps, in: Arbitrage, hrsg. von Rudi Weisweiller, Cambridge 1986, S. 108-121.

Brandenberg, Hermann Bernwart (1987): Bilanzierung von Zerobonds, in: NWB, Fach 17a, S. 917f.

Breitwieser, Otto (1978): Zur ertragsteuerlichen und vermögensteuerlichen Abzinsung von Verbindlichkeiten und Rückstellungen, in: StBp 1978, S. 269-279.

Breuer, Rolf-E. (1984): Innovationen am internationalen Rentenmarkt, in: BZ, 30.6.1984, S. If.

Breuer, Rolf-E. (1987): Für eine deutsche Options- und Futures-Börse, in: Die Bank 1987, S. 367-369.

British Bankers' Association (1985): Interest Rate Swaps ("BBAIRS" terms), August 1985.

Brosch, Wolfgang (1984): Das Disagio im Bewertungsrecht, in: DB 1984, S. 1696-1702.

Brosch, Wolfgang (1985): Nochmals: Das Disagio im Bewertungsrecht, in: DB 1985, S. 1434f.

BT-Drs. 10/317 vom 26.8.1983: Begründung zum Regierungsentwurf eines Bilanzrichtlinie-Gesetzes zu § 237 HGB-E.

Buchanan, Nigel (1986): Accounting for Swaps: A Framework, in: Swap Finance Vol. 2, hrsg. von Boris Antl, London 1986, S. 3-18.

Budde, Wolfgang Dieter/Ihle, Rüdiger (1986): § 252, in: Beck'scher Bilanz-Kommentar, München 1986.

Budde, Wolfgang Dieter/Karig, Klaus Peter (1986): § 264, in: Beck'scher Bilanz-Kommentar, München 1986.

Bullock, Gareth (1987): Euronotes and Euro-Commercial Paper, London 1987.

Bundschuh, Karl Dietrich (1986): Die Rechtsprechung des Bundesgerichtshofes zum Börsenterminhandel, in: WM 1986, S. 725-756.

Burkart, Clemens (1985): Finanzinnovation an den Euromärkten, Mitteilungen aus dem Institut für das Spar-, Giro- und Kreditwesen an der Universität Bonn, Nr. 17, Bonn 1985.

Burkhardt, Dietrich (1988): Grundsätze ordnungsmäßiger Bilanzierung für Fremdwährungsgeschäfte, Düsseldorf 1988.

Bürge, Andreas/Rufer, Thomas (1985): Bewertungsgrundsätze von Financial Futures, in: Der Schweizer Treuhänder 1985, S. 245-251.

Büschgen, Hans E. (1986): Finanzinnovationen — Neuerungen und Entwicklungen an nationalen und internationalen Finanzmärkten, in: ZfB 1986, S. 301-336.

Chen, Andrew H./Park, Hun Y./Wei, John K. (1986): Stochastic Duration and Dynamic Measure of Risk in Financial Futures, in: Frank J. Fabozzi (Hrsg.): Advances in Futures and Options Research, Vol. 1, Part B, Greenwich und London 1986, S. 93-111.

CHICAGO BOARD OF TRADE: An Introduction to Financial Futures, Chicago, o.J.

Clemm, Hermann (1984): Der Einfluß der Verzinslichkeit auf die Bewertung der Aktiva und Passiva, in: Werte und Wertermittlung im Steuerrecht, hrsg. v. Arndt Raupach, Köln 1984, S. 219-243.

Clemm, Hermann/Nonnenmacher, Rolf (1986): § 249 HGB und § 253 HGB, in: Beck'scher Bilanz-Kommentar, München 1986.

Clemm, Hermann/Ellrott, Helmut (1986): § 285 HGB, in: Beck'scher Bilanz-Kommentar, München 1986.

Coenenberg, Adolf Gerhard (1987): Jahresabschluß und Jahresabschlußanalyse, 9. Aufl., Landsberg am Lech 1987.

Coggan, Philip (1987): Capital Proposals for Swaps Criticized, in: FT, 2.6.1987, S. 23.

Consbruch-Möller-Bähre-Schneider (1987): Kreditwesengesetz — Textsammlung, München 1987.

Cooper, Ronald (1987): Swap Houses Switch to New Values, in: Euromoney, Jan. 1987, S. 32f.

Crabbe, Matthew (1985): Are Two Currencies Better than One?, in: Euromoney, October1985, S. 206-207.

Creifelds, Carl (Hrsg.) (1968): Rechtswörterbuch, München 1968.

Crezelius, (Georg) (1986): 10. Rückzahlungsbetrag bei Verbindlichkeiten, in: JbFStR 1986/1987, S. 451-455.

Crezelius, Georg (1988): Das sogenannte schwebende Geschäft in Handels-, Gesellschafts- und Steuerrecht, in: Handelsrecht und Steuerrecht, Festschrift für Georg Döllerer, hrsg. von Brigitte Knobbe-Keuk, Franz Klein und Adolf Moxter, Düsseldorf 1988, S. 81-95.

Csik, Andreas (1986): §§ 284-288 HGB, in: Küting/Weber: Handbuch der Rechnungslegung, Stuttgart 1986.

Degenhart, Heinrich (1987): Zweck und Zweckmäßigkeit bankaufsichtlicher Eigenkapitalnormen, Berlin 1987.

Deutsche Bundesbank (Hrsg.) (1985a): Begebung von DM-Auslandsanleihen, in: Auszüge aus Presseartikeln, Nr. 26/12.4.1985, S. 1f. (Wiederabdruck der Pressenotiz vom 12.4.1985).

Deutsche Bundesbank (Hrsg.) (1985b): Statistische Beihefte zu den Monatsberichten der Deutschen Bundesbank, Reihe 2, Wertpapierstatistik, September 1985, S. 38.

Deutsche Bundesbank (Hrsg.) (1986): Monatsberichte der Deutschen Bundesbank, April 1986.

Döllerer, Georg (1965): Rechnungslegung nach dem neuen Aktiengesetz und ihre Auswirkungen auf das Steuerrecht, in: BB 1965, S. 1405-1417.

Döring, Ulrich (1986): § 253 HGB, in: Küting/Weber: Handbuch der Rechnungslegung, Stuttgart 1986.

DSGV (1985): Mitteilung Nr. 41 vom 1. Juli 1985, Bankaufsichtliche Behandlung von Finanztermingeschäften.

DSGV (1986a): Rundschreiben Nr. 90 vom 21.3.1986.

DSGV (1986b): Rundschreiben Nr. 106 vom 7.4.1986.

DSGV (Hrsg.) (1987): Instrumente zur Absicherung zukünftiger Zinsrisiken, Sparkassenheft 87, Stuttgart 1987.

EFG 1983 Nr. 7, Entscheidung Nr. 377.

Eifler, Günter (1976): Grundsätze ordnungsmäßiger Bilanzierung für Rückstellungen, Düsseldorf 1976.

Eifler, Günter (1987): Rückstellungen für ungewisse Verbindlichkeiten und für drohende Verluste aus schwebenden Geschäften, in: Handbuch des Jahresabschlusses in Einzeldarstellungen (HdJ), Abt. III/5, Köln 1987.

Einzig, Paul (1967): A Dynamic Theory of Forward Exchange, 2. Aufl., London 1967.

Elstein, Ian (1986): Supervising the Euronote Market, in: Bank Regulation and Capital Adequacy, Euromoney Conference, Agenda and Notes, London 1986.

Ennecerus/Nipperdey (1959): Lehrbuch des Bürgerlichen Rechts, 1. Halbband, 15. Auflage, Tübingen 1959.

Erdmann, Hans-Henning (1987): Das Swapgeschäft in der Praxis, in: BZ, 27.6.1987, S. 12f.

Fabozzi, Frank J. (Hrsg.) (1986): Advances in Futures and Options Research, Vol. 1, Part B, Greenwich und London 1986.

FASB (1984): Statement of Financial Accounting Standards No. 80 — Accounting for Futures Contracts, in: JoA, December 1984, S. 174-182.

Federmann, Rudolf (1979): Bilanzierung nach Handelsrecht und Steuerrecht, 5. Auflage, Bielefeld 1979.

Fehr, Benedikt (1985): Frischer Wind durch Null-Kupon-Anleihen, in: FAZ, 20.8.1985, S. 33.

First Chicago Corporation (1985): Annual Report 1985.

Fitzgerald, Desmond M. (1982): Using the Financial Futures Market, in: The Banker, April 1982, S. 105-115, 129.

Follak, Klaus Peter (1988): Bankaufsichtliches Risikomanagement im Zeichen der Finanzinnovationen: Internationale Harmonisierung oder Begriffsverwirrung? (Teil II), in: ÖBA 1988, S. 349-365.

Forster, Karl-Heinz (1971): Rückstellungen für Verluste aus schwebenden Geschäften, in: Wpg 1971, S. 393-399.

Forster, Karl-Heinz (1985): Das Bilanzrichtlinie-Gesetz aus der Sicht der Wirtschaftsprüfer, in: ZfbF 1985, S. 742-751.

Forster, Karl-Heinz/Gross, Gerhard (1985): Probleme der Rechnungslegung und Prüfung von Kreditinstituten in den Stellungnahmen des Bankenfachausschusses des IdW, in: Karl-Heinz Forster (Hrsg.), Bankaufsicht, Bankbilanz und Bankprüfung, Düsseldorf 1985, S. 49-67.

Frank, H. Peter (1987): Theoretische Bewertung, Konditionengestaltung und Marktpreisbildung innovativer Finanzierungsinstrumente, Mitteilungen aus dem Institut für das Spar-, Giro- und Kreditwesen an der Universität Bonn, Nr. 25, Oktober 1987.

French, Martin (1985): Bowing Before the ICON, in: Euromoney, December 1985, S. 85f.

Friederich, Hartmut (1976): Grundsätze ordnungsmäßiger Bilanzierung für schwebende Geschäfte, 2. unv. Aufl., Düsseldorf 1976.

Füllenkemper, Horst/Rehm, Hannes (1985a): Internationale Finanzmärkte unter Innovations- und Liberalisierungsdruck, in: KuK 1985, S. 553-585.

Füllenkemper, Horst/Rehm, Hannes (1985b): Finanzinnovationen auf den deutschen Kapitalmärkten, in: Wirtschaftsdienst 1985, S. 510-515.

Geiger, Helmut (1986): Innovationen im Kreditgewerbe, in: Sparkasse 1986, S. 135-139.

Gelardin, Jacques P./Swensen, David (1983): The Changing World of Swaps, in: Euromoney, June 1983, S. 33-35.

Gelhausen, Hans-Friedrich (1985): Das Realisationsprinzip im Handels- und Steuerbilanzrecht, Frankfurt a.M. u.a. 1985.

Geßler, Ernst/Hefermehl, Wolfgang/Eckehardt, Ulrich/Kropff, Bruno (1973): Kommentar zum Aktiengesetz, Bd. III, München 1973.

Gilibert, Pier Luigi/Lygum, Bjorn/Wurtz, Françoise (1985): Der internationale Kapitalmarkt im Jahre 1985, in: ÖBA 1986, S. 277-295.

Glaab, Wolfgang/Kraft, Karl (1986): Interest Rate Swap, Currency Swap, Cross Currency Interest Rate Swap als Prüfungsgegenstand der Internen Revision, in: ZIR 1986, S. 146-157, 225-239.

Glaab, Wolfgang/Kraft, Karl (1987): Interest Rate Swap, Currency Swap, Cross Currency Swap als Prüfungsgegenstand der Internen Revision, in: DSGV (Hrsg.): Instrumente zur Absicherung zukünftiger Zinsrisiken, Sparkassenheft 87, Stuttgart 1987, S. 91-122.

Glaab, Wolfgang/Werneth, Cynthia/Zimmer, Manfred (1987): Eurodollar Deposit Futures als Prüfungsgegenstand der Internen Revision, in: DSGV (Hrsg.): Instrumente zur Absicherung zukünftiger Zinsrisiken, Sparkassenheft 87, Stuttgart 1987, Teil B, S. 49-90.

Glade,Anton (1986): Rechnungslegung und Prüfung nach dem Bilanzrichtlinien-Gesetz, Herne und Berlin 1986.

Gleske, Leonhard (1986): Finanzinnovationen aus Sicht der Notenbanken und der Bankenaufsichtsbehörden, in: Die Bank 1986, S. 280-285.

Gondring, Hanspeter/Hermann, Albrecht (1986): Zins- und Währungsswaps aus bankbetrieblicher Sicht, in: ÖBA 1986, S. 327-339.

Gooch, Anthony C./Klein, Linda B. (1986): Documenting Interest Rate and Currency Swaps, in: Boris Antl (Hrsg.): Swap Finance Vol. 2, London 1986, S. 71-90.

Gorniak, Ulrich (1985): Steuerliche Behandlung von Zero Bonds beim privaten Anleger, in: NWB Nr. 27, 1.7.1985, S. 1737-1740 (Fach 3, S. 6021-6024).

Greeß, Werner (1980): Einzelprobleme des Jahresabschlusses durch die 4. EG-Richtlinie, in: ZGR, Sonderheft 2, 1980, S. 155-174.

Gröschel, Ulrich (1987): Finanzinnovationen: Swaps und Ricardos Außenwirtschaftstheorie, in: Sparkasse 1987, S. 246-248.

Groh, Manfred (1975): Zum Bilanzsteuerrecht, in: StuW, 4/1975, S. 344-350.

Groh, Manfred (1986): Bilanzierung von Fremdwährungsgeschäften, in: DB 1986, S. 869-877.

Großfeld, Bernhard (1986): Generalnorm (ein den tatsächlichen Verhältnissen entsprechendes Bild der Vermögens-, Finanz- und Ertragslage), in: Leffson/Rückle/Großfeld: Handwörterbuch unbestimmter Rechtsbegriffe im Bilanzrecht des HGB, Köln 1986.

Hafner, Bernhard (1983): Devisentermingeschäfte und ihre Bewertung, in: Die Bank 1983, S. 204-209.

Harms, Jens E./Küting, Karlheinz/Weber, Claus-Peter (1986): Die Wertaufholungskonzeption des neuen Bilanzrechts, in: DB 1986, S. 653-661.

Heinen, Edmund (1982): Handelsbilanzen, 10. Aufl., Wiesbaden 1982.

Hermann/Heuer/Raupach (1985): Kommentar zum Einkommensteuer- und Körperschaftsteuergesetz, Köln (Dez.) 1985.

Hesberg, Dieter (1983): Risikovorsorge durch Kreditausfall- und Zinsänderungsrückstellungen im Jahresabschluß der Banken, in: KuK 1983, S. 530-567.

Hinder, Alex (1983): Wechselkursprognosen, Bern u.a. 1983.

Hofbauer, Max (1987): § 253 HGB, in: Hofbauer/Kupsch: Bonner Handbuch Rechnungslegung, Bonn 1987.

Holterhus, Gerhard (1985): Früherkennung von Bankkrisen bei der Abschlußprüfung, Frankfurt/M. 1985.

Hölzel, Walter (1980): Die Bilanzierung von Devisengeschäften, Frankfurt/M. 1980.

Hsu, Gregory T.K. (1986): Assessing the Risks to Swap Users, in: Supplement to Euromoney, January 1986, S. 106-107.

Hüttemann, Ulrich (1970): Grundsätze ordnungsmäßiger Bilanzierung für Verbindlichkeiten, Düsseldorf 1970.

Hüttemann, Ulrich (1984): Die Verbindlichkeiten, in: Handbuch des Jahresabschlusses in Einzeldarstellungen (HdJ), Abt. III/8, Köln 1984.

IdW, Bankenfachausschuß (1972): BFA 2/1971: Bewertung bei Wertpapieren in Sonderfällen, in: Wpg 1972, S. 46.

IdW, Bankenfachausschuß (1975): Stellungnahme BFA 1/75: „Bilanzierung und Prüfung der Devisengeschäfte der Kreditinstitute“, in: Wpg 1975, S. 664-667.

IdW (Bankenfachausschuß) (1984): Zur bilanzmäßigen Behandlung von Zinsausgleichsvereinbarungen, in: Wpg 1984, S. 196.

IdW (Hrsg.) (1985a): WP-Handbuch 1985/86, Band I, 9. Aufl., Düsseldorf 1985.

IdW, Bankenfachausschuß (1985b): Über die 108. bis 110. Sitzung des BFA, in: FN Nr. 9/1985, S. 337.

IdW, Bankenfachausschuß (1986a): Über die 111. bis 118. Sitzung des BFA, in: FN Nr. 12/1986, S. 447f.

IdW, Stellungnahme des HFA 1/1986 (1986b): Zur Bilanzierung von Zero-Bonds, in: Wpg 1986, S. 248f.

IdW, Hauptfachausschuß (1986c): Geänderter Entwurf einer Verlautbarung zur Währungsumrechnung im Jahres- und Konzernabschluß, in: Wpg 1986, S. 664-667.

IdW (Hrsg.) (1986d): WP-Handbuch 1985/86, Band II, 9. Aufl., Düsseldorf 1986.

IdW, Bankenfachausschuß (1987a): Entwurf einer Verlautbarung: Zur Prüfung von Fazilitäten, in: Wpg 1987, S. 45f.

IdW, Bankenfachausschuß (1987b): Stellungnahme BFA 1/1987: Zur Prüfung von Fazilitäten, in: Wpg 1987, S. 301f.

IdW (1987c): Zur Transformation der EG-Richtlinie über den Jahresabschluß und den konsolidierten Abschluß von Banken und anderen Finanzinstituten, in: Wpg 1987, S. 525-531.

IdW, Bankenfachausschuß (1987d): Über die 119. bis 122. Sitzung des BFA, in: FN Nr. 11/1987, S. 375f.

International Accounting Standards Committee (1987): Proposed International Accounting Standard (IASC E 29): Disclosures in the Financial Statements of Banks, in: Wpg 1987, S. 171-175.

J.P. Morgan & Co. Inc. (1985): Annual Report 1985.

J.P. Morgan & Co. Inc. (1987): Schreiben an den Board of Governors of the Federal Reserve System, May 12, 1987, Docket No. R-0567; Capital Maintenance: Revision to Capital Adequacy Guidelines ("Proposal"), nebst Anlage: Detailed Comments on Proposed Rulemaking.

Jensen, Frederick H. (1986): Recent Developments in Corporate Finance, in FRB, Nov. 1986, S. 745-756.

Jonas, Heinrich H. (1980): Die EG-Bilanzrichtlinie, Freiburg/Br. 1980.

Karrenbauer, Michael (1986): § 253, in: Küting/Weber: Handbuch der Rechnungslegung, Stuttgart 1986.

Keine, Friedrich-Michael (1986): Die Risikoposition eines Kreditinstituts, Wiesbaden 1986.

Kessler, Rainer E. (1982a): Festverzinsliche Wertpapiere mit hohem Emissionsdiskont, in: DB 1982, S. 1525-1531.

Kessler, Rainer E. (1982b): Probleme bei der Einkommensbesteuerung sog. Zero (Coupon-)Bonds, in: FiR 1982, S. 194-195.

Keynes, John Maynard (1929): A Tract on Monetary Reform, London 1929 (reprint der 1. Aufl. 1923).

Kilsby, Richard/White, John (1986): Fair & Reasonable? — Swap Problems, in: The Global Swaps Market, Supplement to Corporate Finance, Euromoney, June 1986, S. 42-51.

Kleiner, Beat (1979): Bankgarantie, 3. vollst. überarb. und erw. Aufl., Zürich 1979.

Knobbe-Keuk, Brigitte (1985): Bilanz- und Unternehmenssteuerrecht, 5. Aufl., Köln 1985.

Körner, Werner (1976): Das Prinzip der Einzelbewertung, in: Wpg 1976, S. 430-441.

Körner, Werner (1986): Praktische Bedeutung der Grundsätze ordnungsmäßiger Buchführung, in: BB 1986, S. 1950-1958.

Kommission für Bilanzierungsfragen des Bundesverbandes deutscher Banken: Zur Rechnungslegung von Swap-Geschäften, in: Die Bank 1988, S. 158-165.

Kopprasch, Robert et al. (1985): The Interest Rate Swap Market: Yield Mathematics, Terminology and Conventions, hrsg. von Salomon Brothers Inc., Juni 1985.

Kosfeld, Endrik (1986): Die Erweiterung des Kreditbegriffes durch die dritte KWG-Novelle, in: Wpg 1986, S. 613-621.

Kral, Fritz (1986): Bankenaufsicht/Präsident Kuntze im Handelsblatt-Gespräch: Welle der Finanzinnovationen kann neue KWG-Novelle erfordern — Die „Streu-Pflicht" für Kredite soll auf Wertpapiere ausgedehnt werden, in: HB, 9.7.1986, S. 7.

Kremkow, Klaus-Dieter (1980): Grundlagen bankbetrieblicher Rechnungslegung, Berlin 1980.

Krumnow, Jürgen/Metz, Matthias (Hrsg.) (1987): Rechnungswesen im Dienste der Bankpolitik, Stuttgart 1987.

Krümmel, Hans-Jacob (1978): Perspektiven des Wertpapiergeschäftes, in: KuK 1978, S. 109-138.

Krümmel, Hans-Jacob (1985): Einige Probleme der Konstruktion bankaufsichtlicher Risikobegrenzungsregeln, in: Bankaufsicht, Bankbilanz und Bankprüfung, hrsg. von Karl-Heinz Forster, Düsseldorf 1985, S. 91-117.

Krümmel, Hans-Jacob (1986): Neue Finanzierungsformen und aufsichtsrechtliche Strukturnormen, Mitteilungen aus dem Institut für das Spar-, Giro- und Kreditwesen an der Universität Bonn, Nr. 22, Dezember 1986 (Vorabdruck), außerdem in: Henner Schierenbeck (Hrsg.): Neuere Entwicklungen auf den Finanzmärkten, Frankfurt/M. 1987, S. 39-76.

Krümmel, Hans-Jacob/Rudolph, Bernd (Hrsg.) (1987): Bankmanagement für neue Märkte, Frankfurt/M. 1987.

Kußmaul, Heinz (1987): Betriebswirtschaftliche Überlegungen bei der Ausgabe von Null-Kupon-Anleihen, in: BB 1987, S. 1562-1572.

Kümpel, Siegfried (1986): Zum Termin- und Differenzeinwand bei Zinsterminkontrakten und Zinsswapgeschäfte(n), in: WM 1986, S. 661-670.

Kümpel, Siegfried/Häuser, Franz (1986): Börsentermingeschäfte, Termin- und Differenzeinwand, Frankfurt/M. 1986.

Kuntze, Wolfgang (1986): Bankenaufsicht und Finanzinnovationen, in: BZ, 28.6.1986, S. 9f.

Kupsch, Peter (1980): Zur Bilanzierung des Unterschiedsbetrages bei Verbindlichkeiten gem. § 156 Abs. 3 AktG und Art. 41, 4. EG-Bilanzrichtlinie, in: Wpg 1980, S. 379-385.

Kupsch, Peter (1987): § 249 HGB, in: Hofbauer/Kupsch: Bonner Handbuch Rechnungslegung, Bonn 1987.

Lang, Joachim (1986): Grundsätze ordnungsmäßiger Buchführung II, in: Leffson/Rückle/Großfeld: Handwörterbuch unbestimmter Rechtsbegriffe im Bilanzrecht des HGB, Köln 1986, S. 240-246.

Langenbucher, Günther (1986): Bilanzieller Ausweis eines Währungsverlusts, in: Küting/Weber: Handbuch der Rechnungslegung, Stuttgart 1986, S. 288, Tz. 417.

Larenz, Karl (1982): Lehrbuch des Schuldrechts, Allgemeiner Teil, 13. Aufl., München 1982.

Larenz, Karl (1987): Lehrbuch des Schuldrechts, Band I, Allgemeiner Teil, 14. Aufl., München 1987.

Larkman, Brian (1987): Futures — Risk Management and Control, in: Accounting and Risk Control for Treasury Products, Euromoney Conference, London, 11-12 March 1987, Euromoney Seminar Transcripts, London 1987, S. 15-27.

Leffson, Ulrich (1986): Bild der tatsächlichen Verhältnisse, in: Leffson/Rückle/Großfeld: Handwörterbuch unbestimmter Rechtsbegriffe im Bilanzrecht des HGB, Köln 1986.

Leffson, Ulrich (1987): Die Grundsätze ordnungsmäßiger Buchführung, 7. Aufl., Düsseldorf 1987.

Leffson, Ulrich (1987b): Die beiden Generalnormen, in: Hans Havermann (Hrsg.): Bilanz- und Konzernrecht, Festschrift zum 65. Geburtstag von Reinhard Goerdeler, Düsseldorf 1987, S. 315-325.

Leibowitz, Martin L. (1981): The Analysis and Volatility in Financial Futures, Monograph Series in Finance and Economics 1981-3, New York University.

Lerbinger, Paul (1985a): Swap-Transaktionen als Finanzinstrumente, in: Die Bank 1985, S.245-249.

Lerbinger, Paul (1985b): Swap-Transaktionen als Bankleistung, in: Die Bank 1985, S. 294-297.

Lerbinger, Paul (1986): Währungs-Swaps, in: WiSt 1986, S. 575-577.

Lerdo, Franz-Josef (1984): Wertpapiere ohne Koupons, in: BK 1984, S. 447-448.

Leukers, Hans (1986): Swaps — Hintergründe und Modelle, in: BZ, 1.11.1986, S. 9.

Levedag, Rolf (1985): Bedeutung und Grenzen von Zins- und Währungsswaps, in: BZ, 12.10.1985, S. 8.

Levedag, Rolf (1986): Zwischen 250 bis 300 Milliarden Dollar werden heute über Swap-Transaktionen abgewickelt, in: HB, 27.11.1986, S. B8.

LIFFE (Hrsg.) (1983): Trading Techniques, London 1983.

Lohmann, Ulrich (1984): Einwendungen gegen den Zahlungsanspruch aus einer Bankgarantie und ihre Durchsetzung in rechtsvergleichender Sicht, Köln 1984.

Longin, Franz/Schlehe, Albrecht (1979): Das Damnum — vorweggezahlter Zins, in: DStR 1979, S. 8-10.

Loosigian, Allan (1980): Interest Rate Futures, Princeton 1980.

Ludewig, Rainer (1974): Bildung von Rückstellungen für drohende Verluste aus dem Auftragsbestand, in: DB 1974, S. 101-104.

Lüders, Jürgen (1987): Der Zeitpunkt der Gewinnrealisierung im Handels- und Steuerbilanzrecht, Köln 1987.

Maier, Kurt M./Ziegler, Werner (1984): Währungsanleihen, in: Sparkasse 1984, S. 390-393.

Mayer-Wegelin, Eberhard (1986): § 249 HGB, in: Küting/Weber: Handbuch der Rechnungslegung, Stuttgart 1986.

Mc Cracken, Robert (1987): Forward Rate Agreements and Interest Rate Futures — Accounting Techniques, in: Accounting and Risk Control for Treasury Products, Euromoney Conference, London, 11-12 March 1987, Euromoney Seminar Transcripts, S. 28-38.

Mc Knew, Robert D. (1982): How Banks will Use Financial Futures to Help Customers and to Protect Their Own Position — An US Banker's View, in: World Financial Futures, Seminar in London, 14./15.9.1982, Seminarband, S. 44f.

Mc Leod, Robert W./Mc Cabe, George M. (1980): Hedging for Better Spread Management, in: The Bankers Magazine, July/Aug. 1980, S. 47ff.

Meyer, Heinrich (1985): Zinsen und Bankbilanzierung — Gedanken zum Einfluß der Verzinslichkeit auf die Bewertung der Aktiva und Passiva in der Bankbilanz —, in:

Karl-Heinz Forster (Hrsg.): Bankaufsicht, Bankbilanz und Bankprüfung, Düsseldorf 1985, S. 137-157.

Moxter, Adolf (1984): Fremdkapitalbewertung nach neuem Bilanzrecht, in: Wpg 1984, S. 397-408.

Moxter, Adolf (1984b): Das Realisationsprinzip — 1884 und heute, in: BB 1984, S. 1780-1786.

Moxter, Adolf (1985): Das System der handelsrechtlichen Grundsätze ordnungsmäßiger Bilanzierung, in: Gerhard Gross (Hrsg.): Der Wirtschaftsprüfer im Schnittpunkt nationaler und internationaler Entwicklungen. Festschrift zum 60. Geburtstag von Prof. Klaus v. Wysocki, Düsseldorf 1985, S. 17-28.

Moxter, Adolf (1986): Ulrich Leffson und die Bilanzrechtsprechung, in: Wpg 1986, S. 173-177.

Moxter, Adolf (1986b): Bilanzlehre Band II: Einführung in das neue Bilanzrecht, 3., vollst. umgearb. Aufl., Wiesbaden 1986.

Münstermann, Hans (1981): Bilanztheorien, dynamische, in: Kosiol/Chmielewicz/Schweitzer (Hrsg.): HWR, 2. Auflage, Stuttgart 1981.

Neyer, Wolfgang (1982): Zur ertragsteuerlichen Behandlung sog. Zero-Bonds, in: DB 1982, S. 975-977.

Neyer, Wolfgang (1983): Zero-Bonds in ausländischer Währung, in: RIW 1983, S. 36-42.

Niedersächsisches Finanzministerium (1987): Bilanzierung von Zerobonds, Erlaß vom 18.3.1987 — S 2133 — 23 — 31 1, in: BB 1987, S. 729.

Niehus, Rudolf J. (1988): Freiwillige nicht GoB-konforme Angaben im Anhang und der Bestätigungsvermerk des Abschlußprüfers, in: Wpg 1988, S. 93-101.

Nowack, Götz-Peter/Bangert, Michael (1983): LIFFE-Seminar: „Introducing Financial Futures into Higher Education“, in: Institut für Kredit- und Finanzwirtschaft, Semesterbericht Nr. 18 (SS 1983), hrsg. von Joachim Süchting, S. 60-76.

Obst/Hintner (1982): Geld-, Bank- und Börsenwesen, hrsg. von Norbert Kloten und Johann Heinrich von Stein, 37. Aufl., Stuttgart 1982.

O.V.: Bald strengere Bilanz-Regeln für neue Finanzinstrumente? — Wegen hoher Risiken Bindung an Eigenkapital/Bundesbank unterstützt britisch-amerikanischen Vorschlag, in: FAZ, 11.3.1987.

O.V.: Banken tragen bei NIFs und RUFs von vornherein ein gesteigertes Kreditrisiko, in: HB, 6./7.6.1986.

O.V.: Cover Story/Swaps — The Way into any Market, in: Euromoney, November 1983, S. 60-75.

O.V.: Der festere Dollar regt die Kauflust an — Neue „Fips“ von General Electric, in: BddW, 3.4.1986, S. 8.

O.V.: Erste DM-Doppelwährungsanleihe spitz kalkuliert, in: BddW, 5.7.1985.

O.V.: Euronotes, in: BZ, 15.4.1986, S. 1.

O.V.: Euronotes-Fazilitäten im Grundsatz I, in: BZ, 6.6.1986, S. 2.

O.V.: Finanzierung und Bilanzierung — Notwendigkeiten und Grenzen, in: DB 1986, S. 61.

O.V.: FINANZ-INNOVATIONEN/Bank von England und Fed können wegweisend sein — Steuerungskräfte der Finanzmärkte lassen Risiken nicht zu groß werden, in: HB, 11.3.1987, S. 9.

O.V.: KHD will Euronotes begeben, in: FAZ, 3.9.1985, S. 16.

O.V.: NULL-KUPON-ANLEIHEN/Vorschlag zur Bilanzierung — Emittent soll Zeros zum Nennwert passivieren, in: HB, 3.9.1985, S. 23.

O.V.: Nun kommen die „Fips", in: BddW, 6.3.1986, S. 8.

O.V.: Steuerungskräfte der Finanzmärkte lassen Risiken nicht zu groß werden, in: HB, 11.3.1987, S. 9.

O.V.: Swap Winners, Swap Losers, in: Beilage zu Euromoney, January 1986, S. 103.

O.V.: Swap-Handel für variable Risiko-Formel — Alternativ-Vorschlag zu Plänen der Bank von England und des Federal Reserve Board, in: BZ, 2.6.1987.

O.V.: Swap-Risiken, in: BZ, 25.8.1987, abgedruckt in: Deutsche Bundesbank, Auszüge aus Presseartikeln, Nr. 61, 26. August 1987.

O.V.: Wirtschaftsprüfer auf Seite der Banken, in: HB, 16.4.1986, S. 8.

O.V.: ZERO-BONDS/Die Fiktion laufender Kapitalerträge; Verstoß gegen den Dualismus des Einkommensteuerrechts, in: HB, 20.2.1985, S. 3.

O.V.: Zurückhaltung gegenüber Dollaranleihen, in: NZZ, 16.7.1985, S. 7.

Pankow, Max/Gutike, Hans-Jochen (1986): § 255, in: Beck'scher Bilanz-Kommentar, München 1986.

Pantel, Joachim (1979): Pflichten der Bank aus dem Kreditverhältnis insbesondere bei der Kündigung, Diss. Bielefeld 1979.

Perry, Raymond E. (1987): Accounting for Stock Index Futures, in: B. Thomas Byrne Jr. (Hrsg.): The Stock Index Futures Market, Chicago 1987, S. 339-343.

Pöllath, Reinhard (1983): Kapitalanlagen in Schuldverschreibungen unter Trennung von Stammrecht und Zinsschein — „Stripped Bonds" — eine Variante der „Zero-Bonds", in: BB 1983, S. 1271-1272.

Pritchard, David (1984): Swap Financing Techniques, in: Euromoney, May 1984, S. S1-S7.

Puhr, Christian F. (1985): Kapitalmarktfinanzierung und Swaptransaktionen — Kredit- und Anlageleistungen vorbei an den Bilanzen der Banken, in: Beiträge zur Bankbetriebslehre aus dem Institut für Bankwirtschaft an der Hochschule St. Gallen, Band 8, Innovationsmanagement in Banken — Herausforderung der 90er Jahre, November 1985, S. 116-129.

Putnam, Bluford (1986): Managing Interest Rate Risk: An Introduction to Financial Futures and Options, in: Joel M. Stern and Donald H. Chew Jr. (ed.): The Revolution in Corporate Finance, Oxford 1986, S. 239-251.

Raab, Reinhard/Heinlein, Bernhard (1985): Probleme bei der Emission von Zerobonds aus der Sicht einer Hypothekenbank, in: LK 1985, S. 756-760.

Rat der Europäischen Gemeinschaften (1978): Vierte Richtlinie des Rates vom 25. Juli 1978 über den Jahresabschluß von Gesellschaften bestimmter Rechtsformen, 78/660/EWG, in: Amtsblatt der Europäischen Gemeinschaften Nr. L 222/11-31, 14.8.1978.

Rat der Europäischen Gemeinschaften (1986): Richtlinie des Rates vom 8.12.1986 über den Jahresabschluß und den konsolidierten Abschluß von Banken und anderen Finanzinstituten (EG-Bankbilanzrichtlinie), 86/635/EWG, in: Amtsblatt der Europäischen Gemeinschaften, Nr. L 372/1-17, 31.12.1986.

Reimnitz, Jürgen (1984): Wozu Zins-Swap-Anleihen von Banken? — Viele Vorzüge bei nur geringen Risiken — Umsehen nach weiteren Geschäftsmöglichkeiten, in: BZ 30.6.1984, Sonderbeilage: Anlage zu festen Zinsen '84, S. III.

Reinhardt, Peter (1985a): Der Euronotemarkt als internationale Finanzierungsquelle, in: ZfgK 1985, S.380-386.

Reinhardt, Peter (1985b): Die Risiken der Banken im Swapgeschäft, in: ZfgK 1985, S. 671-676.

Reischauer/Kleinhans (1987): Kreditwesengesetz-Kommentar, Loseblattsammlung, Berlin 1987.

Rixen, Hans-Hermann (1987): EG-Bilanzrecht für Banken, in: Die Bank 1987, S. 76-81.

Rohrer, Bernt W. (1985): Null-Kupon-Anleihen, in: BZ, 28.9.1985, S. 7.

Rose, Gerd (1973): Verachtet mir die Zinsfüß' nicht! Zinssatzfragen in der Steuerpraxis, in: StbJb 1973/74, S. 301-348.

Rosen, Lawrence R. (1986): Investing in Zero Coupon Bonds, New York u.a. 1986.

Ross, Derek (1987): Swaps — Accounting Techniques, in: Accounting and Risk Control for Treasury Products, 11-12 March 1987, Euromoney Transcripts, London 1987, S. 74-83.

Rössner, Michael-Christian/Lachmair, Wilhelm (1986): Die Wirksamkeit von Einschüssen bei Börsentermingeschäften, in: BB 1986, S. 1377-1386.

Rozencwajg, Jakob (1983): Aktivierung von „unrealisierten" Gewinnen aus Devisentermingeschäften?, in: Die Bank 1983, S. 514-517.

Rozencwajg, J(akob) (1986): Accounting Standards in other Countries — West Germany, in: Boris Antl (Hrsg.): Swap Finance Vol. 2, London 1986, S. 37-42.

Rudolph, Bernd (1987): Managementtechniken und Finanzierungsinstrumente zur Steuerung und Begrenzung von Zinsänderungsrisiken, in: Jürgen Krumnow und Matthias Metz (Hrsg.): Rechnungswesen im Dienste der Bankpolitik, Stuttgart 1987, S. 317-332.

Russ, Wolfgang (1986): Der Anhang als dritter Teil des Jahresabschlusses, 2. überarbeitete Auflage, Bergisch Gladbach und Köln 1986.

Rutteman, Paul (1987): NIFs and RUFs: Accounting Techniques, in: Accounting and Risk Control for Treasury Products, 11-12 March 1987, London, Euromoney Seminar Transcripts, London 1987, S. 97-107.

Sahner, Friedhelm/Schultzke, Jürgen (1986): § 252 HGB, in: Küting/Weber: Handbuch der Rechnungslegung, Stuttgart 1986.

Sarx, Manfred (1986): § 253 HGB, in: Beck'scher Bilanz-Kommentar, München 1986.

Sarx, Manfred/Lutz, Gert (1986): § 253 HGB, in: Beck'scher Bilanz-Kommentar, München 1986.

Sauerschnig, Richard/Zelnik, Peter (1983): Internationale Kapitalmärkte aus österreichischer Sicht, in: Traditionelle Anleihen und neuere Rententypen, Österreichisches Forschungsinstitut für Sparkassenwesen (Hrsg.), Heft 1/1983, S. 39-85.

Schäfer, Wolf (1977): Grundsätze ordnungsmäßiger Bilanzierung für Forderungen, 2. unv. Aufl., Düsseldorf 1977.

Schierenbeck, Henner (1987): Ertragsorientiertes Bankmanagement, 2. Aufl., Wiesbaden 1987.

Schmekel, Helmut (1983): Rechnungslegung von Zinstermingeschäften für Banken und Industrieunternehmen, in: DB 1983, S. 893-898.

Schmekel, Helmut (1985): Die Bilanzierung von Terminkontrakten in den USA — Eine Besprechung des FASB-Statements No. 80 -, in: DB 1985, S. 1495f.

Schmidt, Elke H. (1986): Möglichkeiten zur aufsichtsrechtlichen Begrenzung der Risiken von Financial Futures, in: Sparkasse 1986, S. 245-250.

Schmidt-Evers, Olof (1975): Bilanzierung und Gestaltung des Disagios von Hypothekenbankschuldverschreibungen, Wiesbaden 1975.

Schmidt-Weyland, Günther (1984): Die Refinanzierung von Eurokrediten, in: BZ, 13.10.1984, Sonderbeilage, S. 11.

Schmutz, Joachim/Bretschneider, Wolfgang (1987): Euronote-Fazilitäten: Aus der Sicht von Bankenaufsicht und Rechnungslegung, in: KP 6/1987, S. 23-26.

Schneider, Dieter (1976): Realisationsprinzip und Einkommensbegriff, in: Bilanzfragen, Festschrift zum 65. Geburtstag von Ulrich Leffson, hrsg. von Jörg Baetge, Adolf Moxter und Dieter Schneider, Düsseldorf 1976, S. 103-117.

Schnicker, Heinrich (1978): Devisenterminkurse und die Bewertung von Fremdwährungsforderungen, in: Wpg 1978, S. 325-331.

Schnoor, Peter (1986): Finanzinnovationen auf den Euromärkten — Swaps und Euronotes, Rede anläßlich des Seminars 15/1986 der Sparkassen-Akademie in Luxemburg vom 4.-6.6.1986, hrsg. von der Westdeutsche Landesbank Girozentrale, Düsseldorf.

Scholz, Walter (1973): Die Bilanzierung von Verbindlichkeiten mit steigender Verzinsung und der Begriff des „Rückzahlungsbetrages" im Sinne des § 156 Abs. 2 und 3 AktG, in: Wpg 1973, S. 53-57.

Scholz, Walter (1975): Die Bilanzierung und Prüfung der Devisengeschäfte der Kreditinstitute. Erläuterungen zur Stellungnahme des Bankenfachausschusses des Instituts der Wirtschaftsprüfer, in: Wpg 1975, S. 645f.

Scholz, Walter (1984): Die Steuerung von Zinsänderungsrisiken und ihre Berücksichtigung im Jahresabschluß der Kreditinstitute, in: Bilanzstrukturmanagement in Kreditinstituten, hrsg. von Henner Schierenbeck und Hans Wielens, Frankfurt/M. 1984, S. 119-136.

Schülen, Werner (1987a): Grundsätze für den Inhalt des Anhangs, in: Castan/Heymann/Ordelheide/Scheffler: Beck'sches Handbuch der Rechnungslegung, München 1987, B 410.

Schülen, Werner (1987b): Die Aufstellung des Anhangs, in: Wpg 1987, S. 223-231.

Schulte, Karl-Werner (1986): Inhalt und Gliederung des Anhangs, in: BB 1986, S. 1468-1480.

Schumacher, Manfred (1983): Sicherheitsgurt, in: Capital, 3/1983, S. 49.

Schurig, Matthias (1981): Schwebende Geschäfte bei Kreditinstituten, Thun und Frankfurt/M. 1981.

Schwarze, Armin (1983): Hedginggeschäfte in Zinsterminkontraktmärkten als Instrument des Risikomanagements für Universalbanken, Mitteilungen aus dem Institut für das Spar-, Giro- und Kreditwesen an der Universität Bonn, Nr. 10, November 1983.

Schwarze, Armin (1987): Ausgewählte Bilanzierungsprobleme von Finanzinnovationen, in: Ausgewählte Probleme des internationalen Finanzgeschäfts, Mitteilungen aus dem Institut für das Spar-, Giro- und Kreditwesen an der Universität Bonn, Nr. 23, Mai 1987, S. 34-52.

Sesit, Michael R. (1987): Banks Ask Fed to Alter Plans for Stricter Swap Standards, in: The Wall Street Journal, Europe, Brussels — June 2, 1987, abgedruckt in: Deutsche Bundesbank, Auszüge aus Presseartikeln, Nr. 41, 4. Juni 1987.

Siegel, Theodor (1987): Allgemeine Rahmengrundsätze, in: Beck'sches Handbuch der Rechnungslegung, hrsg. von Castan/Heymann/Müller/Ordelheide/Scheffler, München 1987, B 161.

Silver, Andrew (1981): Original Issue Deep Discount Bonds, in: FRBNY Quarterly Review, Winter 1981-82, S. 18-28.

Smith, Clifford W., Jr./Smithson, Charles W./Wakeman, Lee Macdonald (1986): The Evolving Market for Swaps, in: The Revolution in Corporate Finance, hrsg. von Joel M. Stern und Donald H. Chew Jr., Oxford 1986, S. 252-264.

Sprißler, Wolfgang/Rixen, Hans H. (1986): Das Netto-Prinzip hat sich durchgesetzt, in: BZ, 25.7.1986, S. 6.

Stein, Johann Heinrich von/Kirschner, Manfred (1987): Zum Problem der Berücksichtigung von bilanzunwirksamen Finanzinnovationen in der externen Rechnungslegung der Banken, in: Rechnungswesen im Dienste der Bankpolitik, hrsg. von Jürgen Krumnow und Matthias Metz, Stuttgart 1987, S. 13-24.

Steinbach, Adalbert (1973): Die Rechnungslegungsvorschriften des Aktiengesetzes 1965. Aus der Perspektive eines neuen Systems der „Grundsätze ordnungsmäßiger Bilanzierung" (GoB), Wiesbaden 1973.

Steuer, Jürgen H. (1985): Neue Formen von Kapitalanlagen (Zero- und Stripped Bonds) und ihre steuerliche Beurteilung in der Bundesrepublik Deutschland, Frankfurt/M. 1985.

Storck, Ekkehard (1983): Zins- und Währungsswaps im Euromarkt, in: Die Bank 1983, S. 459-464.

Storck, Ekkehard (1985): Die Kreditrisiken werden breiter aufgefächert. Neue Finanzierungsinstrumente im Euromarkt, in: BddW, 7.6.1985, S. 3 u. 7.

Storck, Ekkehard (1987): Innovative Instrumente des Euro-Kreditmarktes, in: ZfB 1987, S. 176-188.

Streim, Hannes (1986): § 264 HGB, in: Hofbauer/Kupsch: Bonner Handbuch Rechnungslegung, Bonn 1986.

Strobl, Elisabeth (1984): Die Bewertung von Rückstellungen, in: Arndt Raupach (Hrsg.): Werte und Wertermittlung im Steuerrecht, Köln 1984, S. 195-218.

The Chase Manhattan Corporation (1985): Annual Report 1985.

Tiner, John I./Conneely, Joe M. (1987): Accounting for Treasury Products, Cambridge 1987.

Tubbesing, Günter (1981): Bilanzierungsprobleme bei Fremdwährungsposten im Einzelabschluß, in: ZfbF 1981, S. 804-826.

Tuschhoff, Fried/Knoke, Gerhard (1987): Bilanzierung, Bewertung und Steuerung „innovativer" Bankgeschäfte, in: Verband öffentlicher Banken e.V. (Hrsg.): Bilanzleiter-Tagung 1987, VÖB-Tagungsberichte, Heft 1, Bonn 1987, S. 40-65.

Ulmer, Peter/Ihrig, Christoph (1985): Ein neuer Anleihetyp: Zero-Bonds, in: ZIP 1985, S. 1169-1180.

Urry, Maggie (1985): Dual-currency Fad Catches on Fast, in: FT, 12.7.1985, S. 23.

Vittas, Dimitri (1986): The New Market Menagerie, in: The Banker, June 1986, S. 16-27.

Wagener, Hans (1986): Handels- und steuerrechtliche Behandlung von Wertberichtigungen und Rückstellungen, in: vbo-Informationen A 2.5, 1/1986, Blatt 30-42.

Wagner, Eckehard (1985): Effektivverzinsung und Disagio-Abgrenzung, in: DB 1985, S. 142f.

Walz, Hartmut/Menichetti, Marco J. (1987): Kriterien zur Bewertung von Doppelwährungsanleihen, in: Die Bank 1987, S. 552-557.

Wassermann, Bernd (1979): Der Zinsfuß als Bewertungsfaktor in der Ertragsteuerbilanz, Köln 1979.

Watkins, James A. (1986): Legal Issues and Documentation: A Framework, in: Boris Antl (Hrsg.): Swap Finance Vol. 2, London 1986, S. 53-69.

Weber, Siegfried (1985): Neues Instrument für Euro-DM-Kapitalmarkt, in: HB, 28./29.6.1985.

Wegener, Ulrich (1986): Finanzinnovationen — Fragen, Antworten, in: BI 1986, S.45-47.

Weilbach, Erich A. (1985): Das Imparitätsprinzip im neuen Bilanzrecht, in: BB 1985, S. 1503-1508.

Weimar, Wilhelm (1979): Bürgschaft, Schuldübernahme, Garantievertrag, Sparkassenheft 65, hrsg. vom DSGV, Stuttgart 1979.

Weisweiller, Rudi (1986): Arbitrage, Cambridge 1986.

Westdeutsche Landesbank Girozentrale (Hrsg,) (1986): Investment Banking — Erläuterungen und Begriffsbestimmungen, Februar 1986.

Wiedmann, Harald (1985a): Der Null-Kupon in der Handelsbilanz (I), in: BddW, 4.7.1985, S. 4.

Wiedmann, Harald (1985b): Wenn sich Banken fremde Bonität leihen (II), in: BddW, 11.7.1985, S. 4.

Wiedmann, Harald (1986): Bei den neuen Instrumenten am Euromarkt werden die Wirtschaftsprüfer der Banken herausgefordert, in: HB, 27.11.1986, S. B9.

Wiedmann, Harald (1987): Swaps ohne Austausch der Kapitalbeträge schlagen sich nicht in der Bilanz nieder, in: HB, 23.4.1987, S. B6 und B8.

Windmöller, Rolf (1985): Zinstermingeschäfte der Kreditinstitute, in: Bankaufsicht, Bankbilanz und Bankprüfung, hrsg. von Karl-Heinz Forster, Düsseldorf 1985, S. 207-223.

Windmöller, Rolf (1987): Bilanzierung von Finanzinnovationen, in: Bankmanagement für neue Märkte, hrsg. von Hans J. Krümmel und Bernd Rudolph, Frankfurt/M. 1987, S. 166-173.

Windmöller, Rolf (1988): Bilanzierung neuer Finanzierungsinstrumente, in: Bankbilanzierung und Bankprüfung, hrsg. von Erik Sonnemann für University of Michigan Alumni Club of West Germany e.V., Wiesbaden 1988, S. 101-118.

Wishon, Keith/Chevalier, Lorin S. (1985): Interest Rate Swaps — Your Rate or Mine? — The Life Cycle of a Swap: Accounting by Analogy, in: JoA, September 1985, S. 63-84.

Woerner, Lothar (1984): Grundsatzfragen zur Bilanzierung schwebender Geschäfte, in: FiR 1984, S. 489-496.

Woerner, Lothar (1988): Die Gewinnrealisierung bei schwebenden Geschäften, in: BB 1988, S. 769-777.

Wohlgemuth, Michael (1986): § 252 und § 253 HGB, in: Hofbauer/Kupsch: Bonner Handbuch Rechnungslegung, Bonn 1986.

ZKA (1985): Schreiben an das BAKred vom 13. Juni 1985: Bankaufsichtliche Behandlung von Finanztermingeschäften — I 3 — 364 — 6/82 —.

ZKA (1986a): Entwurf einer Stellungnahme vom 21.3.1986, Anlage zu Rundschreiben Nr. 90 des DSGV.

ZKA (1986b): Stellungnahme vom 4.4.1986, Anlage zu Rundschreiben Nr. 106 des DSGV.

ZKA (1988a): Schreiben an das BAKred vom 4. März 1988: 1. Konsultationspapier „Vorschläge für eine internationale Konvergenz der Eigenkapitalmessung und Eigenkapitalanforderungen“ des Ausschusses für Bankenbestimmungen und -überwachung bei der Bank für Internationalen Zahlungsausgleich (BIZ) vom Dezember 1987 (Dokument BS/87/80), 2. Vorentwurf für eine Änderung der Grundsätze I und Ia zu §§ 10, 10a KWG, Geschäftsnummer: I 3-363-2/81/I 3-4216-4/86.

ZKA (1988b): Schreiben an das BAKred vom 8. Juni 1988: Expertengespräch über Einzelfragen einer Regelung für die bilanzunwirksamen Geschäfte in den Grundsätzen I und Ia, Geschäfts-Nr.: I 3-363-2/81 / I 3-4216-4/86.

Zwätz, Dietrich (1986): Unsystematisch, in: HB, 30.12.1986, S. 2.